中国人民大学法律文化研究中心
北京市法学会中国法律文化研究会　主办

曾宪义法学教育与法律文化基金会　资助

总主编　马小红

法律文化研究

RESEARCH ON LEGAL CULTURE

第十三辑

敦煌、吐鲁番汉文法律文献专题

Symposium on Dun-huang and
Turfan Legal Documents in Chinese

主编　赵　晶

社会科学文献出版社
SOCIAL SCIENCES ACADEMIC PRESS (CHINA)

原　序
从传统中寻找力量

出版发行《法律文化研究》（年刊）酝酿已久，我们办刊的宗旨当然与如今许多已经面世的学术刊物是一致的，这就是繁荣法学的教育和研究、为现实中的法治实践提供历史的借鉴和理论的依据。说到“宗旨”两字，我想借用晋人杜预《左氏春秋传序》中的一段话来说明：“其微显阐幽，裁成义类者，皆据旧例而发义，指行事以正褒贬。”即通过对历史上“旧例”、“行事”的考察，阐明社会发展的道理、端正人生的态度；记述历史、研究传统的宗旨就在于彰显复杂的历史表象背后所蕴含的深刻的“大义”。就法律文化研究而言，这个“大义”就是发掘、弘扬传统法的优秀精神，并代代相传。

然而，一部学术著作和学术刊物的生命力和影响力并不只取决于它的宗旨，在很大程度上，它是需要特色来立足的，需要用自身的特色力争最好地体现出宗旨。我们定名为《法律文化研究》（年刊）有这样几点考虑，第一，我们研究的对象是宽阔的，不只局限于“法律史”，从文化的角度，我们要探讨的甚至也不仅仅是“法”或“法律”。我们的研究对象包括法的本身与产生出不同模式的法的社会环境两个方面。因此，我们在考察法律的同时，要通过法律观察社会；在考察社会时，要体悟出不同国家和地区的法律特色之所在，以及这些特色形成的“所以然”。第二，在人类的历史长河中，传统文化的传承、不同文化间的交流与融合，构成了人类文明不断发展的主旋律。一个民族和国家的传统往往是文化的标志，“法律文化”研究的重点是研究不同民族和国家的不同法律传统及这些传统的传承；研究不同法律文化间的相同、相通、相异之处，以及法律文化的融合、发展规律。

因此，我们的特色在于发掘传统，利导传统，从传统中寻找力量。

在此，我们不能不对近代以来人们对中国传统法律文化的误解作一辩白。

与其他学科相比，法学界在传统文化方面的研究显得比较薄弱，其原因是复杂的。

首先，近代以来，学界在比较中西法律文化传统时对中国传统法律文化基本持否定的态度，“发明西人法律之学，以文明我中国”是当时学界的主流观点。对传统法律文化的反思、批判，一方面促进了中国法律的近代化进程，另一方面也造成了人们的误解，使许多人认为中国古代是“只有刑，没有法”的社会。

其次，近代以来人们习惯了以国力强弱为标准来评价文化的所谓“优劣”。有一些学者将西方的法律模式作为“文明”、“进步”的标尺，来评判不同国家和地区的法律。这种理论上的偏见，不仅阻碍了不同法律文化间的沟通与融合，而且造成了不同法律文化间的对抗和相互毁坏。在抛弃了中国古代法律制度体系后，人们对中国传统法律的理念也产生了史无前例的怀疑甚至予以否定。

最后，受社会思潮的影响，一些人过分注重法学研究的所谓“现实”性，而忽视研究的理论意义和学术价值，导致传统法律文化虚无主义的泛滥。

对一个民族和国家来说，历史和传统是不能抹掉的印记，更是不能被中断或被抛弃的标志。如果不带有偏见，我们可以发现中国传统法律文化中凝聚着人类共同的精神追求，凝聚着有利于人类发展的巨大智慧，因此在现实中我们不难寻找到传统法律文化与现代法律文明的契合点，也不难发现传统法律文化对我们的积极影响。

就法的理念而言，中西传统是不谋而合的。东西方法治文明都承认“正义”是法律的灵魂，“公正”是法律追求的目标。只不过古今中外不同的文化对正义、公正的理解以及实现正义和公正的途径不尽相同。法国启蒙思想家伏尔泰说：“在别的国家法律用以治罪，而在中国其作用更大，用以褒奖善行。”西方文化传统侧重于强调法律对人之“恶性”的遏制，强调通过完善的制度设计和运行来实现社会公正与和谐。中国传统法律文化的主流更侧重于强调人们“善性”的弘扬、自觉的修养和在团体中的谦让，通过自律达到和谐的境界。在和谐中，正义、公正不只是理想，而且成为可望也可即的现实。

就法律制度而言，中国古代法律制度所体现出的一些符合人类社会发展、符合现代法治原则的精华也应该引起我们的关注。比如，尊老恤弱精神是传统法律的一个优秀之处。历代法律强调官府对穷苦民众的冤屈要格外关心，为他们“做主”。自汉文帝时开始，中国古代“养老”（或敬老）制度逐渐完善，国家对达到一定岁数的老者给予税役减免，官衙还赐予米、布、肉以示敬重。竞争中以强凌弱、以众暴寡在中国传统文化中被视为大恶，也是法律严惩的对象。这种对困难群体的体恤和关怀，不仅有利于社会矛盾的缓和，而且体现了法律的公正精神，与现代法律文明完全一致。再比如，中国古代法律中对环境开发利用的限制也值得我们借鉴。《礼记》中记载，人们应顺应季节的变化从事不同的工作和劳动，春天不得入山狩猎，不得下湖捕捞，不得进山林砍伐，以免毁坏山林和影响动植物生长。这一思想在“秦简”和其他王朝的法律典籍中被制度化、法律化。这种保护自然、保护环境的法律法规，反映的是“天人合一”的观念、对自然“敬畏”的观念及保护和善待一切生命的理念等，而这些观念与现代法治中的环境保护、可持续发展精神也是吻合的。

在现代法治的形成过程中，从理念到制度，我们并不缺乏可利用的本土资源，我们理应对中国源远流长的传统法律文化充满信心。我们进行研究的目的，也是希望能够充分发掘传统法律文化的价值，从中找到发展现代法治文明的内在力量。

我们也应该切忌将研究和弘扬传统法律文化理解为固守传统。任何一种传统的更新都不可能在故步自封中完成。只有在与现实社会相联系的淘汰与吸收中，传统才能充满活力，完成转型。传统法律文化也是如此，古今中外，概莫能外。

就中国法律而言，现代社会已经大不同于古代社会，我们的政治、经济环境和生活方式已经发生了巨大的变化，古代的一些法律制度和理念在确立和形成的当时虽然有其合理性，但随着时代的变迁，这些制度和理念有些已经失去了效用，有些甚至走向发展的反面，成为制约社会进步的阻力。在对传统法律文化进行改造和更新时，我们要注意积极地、有意识地淘汰这样的制度和理念，注意学习和引进外国的一些先进的法律文化，并不断总结引进外国法律文化的经验教训。近代以来，我们在引进和学习西方法律文化方面有过成功，也有过失败。比如，罪刑法定主义的确立就值得肯定。1764 年，意大利法学家贝卡利亚出版了《论犯罪与刑罚》一书，对欧洲封建刑事法律制度的野蛮性和随意性提出了谴责，从理论上提出了一些进步的刑法学说，其中罪刑法定的原则影响最大。罪刑法定，即犯罪和刑罚应由法律明文规定，不能类推适用。近代以来，这一原则逐渐为各国刑法承认和贯彻。1948 年联合国大会通过的《世界人权宣言》和 1966 年的《公民权利和政治权利国际公约》都规定了罪刑法定原则。罪刑法定主义的学说在清末传入中国，此后，在颁行的一些刑法中也得到原则上的承认。但是，由于种种原因，这一原则在司法实践中或难以贯彻实行，或类推适用一直被允许。直到 1997 年修订《中华人民共和国刑法》，才明确规定了“法律明文规定为犯罪行为的，依照法律定罪处刑；法律没有明文规定为犯罪行为的，不得定罪处刑”。类推适用在立法上被彻底废止，司法实践则在努力的贯彻之中。罪刑法定原则的确立，对促进中国法律的发展和提升中国的国际形象有着重要的意义。

世界文明兴衰史雄辩地证明，一个民族、一种文明文化唯有在保持其文化的主体性的同时，以开放的胸襟吸收其他文明的优秀成果，不断吐故纳新，方能保持其旺盛的生命力，保持其永续发展的势头，并创造出更辉煌的文明成果。其实，近代西方法律传统转型时也经历过一个反思传统—淘汰旧制—融合东西—形成新的传统并加以弘扬的过程。在许多启蒙思想家的法学经典著作中，我们可以看到西方法学家对中国法律的赞扬和批判、分析和评价。孟德斯鸠《论法的精神》、伏尔泰《风俗论》、魁奈《中华帝国的专制制度》、梅因《古代法》、黑格尔《历史哲学》等都对中国的法律有着精湛的论述。即使现代，西方的法治传统仍然处在变化“扩容”之中，中国的一些理念不断地融入西方法治中。一些现代欧美法学家或研究者更是将中国法律制度作为专门的领域精心地进行研究。比如费正清《中国：传统与变迁》、C. 莫里斯等《中华帝国的法律》、高道蕴《中国早期的法治思想》以及欧中坦《千方百计上京城：清朝的京控》、史景迁《王氏之死》等。一些中国传统法律的理念，比如顺应而不是“征服”自然，弱者应该得到或享有社会公正，以和睦而不是对立为最终目标的调解，等等，在吸纳现代社会气息的基础上，在西方法治体系中被光大。如同历史上的佛教在印度本土式微而在中国的文化中被发扬一样，这些具有价值的思想和理念在中国却常常因为其是“传统”而受到漠视或批判。

因此，我们应该发扬兼容并蓄、与时俱进的精神，在融合中西、博采古今中改造和更新传统法律文化，完成传统法律文化的现代转型。

近代以来，中国传统法律文化的断裂是一个不争的事实，但是，另外一个不争的事实是，近年来，中国传统文化越来越受到社会的广泛重视，不仅政府致力于保护各种文化遗产，学术界也从哲学、史学、社会学等各个方面对传统文化进行研究。中国人民大学首创全国第一所具有教学、科研实体性质的“国学院”，招收了本科学生和硕士研究生、博士研究生，受到国人的广泛关注；此前，武汉大学在哲学院建立了“国学班”，其后，北京大学建立了“国学研究院”和“国学教室”，中山大学设立了“国学研修班”，国家图书馆开办了“部级干部历史文化讲座”。鉴于各国人民对中国传统文化的热爱和兴趣，我国在世界许多国家和地区设立了近百所“孔子学院”。2005 年年底，教育部哲学社会科学重大攻关项目“中国传统法律文化研究”（十卷）正式启动，这个项目也得到国家新闻出版总署的重视，批准该项目为国家重大图书出版项目，从而为传统法律文化的研究工作注入了新的推动力。我作为项目的首席专家深感责任重大。孔子曾言“人能弘道，非道弘人”，我们希望能从传统中寻找到力量，在异质文化中汲取到法治营养，并为“中国传统法律文化研究”（十卷）这个项目的顺利进行营造学术环境，努力将这一项目做成不负时代的学术精品。

《法律文化研究》是学术年刊，每年出版一辑，每辑约 50 万字，这是我们献给学人的一块学术园地，祈望得到方家与广大读者的关爱和赐教。

曾宪义

2005 年

改版前言

《法律文化研究》自 2005 年至 2010 年已经出版六辑。时隔三年，我们改版续发，原因是多方面的。

《法律文化研究》停发最为直接的原因是主编曾宪义教授的不幸去世。此外，近年来我本人新增的“做事”迟疑与拖沓的毛病也是这项工作停顿的原因。

2004 年我调入中国人民大学不久，曾老师告诉我他有一个计划，就是用文集的方式整合全国法史研究的资源，展示法史研究成果。不久曾老师就联系了中国人民大学出版社并签订了六辑出版合同。后来，作为教育部重大攻关项目“中国传统法律文化研究”（十卷）的首席专家，曾老师明确将年刊与《百年回眸——法律史研究在中国》定位为重大攻关项目的配套工程。

在确定文集的名称时，曾老师斟酌再三，名称由“中国传统法律文化研究”改为“传统法律文化研究”，再改为“法律文化研究”。对此，曾老师在卷首语《从传统中寻找力量》中解释道：“我们研究的对象是宽阔的，不只局限于‘法律史’，从文化的角度，我们要探讨的甚至也不仅仅是‘法’或‘法律’。我们的研究对象包括法的本身与产生出不同模式的法的社会环境两个方面。因此，我们在考察法律的同时，要通过法律观察社会；在考察社会时，要体悟出不同国家和地区的法律特色之所在，以及这些特色形成的‘所以然’。”

时光荏苒，转眼近十年过去了，当时我所感受到的只是曾老师对法史研究抱有的希望，而今天再读“卷首语”中的这段话，则更感到曾老师对法史研究方向或“出路”的深思熟虑。

感谢学界同人的支持与关注，《法律文化研究》自出版以来得到各位惠赐大作与坦诚赐教。近十年来“跨学科”、“多学科”研究方法的运用，已然使曾老师期冀的法律文化研究“不只局限于‘法律史’”的愿望正在逐步成为现实，而唯有如此，“法律史”才能与时俱进，在学术与现实中发挥它应有的作用。我本人在编辑《法律文化研究》的过程中，在跟随曾老师的学习中，也认识到“学科”应是我们进入学术殿堂的“方便门”，而不应是学术发展的桎梏，研究没有“领地”与“边界”的限制，因为研究的对象是“问题”，研究的目的是解决学术和实践中的问题而不只是为了在形式上完善学科。

为此，在《法律文化研究》再续时，我与学界一些先进、后锐商议，用一个更为恰当的方式反映法律文化研究的以往与现实，于是便有了这次的改版。改版后的《法律文化研究》，不再设固定的主编，每辑结合学术前沿集中于一个专题的研究，由专题申报者负责选稿并任该辑主编，每一辑都力求能反映出当前该专题研究所具有的最高学术水准与最新研究动向。每辑前言由该辑主编撰写“导读”，后附该辑专题研究著作与论文的索引。这样的形式不仅可以使研究集中于目前的热点、难点问题，而且可以使更多的学者在《法律文化研究》这个平台上发挥作用。

编委会与编辑部的工作机构设于中国人民大学法律文化研究中心与曾宪义法律教育与文化研究基金会。希望改版后的《法律文化研究》能一如既往地得到学界的赐稿与指教。

马小红
初稿于2013年仲夏
再稿于2014年孟春

目 录

第三编　观点争鸣

主编导读

赵　晶[*]

关于敦煌、吐鲁番所出的汉文“法律”或“法制”文献，百余年来，学界已积累了相当宏富的研究成果。这些成果大致可以分为文献整理和拓展研究两大类。前者是指对文本概况的描述、文字的录补校订、名称与年代的推定、残片的缀合等；后者是指立足于文献所展开的各种主题研究，如唐代各种法律形式的关系、《唐律疏议》制定年代、唐代法制在边陲的实践状况等。由于篇幅所限，本专辑的关注点主要在于前者，即文献整理的基础性研究。

迄今为止，这一领域的集成性文献整理成果已有六种，逐一开列如下。

Yamamoto Tatsuro, Ikeda On, Okano Makoto co-edit, *Tun-huang and Turfan Documents concerning Social and Economic History*, Ⅰ *Legal Texts*, (A) Introduction & Texts, (B) Plates, The Toyo Bunko, 1980, 1978.

刘俊文：《敦煌吐鲁番法制文书考释》，中华书局，1989。

唐耕耦、陆宏基编《敦煌社会经济文献真迹释录》（第二辑），全国图书馆文献缩微复制中心，1990。

唐耕耦主编《中国珍稀法律典籍集成》甲编第三册《敦煌法制文书》，科学出版社，1994。

吴震主编《中国珍稀法律典籍集成》甲编第四册《吐鲁番出土法律文献》，科学出版社，1994。

---

* 赵晶，中国政法大学法律古籍整理研究所副教授，德国明斯特大学汉学系洪堡学者（Research Fellow of the Alexander von Humboldt Foundation in Münster University）。

Yamamoto Tatsuro, Ikeda On, Dohi Yoshikazu, Kegasawa Yasunori, Okano Makoto, Ishida Yusaku, Seo Tatsuhiko co-edit, *Tun-huang and Turfan Documents concerning Social and Economic History*, Ⅴ *Supplements*, (A) Introduction & Texts, (B) Plates, The Toyo Bunko, 2001.

至于这六种成果所收文献的数量与范围，可参考表1。

表1 六种集成性成果的概况

<table>
<tr><td colspan="2">文献类别</td><td>Tun-huang and Turfan Documents concerning Social and Economic History, Ⅰ, Ⅴ</td><td>《敦煌吐鲁番法制文书考释》</td><td>《敦煌社会经济文献真迹释录》（第二辑）之（五）《法律文书》</td><td>《中国珍稀法律典籍集成》甲编第三册《敦煌法制文书》</td><td>《中国珍稀法律典籍集成》甲编第四册《吐鲁番出土法律文献》</td></tr>
<tr><td colspan="2">法典类</td><td>律、律疏、令、格、式、令式表，计22+6件</td><td>律、律疏、令、格、式、令式表，计28件</td><td>律、律疏、令、格、式、令式表，计24件</td><td>律、律疏、令、格、式、令式表，计20件</td><td>法典，计8件</td></tr>
<tr><td rowspan="2">文书类</td><td>公文书类</td><td></td><td>制敕文书，计4件
牒，计3件
案卷，计11件</td><td rowspan="2"></td><td rowspan="2">诏书，计2件
告身、公验和判凭、申诉、请求等牒状，计67件
户籍、田制、赋役、军事、团保制等文书，计44件
沙州敦煌县行用水细则与渠人（社）转帖，计19件</td><td rowspan="2">案卷附辩辞，计63件
制敕文书，计46件
启奏，计12件
牒状，计100件
条抄，计52条
籍帐，计54件
契券，计134件
其他，计17件</td></tr>
<tr><td></td><td></td><td></td></tr>
</table>

续表

文献类别		*Tun-huang and Turfan Documents concerning Social and Economic History*, Ⅰ, Ⅴ	《敦煌吐鲁番法制文书考释》	《敦煌社会经济文献真迹释录》（第二辑）之（五）《法律文书》	《中国珍稀法律典籍集成》甲编第三册《敦煌法制文书》	《中国珍稀法律典籍集成》甲编第四册《吐鲁番出土法律文献》
文书类	私文书类				社邑文书，计80件	
					契据，计136件	
					各种账目和有关牒状及凭据，计52件	
					驼马牛羊牧算会牒状及凭据，计11件	
					僧官告身和寺职任免，计14件	
					度牒、戒牒及有关文书，计25件	
					寺院行事文书，计34件	
					僧尼籍，计9件 寺户文书，计5件	
					表、书、启、牒、状、帖，计52件	
判集		3+3件	4件	5件	5件	4件

由表1可知，在不同学术脉络下，“法律”与“法制”的内涵、外延并不一致，学者对“文献”与“文书”的理解也未尽相同，所以集成性成果就呈现出不同的面相。如日本出版的两种成果，以“legal texts”为名，所收的文献限于法典与判集，并不包括公、私文书；而中国出版的三种成果（《真迹释录》除外），在法典与判集之外，或多或少都收录了公、私文书。

之所以如此，是因为日本学界对“文书”有特别的界定。所谓“文书”，是指由一方当事人向另一方表达意思的书面文字载体，若其所生效力与作用皆已消灭，成为过去，那么便可称之为“古文书”。[①] 如仁井田陞的《唐宋法律文书研究》被目为“中国古文书学体系化之最初尝试”。[②] 该书分为三编：第一编为通论，涉及法律文书的源流、材料、画押、手印、印章等问题；第二编为私法关系文书，共分买卖文书、交换文书、施入文书、消费借贷文书、使用借贷文书、赁贷文书、雇佣文书、承揽文书、票据、赔偿文书、离婚状（休书、离书）、养子文书、家产分割文书、遗言状、户籍等十五类；第三编为公文书，分告身、铁券、国际盟约文书、教（附：牒）、符、过所及公验等六类。[③] 在仁井田氏的意识中，“法律文书”并不包括法典与判集。所以池田温曾总结道：“本来敦煌文献也被称作‘敦煌写本’、‘敦煌文书’、‘敦煌遗书’等，这些用语大致都具有同样意思。……‘文书’一词在历史的史料学和古文书学中，是有别于书籍的带有限定的专门用于记录的意思（是有特定发信人和收信人）的文件，因此对包含有典籍、文书、记录在内的敦煌资料，比起称作‘文书’来，使用‘文献’的通称更好一些。”[④]

但在中国的学术语境中，这种文献与文书的划分意识并不明确，[⑤] 因此表1所见刘俊文、唐耕耦都使用了“法制文书”或“法律文书”的概念。其实，从严格的意义上说，“法制文书”与“法律文书”也存在区别。这其实就涉及“法制史”与“法律史”的名相之争，如有人认为“法制史”是“法律与制度的历史”，研究范围涵盖刑事、民事、行政等法律规范（“法律”）以及其他一切典章制度（“制度”），所以“法制史”的范围大于“法律史”；也有人认为“法律史”涵盖“法律制度史”（法制史）

① 笹目蔵之助：《古文書解読入門》，新人物往来社，1979，第10页。

② 竺沙雅章：《中国古文書学の現段階》，《書の日本史》第九卷《古文書入門花押·印章総覧 総索引》，平凡社，1977，第126页。又，关于日本的中国古文书学研究史，可参见赵晶《论日本中国古文书学研究之演进——以唐代告身研究为例》，载早期中国史研究会编《早期中国史研究》第6卷第1期，2014，第113~141页。

③ 仁井田陞：《唐宋法律文書の研究》，東方文化学院東京研究所，1937。

④ 池田温：《敦煌文书的世界》，张铭心等译，中华书局，2007，第41~42页。

⑤ 近年来，中国学者也开始提倡“中国古文书学”。如徐义华等：《“中国古文书学”的创立——中国社会科学院历史研究所学者笔谈》，《文汇报》2012年10月29日C版（11版）。黄正建：《中国古文书学的历史与现状》，《史学理论研究》2015年第3期，第135~139页；《关于“中国古文书学”的若干思考》，《中国史研究动态》2018年第2期，第46~50页。

与“法律思想史”，因此范围更大。[①]

如果我们认同“法制”是“法律与制度”的简称，那么在诸多概念中，“法制文献”的范围最为广阔，可以涵盖法典、判集以及公、私文书等；而“法律文献”的范围无疑就变得相对狭窄，即仅指与法律规范直接相关的文献，最为典型的就是律、令、格、式等法典。

有鉴于此，本专辑的自我定位与遴选论文的标准有以下两条。

第一，以“法律文献”的基础研究为对象，凡是超出“法律文献”范围的基础研究成果，或是立足“法律文献”的法制史研究，皆不在本专辑的收录范围之内；

第二，收录未见于上述六种集成性成果的新文献，使本专辑也在一定意义上成为第七种集成性成果。

此外，既然本篇名为“导读”，那么其主要针对的读者群体应该是对这一领域相对陌生的人，所以以下的叙述主要侧重于介绍这一领域的基本行情与研究范式，或许有助于初学者简捷地了解本专辑乃至这一领域的概况。

一 初窥门径

进入一个学术领域，第一步要做的就是努力掌握基本的学术行情，了解本领域内哪些学人的动态必须密切追踪、哪些论著必须精读、对于某一问题的研究已经到了何种程度、当下的研究热点又是什么。唯有如此，才能明确自身研究的起点，从而避免重复研究。在这个方面，日本学界有良好的学术传统，[②] 本专辑第一部分所收两篇学术史综述，皆出自日本学者之手。

第一篇《敦煌、吐鲁番所发现的唐代法制文献》由池田温与冈野诚执笔，发表于1978年，这是学界第一次系统回顾敦煌、吐鲁番出土法律文献的学术史。东洋文库同年出版了山本达郎、池田温、冈野诚三人合编的《敦煌吐鲁番社会与经济文献》第一卷“法律文献”的图版

① 参见黄源盛《中国法史导论》，元照出版有限公司，2012，第6～8页。

② 中国学者也有相关作品，如李锦绣《敦煌吐鲁番文书与唐史研究》，福建人民出版社，2006，第397～404页。

〔*Tun-huang and Turfan Documents concerning Social and Economic History*, Ⅰ *Legal Texts*, （B） Plates〕，两年后又出版了该卷的释文与英文解说〔*Tun-huang and Turfan Documents concerning Social and Economic History*, Ⅰ *Legal Texts*, （A） Introduction & Texts〕，可见该文是这一文献集成工作的阶段性成果。

通过阅读该文，我们至少可以获得以下三个层面的学术信息。

第一，文本本身。对于每一种文献，该文都列出了相关研究的详细信息以及最新的录文与校勘，其中相关信息包括其照片见于何处、有哪些学者予以录文、其学术争论点何在、尚有哪些待解之疑等，既便于读者按图索骥，也提示了未来研究的方向。而且其中所涉部分争论，迄今仍未得到完全解决，亦是当下研究的起点所在。在当时尚未出版集成性的文献整理成果的背景下，这些学术归纳显得尤为宝贵。

第二，研究主题。该文对于某种文献的介绍也未停留于文本本身，而是努力地从中挖掘出可供深入探究的法制史问题。如敦煌本《律》、《律疏》与传世本《唐律疏议》的差异，自然可引申到《唐律疏议》的制作年代问题；在《户部格》残卷中，每条格文皆以“敕”字开头、末端记载发布年月日，这就与《神龙散颁刑部格》的体例不同，唐格形态的问题由此浮现出来；从《东宫诸府职员令》残卷与《公式令》残卷，就可拓展至唐令复原、日唐令比较的研究，进而探究日本法典的渊源；至于该文的结尾关注法典抄写、法律普及与传播等项，就进一步关涉中央王朝的法制在地方实施与推进的问题。总之，该文不断地提醒读者，我们不应止步于文献研究本身，而要不断思考如何将关注点上升至唐代法制史、日本古代法制史甚至比较法制史的层面。①

第三，方法论。通过阅读该文，我们可以清晰地看到敦煌文献利用方法的阶段性变化。在敦煌文献研究的起始阶段，学者的目光聚焦在“典籍”，而数量不多的法典类文献作为典籍的一个组成部分，至少有两项学术价值引起了学者们的关注：其一，《律》与《律疏》可与传世本《唐律疏议》进行对校，将它们之间的字句不同归结为不同时代的立法变化；其二，唐代的令、格、式皆已佚失，敦煌本无疑提供了未见于传世文献的新

① 关于日本学者将敦煌文献用于唐代法制史研究的学术史梳理，亦可参见辻正博《草創期の敦煌学と日本の唐代法制史研究》，载高田時雄编《草創期の敦煌学》，知泉書館，2002，第149～165页。

讯息。然而，随着科技的进步，学者对于敦煌文献的利用手段，从一开始需要个人亲赴收藏地进行抄写或拍照，其他学者只能相信抄写者的录文或私下传阅零散的照片，发展到后来有系统地进行目录整理、成套地制作缩微胶卷；其学术关注点也发生部分转移，如对于捺印、笔迹、书风、纸张质地、纸背利用，以及抄本所见正文、注文的分别与疏文所用大、小字等书式，这些自然是与日本的中国古文书学的发展演进密切相关的。[①]

总而言之，该文的意义在一定程度上已经超越了单纯的“学术史综述”，提供了极为丰富的信息，值得一再捧读。

第二篇《敦煌、吐鲁番出土唐代法制文献研究之现状》由辻正博所撰，发表于2012年，虽然其内容上溯至20世纪80年代，但重心是在2001年以后学界对于新见敦煌、吐鲁番法律文献的研究。如前所述，之所以将2001年作为断限，是因为东洋文库在当年出版了《敦煌吐鲁番社会与经济文献》第五卷“补遗”的释文、英文解说与图版〔*Tun-huang and Turfan Documents concerning Social and Economic History*，Ⅴ *Supplements*，（A）Introduction & Texts，（B）Plates〕。

该文至少提供了以下几个方面的有益信息。

第一，如前所述，中、日学界三十余年来出版了六种敦煌、吐鲁番所出法律文献的集成性成果。该文结合敦煌、吐鲁番文献整体图录的公布与出版进度、各种集成性成果收录标准的异同，逐一比较、分析这六种成果所收文献范围的不同，有利于研究者迅速找到某一文献的数种录文及相应的图版。

第二，在2001年以后，研究者或是陆续发现了一些法律文献的残卷，或是根据目前积累的研究经验，修改了以往对某些文献的定名，又或是针对某一种新见文献的定名展开争论。该文逐一列举了不同文献群（以收藏地为类别标准）中的新见法律文献，详细介绍了相关研究成果及学术观点，并且结合既往的集成性成果，将2012年以前所知的律、律疏、令、格、式、格式律令事类、职官表、判集等文献信息勒为一表，极便于学者利用。

第三，学术史综述的撰作不仅需要尽可能全面地搜罗研究信息，将相

① 赵晶：《论日本中国古文书学研究之演进——以唐代告身研究为例》，载早期中国史研究会编《早期中国史研究》第6卷第1期，2014，第113~141页。

关学术观点分门别类地进行整理归纳，而且更能表现撰作者眼光的是，对针锋相对的观点进行优劣剖析与判断，甚至提出自己的独到看法。该文在概述雷闻有关《礼部式》残卷的考订意见之后，又提出了该残卷可能是《库部式》的推测，这就已经从单纯的学术史总结上升为具有研究性质的学术判断了。

总之，将辻文与前述池田、冈野文合读之后，我们就能基本掌握一个多世纪以来中外学界有关敦煌、吐鲁番汉文法律文献的研究行情，若想进一步了解某些具体问题，也可按照这两篇文章所提供的学术信息，去寻找相应的论著。

二 登堂入室

学术史综述的首要意义在于提供全面的研究信息，让大家各取所需，找到自己感兴趣、想要深耕的主题。然而，我们不能仅仅满足于了解行情，更应该通过精读一些个案研究，探知这一领域学术积累的深浅，掌握基本的学术规范与行文思路。以下将按照文献种类，逐一概述本专辑第二部分所收的各篇论文。

（一）律与律疏

律与律疏是敦煌、吐鲁番所出法律文献中分量最大的一类文献。在前述辻文所附表格的基础上，加入 2012 年以来的相关研究成果并略作订正，我们可以将这类文献的相关情况勒为表 2（下文各表皆如此，不再重复说明）。

表 2 律与律疏

<table>
<tr><th></th><th>文献序号</th><th>法制文献名（内容）</th></tr>
<tr><td rowspan="4">律</td><td>Дx. 01916
Дx. 03116
Дx. 03155</td><td>名例律（6 条，“十恶条”）</td></tr>
<tr><td>S. 9460Av</td><td>名例律（6 ~ 7 条，“十恶条”“八议条”）</td></tr>
<tr><td>Дx. 01391</td><td rowspan="2">例律（44 ~ 50 条）</td></tr>
<tr><td>* Дx. 08467</td></tr>
</table>

续表

	文献序号	法制文献名（内容）
律	P. 3608 P. 3252	职制律（9~59 条）、户婚律（1~33 条、43~46 条）、厩库律（1~4 条）
	BD16300	职制律（39~41 条）
	* Дx. 11413v	厩库律（17~19 条）
	大谷 8098	擅兴律（9~10 条）
	TⅣK70－71（Ch. 991）	擅兴律（9~15 条）
	IOL Ch. 0045	捕亡律（16~18 条）
	* LM20－1457－20－01 ** 大谷 5152 大谷 5098 大谷 8099	贼盗律（46~48 条）
	大谷 4491 大谷 4452	诈伪律（1~2 条）
	* Дx. 09331	断狱律（3 条）
	** LM20－1452－35－05	律
	** LM20－1509－1625	断狱律
律疏	P. 3593	名例律疏（6 条，“十恶条”）
	BD06417	名例律疏（17~18 条，《律疏卷第二》）
	* LM20－1509－1570 * LM20－1507－988 * LM20－1507－1176 ** LM20－1493－04－01	名例律疏（27~28 条）
	73TAM532：1/1－1、1/1－2	名例律疏（55~56 条）
	P. 3690	职制律疏（12~15 条）
	S. 6138	贼盗律疏（1 条）
	* BD01524v	杂律疏（38 条）
	羽 20	杂律疏（55~59 条）

说明：标*者，未收入《敦煌吐鲁番社会与经济文献》第一、第五卷，但已见于辻文；标**者，为辻文所无，根据陈烨轩《新发现旅顺博物馆藏法制文书考释》补。

在本专辑第二部分所收论文中，与律、律疏相关者凡五篇，也是数量最多的一类研究，这与文献存量恰成正比。以下逐一进行述评。

史睿《新发现的敦煌吐鲁番唐律、唐格残片研究》涉及俄罗斯科学院东方研究所圣彼得堡分所藏《律》残片2件（Дх. 09331、Дх. 11413v）、中国国家图书馆藏《律疏》残片1件（BD01524v的裱补纸）。我们不妨以该文为范本，来学习和掌握敦煌、吐鲁番文献研究的几个基本步骤。

第一，根据图版过录文字。由于抄写目的不同，写本就会产生精、粗之别。若是官方精写本，字体工整、书法优美，文字也易于识读；若是民间抄写本（尤其是习字），则字体相对潦草，给辨识增加了难度。

由于敦煌、吐鲁番所出的大部分法律文献都没有留存明确的标题，无法直接告诉我们它们究竟是律、律疏还是令、格、式等，在过录完文字之后，就需要进行第二步的定名工作。

第二，依据这些残存的文字推测其文献归属，为其定名。这步工作在面对不同文献归属时会有不同的后续要求。

①其文字所属的文献有传世文本，如律与律疏的残存文字基本上能在《唐律疏议》中找到相应的位置，如史睿将Дх. 09331、Дх. 11413v、BD01524v分别判定为《唐律·断狱律》《唐律·厩库律》《唐律·杂律疏》；又或是这些文字归属的文献已经佚失，但在其他史籍中有只鳞片爪的记载，且明确标明了来源，如P. 2507之所以被定名为“水部式”，是因为罗振玉在《白氏六帖事类集》中找到了部分对应文字，且有来源说明。

②其文字在传世文献中找不到一一对应的记载，或是有类似记载，但不明其来源。如此，研究者就需要通过对各种旁证的讨论，推测其来源，并为其定名。目前有关“令”“格”“式”“格式律令事类”等文献的定名，大多属于这一种情况。

由于很多都是残片，存在上下或左右部分的残缺，一旦在传世文献中找到其来源或相近的记载，那么就需要进行第三步的补录工作。

第三，依据传世文本补足残缺的文字。这个工作看似简单，但如果遇到几个残片需要缀合、拼接的情况，就显得相当繁复。当然，如果遇到残存文字与传世文本有异，就需要判断这究竟是抄写、流传时产生的讹误，还是因法律修改导致的文字改变。如史睿对Дх. 11413v《唐律·厩库律》残片与《唐律疏议》所存的文字差别进行了详细考察，最后断定是残片有所脱漏或衍文，而非不同时代律条的差异，可见其谨慎。

当然，这项工作还牵涉对文献上每行文字的字数估算问题，如果是官方写本，必然遵循一定之规，由此进入第四步的书式考察环节。

第四，根据图版考察其字体风格、抄写是否遵循平阙规则、法律条文之间是否换行抄写、条文起首是否与同条的下几行文字等齐、有无特殊的条文起首标识等。如史睿认为Дx. 09331《断狱律》残片为楷书，是唐代官文书常见字体，但复原后每行为14～15字，与标准的唐代法制文献每行16字不符；Дx. 11413v《厩库律》残片所载的每个条文都连续抄写，字体不佳，这与其他律与律疏抄本书写工整、每条律文另起一行等形态不同，似乎是一个习字文本；BD01524v《杂律疏》残片每行16字，字体方正、间距疏朗，虽然其字数与李盛铎旧藏《杂律疏》相同，但后者字体稍扁，与唐初写本相近，二者并非同一时代的写本。

其实，这就涉及对法律文献的年代推定问题，即由书式、文字、避讳或所载官名、地名、印章等判断书写年代，从而推测该残片所载的法律属于唐代哪个时期的立法、不同时期的法律有何差异；又如由书式来推定其官、私属性，从而归纳唐代各种法律形式的书写格式，为判断某些写本残片的文献归属与定名提供旁证。在一定意义上，这种研究其实已经开始超越文献的基础整理层面，触及唐代法制史研究的一些基本问题。

过正博《俄罗斯科学院东方文献研究所藏〈唐名例律〉残片浅析》与陈烨轩《新发现旅顺博物馆藏法制文书考释》也是通过上述几个步骤，分别为我们介绍了俄藏《律》残片1件（Дx. 08467）与旅顺藏《律》残片2件（LM20－1452－35－05、LM20－1509－1625）、《律疏》残片1件（LM20－1493－04－01）、“大谷文书”中的《律》残片1件（大谷5152）。其中，由于LM20－1452－35－05仅残存“流三千里”“徒一年半”2个残行，而这类刑罚罚则未必仅见于律或律疏，陈烨轩也在行文中宣称“没有能够在今传本中找到相应的段落”，因此这一残片所载内容是否为律条，或许未可论定。[1]

冈野诚《新介绍的吐鲁番、敦煌本〈唐律〉〈律疏〉残片》共分为三个部分，发现了未被以往学者注意的两个残片，并商榷了既往的两个观

① 赵晶：《敦煌吐鲁番文献与唐代法典研究》，《中国社会科学报》（历史版），2018年5月21日。

点、回答了一个未解的问题。

第一，围绕旅顺博物馆藏 LM20 - 1509 - 1570、LM20 - 1507 - 988、LM20 - 1507 - 1176[①]《名例律疏》残片：冈野氏将此前未被定名的 LM20 - 1509 - 1570 判定为《名例律疏》残片，且认为该残片与 LM20 - 1507 - 988、LM20 - 1507 - 1176 来自同一个抄本，这是该文的第一个发现。而他所商榷的第一个观点也是围绕这三件残片而来：荣新江在给刊布后两个残片照片的《旅顺博物馆藏新疆出土汉文佛经选粹》撰写的书评中提到，这两个残片“字体工整，当为官颁精抄写本”。[②] 冈野氏则认为，这些残片并无栏线、全部接排书写，且是用较快的笔法写成，应是某个地方官员为自己使用而抄写的开元刊定本。

第二，围绕中国国家图书馆藏 BD01524v 的《杂律疏》残片：前述史睿文已对此做出了考释，但冈野氏的第二个发现是，BD01524v 的裱补纸有两块，史氏仅处理了其中一块，而且他认为另一块也是《杂律疏》残片，两块可直接缀合。至于他所商榷的第二个观点，则是史氏在前文中提到的李盛铎旧藏《杂律疏》残卷为唐初写本，冈野氏重申了日本学者既往所持的《开元律疏》说。

第三，围绕旅顺博物馆藏 LM20 - 1457 - 20 - 01《贼盗律》残片：这一残片由荣新江率先发现并予以定名，但他在文章也指出，自己并非法制史专家，无法解释该残片所存“流二千里卖子孙及已妾”一句未见于传世本《唐律疏议》的原因。[③] 冈野氏对此的推测是，该残片所载是《永徽律疏》的内容，从永徽到开元之间，因为法律的修改，以《开元二十五年律疏》为底本的传世本《唐律疏议》在律文、注文、疏文上皆有变化。对于这一解释，荣氏曾予以积极评价：“这也正是笔者希望法制史专家在文献整理的基础上所做的工作。”[④]

① 冈野诚原文所引文书号依次为 LM20_1509_1570_2、LM20_1507_988、LM20_1507_1176_4，现据陈烨轩所提供的最新编号改。

② 荣新江：《书评〈旅顺博物馆、龙谷大学共编《旅顺博物馆藏新疆出土汉文佛经选粹》〉》，载季羡林、饶宗颐主编《敦煌吐鲁番研究》第 10 卷，上海古籍出版社，2007，第 412 页。

③ 荣新江：《唐寫本の〈唐律〉、〈唐禮〉及びその他》，森部豐译，《東洋学報》第 85 卷第 2 號，2003，第 156 ~ 162 页。

④ 荣新江：《唐写本〈唐律〉、〈唐礼〉及其他》，《文献》2009 年第 4 期，第 7 页。

至于赵晶《中国国家图书馆藏两件敦煌法典残片考略》的前半部分，则对《中国国家图书馆藏敦煌遗书》第146册所载BD16300《职制律》残片的缀合照片进行了补正。我们也可以从该文的学术史梳理部分了解一些缀合残片的方法，如为了找到可以缀合、拼接的残片，需要通过释读文字，找到内容的相关性，然后核查纸张材质、书写风格以及纸背内容的一致性等。有时，残片另一面所存内容的相关性也会成为缀合的直接线索。如BD16300《职制律》一开始是由三块丽字85号《目连救母变文》背面的裱补纸拼接而成，而冈野诚发现丽字85号可与霜字89号进行缀合，于是又在霜字89号背面发现了另外两块《唐律》残片。

（二）令

P. 4634 + P. 4634C_1 + P. 4634C_2 + S. 1880 + S. 3375 + S. 11446《东宫诸府职员令》在其卷末标有“令卷六 · 东宫诸（府职员）”，所以该残卷的定名较少争议，[①] 学界此前的努力在于缀合、拼接；又因为存在日本《养老令 · 公式令》与《司马氏书仪》所载元丰《公式令》等文献可资比对，P. 2819《公式令》的定性亦无问题。随着吐鲁番文献的进一步整理，近年来又出现两篇关于唐令残片的论文。

表3　令

	文献序号	法制文献名（内容）
令	P. 4634	东宫诸府职员令（《令第六》。永徽二年）
	S. 1880	
	S. 3375	
	P. 4634C_1	
	S. 3375	
	S. 11446	
	P. 4634C_2	
	P. 2819	公式令（存6条）

① 高明士认为“诸”字应释为“王”，而此残卷应定名为“东宫王府职员令”。参见高明士《唐“永徽东宫诸府职员令残卷”名称商榷》，载徐世虹主编《中国古代法律文献研究》第7辑，社会科学文献出版社，2013，第225～235页。

续表

	文献序号	法制文献名（内容）
令	* LM20 - 1453 - 13 - 04	户令（存3条。开元三年）
	** 大谷 Ot. 3317	医疾令（存2条。开元二十五年）
	** 大谷 Ot. 4866	丧葬令（存1条）

注：标*者，为辻文所无，根据田卫卫《旅顺博物馆藏唐户令残片考》补；标**者，为辻文所无，根据刘子凡《大谷文书唐〈医疾令〉〈丧葬令〉残片研究》补。

刘子凡《大谷文书唐〈医疾令〉〈丧葬令〉残片研究》更正了《大谷文书集成》《吐鲁番文书总目（日本卷）》对两件残片的定名，将被误定名为“文学关系文书（诸子）断片”的大谷 Ot. 3317 文书判定为《医疾令》残片，将被误定名为“佛典片”或“佛典小残片”的大谷 Ot. 4866 文书判定为《丧葬令》残片。

虽然前者仅存“合药供御”条、“太医署每岁合药”条的五行残文，后者仅存《丧葬令》“引披铎翣挽歌”条的一行残文，但是它们对于唐令复原确有一定的学术意义。首先，前者足可证明两条《丧葬令》前后相续，从而摆脱了既往研究无法确定这几条令文排序的困境；其次，二者虽然所存字数不多，但部分文字十分关键，由此可以回答部分文句究竟是唐令正文还是注文的疑问。

田卫卫《旅顺博物馆藏唐户令残片考——以令文复原与年代比定为中心》亦是从《旅顺博物馆藏新疆出土汉文佛经选粹》已刊布的图版中检出 LM20_1453_13_04 残片，将它推定为唐《户令》三条残文，进一步完善了唐令的复原文句。

不过，田氏将该残片判定为《开元三年令》，则略显武断。其实，其理据只有一条，即残片所存第三条《户令》中的“寡妻妾”三字，未见于《通典》所载的《开元二十五年令》，但见于日本《养老令》，因为日本学者认为《养老令》带有唐《开元三年令》的影子，所以整个残片所载唐令就被认为是《开元三年令》。然而，该文在推论残片所载第二条《户令》的年代时，就曾说“《通典》引唐令有时是部分摘引，我们不能因为《通典》没有抄录齐全，就认为《开元二十五年令》也没有相应的文字”，既然如此，《通典》所载《开元二十五年令》没有“寡妻妾”三字，并不能排除该残片是《开元二十五年令》的可能性。

（三）格

P. 3078 + S. 4673《神龙散颁刑部格》卷首标有“散颁刑部格卷”，直截了当地表明了它的文本属性，而且印证了传世文献对于唐格分“散颁”与“留司”两类的记载。但是由于其条文并非被分别厘入“刑部”“都部”“比部”“司门”刑部四司之下，而是仅在残卷第三行列出四司之名，这就引发了学界的各种猜测。如刘俊文认为这或许是《散颁格》与《留司格》的区别所在，[①] 高明士认为唐格篇名本来便是如此，[②] 滋贺秀三认为这是一种非忠实于原本的私抄本，[③] 而赵晶曾推测，在唐代中前期，唐格篇目处于变动状态，或许《神龙散颁格》正是一种向二十四司为篇演化的过渡性文本。[④]

当然，引起更多争论的，还是目前所见这些唐格残卷与传世文献所载唐格条文所体现出来的体例差别（详下），而这些体例也在很大程度上成为推定残卷文本属性的重要依据。

表 4　格

	文献序号	法制文献名（内容）
格	P. 3078 S. 4673	散颁刑部格（存 18 条。神龙二年）
	S. 1344	户部格（存 18 条，开元前格。开元三年）
	BD09348	户部格（存 5 条，开元新格。开元二十五年）
	* BD10603	户部格（开元新格。开元二十五年）
	T Ⅱ T. Ch. 3841	散颁吏部格（存 6 条。太极中）
	P. 4745	吏部格（或吏部式）（存 3 条。贞观或永徽中）
	* 大谷 8042 * 大谷 8043	祠部格残片

说明：标 * 者，未收入《敦煌吐鲁番社会与经济文献》第一、第五卷，但已见于迁文。

① 刘俊文：《唐代法制研究》，文津出版社，1999，第 147 页。
② 高明士：《律令法与天下法》，五南图书出版有限公司，2012，第 149 页。
③ 滋賀秀三：《中国法制史論集——法典と刑罰》，創文社，2003，第 78 页。
④ 赵晶：《唐代〈道僧格〉再探——兼论〈天圣令·狱官令〉“僧道科法”条》，《华东政法大学学报》2013 年第 6 期，第 132 ~ 135 页；后收入氏著《〈天圣令〉与唐宋法制考论》，上海古籍出版社，2014，第 144 ~ 147 页。

前述史睿《新发现的敦煌吐鲁番唐律、唐格残片研究》的后半部分根据既往研究，总结了目前所见敦煌、吐鲁番所出的唐格文献有三种书写格式：第一是每条起首以“—”为标志，末尾无诏敕颁布日期，如 P. 3078 + S. 4673《神龙散颁刑部格》；第二是每条以敕字起首，各条分行书写，诏敕颁布日期略低几格另行书写，如 S. 1344《开元户部格》；第三是每条以敕字起首，各条连续书写，诏敕颁布日期写作小字，附注于每条格文末尾，如 TⅡT. Ch. 3841《吏部格》。由于大谷 8042、大谷 8043 两件残片末尾存在着写作小字的日期，所以史氏将它们推定为唐格。

对于该文另外的三个推定，其实学界存在不同的看法，如后述坂上康俊《有关唐格的若干问题》即有专论。

第一，史氏沿袭刘俊文的看法，认为上述第一种唐格书写方式属于散颁格，而第二、第三种属于留司（常行）格。但坂上氏诘问道：既然是留司格，为何会出现在吐鲁番地区？

第二，史氏认为这两件唐格残片所载诏敕颁布日期分别是麟德元年和乾封元年、二年，因此它们可能是《仪凤格》《垂拱格》《神龙格》的其中一种；而坂上氏认为可能性最大的似乎是《垂拱格》。

第三，史氏认为这两件唐格残片涉及佛道和医药之事，所以应该是《礼部格》；而坂上氏则认为是《祠部格》。

（四）式

如果说敦煌、吐鲁番所出法律文献之中，数量最多的是律、律疏，引起学术争论（性质判定）最多的是格、最少的是令，那么此前所见数量最少的应属唐式（如表 5），仅 P. 2507《开元水部式》一种。冈野诚曾对《开元水部式》做过系统考察，结论是：该残卷中的条文有两种书写格式，其一是以“诸”（或“凡”）字开头，顶格书写，并不一定包含特定性名称（指某河渠、关津、桥梁、官署等）；其二是以特定名称开头，以顶格书写为原则，但没有“诸”字。其中，前者是全国性的、通用性的规定，后者则是地方性的、特殊性的规定。① 可惜，这一书写格式的讨论并未给

① 岡野誠：《敦煌発見唐水部式の書式について》，《東洋史研究》第 46 卷第 2 號，1987，第 291 ~ 325 页。

后来所推定的两种唐式残片提供定名的依据。

表5　式

	文献序号	法制文献名（内容）
式	P. 2507	水部式（存约30条。开元二十五年）
	* 2002TJI：043	礼部式（或库部式）（存3条。开元二十五年）
	** BD15403	宿卫式（存2条。神龙或开元中）

说明：标*者，未收入《敦煌吐鲁番社会与经济文献》第一、第五卷，但已见于辻文；标**者，为辻文所无，根据赵晶《中国国家图书馆藏两件敦煌法典残片考略》补。

雷闻《吐鲁番新出土唐开元〈礼部式〉残卷考释》率先改变了唐式文献“独一无二”的现状。该文认定2002TJI：043残卷为唐开元《礼部式》的主要理据如下。

第一，从内容上看，它涉及仪刀、绯衫袂、异文袍，皆与朝会仪仗相关。而黄正建曾推测“在唐代，规定冠服制度的基本是《衣服令》，而规定常服制度的主要是《礼部式》”，异文袍属常服，因此这些条文可能是《礼部式》。

第二，从时间上看，它的相关规定体现了开元十一年敕文围绕异文袍所作的修改，因此必然出现在开元十一年之后；而此后仅于开元十九年颁布过《格后长行敕》、于开元二十五年颁布过《式》，因其书写格式不符合前述唐格体例，因此就剩下开元二十五年《礼部式》的可能性了。

赵晶《中国国家图书馆藏两件敦煌法典残片考略》对于BD15403号残片的考订也是采用类似的方法。

第一，从内容上看，它涉及诸卫的仪仗规范，而《唐律疏议》卷七《卫禁律》“已配杖卫辄回改”条疏议曾引用与杖卫相关的《式》文，被此前学者推定为《宿卫式》，因此该残片也可能是《宿卫式》。

第二，从时间上看，它所载录的诸卫之名，体现的是龙朔二年以后、光宅元年以前的制度或神龙元年以后的制度。而龙朔二年以后、光宅元年以前可能并未修“式”，所以该残片可能是《神龙式》、《开元三年式》、《开元七年式》或《开元二十五年式》中的一种。

当然，由于传世的唐式文本实在过少，上述论证基本建立在间接证据的基础上，有待未来新出史料的检证。其中，尤其容易引起争议的是，即使大家都认同该残片是唐式的一部分，但究竟属于唐式的哪一篇，仍然会出现仁者见仁的分歧。因为唐代格、式的篇目主要以尚书省二十四司以及其他寺监机构为篇名，所以目前推定残片所属篇目的方法是：该残片所载条文的内容属于哪个公务机构的职权范围，那么它就属于以该机构为名的格或式篇。然而，部分机构的职能范围有所重叠，这就给推定篇目增加了多种可能性，如前述辻氏认为2002TJI：043残片也可能是《库部式》。就目前而言，谁也没有绝对的证据来确认己说或否定他说。

（五）格式律令事类

因为“格式律令事类”这种文献在传世史籍中仅见其名、未见其例，所以除唐格残卷以外，引起争议较大的就属对这种文献的定名。

表6 格式律令事类

	文献序号	法制文献名（内容）
事类	Дx. 03558	格式律令事类（存3条）
	* Дx. 06521	格式律令事类（存4条）

说明：标＊者，未收入《敦煌吐鲁番社会与经济文献》第一、第五卷，但已见于辻文。

雷闻《俄藏敦煌Дx. 06521〈格式律令事类〉残卷考释》首先提出了敦煌残卷中存在这种文献的可能性，其论证如下。

第一，将该残卷所存朝集使的相关内容与《唐会要》、日本《令集解》进行比对，可推断出，除起首三行外，其余部分由一条开元二十五年的《考课令》、一条开元二十五年的《户部格》、一条开元二十二年的敕所构成。

第二，这种根据内容将相关令、格、敕的条文集中抄写的体例，与传世文献记载的开元二十五年所撰“以类相从，便于省览”的《格式律令事类》完全相合。

第三，根据《新唐书》和《宋史》的《艺文志》，唐代还有《唐开元格令科要》《开元礼律格令要诀》等与《格式律令事类》体例相似的文本，但是这二者在性质上属于私家著述，在内容上仅仅是“科要”“要诀”，皆与本残卷不合，所以可以排除相关的可能性。

从现在来看，上述推断存在两个问题。

第一，如前述辻氏《敦煌、吐鲁番出土唐代法制文献研究之现状》所言，被雷氏推定为开元二十二年敕的条文，其实也可能与前一条格文共享“户部格”之名，即这两条皆是《户部格》。

第二，如后述戴建国《唐格条文体例考》所言，文献所载《格式律令事类》的体例应是“尚书省二十四司总为篇目”，这就是“以尚书省诸曹为之目”的唐格的编纂体例，所以《格式律令事类》应以“格”为中心，依次排列式、律、令等条文。而本残卷关于朝集使的部分，先列出令文，后续以格文，与前述体例未尽相符。

李锦绣《俄藏Дx. 03558唐〈格式律令事类·祠部〉残卷试考》又提供了一种可能是《格式律令事类》的残卷，论证思路与雷氏相同，即将残卷所载内容与传世文献进行比勘，推定第一部分是《主客式》，第二、三部分是《祠令》。

然而，《主客式》与《祠令》的内容似乎并不密切相关，若是考虑“以类相从”的体例，二者可能分别属于不同的“类”，再核之以前述戴氏推定的《格式律令事类》的体例，至少后一部分始于“令”而非“格”，这就令人生疑。

此外，李氏还提醒我们注意《新唐书·百官志》记载了很多未见于《旧唐书》和《唐六典》的百官职掌，需要进一步研究其史料来源。也就是说，虽然《新志》所载的内容是否来源于《格式律令事类》尚待进一步讨论，但其制度性的文字可被用于复原唐代散佚的令、格、式条文，则理应引起我们的高度重视。如就唐令复原的工作而言，《新唐书》因其“文省事增”的编纂特点等，在仁井田陞编撰《唐令拾遗》时仅被引用六次，且其中两处仅将其定位为“参考资料”① 而非“基本资料”，② 但高桥继男、榎本淳一仔细爬梳该书《食货志》《刑法志》《选举志》，从中发掘出

① 此处所谓“参考资料”与“基本资料”，乃《唐令拾遗》对所据史料的一个位阶划分，“基本资料”是复原唐令的直接依据，而“参考资料”则是在根据其他资料复原唐令后，以此为参证的一种史料。参见仁井田陞《唐令拾遺·凡例》，東方文化学院東京研究所，1933，第99页。

② 仁井田陞：《唐令拾遺》，東方文化学院東京研究所，1933，第912、510、695页。

有助于复原唐令的新信息；[①] 在《天圣令》残卷问世以后，吉永匡史又比对了《新唐书·食货志》的记载与《天圣令·田令》唐46、42文字的相似性，再度肯定了《新唐书》对于唐令复原的史料价值。[②]

三 渐入佳境

在掌握了这一领域的基本研究范式之后，我们就可以依循这些思路与方法，去尝试进行独立研究了。独立研究大致可分为立论与破论两种路径，前者是指发现新的文献并予以考释、定名与年代推定，如前述的个案研究；后者则是反思既往的研究成果，对旧的文献提出新的看法。本专辑第三部分设计了两个学术争鸣的主题，所收五篇文章中有四篇涉及反思性的讨论。

（一）关于Дx. 03558

如前所述，《格式律令事类》的体例如何，学界并无统一的认识。如果根据传世文献只鳞片爪的记载来推测，目前所见的两件残卷是否为《格式律令事类》，依然存在可疑之处。尤其是Дx. 03558残卷，一直存在学术争议。

对于这件残卷的研究，始于荣新江和史睿合撰的论文《俄藏敦煌写本〈唐令〉残卷（Дx. 03558）考释》。该文首先依据传世文献对残卷的录文进行推补，由第二、第三条属于《祠令》的判断，反推第一条也是唐令；其次则是推定其年代。相较于前述诸篇相对简单的年代考订，该文颇具说明的示范价值，因此详细条列理据如下。

---

① 高橋繼男：《新唐書食貨志記事の典據史料覺書》（一）、（二）、（三），分别载《東洋大学文学部紀要》第40卷“史学科篇Ⅻ”，1987，第73～102页；《中国古代の法と社会：栗原益男先生古稀記念論集》，汲古書院，1988，第347～367页；《東洋大学文学部紀要》第44卷“史学科篇XⅥ”，1991，第65～94页；榎本淳一：《律令賤民制の構造と特質——付〈新唐書〉刑法志中の貞觀の刑獄記事について》，载池田温编《中国禮法と日本律令制》，東方書店，1992，第292～305页；《〈新唐書〉選挙志の唐令について》，载《工学院大学共通課程研究論叢》第31號，第21～32页。

② 吉永匡史：《軍防令研究の新視點》，载大津透编《律令制研究入門》，名著刊行会，2011，第140～141页。

第一，根据冬至圜丘配帝之制的记载，可将残卷的年代范围限定在贞观十一年至乾封二年之间或开元十一年以后，即为《贞观令》、《永徽令》、《显庆令》（可能始于显庆二年八月十三日）、《麟德令》及《开元二十五年令》的一部分。

第二，据诸太子庙与五龙坛的有无、社稷的地位、五方上帝及日月名称的记载，可以排除《开元二十五年令》的可能。

第三，根据先代帝王、先蚕和释奠出现的年代，可以排除《贞观令》和早期《永徽令》（显庆二年七月十一日以前）的可能。

第四，根据残卷所存尚书礼部所属的“主客”一职，可知它为龙朔二年改易官号之前的条文，而非其后的《麟德令》。

他们由此得出结论，此卷是显庆二年七月以后行用的《永徽令》修订本。

该文的最后一部分推定残卷第一条为《台省职员令》，应为《永徽令》第二篇、列卷三，而第二、三条《祠令》为《永徽令》第八篇、列卷九，而两篇之所以被抄在一起，是因为此卷可能是为了某种目的而摘抄的条目汇编，并非唐令文本本身。

这一观点基本被《敦煌吐鲁番社会与经济文献》第五卷“补遗”所接受，该书将该卷定名为“永徽（显庆）礼抄录（?）”。[1] 此后，李锦绣撰作前述之文，提出质疑。其论点可分为两个层面。

第一，该残卷的第一部分并非《职员令》，且其内容属于广义的宾礼，置于大、中、小祀等之前，不符合唐礼的顺序。而根据《白孔六帖》所载，第一部分是《主客式》的条文。

第二，从残卷所载的内容看，“中官一百五十九座”为开元二十年《新礼》改定之制，所以其上限应是开元二十年；根据史料所载，“日月星辰”在天宝三载二月升为大祀，而在此卷中依然列为“中祀”，所以其下限应是天宝三载。在此期间内，《祠令》只可能是《开元二十五年令》的一部分。

既然残卷所载制度是开元二十五年《祠令》与《主客式》，那么荣氏

---

① Yamamoto Tatsuro, Ikeda On, Dohi Yoshikazu, Kegasawa Yasunori, Okano Makoto, Ishida Yusaku, Seo Tatsuhiko co-edit, *Tun-huang and Turfan Documents concerning Social and Economic History*, Ⅴ *Supplements*, (A) Introduction & Texts, The Toyo Bunko, 2001, pp. 7 - 8.

与史氏所持《永徽令》修订本的判断就难以成立，所以李氏推测这是开元二十五年编成的《格式律令事类》。

这个质疑又引来了荣氏、史氏的驳论，他们的商榷可分为以下三个部分。

第一，针对李氏提出的《主客式》的推测，他们认为《白孔六帖》的标记有误，此条应为《祠部式》。

第二，针对李氏提出的开元二十五年立法说，他们认为“中官一百五十九座”的星数可能在显庆年间已经出现，未必迟至开元二十年。

第三，重申了残卷所见“社稷”位于中祀之首，以“之属”表示列举未尽的模式，残卷所见中祀没有诸太子庙、齐太公，未见“释奠”改为“孔宣父”，小祀没有五龙祠等特征，再次排除此卷所载《祠令》为《开元二十五年令》的可能性。

只是他们修改了此前有关第一条为《台省职员令》的推断，而面对这一并抄《祠部式》与《祠令》的残卷，他们又举出了各司官员抄写与自身职能相关的条文、由此制作法条汇编的活动，亦即该残卷的性质可能与P. 2504《天宝令式表》相似，是一种具有实用性的令式汇编。

就该文的第三部分论证而言，李氏前文其实也有部分推测，如开元二十五年《祠令》之所以没有齐太公与孔宣父，是因为他们可用“释奠”代替。但对于之所以没有五龙祠一项，李氏的解释是开元二十五年《祠令》并未进行补充，相比于补入五龙祠的《大唐开元礼》则显得更为慎重。如果这一论点可以成立，那么该如何解释《唐六典》所载相应文字中的五龙祠呢？当然，荣氏与史氏的驳论也未必全无可疑之处，如该文对“中官一百五十九座”的解释，所以辻正博依然赞同李氏的判断。[①]

（二）唐格的体例

如前所述，关于唐格的体例问题，尤其是围绕 P. 3078 + S. 4673《神龙散颁刑部格》已有诸多讨论。但因为史料有限，诸说皆有相当大的猜测成分。本专辑也收录了两篇专门探讨这一问题的文章，提供了两种解释的

---

① 辻正博：《〈格式律令事類〉殘卷の發見と唐代法典研究——俄藏敦煌文獻 Дx. 03558および Дx. 06521について》，《敦煌寫本研究年報》創刊號，2007 年 3 月，第 82 页注 3。

思路。

坂上康俊《有关唐格的若干问题》认为传世史料所存唐格佚文不足以探讨体例问题，因此他以敦煌、吐鲁番所出的残卷为依据，并把相关残卷所见的体例划分为两大类：

> 甲类以 P. 3078 + S. 4673《神龙散颁刑部格》为代表，特征是：
>
> 1. 逐条列记；2. 不记发布月日；3. 其官名、地名与编纂、施行时期的现行法一致。
>
> 乙类有 S. 1344《户部格》残卷、T Ⅱ T. Ch. 3841《吏部留司格》残片、北京图书馆周 69《户部格》残卷，其特征是：
>
> 1. 以“敕”字开头；2. 记载发布年月日；3. 保留原敕发布时的官名、地名。

他否定了甲、乙类分别是散颁格与留司格的说法，认为后者是唐格的法定体例，而前者可能是神龙年间为消除武周影响、复辟李唐正统而创设出来的一种特殊模式。

除此之外，该文同前述史睿之文一样，也检出了大谷 8042、大谷 8043 号残卷，并推断它们是《垂拱散颁祠部格》；而且他还根据 P. 4978《兵部招募要领》推论，开元以前并非所有未被吸收入格或格后长行敕的单行敕都会丧失效力，《开元二十五年格》所强调的“不入新格式”的前敕一律失效的要求，正是为了避免并消除上述现象。

戴建国《唐格条文体例考》则与坂上氏的思路不同，他立足于传世文献与敦煌、吐鲁番文献，将目前所见的条文体例划分为三：

> 第一，格文起始无“敕”字，末尾不署格文的发布年月；
>
> 第二，格文以“敕”字起始，末尾不署颁布年月；
>
> 第三，格文以“敕”字起始，末尾署有年月。

戴氏参考《庆元条法事类》的体例，即凡正文部分作为敕、令、格、式的“敕”条，皆无颁布年月日，而附载的申明敕则有具体的颁布年月，以开元二十五年修格为例，认为采用上述第一种体例的条文是《开元二十五年格》继承《开元七年格》的部分，采用第二种体例者是开元二十五年新增入格的条文，而第三种则是没有修入唐格但具有法律效力的长行敕。

至于 P. 3078 + S. 4673《神龙散颁刑部格》的条文之所以不冠以“敕”字，是因为原敕条文在入格之时已经立法官的修改加工，并非原貌。

四 结语

本专辑的三个部分实际上展现了综述、立论、破论三种学术路径在这一领域的实践状况。其中，立论与破论部分所围绕的核心主要在于名称与年代的推定。

在敦煌、吐鲁番所出的汉文法律文献中，有关《律》与《律疏》的定名最为简单，因为有传世本《唐律疏议》作为参考对象。至于其他法律形式，由于传世文献的散佚，所以除非残卷上明确标示了名称，如前述 P. 4634 + P. $4634C_1$ + P. $4634C_2$ + S. 1880 + S. 3375 + S. 11446《东宫诸府职员令》残卷、P. 3078 + S. 4673《神龙散颁刑部格》残卷，否则都需要通过各种办法推定其名称、属性。目前所见，方法无非有如下五种。

第一，部分条文在传世文献中有明确的归属说明，如前述 P. 2507《水部式》残卷；又如 S. 1344《户部格》残卷的部分文字在《唐会要》中被标为“户部格”。

第二，部分条文与继受自唐制的宋代或日本法律相似，由此被反推为唐代某种法律形式，如前述 P. 2819《公式令》残卷。

第三，部分条文只能根据传世文献对律、令、格、式的性质解说，以及《唐六典》对中央行政机构的职能界定，推测其法律形式的归属，如 2002TJI：043《礼部式》残卷、BD15403《宿卫式》残片。

第四，部分条文只能比对其他残卷的格式、体例，推测其法律形式的归属，如大谷 8042、大谷 8043《祠部格》残片。

第五，还有一种残卷囊括了两种以上法律形式的条文，所以被推定为开元二十五年编纂的《格式律令事类》，如 Дх. 03558 残卷与 Дх. 06521 残卷。

在上述五种定名方式中，根据第一、二种方式判定的残卷属性很少引起争议，而后三者则见仁见智。

至于年代推定，学者在《律》与《律疏》文献的研究中用力最多，如《律》的残卷分别被推断制定于贞观、永徽、垂拱年间，《律疏》则被断为制定于永徽、开元年间。除 BD06417（旧名为北图河字 15 号）《名例律疏》卷末径直标有奏上年月“开元廿五年六月廿七日”外，其余残卷的年代依据无非是有无避讳改字（如改“诏”为“制”、改“期”为“周”之类）、因制改名（如改“玺”为“宝”）以及是否出现武周新字、书写风格更近哪个时代等。至于令、格、式，则基本采用两种办法。

第一，残卷上明确标记有时间，如《东宫诸府职员令》卷末有撰上时间“永徽二年闰九月十四日”，因此被名为《永徽令》；有的残卷虽然没有明确标记时间，但保留了删定官的信息，如《散颁刑部格》卷首有“银青光禄大夫、行尚书右丞、上柱国臣苏瓌等奉敕删定”，可以据此推知它是《神龙格》；有的残卷上虽然存在部分单行敕的颁布时间，但只能由此推定该残卷的时间上限，还需考虑其他信息才能确定最小的年代范围，唐格残卷在这方面表现得最为典型。

第二，根据制度变化推测年代范围，如 P. 2819《公式令》残卷所见中书令、侍中、左右丞相等属开元官制，且在开元五年以后，因此被推定为《开元七年令》或《开元二十五年令》。该卷的特殊之处还在于，其背面纸缝盖有“凉州都督府印”，但开元十五年以后到开元二十五年定令时，沙州可能归瓜州都督府管辖，如果敦煌文献都是沙州文献的话，那么该残卷所载就是《开元七年令》。[①] 对此，也有学者持不同意见，如中村裕一认为目前还无法排除这一盖有“凉州都督府印”的残卷偶然混入敦煌文献的可能性，因此也无法绝对否定它是《开元二十五年令》。[②]

总而言之，敦煌、吐鲁番汉文法律文献的基础研究充分展现了传世文献与出土文献“互证”的学术路径，以及文献学、古文书学对于避讳、平阙、印章、纸质、书风等的考察方法。虽然限于史料，对于许多问题，迄今还难以提出绝对有效的直接证据，但这些研究与争论无疑进一步揭示了唐代中前期法律制度的诸多变化以及法律文本在地方上的传抄、流播状况。因此，在期待新的吐鲁番文献公布的同时，我们仍有必要充分利用目

① 仁井田陞：《ペリオ敦煌發見唐令の再吟味——とくに公式令斷簡》，《東洋文化研究所紀要》第 35 册，1965；后收入仁井田陞著，池田温编集代表《唐令拾遺補》，東京大学出版会，1997，第 247 ~ 259 页。

② 中村裕一：《敦煌發見唐公式令殘卷の製作年次について》，载《東アジア古文書の史的研究》，刀水書房，1990；后收入氏著《唐代制敕研究》，汲古書院，1991，第 80 ~ 87 页。

前数据库带来的史料检索的便利，进一步仔细爬梳已公布的各类敦煌、吐鲁番文献的图版，从中发现此前未被定名或被误定名的残卷，由此增加赖以为据的文本实例，进一步探索敦煌、吐鲁番法律文献利用与研究的可能性空间。

附记：2018 年 5 月 28 日，笔者在中国人民大学参加“明德法律文化论坛”第 95 期“北美地区的中国法研究新进展”讲座，其间承蒙马小红教授抬爱，赐以策划一辑《法律文化研究》的宝贵机会。各位作者在接到笔者求稿的邮件之后，又分别在发表稿的基础上再作修订，终成是编。中西书局李碧妍编辑提供了池田温教授与冈野诚教授合撰之文的 WORD 版；中国政法大学本科生郭梁同学负责繁简字体的转换、引注格式与体例的修订，甚至还逐字逐句录入了池田教授、冈野教授合撰之文的附录与坂上康俊教授之文，谨此一并申谢。

2019 年 2 月 17 日初稿、2 月 24 日定稿
于德国明斯特大学汉学系

第一编　研究概览

敦煌、吐鲁番所发现的唐代法制文献

池田温　冈野诚 撰　高明士 译[*]

前　言

如众所知，中国从10世纪以后已进入版本的时代，在此之前的写本，现在几乎已湮灭无存。因此，20世纪初叶，从中国内陆干燥地区的敦煌、吐鲁番所发现为数甚夥的唐代以前写本，便极令人注目。

这些写本当中，包含不少有关法制史的资料，可供各国研究者从各种角度来探讨。被认为是法制史关系资料者，首先当举律令格式之法典类，其次为表示当时社会法律关系资料的公私文书与记录之类等，亦可称为广义的法制史关系资料。

本稿为承蒙滋贺秀三理事之推介，而受法制史学会之委托，所从事的研究动向报告。当初计划的题目，是介绍利用西域出土法制资料诸研究的大题目。但是由于面临种种的限制，乃以日本法制史研究者所特予关切之狭义的法制文献为对象，首先取第一阶段作业的唐代法典类，概观有关对它的介绍与研究史，同时附加解说现存残卷，关于这一点，尚祈学会诸贤予以宥恕。

一　介绍以及研究史

20世纪初叶，即1907年，英国的斯坦因（A. Stein）在其第二次赴中

*　池田温，东京大学名誉教授；冈野诚，明治大学名誉教授；高明士，台湾大学名誉教授。

亚探访的途中，顺便到敦煌，从敦煌写本之发现者王道士那里得到庞大的写本〔大英图书馆（旧名大英博物馆）收藏斯坦因所搜集之敦煌汉籍，连未整理之断片在内，有一万卷以上〕。

翌年（1908 年），法国的伯希和（P. Pelliot）以同样的方式得到学术性质较高的写本（巴黎国立图书馆收藏伯希和所搜集之汉文写本，约有四千卷）。

大约在同一时间，德国的格林威德尔氏（A. Grünwedel）与鲁寇克氏（A. von Le Coq）、稍后的日本大谷探险队、苏俄的鄂登堡氏（C. F. Oldenburg）等，在新疆各地调查，从被发掘的遗址中也得到许多资料。

在这种情形下，敦煌出土的法制文献，最先引起学者注意，是在 1909 年伯希和将较佳的敦煌写本送往北京，展示给中国学者以后。

伯希和精通文献学、目录学，对法制文献也颇有兴趣。敦煌文献的收藏卷数，以大英图书馆与北平图书馆为最多，然而有关法制文献，如后表所示，巴黎有十四件，伦敦六件，北平、列宁格勒各一、二件，此事说明是由于伯希和刻意选择的结果。关于伯希和在敦煌取得唐律残卷之事，罗振玉等人曾提及。罗氏在其所著《鸣沙山石室秘录》（改定之本）一书中，以“唐律一卷（残未见）”为题记载此事。

日本方面，所谓“敦煌学”是如何形成的？对于此事，神田喜一郎氏在其所著《敦煌学五十年》一文中，有详细的说明。据此可知日本人最早取得敦煌写本的是文求堂主人田中庆太郎氏。田中氏于 1909 年在北京曾到伯希和的临时寓所拜访伯氏，在那里初次见到敦煌写本。此事很快通报给在京都的内藤虎次郎、狩野直喜两氏。同时从罗振玉那里也得到详报。同年 11 月 12 日，东京、大阪的《朝日新闻》刊载了以《敦煌石室の發現物》为题的记事。此项记事，当是内藤氏参考罗氏之《敦煌石室书目及发见之原始》一文而写的。在此报道中，已可见到“唐律一卷”的文字。

敦煌写本的价值，为中国有识之士所素知。当斯坦因、伯希和将写本携往国外时，震惊了清朝政府，1910 年，乃将敦煌千佛洞之残余写本全部运回北京学部；其后收藏在京师图书馆（第二次世界大战前，北平图书馆收藏将近一万卷的敦煌写经，1949 年以后，增加许多新品，到目前为止，迄未公布其新品细目）。

北京所藏的写本当中，含有开元二十五年颁布的名例律疏残卷（见后述【9】）。此卷之卷末，有撰上之日期与编纂者之列位，文字精美，当是从开元二十五年以后相隔不久而书写的。最初注意到此残卷的，是清朝的王仁俊氏，在其所著《敦煌石室真迹录己》一书中，影写了原文，并附有案证。

王氏指出本残卷有五善，与唐律疏议相较，可承认开元律疏的修正处，进而由卷末之纪年与编纂者之列位，得补史传之阙，正其讹误。又指出开元年间之政治，特别是表面上讴歌太平，另一面却是恣意滥刑。由此可洞察李林甫之政略。在王氏诸论点当中，以现行唐律疏议为永徽律疏的看法，后来虽有仁井田陞、牧野巽等氏之论文的修正，但王氏对唐写本法典最早的考证，仍是值得记忆的。只是王氏对校律疏所采取的观点，含有臆断的成分，无法全部令人接受。由王氏的考证，使唐开元律疏之原型首次得以公布于世。

1913 年，罗振玉以伯希和赠予的照片为主，在其《鸣沙石室佚书》中披露唐水部式残卷（见后述【21】）全文之照片，并附详细的跋文。由于此残卷与《白氏六帖事类集》卷二十二所引之水部式一致，乃确定此一缺少首尾、标题之残卷为唐水部式，实是罗氏的功绩。只是此一阶段之式，为何时之物，无法知晓。

罗氏又以本残卷与《唐六典》《新唐书·百官志》等对校，订正有关水运、灌溉等政书之讹脱十条，更搜集唐代海运之事例，计十余例，而证实为水部式的规定。唐式残卷的发现，不但让世人知道敦煌写本中存有法典佚书，即连《六典》的记事，显然也含有许多唐式的简要实情，这便是罗氏跋文的评价。

以上二种残卷为相当长的长文，以大谷探险队自吐鲁番所携回的唐律断简与其相较，显然较为短小。此即 1915 年在《西域考古圖譜》下帙所披露之图片资料的贼盗律断简（见后述【3】b）与擅兴律断简。这些断简的整理与内容的比定工作，多赖内藤虎次郎、富冈谦藏等人之力。对此二断简之介绍的文章，有泷川政次郎氏的《西域出土の唐律斷片に就いて》一文。

为考察敦煌写本，乃派遣内藤虎次郎、狩野直喜、小川琢治等人赴清朝。1910 年，他们到达北京学部。1912～1913 年，狩野氏又赴伦敦、巴黎考察数多的敦煌写本。因编纂《清国行政法》而对中国制度史也深具关心的狩野氏，此时在伦敦所抄录的资料中，包含永徽职员令残卷的一部分(见后述【14】c)。现在此一职员令残卷，分裂成几个断片，分藏在斯坦因、伯希和之处。狩野氏所抄录的，是其中之一断片，仅二十八行而已。根据此抄文，1919 年王国维写了《唐写本残职官书跋》一文。王氏认为是规定亲王府以下三师三公府、上柱国以下带文武职事府之官属的员额，而推定此断简是唐职官令的一部分，并推测接近于隋制的武德令。王氏的跋语，是最先对唐令写本的考证，其后成为法制史家研究职员令的线索。就此点而言，王氏可谓为法制史研究的先进之一。王氏的跋语，收录于《观堂集林》，广为流传于世。在罗振玉的《敦煌石室碎金》一书中，也收录以狩野氏所抄录之“残职官书”为主的录文以及王氏的跋文。

1924 年，创设日本“敦煌学”之一的内藤虎次郎氏与石滨纯太郎、内藤乾吉等人远赴巴黎、伦敦，从事考察敦煌写本。此次考察，内藤氏从伯希和所藏的资料当中，发现含有律、令、格、式、判五种的唐写本。此次的新发现，值得特笔的是公式令残卷的介绍。

内藤氏归国后，1928 年 3 月在大阪朝日会馆演讲《唐代の文化と天平文化》，其中提到：

> 唐令在今日已几乎不存，或可谓全部亡佚。尚幸有一部分为本人在法国发现，并亲自抄录下来。令之中有所谓公式令，此是在有关的规定文书中，用式来表现。易言之，诏敕命令及其他之文书皆有其式，所抄回者只为部分残留而已。此是从中国之敦煌所发现者，现藏于法国之国民图书馆。本人原欲拍摄，但是背面有裱褙，反将我们很重视的令的地方贴住，如果贴在另一面就没问题，却将令之部分贴住。不得已乃拼命透视抄写，幸而抄出公式令。归还日本后，与大宝令之公式令相较，日本中央有太政官八省，中国中央有尚书省六部及其他官职，除文书往还之官署名称相异以外，其书写方法完全与中国近似，有关公式之文书，也几乎相同。对于被纸所贴住而见不到之字，经本人认真辨识而仍误写者，有二三字，但查阅日本之令，其误字借日本之令可为校正。以此视之，日本之令与唐令系一致。惟日本方面，大体由国情来考虑时，全都变为简单，其往还文书则无太大差

异。唐朝之任免诏令，则须经过中书、门下、尚书等三省之手续，相当麻烦；其任免诏令亦以长文书写。在日本则将尚书、门下并为太政官一部门来处理。其任免手续简单，连今日亦存留此种作业方法，即其任免全由内阁处理。日本保存之太政官之简单作业方法，省略唐朝之方式，即无中书移于门下，门下移于尚书之手续。此即日本之令之特色。幸而法国尚有些许断片，得以理解日本之令如何吸取唐令。（《内藤湖南全集》第九卷，第190～191页）

从上面平易的说明中，透过被抄录的衬纸，可追忆前辈的苦心。

此公式令残卷包括移式、闲式、牒式、符式、制授告身式及奏授告身式等六条，都是有关公文书式的规定。由内藤氏将此等规定与日本养老令之比较检讨中，可理解日本令是以何种形式来承继唐令。内藤氏进而对律令格式之法系全体，以同时代的中国法典残卷为线索，来考察有关日本法典之渊源问题，这种视野的拓广，成为此后日唐法制比较研究的先驱。关于唐令与日本令之内容的比较，由明治时代之中田薰氏比较户令、田令、赋役令开始，此问题早已引起法制史家的注意。由于唐令原本的出现，遂使一向由引文中去搜集唐令而予以复原的困难，获得解决，对其渊源的真相，当然可深一层直接地获得阐明。即使是小部分，因唐令原形被确认，在以唐令逸文、要约文与日本令比较之际，可大大给予对比之客观性及精度条件。依此而言，西域出土之法制文献的研究，对日本古代法史并非绝无关联。

如上所述，在20世纪初叶斯坦因、伯希和所取去的敦煌写本，到1930年之际，有关唐代法典之残卷的介绍、研究，计有律二点、律疏二点〔1925年，罗振玉在《敦煌石室碎金》中介绍开元杂律疏残卷（见后述【10】）〕、令二点、格一点、式一点。此一时期之研究的特色，是以敦煌学之一环来介绍法典，可说是为下一时期之精密的法制史研究铺了路。

1930年前后，法典残卷之研究，变得活泼，而迈入新的阶段。此即泷川政次郎、内藤乾吉、仁井田陞等诸位法制史专家对残卷的研究，从介绍其形式、内容、法典之年代以及流传等，进入精密的论考。

1929年，泷川氏在《西域出土の唐職官令斷片について》一文中，就前述职员令残卷（见后述【14】c）的年代，批判王氏之说，而推断是贞

观或者永徽令的断简。翌年，即1930年，根据《敦煌石室碎金》一书，写了《西域出土の唐律殘篇に就いて》一文，对名例律疏残卷（见后述【9】）、杂律疏残卷（见后述【10】）加以考察。这些论考亦收录在泷川氏之大作《律令の研究》一书。

同年（1930年），内藤乾吉氏在《唐の三省》一文中，介绍内藤虎次郎氏手抄开元公式令残卷的一部分（即告身式），并说明此残卷是开元七年或二十五年度之令。关于此残卷，仁井田氏亦有执笔介绍此残卷全部的形式（《敦煌出土の唐公式、假寧兩令》一文）。1932年，主要是关于此残卷之令的年代，泷川氏提出异说，以制授告身式开头有“门下”两字，主张非为开元二十五年令，而是开元七年令。此项结论，仁井田氏在《唐令拾遺》一书中，举出许多有抵触的实例加以批判，即支持内藤乾吉之说。

1931年，仁井田陞、牧野巽两氏发表《故唐律疏議製作年代考》一文，提出新说。以为向来认定现存的唐律疏议就是永徽律疏的通说，是错误的；当以开元二十五年度的律疏为本。再参照宋元以来有关律疏的流传、利用等痕迹时，则日本之大宝、养老律与唐律疏议的关系，显然非所谓的父子关系，而是兄弟关系。此论文对中日两国之法制史研究，应是值得特笔的业绩，其影响实无法估计。

仁井田、牧野两氏由此新说之立场，对西域出土之律及律断简也加以检讨，并批判王仁俊、泷川两氏之说。即关于律疏，王、泷川两氏将唐律疏议认为是永徽律疏，校勘敦煌出土之开元律疏残卷时，其与唐律疏议之差异，认为是永徽、开元之间之差异，此是被批判的第一点。又关于律，泷川氏以为断简（见后述【3】b、【5】）有而疏文无之事，系永徽律疏撰上以前属于武德、贞观时代之事，此为被批判的第二点。根据仁井田、牧野两氏之论文，关于第一点，以为残卷、唐律疏议两者均是开元二十五年度的律疏，两者文句的差异，可能是残卷的脱误，或是后世对故唐律疏议的修改。关于第二点，永徽律疏成立以后，十二卷的永徽律、开元律也仍然存在，此事甚明，泷川氏之推定实不能成立。

1933年，仁井田氏接着有《唐令拾遺》一书的上梓。《唐令拾遺》是对已亡佚之唐令体系与条文，极力搜集其佚文而予以复原的巨作。收录的条文，达七百十五条（附：唐前令百四十条、唐后令百二十八条）。此与开元令一千五百四十六条相较，为其之半，作者对学界的影响与贡献，实是无法估计。仁井田氏此书亦收录狩野、内藤两氏所抄录之职员令、公式令残卷，并加以检讨。就令之全体视之，此部分虽不满百分之一，但提供了原型，其意义就非常重大。又，此书附载唐职官表（见后述【22】）之一部分照片，利用所收诸令，这一点也可作为敦煌资料有用的一例。

其次，拟再说明有关刑部格残卷（见后述【16】a）诸研究。此残卷是内藤虎次郎等在巴黎从事考察所获得的。前述内藤氏的演讲（《唐代の文化と天平文化》）中，提及散颁刑部格，而谓留司格与散颁格不同，与日本之三代格相较，唐格显然较为复杂。

董康氏以内藤氏所携回的照片为本，进行敦煌文书研究，其所见写在《书舶庸谭》一书。在其书之民国16年（1927）1月21日条处，可看到神龙散颁刑部格残卷（见后述【16】a）全部录文与内容检核的按语。在民国15年（1926）12月23、24日条，记述有关律残卷（见后述【1】a、b）。关于刑部格，仁井田氏之论文《唐令の復舊について——附董康氏の敦煌發見散頒格研究》附载了董氏之说。关于刑部格之增补，董氏写了《残本龙朔散颁刑部格与唐律之对照》一文。此文有泷川政次郎的翻译。此外，受董、仁井田氏之见解的影响，大谷胜真氏以《敦煌出土散頒刑部格殘卷に就いて》为题，撰写了论文，介绍全部录文与照片。又，罗振玉有《神龙删定散颁格残卷附跋》一文。

20世纪30年代，斯坦因、伯希和两氏所携回的文书与目录尚不完备，新的法制文献也未有计划地发表，只有渡欧的研究者个别的介绍而已。1933年，大谷胜真氏写了《敦煌遺文所見録（一）——唐代国忌諸令式職官表に就いて》一文，初次介绍天宝职官表（见后述【22】）之全部。又，关于此职官表，金毓黻氏亦有研究。

1931～1933年，在巴黎主要从事考察敦煌文献的那波利贞氏，归国后写了《唐鈔本唐令の一遺文》一文，发表永徽职员令残卷未介绍的资料（见后述【14】a、b、f）。这些断简当中，那波氏所整理的第五断简（见后述【14】f），列举令之编纂者的官衔氏名，参照新旧两《唐书》、《唐会要》、《册府元龟》及其他文献后，证明此等断简正是永徽职员令残卷。那波氏进而推测狩野氏手抄的斯坦因本职员令断简与其所介绍的伯希和本原来当是同一卷之物。

此处所介绍的永徽职员令残卷，达百行以上，卷末有完整的编纂姓氏，更有发布时点，以及在凉州都督府的沙州写律令典者所抄写等项。又盖有官印，实是精写本。此为今日所知在西域所发现的唐代法制文献中的佼佼者，任何人均无异议。其内容即是成为日本大宝令之蓝本的永徽令，实是比较日唐令最基本的贵重资料。

斯坦因本职员令残卷（见后述【14】c），起初是以狩野氏手抄本通行，1936 年，仁井田氏在《スタイン（斯坦因）探検隊敦煌發見法律史料數種》一文中，首先由原本的照片中加以移录，对通行的录文，亦加以订正增补。同年，仁井田氏又发表《敦煌發見唐水部式の研究》一文，对敦煌本水部式的年代，以莫州之州名等为线索，而推断是开元二十五年度之物的新说。

此时的法国，由北平图书馆派遣而来的王重民氏，正从事伯希和本敦煌文献的研究（1934 ~ 1939），同时编著极为有用的目录（战后汉译为《伯希和劫经录》发表）。进而在《巴黎敦煌残卷叙录》（第一、二辑）一书中，附着若干法制文献的解题，并提及未曾介绍的资料。此即第一辑的职制律疏断简（见后述【13】），第二辑的名例律疏残卷（见后述【11】）。

以照片作为资料之原型的介绍，有神田喜一郎氏所著《敦煌秘籍留真》一书。此中介绍永徽户婚厩库律残卷（见后述【1】b）、职制律疏断简（见后述【13】）、永徽职员令残卷（见后述【14】a、f）、神龙散颁刑部格残卷（见后述【16】a）等照片。据此再加上罗氏所介绍的水部式，对唐律、律疏、令、格、式之原型，可得一概览。

承继着各方面的研究成果，将当时之研究状况作概观式介绍的，有仁井田氏的《最近發表せられたる敦煌發見唐律令斷簡》一文。此一论文为第二次世界大战前有关西域所发现之法制文献的解说，为最有系统者，尤其是对于职制律疏断简（见后述【13】）与永徽职员令残卷之许多解说。关于职制律疏，最初有王重民氏之介绍其断简，其书式与日本之养老律写本类似，但与已发表之开元律疏残卷（名例、杂）的形式有别。仁井田氏以为此断简属于永徽律疏之可能性甚大，但不敢轻予断定。又关于永徽职员令残卷，从原文到内容，举出永徽令之一证征（并言及有关的皇太子令），来支持那波氏的年代推断，进而与日本养老令也作一比较。

如上所述，20 世纪 30 年代是日本东洋法制史研究显著勃兴的时代，对于唐律疏、唐令之客观的研究，已有辉煌的成果。在此发展的过程中，特别是仁井田陞氏对西域所发现之法制文献的积极活用，使基础资料获得完备的成果，实是值得大书特书的事。

第二次世界大战后，研究方法上的改变，是微卷的发达。在此之前，对于断简的考察，是一点一滴地抄录，或由照相，然而有了微卷马上可将所搜集的全部资料一览无遗，使考察各个断简与全体之间的关系变得有可能。

最先将此恩惠带给敦煌文献的是榎一雄氏。榎氏于1953年计划要将大英博物馆的斯坦因本，全部用微卷拍摄，此事得到该馆的合作，并透过山本达郎氏等的斡旋，得到日本学界的支持，于翌年（1954年）完成此项工作。根据榎氏所携回的微卷，在东洋文库将它冲洗并予精密研究而完成的论文，是仁井田氏的《唐の律令および格の新資料》一文。根据此论文，而新介绍的残卷有开元贼盗律疏断简（见后述【12】）、永徽职员令残卷（见后述【14】d、e）、开元户部格残卷（见后述【17】）、神龙散颁刑部格残卷（见后述【16】b）等。这些新资料中，职员令残卷发现有“永徽二年闰九月十四日”的删定永徽令的日期，给人留有特别的印象。据此，则由狩野氏抄录以后经历四十余年，再参照那波氏所介绍的部分，可使永徽职员令残卷之现存部分大致得知。

又，与赋役令《集解》所引的开元格一致等理由而比拟为开元户部格的残卷，具有类似日本三代格之外形，每条以“敕”字为始，末端明记（发布）年月日，因与从来所知散颁格的形式相异，则有关唐代格的形态，由实物可知并非为单一。

关于上述户部格及刑部格残卷，有唐长孺氏的研究（《敦煌所出唐代法律文书两种跋》）。唐氏对于敕条内容，参照唐朝前期的许多史料，指出支配人民之特质的许多富有兴味的问题。唐氏未及参照前述仁井田氏的论文，以至不知神龙散颁刑部格（见后述【16】a）的存在，对于作为法典的性质及决定书名的问题，仍不充分。唯关于白直条，引《唐会要》而以市史、壁师为对象，举证户部格式的存在，可补仁井田氏的论文，作为支持户部格说的论据。又对于敕与敕节文、敕条，或申明、条疏之类，从格之编纂考证其经纬，其极富有启发性的见解，对唐代敕格的研究贡献甚大。

以战前之考察成果而撰写的论文，有那波利贞氏的《唐鈔本唐格の一斷簡》一文。此文所据为战前在柏林之科学院所藏的小断简，战后已不明其所在。那波氏在此论文中将此断简比定为吏部留司格，但对其论据，内藤乾吉、仁井田陞氏仍抱有怀疑。

1958年，内藤乾吉发表《敦煌發見唐職制户婚廄庫律斷簡》一文。此残卷（见后述【1】a、b）为内藤乾吉氏与内藤虎次郎氏1924年在巴黎考察时所得。1936年，内藤乾吉氏在京都之东洋史座谈会上，以口头形式发表。此文是利用其多年来之绵密检讨的成果加以整理而成的。

本残卷在现存唐律、律疏残卷之中格外引人注意，所收条文涉及三篇之多，是用则天文字书写的写本，不失为今日窥知永徽律之第一等资料。然而关于律的内容研究、唐日律的比较等，由本残卷所提出的问题极为分歧，包含本卷放部曲为良条（户婚律第十一条）之改写的疑问在内，在学界引起极大反响。内藤氏的论文，密度极高，其对原文的移录，堪称为模范，考证部分值得学习之处亦多。凡是要研究永徽律者，此论文为必参考之作。此论文后来亦收入同氏所著《中国法制史考证》书中。

接着再简单说明目录类。1957年，由翟理斯氏（L. Giles）多年之努力，刊行了斯坦因汉文文献目录。此目录与稍后（1962年）王重民氏所作之《敦煌遗书总目索引》，俱为极佳之工具，有助于此后之研究发展。又，由王重民氏所刊行之《敦煌古籍叙录》一书中，以中国学者之见解，要领甚优地集录数种法制文献，很值得参考。

苏俄所藏之内容，向来不明。到1963年，列宁格勒之苏联科学院东方学研究所由孟列夫氏（Л. Н. Меньшиков）等出版所藏之敦煌文献（含自黑城、吐鲁番所携回之文献）目录第一册。四年后，出版第二册，两册共收录之文献达三千卷。其中属于唐代法制文献的，有两件名例律断简（见后述【8】、【2】a）。

在世界各地之敦煌文书目录步向完备之途时①，1964年，东洋文库敦煌文献研究委员会（由菊池英夫、池田温两氏执笔）油印刊行《スタイン（斯坦因）敦煌文獻及び研究文獻に引用紹介せられたる西域出土漢文文獻分類目録初稿——非佛教文獻之部・古文書類Ⅰ》一书。该书之编

① 1970年出版谢和耐（Jacques Gernet）、吴其昱共编之《伯希和携回之敦煌汉文文献目录》第一卷（第2001~2005页）。第一卷不含法制文献，今后继续刊行的第二卷以后，当与第一卷一样，附有详细解说的法制文献。

纂，是以公文书为主体，但对法制文献也取从来之研究文献目录，加添收录进去。

1963年，仁井田陞氏发表《敦煌唐律ことに捕亡律斷簡》一文。此文是介绍印度公立图书馆（India Office Library）所藏于阗文文献纸背的断简，在前一年的榎一雄氏的目录中，首先著录介绍此断简。

仁井田氏毕生代表作《中国法制史研究》全四卷，自1959年开始出版发行，1964年出完最后一卷。这些著作，是第一位在日本树立中国法制史的仁井田氏，表示其研究领域的广大与探究的深度的纪念品。其第四卷收有将过去已发表的论文并加补订、整理而成的《西域發見の唐律令格式》一文。其页数达百二十页，对此主题有关心者，此文是必须参看的基本文献。翌年，仁井田氏对上文补充，又写了二论文，一是《ペリオ（伯希和）敦煌發見唐職員令の再吟味》，一是《ペリオ敦煌發見唐令の再吟味——とくに公式令斷簡》。前者据伯希和文书的照相，补订那波氏的录文；同时订正纸缝之官印，非为“沙州之印”（那波说），而是“凉州都督府之印”；并论及有关残卷卷末之官职氏名“凉州曹参军王义”事。后者指出向来以为公式令残卷之年次，是开元七年或二十五年令，但从微卷可确认纸缝处有“凉州都督府印”之印文，则上述之说法实有再检讨之必要。即决定法典写本的年代，除其内容以外，对有如捺印之外在的求证，也是不容忽视的。

仁井田氏从东京大学东洋文化研究所退休后，受伦敦大学之聘赴英。在大英博物馆初次得以亲手考察作为三十多年来研究对象的敦煌写本。此一时期的感触，在他备忘录以及给友人的书翰中有详述（均收入《中国の法と社会と歴史》）。但他不幸在伦敦得病，归国时仍未治愈，1966年6月去世。仁井田氏本计划将斯坦因文献与伯希和文书也一齐考察，最终不获实现。他可说是从战前到战后研究西域出土之唐代法制文献最具功力者，他的去世，实是学界重大的损失。

最近二十年，研究内容方面，与战前不同，显得颇为充实。对唐律疏议作详细的译注，是由滋贺秀三氏执笔，出版了《譯註唐律疏議》，从序论到名例第三十六条均包含在内。对于唐律及疏，有了格外深刻的理解。现存唐写本的律、律疏，论其量与质，均极为有限，但对本文的校订，有一定的贡献，是不待言的。滋贺氏的译注，便含有这种成果。近年来，更有由小林宏氏等人编注的《譯註日本律令——律本文篇》上下两册，有系统地以敦煌本作为唐律疏议之校勘资料。在井上光贞氏等人编注的《律令》一书中，吉田孝氏亦利用敦煌本来校勘养老律。因此，到今日即使对日本律之本文的研究，参照唐写本律、律疏，已是常识化的事。

关于律，最近冈野诚氏介绍了五种断简（见后述【2】、【3】a、【4】、【6】、【8】），其内容等在次节说明。

关于令，在战前有内藤乾吉氏等人以公式令告身式为中心的研究，对新发现告身的增加与古文书学上的关心，也在其研究之内。大庭脩、中村裕一氏等人，则不断地作集中性的研究。告身（辞令）的研究，当然与官僚制、官人人事决定机构之问题有关，即使是稀罕的古文书实例，因含有丰富的资料，也能提供窥知书式与实际的关系的好事例。中村裕一氏进而对唐公式令有一连串的研究。

另一方面，关于水部式，英国的杜希德氏（D. C. Twitchett）曾做过细致的英译与研究，佐藤武敏氏也提供了日文译注，真实地说明此资料是如何受历史家的注目。对撰写唐代财政史之大作的杜氏而言，水部式之具体规定，是很值得研究的。对专门研究中国水利史的佐藤氏而言，也持同样的看法。尤其是在水部式所出现有关水手、渔师、木匠等的色役、番役诸项，有助于理解杂徭、役制之全盘制度甚多，为深化滨口重国、吉田孝氏等人的研究提供了线索。这些与前述唐氏的敕格研究一样，都是西域发现的古佚法典的内容为历史研究带来贡献的显著例子。

环顾最近二十年间，由于微卷的普及、目录的完备，使研究条件大为改善，有关法制文献的照片，东洋文库大致已存藏。另一方面，京都大学人文科学研究所以藤枝晃氏为中心，对敦煌资料进行综合的研究。其重点是对佛教文献的分类与区分笔迹、书风等时代，成绩卓著，藤枝氏所著英文的敦煌文献概观与关于敦煌学的现阶段等概观性的著作，对有志研治敦煌资料者，实是有益的入门知识。

对向来被忽视之纸背的外形、内容等的检讨，如后所述，从永徽职员令残卷本身的认识，可提供其正面的资料，而各种不同学问之合作的必要性，可谓已逐渐提高。在这种背景下，今后对于利用西域发现的资料，并非只限于特殊专家，而是期待各方面的研究者根据其需要予以自由运用。基于此故，本文若能为法制史研究者带来抛砖引玉之效，则幸甚。

二 现存资料概览及补述

前述第一节是概述敦煌法制文献，自伯希和开始注意以来，到今日约七十年间，以唐律、律疏、令、格、式之残卷为对象，如何进行介绍及研究的情形。

接着是要揭示现在所知有关西域发现的法制文献一览表。以下每一卷略示其照相、录文与校勘，同时以外在的事项为主，再补记若干，作为今后研究的参考。

记号方面，“相”指该残卷之照相，“录”指该残卷之移录，“校”指校勘。收录有关这些残卷的论文、著书，则略记作者姓名与发表年次（论文、著书之正式标题，请参照本文末所附之文献目录）。

本表为篇幅所限，但为阅览之方便，乃将诸项整理如下。对于名称、项目等，系权宜作记，并无严密而统一的标准。律、律疏诸条文之番号，是根据学界对《唐律疏议》的通用番号。文献番号栏的 a、b、c 等，是本文为参照之便，而为笔者所附加者。残卷书写时期，有许多无法断定，其余则为现阶段之研究所共认者。

律

冈野诚氏在本文之准备过程中，发现并考察若干从来不知道或知其存在而不知其内容的唐律断简。经其研究后，1976 年 12 月，在法制史学会（东京部会）提出报告。以下在篇幅许可范围内，解说时适度地加进这些录文及其看法，以供研究者参考（标点为笔者所加）。

对校时所采用的文献如次。

唐律疏议

岱　岱南阁丛书本（据百部丛书集成本）

至　至正本（残卷）（宫内厅书陵部藏）

滂　滂熹斋本（据东洋文库所藏微卷）

官　日本官板（据日本律令研究会：《官板唐律疏議》）

唐　前述四种版本，其文字若无异同，则以“唐”表示

西域発見唐代法制文献一覧表

名稱	殘存部分（含不完項）	文献番號	行數(含殘缺)	一紙行數	一行字数	書寫時期	備考	紙背
① 律 （永徽）垂拱	職制9-59 戸婚 1-33 43-46 廐庫 1-4	P. 3608 a P. 3252 b	2斷卷 153 18	21	23～31	690～697 (704)	則天文字使用，附朱句點，每條首朱●	婚姻呪願文・莫高窟修功德記・辯食篇 等
② 律 永徽	名例 十悪條	Дx. 1916 a Дx. 3116 b Дx. 3155 c	5		約 23	9～11^{c} (M目)		文書（辭末）
③ 律 永徽	賊盜 48	大谷 5098 a 大谷 8099 b	2斷片 3		21～22	7^{c} 後半		佛典(則天文字使用？)
④ 律 永徽	詐僞 1-2	大谷 4491 大谷 4452	3		23	7^{c} 後半		佛典（則天文字使用）
⑤ 律 永徽？	擅興 9-10	大谷 8098	8		13～14	7^{c}後半～ 8^{c}前半	鈐西州都督府之印	白紙
⑥ 律 永徽或開元	擅興 9-15	TIVK70-71(Ch.991)	11上半		30～33	8^{c}	每條首缺「諸」字	
⑦ 律 永徽或開元	捕亡 16-18	India Office Library Ch. 0045	14下半		20～22	8^{c}	卷末存餘白	Khotan 文
⑧ 律 永徽或開元	名例 46-50	Дx. 1391	15		19～20	9～10^{c}(M目)		
⑨ 律疏 卷第二名例 開元廿五年	名例 17—18 存卷尾	河字 17	2斷卷 93 49	20	17～19	737 直後	卷末存編纂列位	四分律比丘尼戒本
⑩ 律疏 開元廿五年	雜律 55—59	李盛鐸舊藏	80	20	16～17	8^{c} 中葉		寫經（龍川）
⑪ 律疏 開元廿五年	名例 十悪條	P. 3593	103	22	15～17 14～15	8^{c} 中葉		佛說相好經
⑫ 律疏 開元廿五年	賊盜 1	S. 6138	8		14～15	8^{c} 中葉		
⑬ 律疏 永徽或開元	職制 12—15	P. 3690	12		約 21	8^{c}	每條首「諸」字1字擡高，疏文作細字雙行	
⑭ 令 卷第六東宮諸[ ] 永徽二年	東宮諸坊諸衛率府職員 王公以下府佐國官親事帳內職員 存卷尾	P. 4634〈I a 〈II b S. 1880〈A c 〈B d S. 3375 e P. 4634 C_2 f	45 58 33 29 28 （計211）18	約21	15～20	651	鈐涼州都督府之印 卷末存編纂列位	二入四行論 （貼布片 毛詩詁訓傳）
⑮ 令 開元七年或廿五年	公式 移・關・牒・符・制授告身・奏授告身	P. 2819	104 （有字 96）	18	約16～20	8^{c} 中葉	鈐涼州都督府印	東皐子集
⑯ 散頒刑部格卷 神龍	存18條 存卷首 僞造官文書・犯贓・私鑄錢・告密 等	P. 3078 a S. 4673 b	120	28	16～19	8^{c} 初	每條首揭「一」字	佛典（引智度論・浄住子・內戒經・月燈三昧經）
⑰ 戸部格 開元	存18條 封戸・孝義・隱逸・降戸・化外人・逃戸・執衣白直 等	S. 1344	69	23	18～23	8^{c} 中葉	每條首揭「勅」字，末附年月日	鳩摩羅什通韵・悉多羅法門卷一
⑱ （吏部留司格斷簡）神龍	存6條 奏事・入門・補令史 等	TⅡT	16上半			8^{c} 初？	每條首揭「勅」字，末附年月日	
⑲ （吏部格？或式？）貞觀或永徽	存3條 隋朝官蔭關係個條	P. 4745	9		14～15	7^{c} 中葉	鈐涼州都⊏ ⊐(印)	佛經疏
⑳ （兵部選格？）天寶	存4條 見「准兵部格後勅」「准兵部格」「准開元七年十月廿六日勅」	P. 4978	18		16～18	8^{c} 中葉	每條首揭「一」字 鈐⊏ ⊐□之印	王道祭楊筠文 等
㉑ 水部式 開元廿五年	存30條（＋若干條）渠水灌漑・水橋・運船・漁師・木匠 等	P. 2507	2斷卷 102 42	22	16～20	8^{c} 中葉		陀羅尼
㉒ （職官表） 天寶	國忌・田令・祿令・平闕式・不闕式・新平闕令（式）・舊平闕式・裝束式・假寧令・公式令・文部式・官品令	P. 2504	全 35 段	最上欄 (28)	不定	8^{c} 後半	卷首を上，卷尾を下に各欄上から下に書寫，標題朱書，清官附朱點	（舊時貼附片 Tibet 文文書 辛亥年借契等）
㉓ （判集）	存3道 雇妳母不與錢・朝鮮嘉歌 等	P. 2593	31	15	15～18 題23～26	7^{c}後半～ 8^{c}前半	卷末別紙存 Tibet 文1行	僧文書儀稿（上下逆）
㉔ 判集	存19道（第9道 對應 賦役令孝子順孫條集解 所引 判集）	P. 3813	201	26	25～36	8^{c} 前半		晉書載記抄錄，附朱句點
㉕ （安西判集）	存6道 伊州鎮人盜僞印・娶都護左右私向西州 等	P. 2754	80	不定 (20,21)	23～25	7^{c} 後半	附朱句點，朱筆補訂	白紙

宋刑统

天一阁本（据岛田正郎氏所藏之照相版）

日本律

日　日本养老残卷（据国史大系本）

与日本律之对校，只是取其必要部分

西域出土法制文献

P　伯希和3593、开元名例律疏残卷

大　大谷8098、擅兴律断简

为帮助理解新介绍之断简的内容，乃取唐律疏议（岱南阁本）来补缺落之前后文字，此部分之旁边，用画线来表示。

【1】职制户婚厩库律残卷

相（部分）：神田1938，内藤（乾）1958a、1963，仁井田1964a。录校：内藤（乾）1958a（1963再录）。校：小林1975、吉田1976。

关于残卷中户婚律放部曲为良条的改写问题，在改写的意义（指法律之修订，或只是笔误）与效果方面有争议。参看内藤（乾）1958a、牧1963、仁井田1964a（第305～315页）、石尾1965、滨口1966（第88～91页）。

【2】名例律断简

此断简藏于苏联科学院东方学研究所列宁格勒支部。只在孟列夫等之《目录》第二册Дx.01916著录。此断简之微卷，曾送给仁井田氏，在仁井田氏生前到达与否，则不明。因有一段长时间不知下落，今从岛田正郎氏之教示，始得在东洋文化研究所找出。

断简是由三个断片构成，其第三、第四行有残画之“玺”与“诏”字，因此，此律断简当是永徽或者垂拱律〔仁井田、牧野1931上（第75～80页）〕。但其书写年代，可能在9～11世纪（《目录》）。文字书写拙劣，当非官府所有，而是官人或胥吏个人之物。

又，校勘之【7】【8】，当是表示永徽律之用字。

【3】贼盗律断简

〔【3】b〕相：香川1915、泷川1931。录：泷川1928。校：小林1975。

此断简之a、b，均为大谷探险队所携回之文献，现藏于龙谷大学图书

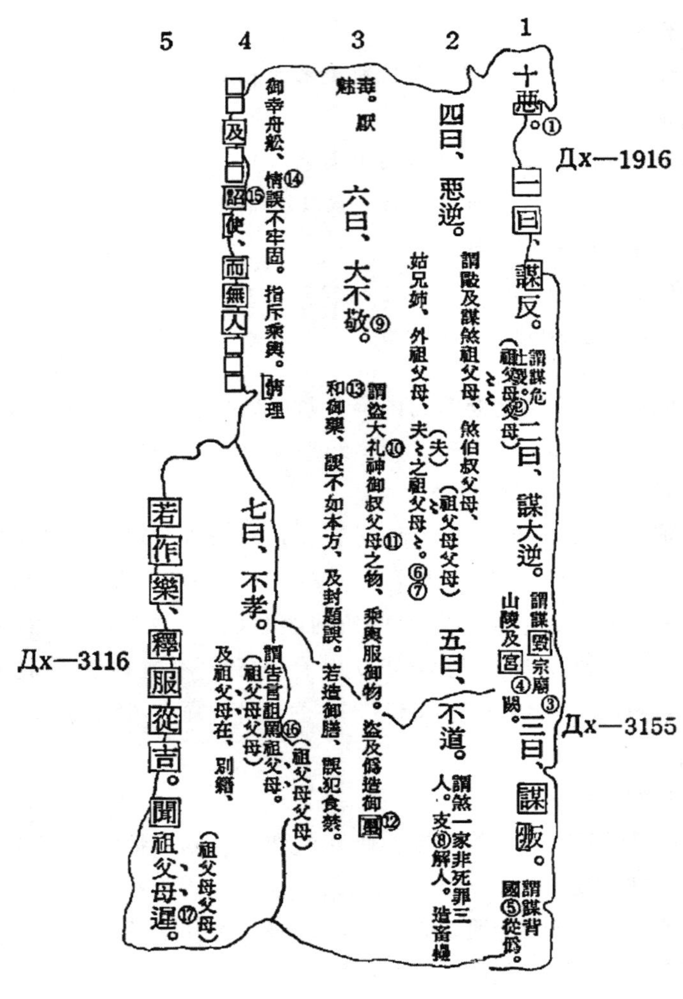

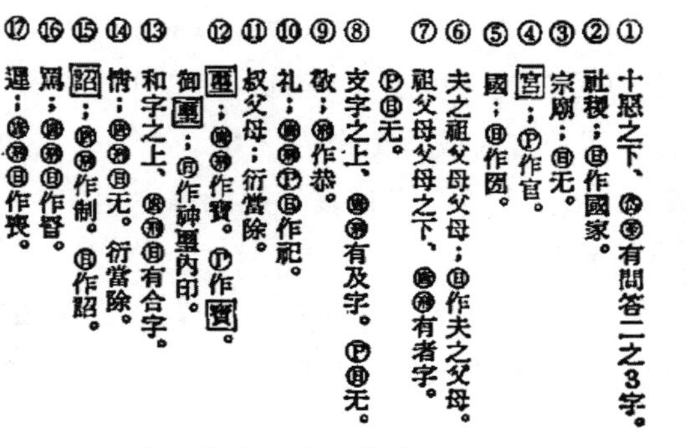

名例律十恶条（名6）

馆（大宫分馆）。新介绍之【3】a，虽无直接接合，但与已介绍之年代不详的贼盗律断简【3】b，当是同本同条。纸背之经疏中，可看见使用则天文字之“㊀”（日字），则此律当是永徽律或者垂拱律。

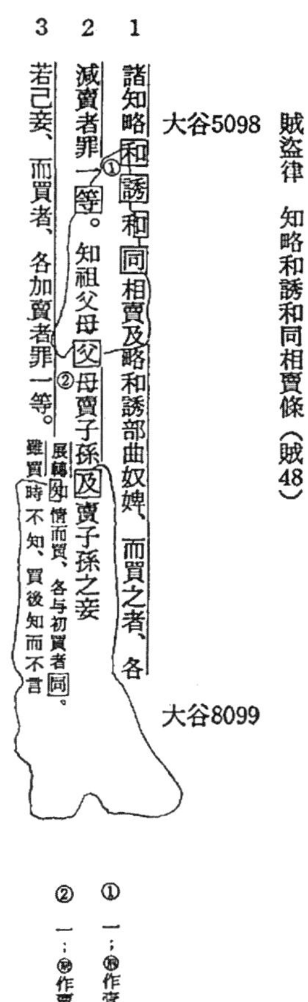

【4】诈伪律断简

此断简也是由大谷探险队所携回的文献，现藏于龙谷大学图书馆。本断简是由二断片直接接合，律文中有“玺”字，其纸背之经疏中，可看到则天文字的“𡔈”（圣字）、“𤯔”（人字）的残画，当属于永徽律或者垂拱律。

又，前面所介绍的贼盗律断简【3】a，因有律文之书风、纸质、纸幅（24 厘米）、整行之推定字数，以及纸背经疏之书风、则天文字之使用等共同点，可知这四种断片【3】ab、【4】是同一本的分离物。

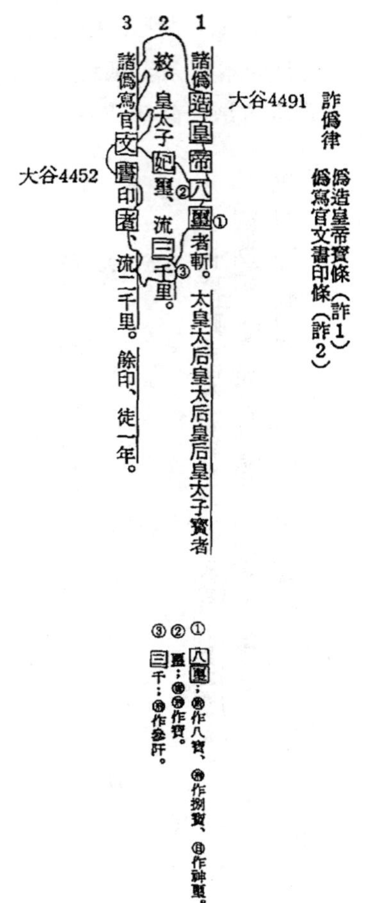

【5】擅兴律断简

相：香川 1915、泷川 1931。录：泷川 1928。校：小林 1975。

此断简为大谷探险队在吐峪沟所携回的文书，现藏于龙谷大学图书馆。笔者实际检视，在断简可看见官印的印痕。此断简是以纸质甚佳的麻纸（纸背为白纸）书写，文字精美。在全部的八行中，其第六行到第八行间，可看见一个“西州都└督府之印”的印痕（高 54 厘米，宽不明）。

唐朝于贞观十四年八月平定高昌国后，在其地设置西州。翌年九月，在西州设置安西都护府。其后，显庆二年十一月，苏定方平定阿史那贺鲁。翌年五月，将安西都护府移于龟兹国，旧安西府改为西州都督府。依据《唐会要》卷七三，此为显庆三年五月二日之事，此记录是西州都督府

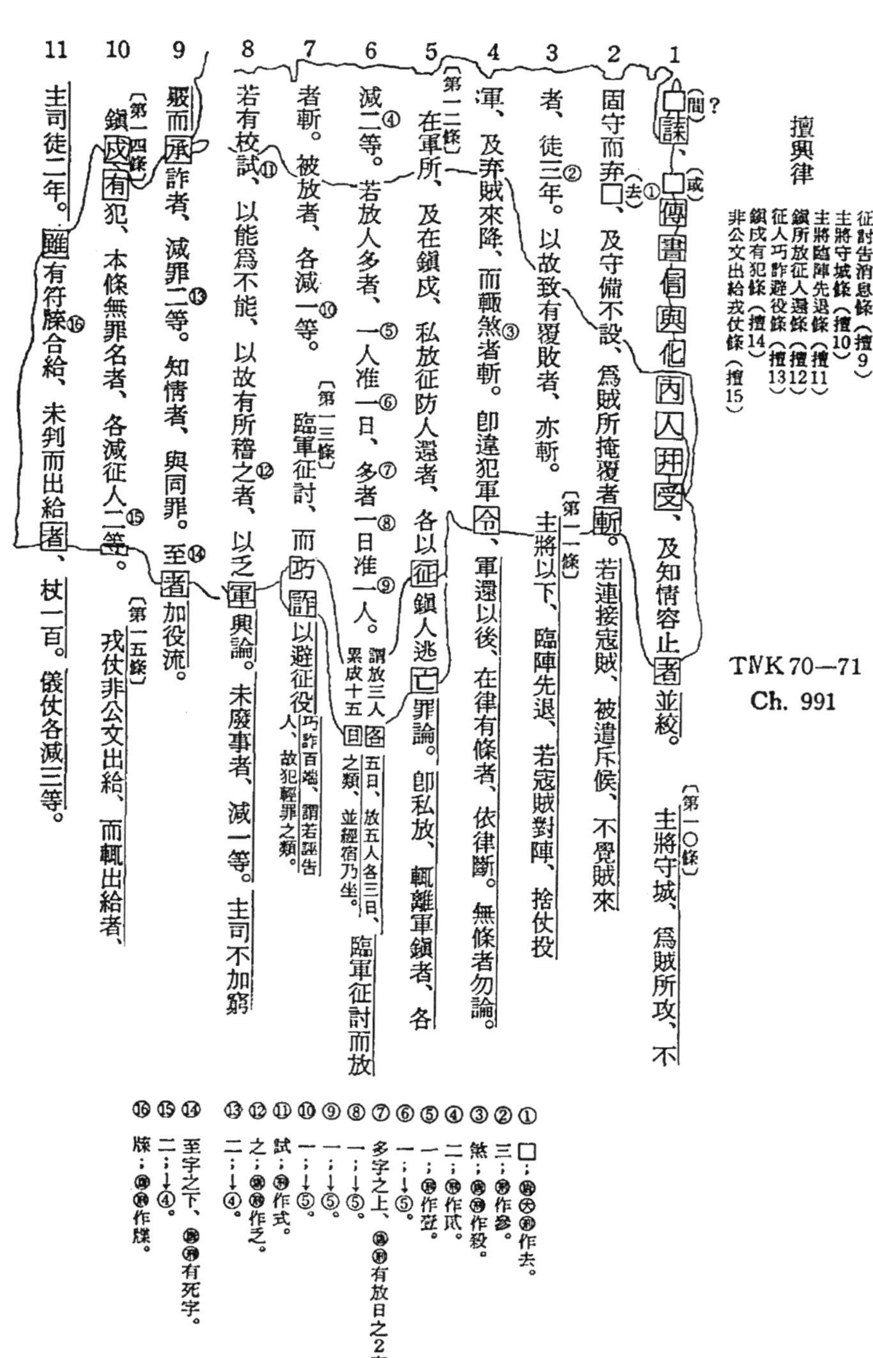

擅興律

征討告消息條（擅9）
主將守城條（擅10）
主將臨陣先退條（擅11）
鎮所放征人還條（擅12）
征人巧詐避役條（擅13）
鎮戍有犯條（擅14）
非公文出給戎仗條（擅15）

TIVK 70—71
Ch. 991

1 （間？）□諜、（或）□傳書信與化內人、并受、及知情容止者並絞。（第一〇條）主將守城、爲賊所攻、不
2 固守而弃□（去）①、及守備不設、爲賊所掩覆者斬。若連接寇賊、被遣斥候、不覺賊來
3 者、徒三年②。以故致有覆敗者、亦斬。（第一一條）主將以下、臨陣先退、若寇賊對陣、捨仗投
4 軍、及弃賊來降、而輒煞③者斬。即違犯軍令、軍還以後、在律有條者、依律斷。無條者勿論。
5 （第一二條）在軍所、及在鎮戍、私放征防人還者、各以征鎮人逃亡罪論。即私放、輒離軍鎮者、各
6 減二等④。若放人多者、一⑤人准一⑥日、多者⑦一日⑧准一⑨人。謂放三人各五日、放五人各三日、累成十五日之類、並經宿乃坐。臨軍征討而放
7 者斬。被放者、各減一⑩等。（第一三條）臨軍征討、而巧詐以避征役、巧詐百端、謂若誣告人、故犯輕罪之類。
8 若有校試⑪、以能爲不能、以故有所稽之⑫者、以乏軍興論。未廢事者、減一等。主司不加窮
9 覈而承詐者、減罪二⑬等。知情者、與同罪。至⑭者加役流。
10 （第一四條）鎮戍有犯、本條無罪名者、各減征人二⑮等。（第一五條）戎仗非公文出給、而輒出給者、
11 主司徒二年。雖有符牒⑯合給、未判而出給者、杖一百。儀仗各減三等。

① □；(岱)(大)(刑)作去。
② 三；(刑)作叁。
③ 煞；(滂)(刑)作殺。
④ 二；(刑)作弍。
⑤ 一；(刑)作弌。
⑥ 一；→⑤。
⑦ 多字之上、(滂)(刑)有放日之2字。
⑧ 一；→⑤。
⑨ 一；→⑤。
⑩ 一；→⑤。
⑪ 試；(刑)作式。
⑫ 之；(滂)(刑)作乏。
⑬ 二；→④。
⑭ 至字之下、(滂)(刑)有死字。
⑮ 二；→④。
⑯ 牒；(滂)(刑)作牒。

初次的出现。其后，开元中有改为金山都督府之记事，详细不明。天宝元年，改称交河郡。乾元元年，复称为西州，直至贞元七年之际，没于西蕃为止仍存续着。

是故，律之书写时期可假定与盖上此印之时间是同时，即本卷之制作当不出显庆三年五月之前。从文字的特征看来，可知为唐朝前期的律写本，但详细仍不明。

【6】擅兴律断简

此断简藏于西德（德意志联邦共和国）柏林之科学院。东洋文库藏有包括鲁寇克氏（A. von LeCoq）所搜集的吐鲁番汉文文献，以及记载嶋崎昌氏所携回之照片（但模糊）与录文的笔记。此断简在各条文首之“诸”字已缺，第一条与第二条间空三四字，其后不空行而为紧密书写形式的特征，为其他断简所无。文字甚佳，当是8世纪之际的略写本，唯律的年次不明。又，【5】之擅兴律断简与此不同，显然为别本。

【7】捕亡律断简

录校：仁井田1963（1964a再录）。校：小林1975。

纸背为于阗文，由贝伊利氏（H. Bailey）收录，收录于Khotanese Texts. Vol. Ⅲ, pp. 16－17，其内容承蒙金子良太氏之指教，以为属于未设定之佛教关系的故事。

【8】名例律断简

此断简与【2】同藏于列宁格勒，为鄂登堡氏所携回的文献之一，由【2】所述之经纬可见知。著录于孟列夫等人之《目录》第一册，书写于9～10世纪。律之年次，以今所见仍不明。它与【2】为同一本，但无有力的证据。

律疏

【9】名例律疏残卷

相（部分）：池田“敦煌遗文”（《書の日本史》第一卷，1975）。录：罗1925。录校：王（仁）1911、泷川1930（1931再录）、冈野1977。校：滋贺1961、小林1975、吉田1976。

此残卷所藏之机构不明，据所携回之北京本微卷，如《敦煌劫余录》一书所说，确实书写在河字十七之四分律比丘尼戒本的纸背上。

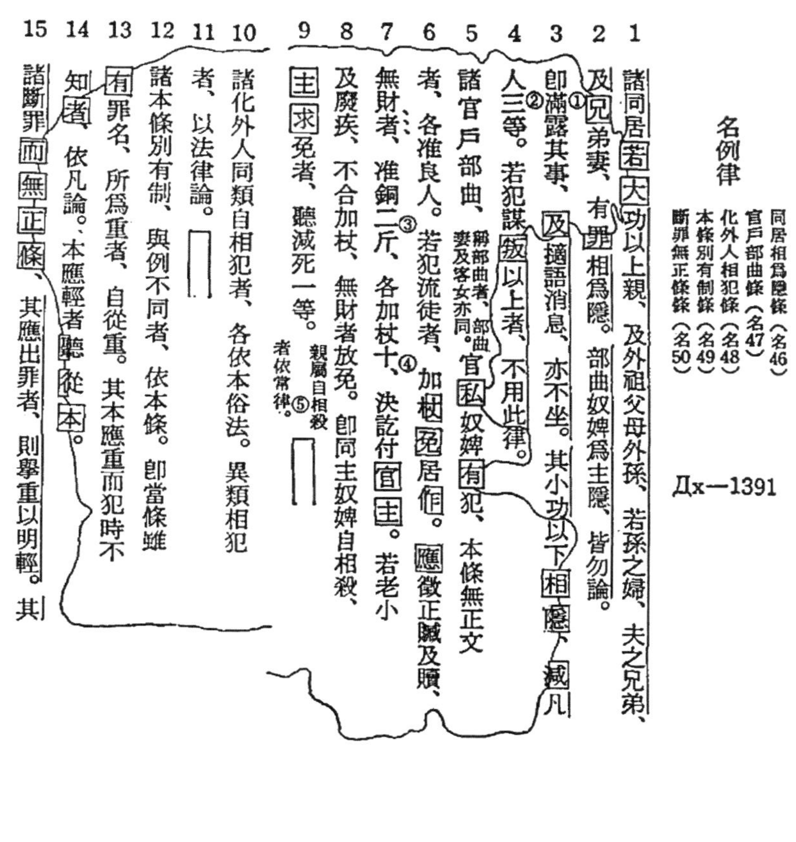

名例律

同居相爲隱條（名46）
官戸部曲條（名47）
化外人相犯條（名48）
本條別有制條（名49）
斷罪無正條條（名50）

Дх—1391

諸同居若大功以上親、及外祖父母外孫、若孫之婦、夫之兄弟、
及兄弟妻、有罪相爲隱。部曲奴婢爲主隱、皆勿論。
①即滿露其事、及擿語消息、亦不坐。其小功以下相隱、減凡
人②三等。若犯謀叛以上者、不用此律。
諸官戸部曲、稱部曲者、部曲妻及客女亦同。官私奴婢有犯、本條無正文
者、各准良人。若犯流徒者、加杖免居作。應徵正贓及贖、
無財者、准銅二③斤、各加杖十④、決訖付官主。若老小
及廢疾、不合加杖、無財者放免。即同主奴婢自相殺、
主求免者、聽減死一等。親屬自相殺者依常律⑤。
諸化外人同類自相犯者、各依本俗法。異類相犯
者、以法律論。
諸本條別有制、與例不同者、依本條。即當條雖
有罪名、所爲重者、自從重。其本應重而犯時不
知者、依凡論。本應輕者聽從本。
諸斷罪而無正條、其應出罪者、則擧重以明輕。其

① 滿：[illegible]作滿、當作滿。
② 三：[illegible]作叄。
③ 二：[illegible]作貳。
④ 十：[illegible]作拾。
⑤ 常律：[illegible]作常□、唐律他本，[illegible]作常律。

此律疏，据微卷可知是含有十纸，但纸背的四分律比丘尼戒本（律疏是天地同、左右逆），含有十四纸（《劫余录》四令九叶背）。即律疏的微卷，当只取有文字之处拍摄，包括现存的律疏断简在内的残卷，应该不止

含有十纸。

将律疏的九纸（第十纸是白纸）加以比较时，可知有官衔姓名的第九纸的纸幅，较他纸（即第二、三、四、五、六及七、八纸）稍为狭小。律疏的纸幅，由其他之例（见后述【10】【11】）看来，是有一定的；其一纸的行数也是有一定的。因此，只第九纸的纸幅稍小的事，似可猜想是利用纸背时加以剪贴的缘故。

关于此残卷第六纸是白纸之事，王仁俊氏有如下推测。

> 仁俊按、写本原空六行，盖用同式纸接笋者。第六行尚存左旁笔迹，自依字至不合十八字可细辨也。俊臆度之，必因六行中有误处，写者意欲重书，故裁割去，尚有痕迹可寻也。(《敦煌石室真迹录己》)

此说难予采取。第一，谓忘记六行的文章，是不可能的。第二，若以笔误割去，而切割时犹见残画，也不可能。第三，第六纸若系笔误而剪贴，则其次之第七纸，当如他纸所示，必为二十行分之纸幅，但实际只是十四行而已。第四，纸背的比丘尼戒本，从第七到六、五纸是连写，加上前述三项理由一齐考虑时，则第六纸是利用纸背时加以剪贴的，当有充分的根据。

以此推论来适用于前述之第九纸时，则利用第九纸的纸背时予以剪贴，是十分可能的。在第十纸到第九纸有关比丘尼戒本也是连写的。然而被割去的数行中，存有如永徽职员令残卷（【14】）所示，相当于初校、再校的典，相当于终校的法曹参军之名的可能性，是不能否定的。

再者，依据微卷，第十纸以后（以律疏之序数）的纸幅并不一定。这是因为非为律疏之原来用纸，而是后来贴上去之故。

以残卷的文字，与现存唐律疏议诸本、宋刑统、日本律对校的结果，在残卷方面，可认为律疏本来的用字有十六例；残卷的误字，可数的约有十五例（参看冈野 1977）。据此大致可作为敦煌本之精度的一个标准。

【10】杂律疏残卷

相（部分）：泷川 1934。录校：罗 1925、泷川 1930（1931 再录）、冈野 1977。校：小林 1975。

东洋文库存有由泷川氏所携回之照片的影印本。与前述【9】均是律疏中的精写本。纸背的照片没携回，据泷川氏对此残卷的实查，当是有关写经之事（《近代支那に於ける法制史研究素描》,《东亚》, 6：12, 1933）。

【11】名例律疏残卷

录：冈野 1977。校：滋贺 1958、小林 1975、吉田 1976。

本卷取十恶条之中间部分随意将律疏切断，其纸背书写通俗伪经之相好经，在末尾处有如下之与经文同笔的识语：

> 佛说相好经　清信佛弟子燉煌郡司法参军冯如珪，在任所自写记之。

燉煌郡的名称，盛唐以后存在期间只十数年（天宝元年二月二十日到至德二载十二月十五日，742～758），因此，纸背之利用，当在至德以前。而律疏本文当在开元二十五年（737）发布以后的二十年以内书写的，由燉煌司法参军之利用纸背，可想象当有燉煌郡（沙州）官署存在。但谓郡法曹之负责人冯如珪无罪恶感，而将内容并不古的官本律疏切断，以利用纸背之事，当难以成立。是故本卷并非官府备用的原本，或许可视为书写官本途中发生损害，或者为官人个人用而抄写之本较为妥当。

【12】贼盗律疏断简

录：仁井田 1957（1964a 再录）。校：小林 1975、吉田 1976。

律疏中之【9】【10】【11】【12】四种，都被认为是开元律疏，此等残卷之相互关系，说明如次。

王重民氏对【11】之残卷，这样写着：

> 此卷装潢甚都，字亦工整，疑式与敦煌石室碎金排印德化李氏所藏律疏卷第二相同，疑或原为一书。（《敦煌古籍叙录》，第 144 页）

王氏将罗氏《敦煌石室碎金》所收之律疏卷第二，也以为是李盛铎氏所藏，但如前面所见，此卷系藏于北京图书馆。由上引文可知王氏推测【11】与【9】是同一年。

其次，滋贺秀三氏对【11】说明如下：

> （译者按，将【11】之）“期”作“周”之事看来，不止可知是开元律疏，其书式亦与既知之名例律疏（卷二后半）及杂律疏（泷川政次郎博士拍摄）相同，且字体与杂律疏酷似，当是同一写本的一部

分。〔《譯註唐律疏議》（一），第 36 页〕

即滋贺氏推测此卷为李盛铎氏旧藏的杂律疏（【10】）与僚卷。

【11】是由五纸构成，第一纸的首端与第五纸的末端欠缺，除此而外，第二、三、四纸是每纸分二十二行书写。但【10】之杂律疏，则由四纸构成，每纸分二十行。如此两种残卷，一纸之行数既相异，书风亦难言相同，实不能认为同一本。

又，王氏的见解，也以为【9】之每纸为二十行，其与【11】之书风相异的看法，实难予赞同。【9】与之一纸的行数，虽都同为二十行，其书风又极为相近，但要积极地断定两者系同一本的根据却无。

【11】如前所述是由五纸构成，但详细检讨时，其第一、二、三纸（以下称为前半）与第四、五纸（以下称为后半）的书写人并不相同。此即断简的前半，每整行有十五到十七字，在后半则为十四到十五字，文字也以后半的线较粗。此由各个文字（例如“注”字之三点水部）的书癖也可理解。

以这些文字与其他文献比较时，可推知斯坦因本贼盗律疏（【12】）的书手，与【11】之前半的书手是相同的。

在【11】之第三纸的切开处，条文未完，但书手已易，可能是对律疏这种庞大的书籍，以多位书手来书写，采取分担作业方式，每人分担若干纸的缘故。

【13】职制律疏断简

相（部分）：神田 1938。录校：仁井田 1938（1964a 再录）。校：小林 1975、吉田 1976。

如研究史所述，仁井田氏以为此断简具有与日本律写本类似的形式，而认为此断简为永徽律疏之可能性甚大。

今取敦煌出土之开元律疏残卷（【9】【10】【11】）与养老律写本加以比较时，可知有下列几点不同：（1）开元律疏之本文、注、疏，均用大字，但养老律之本文、注为大字，疏则用细字双行书写。（2）注文开头，开元律疏用“注云”，养老律则无此用法。（3）书写疏文之场合，开元律疏用“议曰”，养老律则无。（4）疏文插入处，养老律用小刻字。

从养老律成立之过程加以考虑，可知大致是沿袭自大宝律的内容与形式。若大宝律之形式可认为与现存养老律写本一致时，那么同样以永徽律疏为蓝本的开元律疏，何以在形式上异于大宝律？此是问题。

此问题当是由于下列诸因素的关系：（1）永徽律疏与现存开元律疏是同形式，但大宝律在承受永徽律疏之际，变更了书式。（2）大宝律因袭永徽律疏的形式，开元律疏却改变永徽律疏的形式。（3）此两种形式，自始并存。只是如第1点所述，大宝律的形式是将永徽律疏大幅度变更的结果，因而【13】之形式的律疏，很难认定存在于中国；更不能径自断定【13】就是永徽律疏。有一可能是【13】可认为是开元律疏的略写本，此事有待今后的检讨。

令

【14】职员令残卷

【14】a 相：仁井田 1965a（部分）、神田 1938。录：那波 1935（部分），仁井田 1965b。

【14】b 相（部分）：那波 1935、仁井田 1965a。录（部分）：仁井田 1965b。

【14】c 相（部分）：仁井田 1933（但只 1964 再版）、1964a。录：罗 1925，泷川 1929（1931 再录），仁井田 1933、1936b（1964a 再录）。

【14】d 录：仁井田 1957（1964a 再录）。

【14】e 相（部分）：仁井田 1964a。录：仁井田 1957（1964a 再录）。

【14】f 相（部分）：那波 1935、神田 1938。录：那波 1935。

永徽职员令残卷是现今所知在西域所发现有关唐代法典中，明白书写年次之最古的写本，而且也是留下行数最多者，其内容的重要性也是最高的。不过原本甚为破烂，损害原貌至巨，欲正确地掌握全貌，极为困难。

如前所述，仁井田陞氏于 1965 年观察斯坦因本职员令时，写了订补的备忘录，此事再由仁井田夫人转写在《中国法制史研究——法と慣習、法と道德》一书。由此可知这是初次对原本所作的精密而正确的考察。

对于其中之要项加以摘记时，关于 S. 1880B 件，可发现在前引书第 273 页之录文的第一、二行间，有“九月十四日……判删定”，第二、三行间有“第六东”，第四、五行间有“追愿?”，第七、八行间有“有爵云云”，第十二、十三行间有“帐”等左文字。这些左文字，与 S. 3375 卷末的令文末部起，到后面的题称（译者按，指“令卷第六”），撰上年月日、编纂姓氏等部分（同书第 277 页录文），是相对应着，两者有贴合的痕迹。又第 274 页的录文第五、六行间的“后汉”，第六、七行间的“试”等各个左文字（与第 276 页之录文第十、十一行对应），贴在纸面；又第十一行上的“□曹听？□□□□□”、第十二行上的“诸职事官三？□以上□军府”、第十三行上的“并置其有散官以下□？亲？事”、第十四行上的“若官两应得府佐亲事帐内者准从多不?”、第十五行上的“有官封?□□□国官各衣官”等处的左文字（第 276 页录文首数行分），并非在一行之间，而是在每行文字的前端重贴以纸面。此等文字，仁井田氏以为非原本的纸背文字。据上所见，仁井田氏又以为第 275 页之最初五行的说明，是需要订正的。内侧的令关系之文，并非书写的，似是拉开被贴住之两断卷时，在另一面附着的残存文字。

这些情形确认的结果，对被剥去而不能判读的文字，其相当的地方，似可取另一面所附着的字来填补。

又其捺印由影印可确认为“凉州都└督府之印”，除核对捺印之处外，补订有关录文之各个文字，亦达二十余处。

其后，西嶋定生氏亦于 1968 年在伦敦精查原卷，很细心地在复印纸上核对并作笔记，笔者（池田）很幸运能借阅此项资料。关于破损甚大的 S. 3375，根据仁井田、西嶋两氏整理的成果，凡未能解决的缺字均予保留，现阶段可解读的录文，揭示如下，以供研究者之利用（标点为笔者所加）。

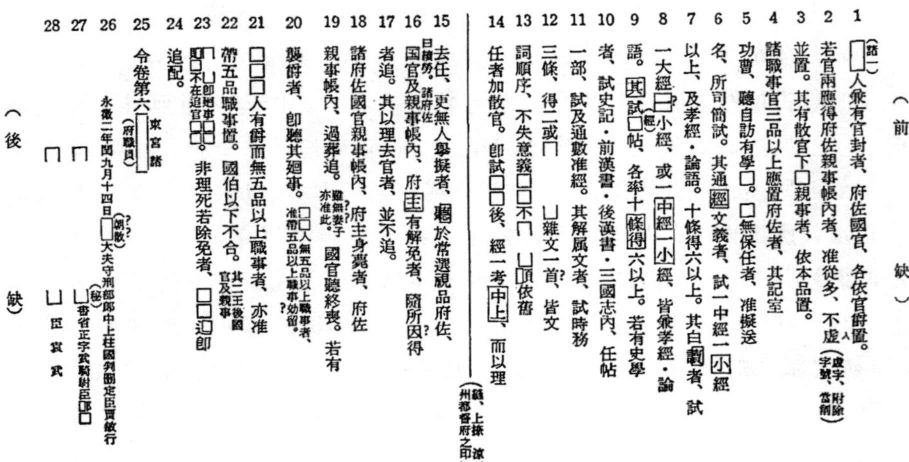

（前缺）

1 (語一)□人兼有官封者、府佐國官、各依官爵置。
2 若官兩應得府佐親事帳內者、准從多、不虛入(虛字、附除字號、當朝)
3 並置。其有散官下□親事者、依本品置。
4 諸職事官三品以上應置府佐者、其記室
5 功曹、聽自訪有學□。□無保任者、准擬送
6 名、所司簡試。其通經文義者、試一中經一小經
7 以上、及孝經・論語。十條得六以上。其白讀者、試
8 一大經□?小經、或一中經一小經、皆兼孝經・論
9 語。其試(經)□帖、各十條得六以上。若有史學
10 者、試史記・前漢書・後漢書・三國志內、任帖
11 一部、試及通數准經。其解屬文者、試時務
12 三條、得二或□ □雜文一首?、皆文
13 詞順序、不失意義□□不□ □頂依舊
14 任者加散官。即試□□後、經一考中上、而以理

（縫、上捺涼州都督府之印）

15 去任、更無人舉擬者、聽於常選觀品府佐、
16 國官及親事帳內、府主有解免者、隨所因得(日積勞。諸府佐?)
17 者追。其以理去官者、並不追。
18 諸府佐國官親事帳內、府主身薨者、府佐
19 親事帳內、過葬追。(雖無妻子亦准此。??)國官聽終喪。若有
20 襲爵者、即聽其廻事。(□□人無五品以上職事者、准帶五品以上職事勿留。?)
21 □□□人有爵而無五品以上職事者、亦准
22 帶五品職事置。國伯以下不合。(其二王後國官及親事)
23 即□不在追官□□(□即廻事□□)。非理死若除免者、□□追即
24 追配。
25 令卷第六(東宮諸府職員)
26 永徽二年閏九月十四日□(朝散??)大夫守刑部郎中上柱國判刪定臣賈敏行
27 □ □(秘)書省正字武騎尉臣□□
28 □ □臣 袁 武

（後缺）

如吉尔斯氏《目录》所载（第233页，7117），被贴着的S.1880B与S.3375，是大英博物馆在整理过程中被剥离而赋予的编号。狩野氏调查时，S.1880A、B之B的令之面，与后来编号为S.3375之断简的令面贴住，纸背之表面当然只见佛典而已。斯坦因本职员令早已知只一断简，但全部所携回者，如上所述之经纬，可知有二断简，此在战后已逐渐明朗化。另一方面，伯希和本职员令，亦因经过长年累月的顺次剥离、补修、整理，使那波氏当时的考察，与今日原卷的形式，出现甚大的变化。然而旧时的录文与今日原本的相异处，并不能一概认为都是旧录文的错误，旧录文仍可作为原卷旧貌的参考资料。巴黎的残卷，附有P.4634的编号，但主要的长卷（中间包含一纸弱之缺失的二断卷）以外，尚有A1~21、B（或Abis）、C1~12的附属片（piéce）伴随。此等细片在整理过程中附着于本卷，而予以分离编号。这些附属片有两种，一是令乃至令纸背的断片，一是后世补修或者为利用二次而取毛诗诂训传（周南、召南）的废纸作为张贴的别纸。但是别纸也在令面上被贴住，剥去时，令之文字附着在别纸随之而去的情形也有，这是检讨令时不可忽略的地方。这些附属片之中，除去C1（内坊条前后约十一行上端）、C2（卷末编纂姓氏以下十七行）外，按文字之顺序，下列细片是属于本来之令面：A18、19、20、21（以上为东洋文库所藏之微卷号码），C3、4、5、9（未收到微卷，依笔者之笔记）。事实上这些细片的整理，目前与编目尚在一并进行，东洋文库存藏的微卷上（1970年制）所见到的番号，也不得谓已确定。1970年出版法国国立图书馆的正式目录第一卷《伯希和携回之敦煌汉文文献目录》，将来会再继续刊行，其记述是到P.4634为止，对于附属片之处理问题，不免有令人担心之处。

在令之纸背，书写着禅宗史研究者所重视之始祖达摩祖师的语录“二入四行论”。此书尚幸由柳田圣山等氏翻译成日文，亦收入《禅家語录Ⅰ》（《世界古典文学全集》36A），广为流传。关于敦煌本的“二入四行论”，田中良昭氏有目录式的记述，[①] 外行人也可找得到。今参照这些著作，推定纸背“二入四行论”之缺失部分的字数以及其行数，并推算其表面相当

① 田中良昭：《敦煌禅宗資料分類目録初稿Ⅱ——禅法、修道論（3）》，《駒澤大学佛教部研究紀要》43，1976，第12~15页。

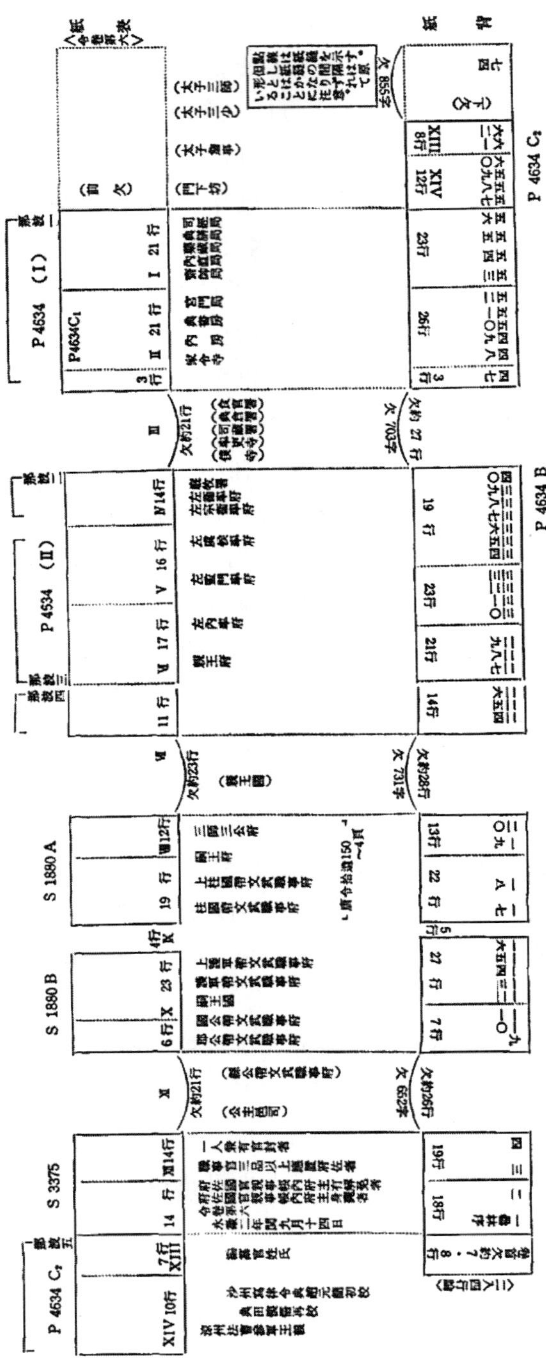
P 4634 （I）
P 4634 （II）
P 4634 B
S 1880 A
S 1880 B
S 3375

于令之部分以及缺失的行数，以启开将原卷外形复原之道。其次，以上述之成果为基础，将原卷之表里关系作一图式（见前页），以供参考。“二入四行论”之分段与序数，是根据柳田氏所附之文。

如上所述，在纸背书写“二入四行论”之际，将卷末页一纸余切断，而贴于现存第一纸之前，此时令之卷首部分已被切离。因此，书写四行论后，经过相当的年代，本卷乃成为故纸而充作第二次之用。此时切除缺失部分，贴上残存部分。1933 年，那波氏所附的断简号码，谓依 5、4、2、1、3 之顺序而连贴（《史林》20：3，第 565 页），因此，在利用第二次而张贴时，对原貌显然有相当的损害。20 世纪初叶，其前半被携往巴黎，其后半被携往伦敦。现在所见到的样子，是经过数十年之修补整理的结果。

下举之例（标点为笔者所加），为据微卷对那波氏之录文（参看《史林》）所作的大幅补订，对仁井田氏之录文（收入《石田記念論叢》）亦得补正若干。

宮門局條

門大夫二人（掌宮殿門、請進管鑰、判局事。）

右春坊

典書房

錄事

錄事一人（掌令旨并令□記□□、付事勾署」稽、省署抄目、監印給紙筆之事。）

令史

令史八人

以上是参酌其下文左右宗卫率府条数行之上所贴留的文字（先是贴合时附着，其后将纸剥离）而判读的。

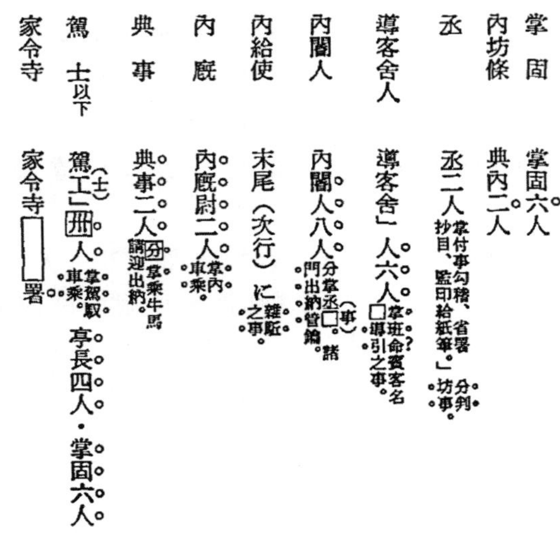

掌固　掌固六人

內坊條　典內二人

丞　丞二人 掌付事勾稽、省署抄目、監印給紙筆。」分判坊事。

導客舍人　導客舍」人六人 掌?班命賓客名□導引之事。

內閤人　內閤人八人 分掌丞□（事）諸門出納管鑰。

內給使　末尾（夾行）に 雜匠之事。

內廄　內廄尉二人 掌內車乘。

典事　典事二人 分掌乘牛馬調迎出納。

駕士以下　駕（士）工」卌人 掌駕馭車乘。亭長四人・掌固六人

家令寺　家令寺□署

以上据断片 C1 补正。

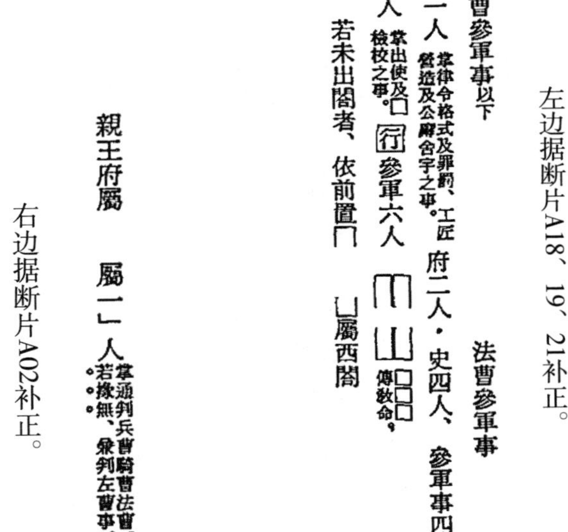

左边据断片A18、19、21补正。

法曹參軍事以下

法曹參軍事

一人 掌律令格式及罪罰、工匠營造及公廨舍宇之事。 府二人・史四人、參軍事四

人 掌出使及□檢校之事。行 參軍六人 □□ □□□傳教命。

若未出閤者、依前置□ □屬西閤

親王府屬　屬一」人 掌通判兵曹騎曹法曹。若掾無、兼判左曹事。

右边据断片A02补正。

【15】公式令残卷

相（部分）：仁井田 1933（但只 1964 再版）、1965a。

录：泷川 1932（1940 再录），仁井田 1932、1933，（部分）内藤（乾）1930（1963 再录）。

格

【16】散颁刑部格残卷

【16】a 相：大谷 1934、（部分）神田 1938。录：董 1930、1934、1938，大谷 1934，罗 1937。

【16】b 相：仁井田 1964a。录：仁井田 1957（1964a 再录）。

【17】户部格残卷

相：仁井田 1964a。录：仁井田 1957（1964a 再录）。

在伦敦实查原卷的仁井田氏，对于录文不能判读的文字，依据微卷而成功地完全解读出来，与职员令也同样地作了笔记而留存着，借此机会揭示于下，以供研究户部格者之利用。上栏为《中国法制史研究——法と慣習・法と道德》的页、行数，订补字在右旁以“○”附之。

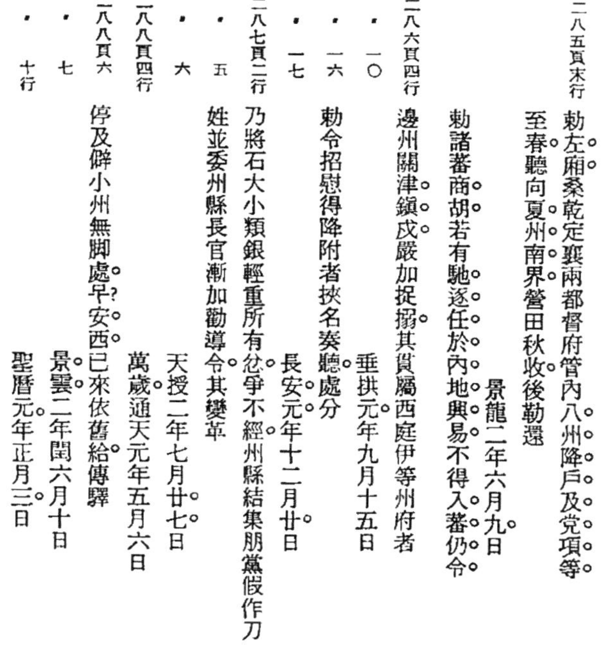

二八五頁末行　勅左廂桑乾定襄兩都督府管內八州降戶及党項等
至春聽向夏州南界營田秋收後勒還
勅諸蕃商胡若有馳逐任於內地興易不得入蕃仍令
景龍二年六月九日
二八六頁四行　邊州關津鎮戍嚴加捉搦其貨屬西庭伊等州府者
・一〇　垂拱元年九月十五日
・一六　勅令招慰得降附者挾名奏聽處分
・一七　長安元年十二月廿日
二八七頁二行　乃將石大小類銀輕重所有忿爭不經州縣結集朋黨假作刀
・五　姓並委州縣長官漸加勸導令其變革
・六　天授二年七月廿七日
二八八頁四行　萬歲通天元年五月六日
二八八頁六　停及僻小州無脚處早?安西已來依舊給傳驛
・七　景雲二年閏六月十日
・十行　聖曆元年正月三日

本卷表面有乱写之大字数处，不易判读，此大字是：

付所由捉，至迟决。└既有先言，勿问推└词，即令计会└，返理任申。净？林？

或写：

付所由追，至迟└决杖。净？林？示。└□□日。

看来仿佛是县官的判辞，但又有“流东望公主”一句无秩序地乱写，与纸背的佛书完全不同性质，可知是进入佛寺前，官府之官人乱涂之笔迹。户部格的抄写，各处深浅不一，很是引人注目。到第三十四行为止，是为比较完整的楷书，第三十五到五十二行字迹潦草，第五十三行以下又恢复楷书。上述的变化，出现在同一件残卷中，文字又较散颁刑部格、水部式拙劣，则可否将本卷认为是正规的官写本，似有检讨的必要。

【18】（吏部留司格断简?）

录：那波 1957。

断简现在不知在何处，其照片是否保存，亦不明。此断简是否果如那波氏所说为吏部留司格，特别是其所用以立论的根据，内藤（乾吉）、仁井田两氏曾提出疑问（内藤 1958b，仁井田 1964a，第 269 页），故仍待考。

【19】（吏部格或式断简?）

只有九行之零散断片，尚不知有研究结果发表，借此机会将原文移录于下，以供参考（标点为笔者所加）。

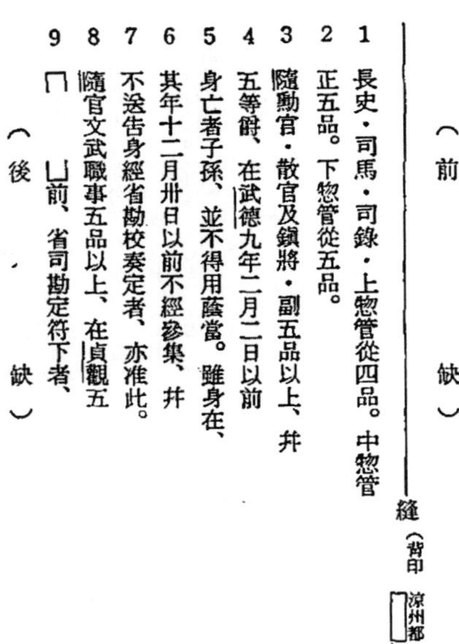

（前缺）

1 長史・司馬・司錄・上惣管從四品。中惣管

縫（背印 涼州都）

2 正五品。下惣管從五品。

3 隨勳官・散官及鎮將・副五品以上、并

4 五等爵、在武德九年二月二日以前

5 身亡者子孫、並不得用蔭當。雖身在、

6 其年十二月卅日以前不經參集、并

7 不送告身經省勘校奏定者、亦准此。

8 隨官文武職事五品以上、在貞觀五

9 □　　□前、省司勘定符下者、

（後缺）

缝背留有右半之印，大概是凉州都督府之印。但似与永徽职员令上之“凉州都督府之印”以及开元公式令缝上之“凉州都督府印”不一致。文中提及贞观五（年），书写时间可以此年为上限，唯其内容是规定前朝隋代的官吏任用以及用荫，故当属初唐之文件。《唐律疏议》卷二五《诈伪律》“伪写官文书印”条疏引唐式曰：“依式，周隋官亦听成荫。”即有关前朝之荫的条文，含有式的规定在内。则本断片似亦有可能属于这种式。另一方面，在敕格之类也有可能存在这种条文。最近泷川氏以为此断简是贞观吏部格（见“补记”）。

【20】（兵部选格断简?）

本断简在纸背是以王道祭杨筠文作为有关王梵志的资料，吴其昱氏研究发表之际①，偶尔提及此事。其下半部受损甚多，兹将不满一纸的资料移录于下，以供参考。

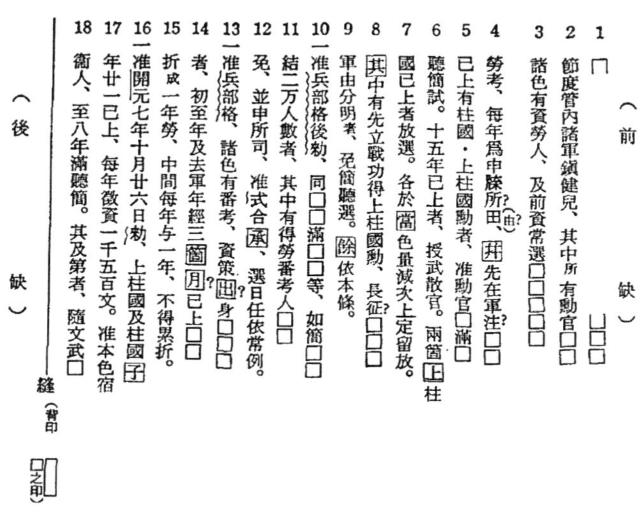

（前缺）
1 □ □□
2 節度管內諸軍鎮健兒、其中所有勳官□□
3 諸色有資勞人、及前資常選□□□□
4 勞考、每年爲申牒所田、(由?)并先在軍注?□□
5 已上有柱國・上柱國勳者、准勳官□滿□
6 聽簡試。十五年已上者、授武散官。兩箇上柱
7 國已上者放選。各於當色量減次上定留放。
8 其中有先立戰功得上柱國勳、長征?□□□
9 軍由分明者、免簡聽選。餘依本條。
10 一准兵部格後勅、同□□滿□□等、如簡□□
11 結二万人數者、其中有得勞番考人□□
12 免、並申所司、准式合承、選日任依常例。
13 一准兵部格、諸色有番考、資策出?身□□□
14 者、初至年及去軍年經三箇月?已上□□
15 折成一年勞、中間每年与一年、不得累折。
16 一准開元七年十月廿六日勅、上柱國及柱國子
17 年廿一已上、每年徵資一千五百文。准本色宿
18 衞人、至八年滿聽簡。其及第者、隨文武□
（後缺）
縫（背印 □□之印）

缝背印只左半部存在，包含重要地名等的右半都欠缺，左半部的第一字显然也不清楚，此非为都督府之印，大致无可疑。每条之首，冠以“一”之书式，与【16】相同，有如“准兵部格”的形式，是从来未见的。内容规定兵员、勋官等之资格、待遇、出身等，都是从事军务，积劳得考，或者有赐勋者的仕进，属于兵部管辖。格后敕指开元十九年所编纂的

① 吴其昱：“*Un manuscrit de Touen - houang concernant Wang Fan - tche*”，TP XL VI/3 - 5，1958。

格后长行敕，年代在此断简之后。从上面包括“准兵部格”云云在内的书式看来，本断简全体与兵部格当有可能是属于别种的选格之类。不过此处所介绍的，包括兵部格及兵部格后敕佚文，已为唐格提供有力的参考资料。

式及其他

【21】水部式残卷

相：罗 1913。录：佐藤 1967。

本卷第五、六两纸间之缝，并非原缝，而是后来贴上的。现存第六叶首行，从照片中可认出半残画，其判读是：

虽非丁木限内，亦听兼运。即虽在运木限内，木[运]

从文义上可知此行非为条首，其前本来还有行数存在。本卷每纸有廿二行，由此可推测当缺失二行。两断卷本来之关系位置，严格说来仍不清楚，但从内容视之，本来是相连的，只是利用纸背之际，切除二行再行贴进，成为现在所见之状，如此解释，当无特别不通之处。但是要断然否定中间失去一纸以上的可能性，似亦困难。

【22】（职官表）

相（部分）：仁井田 1933、泷川 1934。录：大谷 1933。

伯希和的目录和王重民的目录（译者按：指 1962a）都提过本卷纸背所贴之纸为契片与藏文断片，那波氏（《东亚经济论丛》，3：2，第 227 页；《京大文学部纪要》1，第 117～118 页等）亦由此录出而介绍辛亥年四月押衙康幸全借绢契，中国之《敦煌资料第一辑》大概由王重民氏所携回之照片中移录了上述的借绢契（第 378 页）。另一方面，马尔歇尔·拉鲁女士（Marcelle Lalou，1890～1967）的目录有藏文贴片（28 厘米×20 厘米）与三小片，详细著录分配布帛予汉人的报告（第二卷，第 62 页，1108）。但是后来这些附属片似从本卷剥离，另外予以整理，致本卷之微卷不含此物。藏文断片，写于吐蕃占领敦煌时代（8 世纪末到 9 世纪半），此借契则属于 891 年或 951 年。但此职官表是要传承永年，对于破损部分可知是取 9 世纪以后的废纸由里面修补的。如前所述，在天宝十一载至至德二载间可见到文部式，天宝至德间的官名又出现许多，因而本表所依据的资料，显然是当时颁行的官本，只是转写之际，不少栏发生混乱与误写等。其原本可想象有如揭示在壁面之大型物，本卷则缩写为不到两米之卷子，可知是为携带之方便而作为官人个人用的便览（手册）。

唐朝后半期以来，若谓本表在沙州归义军节度使管辖下仍有百年以上的实用价值，固然难以认定，但是透过归义军时代，寻求中原王朝权威之所出，憧憬盛唐时期之气氛，而保存阅览此表，实是可能的。

【23】（判集残卷）

判录：池田 1978。

内藤虎次郎氏所携回之照片复印本，藏于庆应大学，据此再作的复印本，东洋文库也有，但在东洋文库也可见到近年的微卷。现存敦煌本判集中，最具备书式者，由下所抄录之一项显示其形式（标点为笔者所加）。

奉判得、隰州刺史王乙妻育子、令坊正雇妳母、月酬一縑。經百
日卒、不與縑。又馮甲朝祥暮歌、自云服畢仰事。
王乙門傳鐘鼎、地列子男、化偃百城、風高千里。妖妻舞雪、
翠鬱望山之眉、誕育仙娥、變符懸帶之兆。雇茲妳母、石席明
言、酬給縑庸、晧(脂)膏乳哺。輟深恩於襁褓、未變庭蘭、碎瓦礫
於掌中、俄歸蒿里。不酬妳母之直、誠是無知、既論孩子之亡、
嗟乎撫育。司錄論舉、情狀可知、足請酬還、勿令喧訟。又父
母之喪、三年服制、孝子之志、萬古增悲。朝祥暮歌、是虧於
禮、以哭止樂、斯慰所懷。訴詞既欵服終、言訟請依科斷。

首先是以小字提示问题，回答之主文（即“对”）低一格用大字书写。其内容为隰州刺史王乙之妻为养育儿子，令坊正雇一乳母，每月以一缣作为报酬；但百日之后，其子死去，因而不给予缣之案件。又有冯甲者逢亲丧，而早晚仍为之歌的案件。本判即对上述并列的两问题所作的判决。文言为四六的美文，所论空疏，缺乏具体性，也无提及有关之条文。结论是前者科断应支付所雇之报酬，后者为违乎礼而结案。一如王重民氏所指出

（《敦煌遗书总目索引》，第 268 页），这种体例与现存张鷟的《龙筋凤髓判》类似，即无依官厅之别而编成、采取二题相关的形式等项，显然是为《别书》。此断卷首尾阙如，撰者与书名亦不明。从其内容与文章风格视之，当是初唐（7 世纪后半叶）的判集。

【24】唐判集残卷

录：池田 1978。

巴黎国立图书馆制有微卷，由山本达郎、嶋崎昌氏携回，藏于东洋文库。其内容菊池英夫氏在东洋文库刊目稿有扼要的介绍（Ⅰ，第 151 ~ 153 页）。此残卷是画有乌丝栏（译者按：即画有黑色细线作间隔）的白麻纸写本，存留三米以上，首尾欠缺，但在遗存判集中，为内容最丰富者。向来目录是把判集作为纸背，但是从用纸、笔迹、书风等视之，可知都是先写判集，其后在纸背写以“晋书载记”。即目录将此残卷之表里作相反的记载。与【23】相比，略逊于书式，其每道之首有改行，也有不改行；其标题有时详记，有时略记；更且第十四道之判答（“对”）阙如，是有不备之处。但是全体上看来，被省略的地方有限，本文具有某种程度的信赖度，是可以期待的，兹举一例于下（标点为笔者所加）。

奉判、郭泰・李膺、同船共濟、但遭風浪、遂被覆舟。共得一橈、
且浮且覺(競)、膺爲力弱、泰乃力强、推膺取橈、遂蒙至岸。膺失橈
勢、因而致殂。其妻阿宋、喧訟公庭、云其夫亡、乃由郭泰。
々(泰)共推膺、取橈是實。
郭泰・李膺、同爲利涉、揚帆鼓枻、庶免傾免(危)。豈謂巨浪驚天、
奔濤浴日、遂乃遇斯舟覆、共被漂淪。同得一橈、俱望濟己。且
浮且覺(競)、皆爲性命之憂、一弱一强、俄致死生之隔。阿宋夫妻義重、
伉儷情深。悴彼沈魂、隨逝水而長往、痛茲淪魄、仰同穴而無期。
遂乃喧訴公庭、心讎郭泰。披尋狀迹、清濁自分、獄貴平反、無
容濫罰。且膺死元由落水、々々(落水)本爲覆舟、々々(覆舟)自是天災、溺死
豈伊人咎。各有覺(競)橈之意、俱無相讓之心、推膺苟在取橈、被溺
不因推死。俱緣身命、咸是不輕、輒欲科辜、恐傷猛浪。宋無反
坐、泰亦無辜、並各下知、勿令喧擾。

下述大意，即郭泰、李膺同船航行中遭遇覆舟，两人争夺一桡，膺弱泰强，结果泰得助，膺溺死。膺之妻宋氏乃提出其夫被杀之诉。判决意旨，李膺溺死，是遇风浪而覆舟，本为天灾落水，两人争取桡，为得其助，则膺溺死之原因，自不得谓为泰之推死。滥刑当避，乃判泰无罪，宋氏亦不问反坐。此判与【23】之判相较，其表现远较平俗，且法的论议也较有具体性。唯当事者之名，以后汉末之清流人士为代表，其为虚构甚明。

包含残缺在内，全部留存十九项。其中三项是由两件组合，此外一项是一件，尤其是未予以分类。书名、撰者亦不详，除本文中出现贞观十七年到永徽二年的纪年以外，因包含隋末到初唐的事件，其成立年代当以650年代为上限，似为7世纪后半叶之物。本文中引用律、令、式，乃至言及内容规定有数条，此事似可作为永徽律令式的参考资料。

更且第九项与日本养老赋役令孝子顺孙条之《令集解》所引的《判集》（国史大系本，第413～414页）符合，此点值得注意。此项引文是置于义夫、节妇的注解最后，承蒙吉田孝氏的指教，在《集解》的文脉，此处是可认为《古记》所引用者。如此一来，在天平十年前后完成《古记》的撰者，抄录此判集的时间，与敦煌本的抄写大约同在8世纪前半叶。当时此判集既已舶载到日本，可想见本书之盛行。泷川政次郎氏以《令集解》所引之判集，比拟《日本国见在书目录》所著录之“大唐判书”。（《社会经济史学》，10：8，第9页）为与其他之判集区别起见，此处暂名之为“唐判集”。

此判集的内容，谓有一寡妇刘氏在其夫死后守贞数年而生一子，其兄以此为耻，欲使再嫁于张衡，刘氏不肯，其兄不得已乃以其女代嫁张氏，此婚姻是否被认可，又刘氏是否可请为孝妇的案件。判的主旨，科断刘妇所谓梦中与其亡夫交合事，难予认同，宜加慎重调查。与张衡之婚姻事，理应取得两当事者的合意，若兄强制其妹或其女从嫁，应依法处罚。至于两家的事情，再行调查。利光三津夫氏在《裁判の歷史——律令裁判制を中心に》一书中，引用本判，认为是初唐名裁判官所下的判决（第208～215页）。由判集全体的性质视之，可理解并非为特定事件的具体判决，而是取现实事件为题材，由编者之手在论理与修辞方面予以相当的润饰而成的。本判不含节妇之语，内容举节妇为例并不切当。是项引用事例，似成为《古记》撰者与后来的明法家极有兴趣的谈论线索。引文内容与敦煌本几乎一致，同字率达百分之八十以上，包含订正讹误约五十字在内。其中得订正敦煌本之讹字者，有二例可见。从两者的比较，而要知道《令集解》对原文保存的程度，能提供有益的资料。

【25】（安西判集残卷）

录：池田 1978。

本残卷是以速笔的楷行体书写，并加朱笔句读与订补。伯希和以其破损至巨，乃于巴黎补修装潢。昭和初年，重松俊章、大谷胜真两氏抄录了本卷，东洋文库、龙谷大学存有复印本，由此可得知其旧貌。如菊池英夫氏所指出（目稿Ⅰ，第 148 页），近年所见的微卷与旧本不同，大概是修复之际，手误将原卷前三十行部分贴于末尾。附有“奉判……事”的标题，则有三项不附，二项附之。每道之起首，有的改行，有的没有，形式不完整。内容方面，除一件以外，都是有关安西都护府（设于龟兹）管内之兵事，有裴都护（行俭）、崔使君（知辩）之名出现，属于 7 世纪中叶，即 665 年以降二三年之物。菊池氏在目录是以“安西都护府奉判牒文及发给公验控”为题，可知这些判文是集录都护府的官文书。只中间插一件（承认已离婚之阿龙与旧夫再婚事）与此不同，且无特定的地域与时代，内容亦与其他隔绝。其原文引用如下：

> 高头、阿龙。久谐琴瑟。昨因贫病。遂阻参商。龙游荡子之家。忽悲鸾而独儛。头寄〔向?〕隅之徼。恒惊鹊以空栖。事非出于两情。运以征于只意。无夫之媛。不可空掷春宵。阙妻之男。实是难穷秋夜。远念和鸣之绪。近询鳏寡之由。头缘痃病顿身。龙遂猖狂〔已用朱笔抹消〕自困。不能拘制。唯恐孤危。倚官岂敢致尤。抑从弃薄。生人之妇。昔时尚被夺将。死鬼之妻。今日何须不理。况有一女。见在掌中。既曰分肠〔张?〕。诚悲眼下。合之则两人全爱。离之则一子无依。见子足可如初。怜妻岂殊于旧。何劳采药。自遇下山。已嘱槁砧。〔境用朱点抹消〕任从再合。于理无妨。以状牒知。任为公验。（原本朱笔句点，其他标点为笔者所加）

只有判文，而无标题，情况不免暧昧。但可推知是已离婚的阿龙与独身之荡子高头，互通情谊。其后，高头病死，阿龙以孤危，求官许与其旧夫再婚。官府对此要求，判示许可之旨。

判文过分讲究修辞，而与前后都护府的具体案件显得不调和；但是从个人关心的观点看来，把不同类型的案件混合收录，也是可以说明的。由于缺乏作为官文书之判文记录可见到的一贯性书式，抄写之际又有修改原来文辞的痕迹，因此说是为了练习判文之目的而抄录，当是自然的事。此处暂拟其题曰《安西判集》，以备今后的检讨。

三 法制文献的背景

以上是20世纪在西陲所发现有关唐代法制文献的概略。对于这些文献，总括地考量其价值时，以现今所理解范围的资料而言，显然有其量上、质上的限度。即以律之百多条而言，存在的也不过为总数约二成左右；至于律疏，遗存者不满十条。令方面，只有永徽东宫诸府职员一卷的大半与开元公式令数条，如不考虑其年度的差别，尚不足占全体的三十分之一。格、式方面，若须考虑年次、种类的不同时，残卷似不逾百分之一。另一方面，有关判集部分，与传存的唐判约有一千二百道相比，敦煌本所能提供的尚不足三十道。

质方面，以沙州与西州之州（都督府）衙用的官本为最佳，到官人个人所用的写本为止，都是在西陲所使用的实用本。以发布的时间来衡量时，即连官本的永徽职员令也有不少误字、脱字。加以残卷蒙受损伤至巨，竟无一例是首尾完整的。

虽是如此，对于一向依赖宋、元版以后的《唐律疏议》《宋刑统》《唐六典》《通典》等传存文献而从事的研究，仍大有裨益，已如上所述。兹再简要归纳于下。

（1）提供在传存文献看不到的许多令、格、式、判等的新条项。

（2）让我们知道与传存文献相对应的律、律疏及令以下等在唐代的原形；有助于现行本的校订，进而给予传存文献之保存原形程度的评价标准。

（3）对于校订日本大宝、养老律令也有某种程度的参考价值；进而提供研究有关日本承受法典的过程与编纂者之修订意图等有益的线索（特别是永徽律令，开元律令也有间接利用的可能）。

（4）可作为研讨七八世纪之际，在沙州、西州有关法之统治实态的题材；进而有助于认识当代法制的底层。

以上所举，为其主要价值之所在。更且在检讨与传存文献相应记载的有关条项时，欲阐明文献之原据及其成立过程，不用说也是重要的线索。因此，对现存残卷得直接校勘或确定之处，虽然限于局部，但是由掌握确实的据点，进而对残存的大部分予以批判处理是可能的，这一点很重要。就此意义而言，不论今日与未来对唐代法制文献如何研究，忽视同时代的写本残卷而欲求其进展，是不可能的。同时一并参照日本所接受而传承下来的法制文献的古写本也是必要的，特别是有关永徽律令，日本文献可作为主要线索的地方甚多，这也是众所周知的事。近年来，日本律令在文献上的研究得以进展，愈来愈可表明此事。① 今后对唐代法典原形的研究，吸收日本律令研究者的成果，并加深两者的合作，似是有效的途径。

再者，敦煌文献的整理，至今可谓已完成大半，其未完成部分，包含散在北京、伦敦、巴黎、列宁格勒，以及其他地方的文献。今后随着整理编目之进行，仍有可能出现新资料。在吐鲁番盆地由于发掘古坟等工作，将来发现更多的新资料，是可期待的（参看“补记”）。

又以收藏佛寺经藏、寺院文书为主的敦煌，在素来的堆积中，发现有二十卷属于七八世纪的法制文献混入，对当代法制文献之渗透西陲，予人以深刻的印象。最近在湖北云梦所发现的秦简中②，有内史杂律，规定：“县各告都官在其县者，写其官之用律。”尉杂律规定：“岁仇辟律于御史。”秦代既已有律的书写、校雠，若再考虑厉行依律而治之点，则拥有一千年法治经验以后而出现的唐朝统治，其律令等法典之普及，可谓为当然之事。依唐制，天下约有三百州（若干都督府），设置定额的法曹（或司法）参军事（三都、大都督府、上州二名，其他一名），司掌“律令格式、鞫狱定刑、督捕盗贼、纠逖奸非之事”（《唐六典》卷三〇）。在其下有府，或佐、史、典狱、问事等杂任，依开元令之定额，随州（府）之大小，设置五十七到十八人，显示法曹职务之繁忙。前述永徽令残卷所见之亲王府法曹参军，司掌律令格式一事，在日本大宝、养老令，却不见亲王

① 小林宏、高塩博：《律集解の構成と唐律疏議の原文について》（一）（二），《国学院法学》，13：4，14：3，1976，1977。

② 《文物》1976年8月，第42页。

或国的职员中，有特设司掌法律者。只有大宰府设置大判事、少判事、大令史、小令史各一人。据此可知以唐的官僚组织规模及职务分化，来与当时的日本相比是如何地悬殊，这是很清楚的事，不必赘词。

州（府）之下，约有一千五百个县，法务（刑狱诉讼）之事，为县尉的职掌之一。畿县、上县有尉之员额二名时，一名判功、户、仓务，一名判兵、法、士（土木）务。[①] 杂任的佐、史，以其数名员额之若干位负责司法，监督与州之员额差不多的典狱、问事。律疏颁布以后的时代，无疏伴随，只律本文、注之写本较广为流布的情况，显示县阶段的断狱，一般所实用的，为只含有律条之书。

唐朝常意图以律令格式灌输官人，并积极予以推动。文明元年（684）四月十四日敕云：

> 律令格式，为政之本。内外官人，退食之暇，各宜寻览。仍以当司格令，书于厅事之壁，俯仰观瞻，使免遗忘。（《唐会要》卷三九、《通典》卷一六五）

大中四年（850）七月，大理卿刘濛的奏文，亦请准右敕的趣旨，于大理寺厅壁，重写律令格式（《唐会要》卷六六）。稍早之大和二〔三〕年（829）十月，据刑部侍郎高钎之条疏，请以必要的节目十一件，再壁书于诸道州府的录事参军食堂，加强记忆，以作为申奏罪人之准据。是项奏请，获准施行（《旧唐书》卷一八下“大中四年七月丙子”条）。

元和五年（810），吕温所书之道州律令要录序，谓在湖南尽头与岭南相接之道州，也有由州之法吏何洛庭将律令之撮要书于厅壁之事（《吕叔和文集》卷三、《文苑英华》卷七三八）。西域发现的诸断卷，可证明唐朝前期法典普及于西陲之事。法典之中，以律传布最广，此由遗存数可窥知。同时占有敦煌资料之大半的九、十世纪的文献中，可发现作为废纸用的前代法典的反面，无出现一例有关同时代的法典，这一点与当时沙州归义军支配下孤立性强的背景有关，致由中原流入的文献，不能看到有如唐朝前期的大量存在，尤其是遗存的偶然性甚大。节度使时期的法制文献，存在于敦煌，固然无可置疑，但当时法的支配力，在某方面已显示与唐朝

---

① 礪波護：《唐代の縣尉》，《史林》57：5，1974。

前期有很大的变质。不过同时代的中国内地，在许多方面显然也出现异质。就此意义而言，是不可以将唐朝后期以后的敦煌资料，来与前期同样地作为唐代法制史料处理。

此处再说明一下本文所以将与法典不同性质的判集收进的理由。在《日本国见在书目录》的史部刑法家，著录与律令格式之类并列的《判样》十卷以下至《大唐判书》一卷，共六件判书。如众所知，该《目录》的分类，是沿袭初唐的《隋书·经籍志》，则唐代的分类，将判与律令等系统包括在固有的法制文献内，是无可怀疑的。但是《新唐书·艺文志》将《龙筋凤髓判》与骆宾王《百道判集》等列入别集类之末，《四库全书总目》将《龙筋凤髓判》包括在子部类书类等，看来判的分类所属是流动的。到后世，一般对于传存的判的处理，与其说是当作文献，不如说是当作文学作品。基于这一点考虑，加上判集在内，日本有泷川政次郎、市原亨吉、布目潮沨诸氏对唐判作综合的研究，颇有进展。[①] 这是表示法制史研究者对此事的关注。敦煌判集包括引用律与令式，这一点值得注意；与《文苑英华》收载之判文相比，只于文辞的洗练方面较拙劣，此正是初唐之法意识的活现，让我们对判有丰富的认识。当代有志于仕宦者，皆由“选”而受身、言、书、判的考试，通过以后始得任官。因此搜集模范文例，熟读仿作判集，勤奋练习。在判文所示有关唐人对法的理解，不免浅薄，但是将此事一并列入考虑时，始可窥知用以支持律疏所凝聚之高水准的法观念、法技术的广大基盘。读到前节所举的郭泰、李膺一例，不禁想起公元前2世纪希腊怀疑派哲人卡尔涅底斯（Karneades，公元前213～前129）有关木板的一段话，即有一只船在大洋中遇难而破，二人争夺只能载一人的一条木板，其中一人将对方推落海中而夺得木板，救了自己的生命，此事对否为例的问题。在判集是把死亡原因归由天灾导致覆舟，乃判郭泰无罪。这种观点，是主张为紧急避难可免受刑责，给予刑法理论之正面的认定。与卡尔涅底斯相比，给人感觉唐人的法理论是低调的。就此一

① 瀧川政次郎：《龍筋鳳髓判について》，《社会経済史学》，10：8，1940。
同氏：《文苑英華の判について》，《東洋学報》28：1、2，1941。
市原亨吉：《唐代の判について》，《東方学報》（京都）33，1963。
布目潮渢：《白居易の判を通して見た唐代の蔭》，载《中国哲学史の展望と模索》，創文社，1976。

端，暴露与官僚机构——为着国家之统治而作为公法之体系——共同发达起来的律令，在本质上所隐藏的缺陷。对律令之实际机能，要予以具体的分析时，有关当代的裁判与事件的处理，进行有系统的分析是必要的，但在这方面的研究，仍多未开拓。今后借着活用西域所发现之公私文书类，来探讨活的法，是笔者所期待的。

补　记

最近《文物》1977 年第 3 期刊载《吐鲁番晋—唐墓葬出土文书概述》（吐鲁番文书整理小组，新疆维吾尔自治区博物馆）一文，报道发现《唐律疏议》残片，盖有书写工整之“西州都督府之印”。它虽是残片，但显然为唐朝所颁布的现行法典，从其律文可看出与今传本有非常重要的差异。

对此项简单的记事，无法确定此残片是律或律疏，因而期待与前述【5】一并考查的详细报道。

校稿之际，泷川政次郎氏的《ペリオ氏將來の唐貞觀吏部格斷簡》一文（《国学院法学》15：1）发表。此文是介绍【19】而以为是贞观吏部格。

为撰述本文而从事预备调查工作时，承蒙龙谷大学图书馆、东洋文库、东京大学东洋文化研究所等机构之协助，特此志谢。

本文为矢下纪念法制史基金资助下的研究成果之一。

译者附记

原文图版甚多，排版不易，幸蒙前“司法院”院长戴炎辉教授惠借《法制史研究》一书以制版，使拙译文得以顺利刊出，特此申谢。

又，顷接原作者池田温教授大札指示，图版中有若干处须补正，兹开列于下。

页 243，右端“纸背”栏，【6】【18】项，各记入“白纸”二字。

页 243，中间“文献番号”栏，【18】项，在 TⅡT 之后，记入“Ch. 3841”诸字。

页 275，“唐判集残卷”右起第二行，椎改推。

页 275，“唐判集残卷” 右起第四行，共字之下，补进 “（供？ =哄）” 诸字。

至于文中须订正之处，已于译文中改正，敬祈读者谅察。

文献目录

凡例

一、本目缘系收录以西域所发现之唐代法制文献为对象的介绍、研究论文，与若干目录类及相关论文。排列次序，按编、著名而定。日本人依五十音顺序，外国人依 ABC 顺序（中国人依拼音表记）。

二、【】内的号码，为该论文问题所指的断简别，与第二节所载的一览表相对应。

又，本目录不免有遗珠之憾及纰缪之处，敬祈方家不吝教正补订。

国内

池田　温（1931～　　）

1978 《敦煌本判集三種》（《（末松博士古稀記念）古代東アジア史論集》下，吉川弘文館）【23】【24】【25】

石尾芳久（1924～　　）

1965 《戸婚律放家人爲良還壓條論考》（《法学論集》關西大学、一四—四・五・六）【1】—a

井上光貞（1917～　　）

1976 〔共著〕《律令》（日本思想大系、岩波書店）【1】—a

榎　一雄（1913～　　）

1962 *An Appendix on the Chinese Manuscripts*（Louis de LaVallée Poussin, Catalogue of the Tibetan Manuscripts from Tun-huang in the India Office Library, Oxford Univ. Press）

大谷勝眞（1885～1941）

1933 《敦煌遺文所見録（一）——唐代国忌諸令式職官表に就いて》（《青丘学叢》一三）【22】

1934 《敦煌出土散頒刑部格殘巻に就いて——敦煌遺文所目録（二）》（《青丘学叢》一七）【16】—a

大庭　脩（1927～　　）

1960 《唐告身の古文書学的研究》（《西域文化研究》第三，法藏館）【15】

岡野　誠（1947～　　）

1976 《唐代における禁婚親の範圍について——外姻無服尊卑爲婚の場合》（《法制史研究》二五）【1】

1977 《西域發見唐開元律疏斷簡の再檢討》（《法律論叢》明治大学、五〇—四）【9】【10】【11】【12】

香川默識

1915 〔编〕《西域攷古圖譜》下帙（国華社）【3】—b【5】

神田喜一郎（1897～　　）

1938 《敦煌秘籍留眞》（二巻、小林寫眞製版所）【1】—b【13】【14】—af【16】—a.

1960 《敦煌学五十年》（二玄社，1970 增訂再刊，筑摩書房）

菊池英夫（1930～　　）

1974 《日本における中央アジア發見漢文古文書・古寫本およびそれと關連ある中国古文書の研究》（《史朋》，北海道大学、一）

小林　宏（1931～　　）

1975 〔共著〕《譯註日本律令》律本文篇上下巻（東京堂出版）【1】—ab【3】—b【5】【7】【9】【10】【11】【12】【13】

佐藤武敏（1920～　　）

1967 《敦煌發見唐水部式殘巻譯注——唐代水利史料研究（二）》（《中国水利史研究》二）【21】

滋賀秀三（1921～　　）

1958 《譯註唐律疏議》（一）（《国家学会雜誌》七二—一〇）【11】

1961 《譯註唐律疏議》（三）（《国家学会雜誌》七四—三・四）【9】

瀧川政次郎（1897～　　）

1928 《西域出土の唐律斷片に就いて》（《法律春秋》三—四）【3】—b【5】

1929 《西域出土の唐職官令斷片について》（《法学協会雜誌》四七—一）【14】—c

1930 《西域出土の唐律殘篇に就いて》（《法学協会雜誌》四八—六）【9】【10】

1931 《律令の研究》（1928、1929、1930 再録、刀江書院）【3】—b【5】【9】【10】【14】—c

1932 《西域出土唐公式令斷片年代考》上下（《法学新報》四二—八、一）【15】

1934 《唐の法制》（《世界文化史大系》七、誠文堂新光社）

1939 〔譯〕《（董康）殘本龍朔散頒格と唐律との比較研究》（《法学新報》四九—四）【16】—a

1940 《支那法制史研究》（1932、1939 再録、有斐閣）【15】【16】—a

1975 〔監修〕《譯註日本律令》律本文篇→小林 1975

1977 《ペリオ氏將來の唐貞觀吏部格斷簡》（《国学院法学》一五—一）【19】

東洋文庫敦煌文獻研究委員会（菊池英夫・池田温執筆）

1964 《スタイン敦煌文獻及び研究文獻に引用紹介せられたる西域出土漢文文獻分類目録初稿Ⅰ》古文書類Ⅰ（東洋文庫）

内藤乾吉（1899～　　）

1930 《唐の三省》（《史林》一五—四）【15】

1958 a《敦煌發見唐職制戸婚廐庫律斷簡》（《石濱先生古稀記念東洋学論叢》）【1】—ab

b〔書評〕《那波利貞〈唐鈔本唐格の一斷簡〉・仁井田陞〈唐の律令および格の新資料〉》（《法制史研究》九）

1963 《中国法制史考證》（1930、1958a 再録、有斐閣）【1】—ab【15】

内藤虎次郎（1866～1934）

1928 《唐代の文化と天平文化》（《天平の文化》大阪朝日新聞社）【15】

1930 《增訂日本文化史研究》（1928 再録、弘文堂。《1930》はのち

《内藤湖南全集》第九巻、筑摩書房、1969に收む）【15】

中村裕一（1945～　　）

1974《トルファソ出土唐永淳元年□（氾）德達告身と令書式について——唐公式令研究（一）》（《大手前女子大学論集》八）【15】

1975《唐公式令・露布式の研究——唐公式令研究（二）》（《大手前女子大学論集》九）【15】

1976《敦煌・吐魯番出唐代告身四種と制書について——唐公式令研究（三）》（《大手前女子大学論集》一〇）【15】

那波利貞（1890～1970）

1935～1936《唐鈔本唐令の一遺文》（一）～（四）（《史林》二〇—三、四、二一—三、四）【14】—abcf

1943《唐代の農田水利に關する規定に就きて》（一）～（三）（《史学雜誌》五四—一、二、三）【21】

1957《唐鈔本唐格の一斷簡》（《神田博士還曆記念書誌学論集》）【18】

仁井田陞（1904～1966）

1931〔牧野巽と共同〕《故唐律疏議製作年代考》上下（《東方学報・東京》一、二）【5】【9】【10】

1932《敦煌出土の唐公式・假寧兩令》（《法学協会雜誌》五〇—六）【15】【22】

1933《唐令拾遺》（東方文化学院）【14】—c【15】【22】

1934《唐令の復舊について—附・董康氏の敦煌發見散頒格研究》（《法学協会雜誌》五二—二）【16】—a

1936 a《敦煌發見唐水部式の研究》（《服部先生古稀祝賀記念論文集》）【21】

b《スタイソ探檢隊敦煌發見法律史料數種》（《国家学会雜誌》五〇—六）【14】—c

1938《最近發表せられたる敦煌發見唐律令斷簡》（《歷史学研究》八—四）【1】—ab【9】【10】【13】【14】—abcf【15】【16】—a【21】

1957《唐の律令および格の新資料—スタイン敦煌文獻》（《東洋文化研究所紀要》一三）【12】【14】—cde【16】—b【17】

1963《敦煌唐律ことに捕亡律斷簡》（《岩井博士古稀記念典籍論集》）【7】

1964 a 《中国法制史研究——法と慣習・法と道徳》〔1936a、1936b（一部）、1938、1957、1963 再録，東京大学出版会〕【1】—a【13】【14】—cde【16】—b【17】【21】

b 《敦煌發見則天時代の律斷簡——日本と唐の奴隷解放撤回に對する制裁規定》（《中国法制史研究——法と慣習・法と道徳》）【1】—a

1965 a 《ペリオ敦煌發見唐令の再吟味——とくに公式令斷簡》（《東洋文化研究所紀要》三五）【15】

b 《ペリオ敦煌發見唐職員令の再吟味》（《石田博士頌壽記念東洋史論叢》）【14】—abcdef

1967 《中国の法と社会と歴史》（岩波書店）【14】—cde【17】

西村元佑（1913～ ）

1968 《中国經濟史研究——均田制度篇》（東洋史研究会）【21】

濱口重國（1901～ ）

1966 《唐王朝の賤人制度》（東洋史研究会）【1】—a

1969 《唐の白直と雜徭と諸々の特定の役務》（《史学雜誌》七八—二）【21】

日野開三郎（1908～ ）

1975 《唐代租調庸の研究》Ⅱ Ⅰ課輸篇上（著者刊）【21】

藤枝 晃（1911～ ）

1966、1970 *The Tun-huang Manuscripts, A General Description, Part* Ⅰ，Ⅱ（ZINBUN №.9，10）

1973 *The Tun-huang Manuscripts* (Essays on the Sources for Chinese History. Australian National Univ. Press)

1975 《敦煌学の現段階》（《圖書》三〇九號）

牧 英正（1924～ ）

1963 《戸婚律放家人爲良還壓條の研究》（《法学雜誌》大阪市立大学、九—三・四）【1】—a

牧野 巽（1905～1974）

1931 〔仁井田陞と共同〕《故唐律疏議製作年代考》→仁井田 1931

守屋美都雄（1915～1966）

1960 《近年における漢唐法制史研究の歩み》（《法制史研究》一〇、のち同《中国古代の家族と国家》東洋史研究会、1968に收む）

吉田　孝（1933～　　）

1962 《日唐律令における雜徭の比較》（《歷史学研究》二六四）【21】

1976 〔共著〕《律令》→井上 1976

善峰憲雄（1918～　　）

1974 《唐代の雜徭と番役》（《龍谷大学論集》四〇四）【21】

国外

Bibliothèque Nationale（J. GERNET et WU Chi－yu）

1970 *Catalogue des Manuscrits chinois de Touen－Houang* ［Fonds Pelliot Chinois］ vol. I.

陈　垣（Chen Yuan　1879～1971）

1931 《敦煌劫余录》（国立中央研究院历史语书研究所专刊之四、线装六册）【9】

陈祚龙（Chen Zuo－long）

1976 《李唐开・天之间例行公文的程序与规格》（《华国月刊》五二）【15】

1976 《唐史散策（一）关于玄・代二宗之间通行的〈国忌、日历表〉》（《大陆杂志》五三—四）【22】

董　康（Dong Kang　1867～1947?）

1930 《残本散颁刑部格与唐律之对照》（假题）（《书舶庸谭》大东书局、1939 诵芬室重校本）【1】—ab【16】—a

1934 《敦煌发见散颁格研究》（仁井田陞の《唐令の复旧について》に附す。《法学協会雜誌》五二—二）【16】—a

1938 《残本龙朔散颁格与唐律之对照》（《司法公报》九、一〇。〔翻译〕泷川 1939）【16】—a

GILEAS，L.（1875～1958）

1957 Descriptive Catalogue of the Chinese Manuscripts from Tun-huang in the British Museum（The Trustees of the British Museum）【12】【14】—cde【16】—b【17】

金毓黻（Jin Yu－fu 1887～?）

1943 《敦煌写本唐天宝官品令考释》（《说文月刊》三—一〇、《敦煌古籍叙录》所收）【22】

刘铭恕（Liu Ming－shu）

1962 《斯坦因劫经录》（《敦煌遗书总目索引》商务印书馆）

罗振玉（Luo Zhen－yu 1866～1940）

1909 a 《敦煌石室遗书》

b 《鸣沙山石室秘录改定之本》（线装一册）【1】

1913 《鸣沙石室佚书》（四册、东方学会）【21】

1925 《敦煌石室碎金》（线装一册、东方学会）【9】【10】【14】—c

1937 《百爵斋丛刊》【16】—a

1941 《后丁戊稿》（《贞松老人遗稿甲集》）【15】—a

МЕНЬШИКОВ，Л. Н.

1963 〔共著〕Описание Китайских Рукописей Дуньхуанского Фонда Института Народов Азии Ⅰ（Издатепьство Восточной Литературы）【8】

1967 Описание Китайских Рукописей Дуньхуанского Фонда Института Народов Азии Ⅱ【2】—a

PELLIOT，P.（1878～1945）

Catalogue de la Collection de Pelliot，Manuscrits de Touen－houang.

唐长孺（Tang Chang－ru）

1964 《敦煌所出唐代法律文书两种跋》（《中华文史论丛》五）【16】—b【17】

陶希圣（Tao Xi－sheng 1893～ ）

1936 《唐代管理水流的法令》（《食货半月刊》四—七）【21】

TWITCHETT，D. C.（1925～ ）

1957 The Fragment of the T'ang Ordinances of the Department of Waterways discovered at Tun-huang〔Asia Major（N. S.）Ⅵ－1〕【21】

王国维（Wang Guo－wei 1877～1927）

1921 《唐写本残职官书跋》（《观堂集林》、其后收入罗振玉《敦煌

石室碎金》、1925）【14】—c

王仁俊（Wang Ren－jun 1866～1913）

1911 《敦煌石室真迹录己》（线装一册）【9】

王重民（Wang Zhong－min 1901～ ）

1936 《巴黎敦煌残卷叙录》第一辑（线装一册）【1】—b【13】

1941 《巴黎敦煌残卷叙录》第二辑（线装一册）【1】—a【11】

1958 《敦煌古籍叙录》（商务印书馆）【1】—ab【9】【10】【11】【13】

1962 a 《伯希和劫经录》（《敦煌遗书总目索引》商务印书馆）

b 〔编著〕《敦煌遗书总目索引》（商务印书馆）

【本文日文版原载日本《法制史研究》第27号，1978年5月；汉译本原载《食货》复刊第9卷第5～8期，1979年9、11月，后收入高明士《战后日本的中国史研究》（修订版），明文书局，1996】

敦煌、吐鲁番出土唐代法制文献研究之现状

辻正博 著　周东平 译*

前　言

近十余年间，有关敦煌、吐鲁番出土文献的资料状况、研究环境大有好转。承其变化，相应的有关西域出土唐代法制文献的研究亦颇多创获。拙文仅就此间围绕新“发现”的唐代法制文献的研究之概要，作一介绍。

有关敦煌、吐鲁番出土的唐代法制文献的优秀概论，很早就有池田温、冈野诚《敦煌、吐鲁番发现唐代法制文献》〔《法制史研究》(27)，1977。以下简称池田、冈野《法制文献》〕问世。其构成如下：

一　介绍及研究史

二　现存资料一览及补说

三　法制文献的背景

附：文献目录

该文伊始，即对20世纪初叶“敦煌写本”的发现及其后敦煌学的兴盛，以及以唐代法制文献为中心的研究史之梗概，加以简明的解说。之后，对当时得知的所有西域发现的相关法制文献共计25件，附上图版、录文、校勘处，如有必要处则标示录文和文字校对，并且记录目录、观察研究等所得到的信息，文末附有文献目录，成为思虑周详的资料解说①。其

---

* 辻正博，日本京都大学大学院人间・环境学研究科教授；周东平，厦门大学法学院教授。

① 对其中的律疏，冈野诚在《西域發見唐開元律疏斷簡の再檢討》（载《法律論叢》，明治大学，1977，第50~54页）中，予以详细考察。

所介绍的法制文献的详情如下（编号、标题、文献编号均据池田、冈野《法制文献》）。

律 8件

（1）职制户婚厩库律残卷 P. 3608、P. 3252
（2）名例律断简 Дx. 01916、Дx. 03116、Дx. 03155
（3）贼盗律断简 大谷5098、大谷8099
（4）诈伪律断简 大谷4491、大谷4452
（5）擅兴律断简 大谷8098
（6）擅兴律断简 TⅣK70－71（Ch. 991）
（7）捕亡律断简 India Office Library Ch. 0045
（8）名例律断简 Дx. 01391

律疏 5件

（9）名例律疏残卷 河字17号
（10）杂律疏残卷 李盛铎旧藏
（11）名例律疏残卷 P. 3598
（12）贼盗律疏残卷 S. 6138
（13）职制律疏残卷 P. 3690

令 2件

（14）职员令残卷 P. 4634、S. 1880、S. 3375、P. $4634C_2$
（15）公式令残卷 P. 2819

格 5件

（16）散颁刑部格残卷 P. 3078、S. 4673
（17）户部格残卷 S. 1344
（18）（吏部留司格断简？） TⅡT
（19）（吏部格或式断简？） P. 4745
（20）（兵部选格断简？） P. 4978

式、其他 2件

（21）水部式残卷 P. 2507
（22）（职官表） P. 2504

判 3件

（23）（判集残卷） P. 2593

（24）唐判集残卷　P.3813

（25）（安西判集残卷）　P.2754

在此基础上，其后由英文题解、附有详细注释的录文、出土文献黑白照片图版构成的资料集，由东洋文库发行：

Tatsuro Yamamoto, On Ikeda and Makoto Okano (co-edited), *Tun-huang and Turfan Documents concerning Social and Economic History*, I *Legal Texts*, (A) Introduction & Texts, (B) Plates, The Toyo Bunko, 1980, 1978.（以下简称 TTD - Ⅰ）

该书可谓裨益学林。

该书问世迄今，岁月已经流逝了三十余年[①]。其间有关敦煌、吐鲁番出土文献资料的资料状况、研究环境大有好转。详细的介绍请参见池田温、山口正晃两氏的论考[②]，但若从今日回看，《法制文献》可谓撰写于激变前夜。如后所述，现在，有关敦煌、吐鲁番出土文献的资料集、图录类出版了远比20世纪70年代为止多得多，以及在Web上可以简单地看到尚未达到完备程度的彩色图版。这些情况可以说是20世纪70年代那时做梦都不能想到的事情。

拙文首先回顾了20世纪80年代以来有关敦煌、吐鲁番出土文献的资料状况、研究环境急剧好转的情形，并概观其中有关唐代法制文献的研究有怎样的进展。至于从唐代史研究的角度回顾20世纪敦煌、吐鲁番出土文献研究的论著，我们已有李锦绣《敦煌吐鲁番文书与唐史研究》（福建人民出版社，2006，以下简称李《研究》）。在该书第八章“敦煌史部典籍总述”中，也整理和介绍了与“法律文书”有关联的研究成果（第397～404

① 在TTD - Ⅰ刊行经过十余年后，冈野诚发表了介绍和研究新发现的敦煌出土法制文献的论考，即《敦煌資料と唐代法典研究——西域發見の唐律・律疏斷簡の再檢討》（载《講座・敦煌》第五卷《敦煌漢文文獻》，大東出版社，1992）。冈野在该文中，讨论了S.94601v（唐名例律断片）、职制律断简（贴在丽85号）、唐名例律疏断简（73TAM532）等3件文献。

② 参见池田温《敦煌学と日本人》（1989年首次发表），载《敦煌文書の世界》，名著刊行会，2003，第60～72页。参见山口正晃《敦煌学百年》，收入《唐代史研究》（14），2011，第10～14页。

页)。本论意在补充李氏著作的记述,并附加以近年的研究成果为中心的介绍和评论。

一 有关敦煌、吐鲁番出土法制文献的研究环境的急剧变化

——TTD-Ⅰ出版以后的资料整理状况

(一)中国大陆资料整理的进展("文革"后至20世纪90年代)

1976年"文化大革命"结束以后到20世纪80年代初期的这一段时间,正值中国大陆历史学界的研究的重大转折点。1982年出版的唐代史研究会编《中国历史学界之新动向》(刀水书房),是一本简明扼要地综览当时的中国大陆对始自新石器时代、迄于近现代史的各个时期的研究动态的著作。被收录的无论哪个论考,都传递着对"文革"后接连不断地发表的研究成果"目不暇接"(第279页)的气氛,让人感受到际遇时代转折点的史学家的兴奋。

TTD-Ⅰ恰好在那个时期问世。"文革"时期吐鲁番出土的法制文献当然未能收录。[①] 那么,在参考TTD-Ⅰ问世后发表的研究成果和新近公开的出土法制文献的新资料集,则是由中国大陆的研究者编辑的。

刘俊文:《敦煌吐鲁番唐代法制文书考释》(中华书局,1989,以下简称为刘《考释》)

本书是一本一方面尽可能参考包括TTD-Ⅰ在内的中国海内外的先行研究,另一方面试图对已知的文献附加众多的新法制史料的资料集。图版

---

① 池田、冈野在《法制文献》的"补记"中,有以下记载(第229页):"最近刊行的《文物》1977年第3期所载吐鲁番文书整理小组、新疆维吾尔自治区博物馆《吐鲁番晋—唐墓葬出土文书概述》中,报道了发现书写工整、盖有'西州都督府之印'的《唐律疏议》残片(第26页)。虽然它不过是残片,但确证了唐朝是将它作为现行法典颁布的,且发现了律文与今天所传本有非常重要的差异。在这个简单记述中,残片是律抑或律疏尚不清楚,有待于与前揭(5)(大谷8098、擅兴律——引用者)的存在一同考虑的进一步的详情。"之后,该残片以"名例律疏残卷"之名为TTD Supplement所收录〔仅仅是录文。(A) Introduction & Texts,第1~3页〕。

仅有卷首的两张黑白照片（北京图书馆藏河字十七号开元律疏卷第二名例残卷、法国巴黎国立图书馆藏 P. 2507 开元水部式残卷。照片均截取局部），但“录文求忠实于文书原貌”（总叙，第 4 页）。从“总叙”所附《唐代法制文书一览表》（第 5 ~ 22 页）中，可对收录的法制文献的发现时间和地点、现在之藏所和编号、现存之数量和内容、最早之介绍和研究等一目了然。还有，从书末所附《本书征引书目》《有关研究论著索引》中，可以窥知刘氏所参考的文献和先行研究等，随处可见作者为读者着想的处心积虑。尤其《本书征引书目》《有关研究论著索引》，在当时颇受制约的研究环境下，可以窥知刘氏竭尽所能地收集、分析相关资料的情形。

本书的面世正值“文革”结束后中国大陆敦煌、吐鲁番出土文献研究迅速进展的背景。[①] 北京大学中古史研究中心编辑的《敦煌吐鲁番文献研究论集》相继于 1982 年由中华书局出版了第一辑，1983 年、1984 年由北京大学出版社出版了第二辑、第三辑。以吐鲁番出土文献的整理为核心任务的武汉大学历史系（魏晋南北朝史研究室）也出版了《敦煌吐鲁番文书初探》（唐长孺主编，武汉大学出版社，1983）。[②] 或因排版上的困难，均为手写手稿的胶印，传达了迫不及待地将研究成果早日面世的当时中国学界的氛围。这些论集所收的大部分论考是探讨所谓的“社会经济史”的文献，但也收入数篇探讨法制文献的论考。

安家瑶：《唐永泰元年（765）——大历元年（766）河西巡抚使判集（伯二四九二）研究》，收入《敦煌吐鲁番文献研究》（第一辑）；

薄小莹、马小红：《唐开元廿四年岐州郿县县尉判集（敦煌文书伯二九七九号）研究——兼论唐代勾征制》，收入情况同安氏文；

① 李《研究》中具体列举了“敦煌吐鲁番学会”成立（1983 年），《敦煌研究》（1981 年试刊、1983 年创刊）与《敦煌学辑刊》（1984 年）创刊，英、法、中国（北京）所藏敦煌文献的缩微胶卷整理，黄永武主编《敦煌宝藏》共 140 册的刊行（新文丰出版公司，1981 ~ 1986），池田温《中国古代籍帐研究》（東京大学出版会，1979，1984，龚泽铣汉译本由中华书局出版，但不收录录文部分）的出版等动向（第 5 页）。

② 此后的第二辑在 1990 年由武汉大学出版社出版。此外，还有韩国磐主编《敦煌吐鲁番出土经济文书研究》，厦门大学出版社，1986。

刘俊文：《吐鲁番新发现唐写本律疏残卷研究》，收入同上书第二辑；

许福谦：《吐鲁番出土的两份唐代法制文书略释》，收入情况同刘氏文；

王永兴：《敦煌写本唐开元水部式校释》，收入同上书第三辑；

刘俊文：《天宝令式表与天宝法制——唐令格式写本残卷研究之一》，收入情况同王氏文；

刘俊文：《敦煌写本永徽东宫诸府职员令残卷校笺——唐令格式写本残卷研究之二》，收入情况同王氏文；

卢向前：《牒式及其处理程式的探讨——唐公式文研究》，收入情况同王氏文。

在当时中国法制史学界，刘氏是极少数能够处理出土文献的专家之一，上引《考释》出自刘氏之手，从某种意义上说实乃水到渠成之事。可是，根据“后记”，该书完稿于1984年夏，《论著索引》所收论著的下限是1985年初，就吐鲁番出土文献而言，《吐鲁番出土文书》（国家文物局古文献研究室、新疆维吾尔自治区博物馆、武汉大学历史系编，文物出版社于1981年刊行第一册）尚在出版过程中（1991年才完成全部出版），其照片的全部公开更是此后十余年的事情。亦即该书乃吐鲁番出土文献的全貌尚未明了之前上梓的（仅有一部分是参照国家文物局古文献研究室的录文、文书原件照片而移录的）。

刘《考释》采录的“法制文书”中，未被TTD－Ⅰ收录的如下所示（分类据刘氏所举“类别”；编号、标题亦依刘氏《考释》；刘《考释》所举初出介绍、研究成果用〔　〕内文字表示）。

《法典写本》

律

2）永徽名例律断片（拟） S.9460A 〔土肥義和：《唐天寶年代敦煌寫本受田簿斷簡考》，收入《阪本太郎博士頌壽記念日本史論集》，吉川弘文館，1983〕

4）永徽职制律断片（拟） 北京图书馆丽字85号 〔中田篤郎：《敦煌遺書中の唐律斷片について》，收入《北京圖書館藏敦煌遺書總

目録》，私家版，1983[①]〕

律疏

13）开元名例律疏残卷（拟） 新疆维吾尔自治区博物馆73TAM532 〔刘俊文：《吐鲁番新发现唐写本律疏残卷研究》，载《敦煌吐鲁番文献研究论集》（第二辑），北京大学出版社，1983〕

格

22）开元职方格断片（拟） 北京图书馆周字51号 〔许国霖：《敦煌杂录》（下辑），1937〕

式

25）仪凤度支式残卷（拟） 新疆维吾尔自治区博物馆73TAM230：46（1），（2）〔许福谦：《吐鲁番出土的两份唐代法制文书略释》，载《敦煌吐鲁番文献研究论集》（第二辑），北京大学出版社，1983〕

26）仪凤度支式残卷（拟） 新疆维吾尔自治区博物馆73TAM230：84（1）–（6）〔无〕

《法律档案》

制敕文书

29）贞观廿二年尚书兵部为三卫违番事下安西都护府及安西都护府下交河县敕符残卷（拟） 新疆维吾尔自治区博物馆73TAM221：55（a），56（a），57（a），58（a）〔无〕

30）上元三年九月四日西州都督府为勘放流人贯属上尚书都省状断片（拟） 新疆维吾尔自治区博物馆64TAM19：48，38 〔《吐鲁番出土文书》（第六册），文物出版社，1985〕

31）文明元年高昌县准诏放还流人文书断片（拟） 新疆维吾尔自治区博物馆72TAM230：59，60 〔无〕

32）中和五年三月十四日车驾还京大赦制残卷（拟） P.2696 〔大谷胜真《唐僖宗車駕還京师大赦文に就いて》，1930〕

① 后又加以订正、补充，以《〈北京圖書館藏敦煌寫經〉中に存する唐律斷片について》为题，刊载于《東洋史苑》（23），1984。再后来，以《唐律斷片小考》为题，收于中田篤郎编《北京圖書館藏敦煌遺書總目錄》，朋友書店，1989。

判

36）唐西州判集断片（拟） 新疆维吾尔自治区博物馆73TAM222：56（1）－（10）〔无〕

牒

37）唐初西州处分支女赃罪牒断片（拟） 新疆维吾尔自治区博物馆72TAM230：47（a）

38）开元盗物计赃科罪牒断片（拟） 新疆维吾尔自治区博物馆72TAM194：27（1），（2），（3）〔无〕

39）唐宿卫违番科罪牒断片（拟） 新疆维吾尔自治区博物馆73TAM531：15（a）〔无〕

案卷

40）贞观十七年六月高昌县勘问破城之日延陁所在事案卷断片（拟）〔《大谷文書集成》（一），法藏館，1983〕

41）贞观十七年八月高昌县勘问来丰患病致死事案卷残卷（拟）〔《吐鲁番出土文书》（第六册），文物出版社，1985〕

42）贞观中高昌县勘问梁延台雷陇贵婚娶纠纷事案卷残卷（拟） 新疆维吾尔自治区博物馆72TAM209：88，89，90〔无〕

43）贞观中高昌县勘问某里正计帐不实事案卷（拟） 新疆维吾尔自治区博物馆65TAM42：103〔《吐鲁番出土文书》（第六册），文物出版社，1985〕

44）麟德二年五月高昌县勘问张玄逸失盗事案卷残卷（拟） 新疆维吾尔自治区博物馆66TAM61：24（a），23（a），27/1（a），2（a），22（a）〔《吐鲁番出土文书》（第六册），文物出版社，1985〕

45）麟德二年五月高昌县追讯畦海员赁牛事案卷断片（拟） 新疆维吾尔自治区博物馆66TAM61：21（a），20（a）〔《吐鲁番出土文书》（第六册），文物出版社，1985〕

46）麟德二年十二月高昌县追讯樊重堆不还牛定相地子事案卷断片（拟） 新疆维吾尔自治区博物馆69TAM134：9〔《吐鲁番出土文书》（第五册），文物出版社，1983〕

47）麟德三年正月高昌县追讯君子夺范慈□田营种事案卷断片（拟） 新疆维吾尔自治区博物馆60TAM325：14/1－1，1－2〔《吐鲁

番出土文书》（第六册），文物出版社，1985〕

48）开元廿一年正月—二月西州都督府勘问蒋化明失过所事案卷残卷（拟） 新疆维吾尔自治区博物馆73TAM509 〔王仲荦：《试释吐鲁番出土的几件有关过所的唐代文书》，1975〕

49）开元中西州都督府处分阿梁诉卜安宝违契事案卷断片（拟） 中国科学院图书馆 〔黄文弼：《吐鲁番考古记》，中国科学院，1954〕

50）宝应元年六月高昌县勘问康失芬行车伤人事案卷残卷（拟） 新疆维吾尔自治区博物馆73TAM509：8（1），（2）〔新疆维吾尔自治区博物馆等：《一九七三年吐鲁番阿斯塔那古墓群发掘调查简报》，《文物》1975年第7期〕

尽管32）的伯希和文书、40）的大谷文书，以及49）的黄文弼著作所收的文书都是已知的资料，但从TTD－Ⅰ未予收录之事判断，有关刘氏“类别”所说的《法律档案》，除了“判”之外，可以认为TTD－Ⅰ是以不作为法律上的文本为方针的。21世纪初叶，包含TTD－Ⅰ补遗的Tatsuro Yamamoto，On Ikeda，Yoshikazu Dohi，Yasunori Kegasawa，Makoto Okano，Yusaku Ishida and Tatsuhiko Seo [co-edited]，*Tun-huang and Turfan Documents concerning Social and Economic History*，*Supplement*，（A）Introd-uction & Texts，（B）Plates，The Toyo Bunko，2001.（以下简称TTD Supplement）由东洋文库出版。上揭刘《考释》所收录的文献中被采录的有四件：2、4（律），13（律疏），36（判）。

有关22）（职方格断片）和25）、26）（仪凤度支式残卷）则未收录。只是，在TTD Supplement的编辑阶段，对刘氏的著作已有充分的检讨，在Introduction中亦有明确记载（第7～8页）。从这一点看，尽管它是在吐鲁番出土文献的公开过程中出版的，但可以断言刘《考释》的完成度是相当高的。

刘《考释》出版的翌年，唐耕耦、陆宏基编《敦煌社会经济文献真迹释录》第二辑（全国图书馆文献缩微复制中心，1990，以下简称《真迹释录》）出版了。本书中的“法制文书”收录了共计29件资料，TTD－Ⅰ未予收录的有以下4件（编号、标题依从《真迹释录》）：

1）唐律——职制律残片（北图 364：8445 背。[①] 有图版）

10）唐开元律疏——名例律疏残卷（新疆维吾尔自治区博物馆 73TAM532。无图版）

28）唐开元二十四年（736）9 月岐州郿县尉□勋牒判集（P. 2979。有图版）

29）唐永泰年代（765～766）河西巡抚使判集（P. 2942。有图版）

上揭各件中的 28）、29），也是刘《考释》所未收。两者如《真迹释录》的注记那样，其全体录文是由池田温《中国古代籍帳研究》（東京大学出版会，1979）分别最早介绍唐开元二十四年（736）九月岐州郿县尉□勋牒判集（第 374～376 页）、唐年次未详（c. 765）河西节度使判集（第 493～497 页）才使世人知悉。[②] 还有，池田著作未附图版，《真迹释录》则录文与照片一同登载，可谓意义甚大。

此后，1994 年出版了《中国珍稀法律典籍集成》（刘海年、杨一凡总主编，科学出版社，以下简称《珍稀法律》）。其中甲编第三册《敦煌法制文书》（唐耕耦主编）“壹、律・律疏・令・格・式・令式表・诏书・判集”收录的 27 件文献，除了一件诏书外，其余均为《真迹释录》所收，并无变化。另外，甲编第四册《吐鲁番文书法律文献》（吴震主编）中的“法典”所收 12 件文献中，有以下 3 件为《真迹释录》所未收的（编号、标题依从《珍稀法律》）：

9）唐书牍判牒范本〔60TAM325：14/2－1（b），14/2－2（b），14/3－1（b），14/3－2（b）〕

11）武周智通拟判爲康隨风诈病避军役等事〔73TAM193：38（a）〕

12）判集残卷（67TAM380：02）

上揭之中的 12）件为后来的 TTD Supplement 所采录。

① 千字文编号“丽 85・霜 89 粘贴”，现编号“BD16300”。

② 作为先行录文（都是一部分），前者由刘复《敦煌掇琐》（中辑）（中研院历史语言研究所，1934），以及玉井是博《支那社会經濟史研究》（岩波書店，1942）；后者由那波利貞：《唐天寶時代の河西道邊防軍に關する經濟史料》〔《京都大学文学部紀要》（1），1952〕分别介绍。

（二）图录类的出版与 IDP 活动——公开资料的激增

进入 20 世纪 90 年代，公共研究机关所藏的敦煌、吐鲁番出土文献的图录相继出版，详细情况请参见前揭山口论文。仅有关敦煌的主要就有：

〔斯坦因收藏品〕

《英藏敦煌文献（汉文佛经以外部分）》（第 1～14 卷）（四川人民出版社，1990～1995。其中，作为第 15 卷的目录与索引于 2009 年出版）[①]

《斯坦因第三次中亚考古所获汉文文献：非佛经部分》〔沙知、吴芳思（Frances Wood）编，上海辞书出版社，2005〕

〔伯希和收藏品〕

《法藏敦煌西域文献》（全 34 卷）（上海古籍出版社，1994～2005）

〔俄罗斯收藏品〕

《俄藏敦煌文献》（全 17 卷）（上海古籍出版社，1992～2001）

〔中国国家图书馆所藏文献〕

《中国国家图书馆藏敦煌遗书》（第 1～7 卷）（江苏古籍出版社，1999～2001）

《国家图书馆藏敦煌遗书》（第 1 卷－ ）（北京图书馆出版社，2005～）

由于这些图录的出版，使得历来保藏于特定研究机关的缩微胶卷终于以得以目睹的敦煌出土文献的图版[②]的形式广泛公开。

关于吐鲁番出土文献，早在 20 世纪 50 年代，就有利用龙谷大学所藏大谷探险队带回的西域出土古文书（所谓“大谷文书”[③]）的研究成果发表。

---

① 包含佛教文献的汉文文献图录的出版于 2011 年重新开始。见方广锠主编《英国国家图书馆藏敦煌遗书（汉文部分）》，广西师范大学出版社。

② 《敦煌宝藏》所载图版偶有不鲜明、难称完美之处。

③ 详情参见小田義久《龍谷大学圖書館藏大谷文書について》，《大谷文書集成》（一），法藏館，1984。

西域文化研究会编《西域文化研究第二、第三 敦煌吐鲁番社会經濟資料（上、下）》（法藏館，1959）

但藏品全貌一般无法得知。其概貌由《大谷文書集成》（1～4）（图版与释文。法藏館，1984～2010）的出版而得以窥知。依据该书的图版利用大谷文书的研究，不仅在日本国内，即便在中国也随处可见。此外，20世纪后半叶，作为中国实施的吐鲁番古墓群的发掘调查成果《吐鲁番出土文书》（全10册）（仅有释文。文物出版社，1981～1991）的出版，尤其是中国大陆利用吐鲁番出土文献的历史学研究日渐兴盛。而渴望已久的图版《吐鲁番出土文书》（1～4）（图版与释文。文物出版社，1992～1996）的公开，结合相同出土地点的大谷文书等，也出现了古文书学的研究成果。

关于大谷光瑞主导的中亚探险队的收藏品，很早就在香川默识编《西域考古圖譜（上、下）》（国華社，1915）[①] 中有部分介绍，但由于其后历经曲折而散落，要窥知其全貌颇为困难。[②] 至于出土文献，除了上揭龙谷大学所藏"大谷文书"外，还出版了以下图书[③]，但尚未全部公开。

〔中国国家图书馆所藏文献〕

《国家图书馆敦煌遗书》第113～123卷（北京图书馆出版社，2009）※新0001（BD13801）－新0410（BD14210）

《中国国家图书馆藏敦煌遗书》第3、5、6、7卷（江苏古籍出版社，1999～2001） ※新0001（BD13801）－新0205（BD14005）

〔旅顺博物馆所藏文献〕

《旅順博物館藏新疆出土漢文佛經選粹（旅順博物館藏トルファン出土漢文佛典選影）》（圖版与解說。旅順博物館、龍谷大学共编，

① 该书现今在《国立情報学研究所—ディジタル・シルクロード・プロジェクト"東洋文庫所藏"貴重書デジタルアーカイブ》（http://dsr.nii.ac.jp/toyobunko/I－1－E－18/）中，所有内容均在网上公开了。

② 若想了解力图窥知全貌的研究成果，可参见芦屋市立美術博物館编《モダニズム再考 二楽荘と大谷探検隊》（芦屋市立美術博物館，1999）第147～179页，以及和田秀壽编《モダニズム再考 二楽荘と大谷探検隊 II》（芦屋市立美術博物館，2003）第109～117页。

③ 在此之前，《旅順博物館所藏品展——幻の西域コレクション》（京都文化博物館、京都新聞社编，1992）及《旅順博物館藏新疆出土文物研究論》〔龍谷大学西域文化研究叢書（2）、龍谷大学佛教文化研究所・西域研究会，1993〕等，已将所藏文献的一部分公开了。

法藏館，2006。以下简称《旅博選粋》）

《旅顺博物馆藏西域文书研究》（郭富纯、王振芬著，万卷出版公司，2007。以下简称《旅博研究》）

与敦煌、吐鲁番一起，近年来新的考古发掘报告和出土文献的图录有《敦煌莫高窟北区石窟》（第1～3卷）（发掘报告。文物出版社，2000～2004）和《新获吐鲁番出土文献（上、下）》（彩色图版与释文。中华书局，2008）的出版。[①]

敦煌、吐鲁番的出土文献不仅有公共机构的收藏品，也有一些知名的所谓私人收藏。它们近年来也出版了图录。

《日本宁乐美术馆藏吐鲁番文书》（陈国灿、刘永增编，文物出版社，1997）

《三井文庫別館藏品圖錄敦煌寫經——北三井家》（三井文庫编，2004）

《臺東區立書道博物館所藏中村不折舊藏禹域墨書集成（上、中、下）》（磯部彰编，文部科学省科学研究費特定領域研究《東アジア出版文化の研究》總括班，2005）

《杏雨書屋藏・敦煌秘笈》（武田科学振興財團。"目録册"，2009；"影片册"，2009～ ）

尤其杏雨书屋所藏敦煌文献，作为"遗留的最后大型收藏品"而公开，是学界翘首以待的。经过相关人士的努力，目前正在加紧出版之中。就相关法制文献来说，作为李盛铎旧藏早已知名的《唐开元杂律疏》残卷，以"羽020R"刊登于《敦煌秘笈》影片册一，其保存所在终于明确了[②]。

① 这些新出文献的整理到刊行的过程，请参见荣新江《シルクロードの新出文書——吐鲁番出土文書の整理と研究》，《東洋学報》，西村陽子译，2007，第89～92页；荣新江、李肖、孟宪实《新获吐鲁番出土文献概说》，载荣新江、李肖、孟宪实主编《新获吐鲁番出土文献研究论集》，中国人民大学出版社，2010。

② 在《第54回杏雨書屋特別展示会〈敦煌の典籍と古文書〉》（财團法人武田科学振興財團，2010）中，作为《开元律疏议》予以介绍（第9页）。还有，其纸背天地（上下）颠倒地书写着《四分律并论要用抄》。就其表里关系，岡野誠《唐宋史料に見る"法"と"醫"の接點》〔载《杏雨》（14），2011〕中已详加检讨。

作为国际合作公开敦煌写本的 IDP（International Dunhuang Project）的发足是 1994 年。由收藏敦煌、吐鲁番出土文书的主要研究机构参加的该组织，将总部设在大英图书馆，加之研究机构之间相互的情报交流、研究协助，把收藏达 10 万件以上的资料（绘画、遗物、纺织品、写本、历史照片和地图等）在互联网上公开〔http：//idp. bl. uk/（总部网址）、http：//idp. nlc. gov. cn/（中文版网址）〕。

从出土文献来说，因容易获得比出版物更鲜明的彩色照片，颇有利用之价值。

二　TTD Supplement 的出版与此后的“发现”

（一）TTD Supplement 所收法制文献

如上所述，有关敦煌、吐鲁番出土文献的资料状况、研究环境，经过 20 世纪 90 年代的过渡期，进入 21 世纪后大有好转，该领域的研究呈现出以中国大陆为中心的格外活跃的面貌。如就唐代法制文献而言，在 2001 年出版了 TTD Supplement，追加了 9 件 TTD－Ⅰ未收录的文献。其中，刘《考释》、《真迹释录》、《珍稀法律》未收录的有如下 3 件（编号、标题依据 TTD Supplement。最早的介绍、研究成果以〔　〕内文字表示）。

户部格残卷　北图·周六九　〔池田温：《唐朝開元後期土地政策の一考察》，载《堀敏一先生古稀記念中国古代の国家と民衆》，汲古書院，1995[①]〕

判文断片　65TAM341：26（b）　〔《吐鲁番出土文书》（第八册），文物出版社，1987〕

① 根据池田的论文，该文献是 1929 年前后整理的 1192 件中的一件，拟题为《开元田赋文件残稿》。而其存在被广泛知晓，则是与“第四届中国敦煌吐鲁番学会讨论会”同时的、1992 年 9 月 29 日北京图书馆善本部主办的特别展上陈列展览之时（第 392 页）。还有，在中国国家图书馆善本特藏部、上海龙华古寺、《藏外佛教文献》编辑部合编的《中国国家图书馆藏敦煌遗书精品选》（出版社不明，2000）中，刊载有彩色照片（拟题“开元新格卷三户部”）（第 14～15 页）。现编号为 BD09348。

永徽（显庆）礼抄录（?） Дx. 03558 〔荣新江、史睿：《俄藏敦煌写本〈唐令〉残卷（Дx. 03558）考释》，载《敦煌学辑刊》1999年第1期〕

但此后也有如下的新法制文献的“发现”。

（二）从俄罗斯科学院东亚写本研究所所藏文献中的发现

1. 断狱律（第3条）残片（Дx. 09331）

保存于俄罗斯圣彼得堡的俄罗斯科学院东亚文献研究所（Institute of Oriental Manuscripts，Russian Academy of Sciences，以下简称IOM）的西陲出土文献，由于《俄藏敦煌文献》图录的出版，使研究有了飞跃进展。就法制文献而言，史睿在《新发现的敦煌吐鲁番唐律、唐格残片研究》中将Дx. 09331比定为《唐律·断狱律》，登载了录文。[①]

史睿：《新发现的敦煌吐鲁番唐律、唐格残片研究》，载《出土文献研究》（8），上海古籍出版社，2007（以下简称史睿：《残片研究》）

据此，该残片为断狱律第3条“死罪囚辞穷竟”条的写本残片。正像史睿氏所指出的那样，该写本以极为谨直的书体书写，复原后一行文字数为14～16个字，比较接近同样以谨直书体写成的大谷8098《唐律·擅兴律》（第9、10条）残片的每行13～14个字。

笔者曾出席2009年9月在IOM召开的“敦煌学：第二个百年的研究视角与论题”会议（International Conference “Dunhuang Studies：Prospects and Problems forthe Coming Second Century of Research”），会议结束后，承波波娃（Dr. Irina Popova）所长的厚意，赐予亲自调查该写本的机会。其结果是在Дx. 09331的纸背并无文字，按有一枚红色印章，虽不鲜明，但可判读为“……州□/……之印”。[②] 亦即该写本残片的纸背是按有官印的。

---

① Дx. 09331图版见《俄藏敦煌文献》第14册，第151页（黑白照片）。

② 《俄藏敦煌文献》第14册第151页下半部刊载有Дx. 09331纸表的图版，但纸背的照片未予收录。东洋文库购入的《圣彼得堡所藏敦煌等文献》黑白胶卷（汉文）也没有收录Дx. 09331纸背的照片。

敦煌、吐鲁番出土文献所按之官印，通常为边长5.2～5.4厘米的方印，从Дх. 09331纸背残留的印迹判读，其印文为“□州□/□□之印”，或为“某州都/督府之印”的可能性甚高。[①]

2. 厩库律（第17～19条）残片（Дх. 11413v）

在前揭史睿氏论文中，指出Дх. 11413v[②]是厩库律第17条“监主贷官物”至第19条“损败仓库积聚物”的写本残片（但非官府正式作成的写本，而是随意抄写的习字）。再有，陈国灿氏认为，从纸背书写的文书（唐安十三欠小小麦价钱凭）内容判断，该残片是从吐鲁番出土的。[③]

3. 名例律（第44、45条）残片（Дх. 08467）

Дх. 01391[④]为《唐律·名例律》（第46条“同居相为隐”至第50条“断罪无正”）的写本残片早已为人所知[⑤]，但笔者近年注意到Дх. 08467[⑥]是可以与此直接接合的唐律写本残片（第44条“共犯罪有逃亡”至第46条“同居相为隐”），并为此撰写了专文[⑦]。

正如《孟列夫目录》记述“因为附着粘土而呈现淡红色”那样，在写本残片的部分表面粘着有如红色颜料一样的东西，它横跨Дх. 08467与Дх. 01391双方。这种情形从IOM所提供的高清彩色图版的分析以及笔者在研究所的原件调查中，均可得到确认。由此可知，两件残片原来是连续在一起的一件写本。

---

① 详见拙稿《Дх. 09331唐律寫本殘片小考》，载高田時雄编《涅瓦河邊談敦煌》，京都大学人文科学研究所，2012。

② Дх. 11413v图版见《俄藏敦煌文献》第14册，第212页上半部右侧。Дх. 11413v依据史睿氏的见解。

③ 参见陈国灿《〈俄藏敦煌文献〉中吐鲁番出土的唐代文书》，《敦煌吐鲁番研究》（8），2005，第109～110页。

④ Дх. 01391图版见《俄藏敦煌文献》第8册，卷首图版七（彩色），第133页（黑白照片）。

⑤ Воробьева - Десятовская М. И. , Гуревич И. С. , Меньшиков Л. Н. , Спирин В. С. , Школяр С. А. , Описание китайских рукописей дуньхуанского фонда Института народов Азии. Вып. 1. Под ред. Л. Н. Меньшикова. Москва: Издательство восточной литературы, 1963, с. 566；孟列夫主编《俄藏敦煌汉文写卷叙录》（上册），上海古籍出版社，1999，第574页（以下简称《孟列夫目录》）。池田、冈野《法制文獻》，第206～207页。

⑥ Дх. 08467图版见《俄藏敦煌文献》第14册，第55页（黑白照片）。

⑦ 拙文《俄羅斯科学院東方文獻研究所藏〈唐名例律〉殘片淺析——關於Дх. 08467的考證為主》，载*Dunhuang Studies: Prospects and Problems for the Coming Second Century of Research*, Ed. by I. Popova and Liu Yi. Slavia Publishers, St. Petersburg, 2012。

Дx. 01391 与 Дx. 08467 均有若干以楷书书写的漫漶残破文字。若将两件残片结合起来，行数合计 26 行，每行文字约 18~21 字。试以孙奭《律附音义》（上海古籍出版社，1979）的该处文字校对，可知仅有个别字句的异同。

写本残片（Дx. 08467 + Дx. 01391）		《律附音义》
①第 8 行	罪法不等则以重	罪法不等者则以重
②第 9 行	官计其等准盗论	官物计其等准盗论
③第 18 行	无财者（右侧有削除符号）	无财者
④第 19 行	及废疾不合加杖	及废疾不合加杖

②有单纯的脱字，在④中，写本残片的文字是正确的。

关于①，《通典·刑法·刑制》引《开元律》亦无“者”字。《律附音义》的律本文也被认为是《开元律》，故其异同应如何解释颇费周折。当然，也存在仅仅是脱字的可能性。

至于③，可以解释为写本的校对者误用了削除符号。这暗示着对该写本曾有过校正。换言之，意味着该写本可能不是出自个人之手的私人写本，而是在官府使用的由官方制作的写本。[①]

刘俊文氏认为 Дx. 01391 所载之律是《永徽律》。[②] 刘氏主张的根据在于《永徽律》与确实的唐律写本（《名例律》第 6 条）残片 Дx. 01916 + Дx. 03116 + Дx. 03155 以及 Дx. 01391 的“书写格式和笔迹”基本一致这一点上。但若详查照片以及原件，Дx. 08467 + Дx. 01391 留有天地界限，并有竖向折痕。与此相对，Дx. 01916 + Дx. 03116 + Дx. 03155 均未见留有天地界限和竖向折痕。即使在纸质上，Дx. 01916 + Дx. 03116 + Дx. 03155 略薄，与 Дx. 08467 + Дx. 01391 的纸质有异。[③] 据此判断，Дx. 01916 + Дx. 03116 + Дx. 03155 与 Дx. 08467 + Дx. 01391 “是同一卷子

① TTD－Ⅰ认为：“从稚拙的文字推测，似不是官府的写本，而是官员或者胥吏私人所有的写本。”〔（A） Introduction & Texts，第 28 页〕

② 刘《考释》，第 33 页。

③ 关于被认为与 Дx. 01916 + Дx. 03116 + Дx. 03155 同卷的 S. 9460v，通过仔细观察 International Dunhuang Project（http：//idp. bl. uk/）数据库“IDP Database”中公开的照片，所得到的感受亦同。

的分离物”的论断未必合理。从写本内容上判断，可能是永徽律，也可能是开元律，笔者现在依从主张“永徽律或者开元律”的池田、冈野两氏的判断。

4.《格式律令事类》残卷（Дx. 03558）

有关《俄藏敦煌文献》中作为“道教经典”的Дx. 03558[①]，最早指出其为唐代法典的写本的是荣新江、史睿的《俄藏敦煌写本〈唐令〉残卷考释》。但该论文推定Дx. 03558是《唐令》（永徽令的修订本[②]）的摘抄本（《台省职员令》和《祠令》）。再有，提出了对该残卷上半部缺落部分文字的补足意见。TTD Supplement 在拟题为《永徽（显庆）礼抄录》（未明示所据）的同时，介绍了荣、史两氏的补足文字意见。

质疑上揭论文的结论，并将Дx. 03558比定为《格式律令事类》[③]的是：

李锦绣：《俄藏Дx. 03558唐〈格式律令事类·祠部〉残卷试考》，《文史》(60)，2002

在这样的背景下，下一项将要介绍的有关Дx. 06521的见解似对其有所影响。李氏认为，该写本残卷引用了《主客式》第1条、《祠令》（开元二十五年令）第2条。[④]

Дx. 03558未被《孟列夫目录》所采录。且因在《俄藏敦煌文献》的图版中未附尺寸，历来其古文书学方面的信息不甚明了。于是，笔者在拙文《『格式律令事類』殘卷の發見と唐代法典研究——俄藏敦煌文獻

① Дx. 03558图版见《俄藏敦煌文献》第10册，第332页（黑白照片）；参见拙文《“格式律令事類”殘卷の發見と唐代法典研究——俄藏敦煌文獻Дx. 03558およびДx. 06521について》（《敦煌寫本研究年報》創刊號，京都大学人文科学研究所，2007，第81～90页）；卷末彩色圖版1－1。

② 论文中说明这是“显庆二年七月以降修订的永徽令，或者是同年同月以降行用的永徽令”（第9页）。

③ 《格式律令事类》（40卷）与律、律疏、令、式、开元新格均为开元二十五年编纂。据《旧唐书·刑法志》记载，其体裁“以类相从，便于省览”，故应是以法曹实务者为对象而编纂的。

④ 荣新江、史睿在《俄藏Дx. 03558唐代令式残卷再研究》〔载《敦煌吐鲁番研究》(9)，2006〕中，提出该残卷所引用的法令中最早的是《祠部式》，且残卷自身为显庆年间编纂的目前尚未知晓的《令式汇编》的结论，修正了前引论文的见解。

Дx. 03558および Дx. 06521について》（前揭）中，一方面依据李氏论文将该残卷比定为《格式律令事类》的见解，另一方面依据 IOM 所提供的彩色图版进行分析：

> 纸幅：高 16.8 厘米×横 25.2 厘米（均为最长部分的纸幅）
> 界限：有（天、地、竖栏。乌丝栏）
> 纸质：质地细腻的上等黄麻纸

明确了上述相关资料数据，并对该写本的体例（首先为篇目名，其后列举条文）、引用法令（主客式、祠令。均为开元二十五年制定的）、复原方案（每行 16~18 个字）等进行考察。

5.《格式律令事类》残卷（Дx. 06521）

《俄藏敦煌文献》中拟题为“唐律”的 Дx. 06521①，将其比定为《格式律令事类》的是雷闻的《俄藏敦煌 Дx. 06521 残卷考释》（载《敦煌学辑刊》2001 年第 1 期）。雷氏认为，该写本残卷继种类、篇目均不明的起首条文 1 条（第 1~3 行）之后，抄写了《考课令》1 条（第 4~9 行）、《户部格》1 条（第 10~13 行。《考课令》《户部格》均为开元二十五年制定的）、被认为是开元二十二年八月的敕（第 14 行）1 条。除了起首条文之外，均与朝集制度相关。

还有，在雷氏的考释之外，土肥义和氏推定该残卷是《格式律令事类》的写本。

> 土肥義和：《唐考課令等寫本斷片（Дx. 六五二一）考——開元二十五年撰『格式律令事類』に關連して》，载《国学院雜誌》（105~3），2004

土肥氏在列举了其特征是“把时代不同的规定按时代顺序排列记载”的同时，比定了残卷所载条文的年代为“七世纪唐考课令”“开元二十五年户部格”“近似开元二十五年的敕文”（均是与朝集使的任务相关的条文，起首第 1~3 行的条文未予比定）。

---

① 图版见《俄藏敦煌文献》第 13 册，卷首图版四（彩色），以及第 120 页（黑白照片）。

在上述研究的基础上，笔者也就Дx.06521从IOM处获得彩色图版[①]，并予以若干考察（见前揭论文）。与Дx.03558同样，Дx.06521在《孟列夫目录》亦无记载。拙文对获得的图版进行分析，明确了：

纸幅：高16.5厘米×横25.8厘米（均为最长部分的纸幅）

界限：有（天、地、竖栏。乌丝栏）

纸质：质地细腻的上等黄麻纸

至于写本所载的法令条文，指出了作为考课令1条、户部格2条（均为开元二十五年制定的）的复原方案（每行16～19个字）。在书式方面，与Дx.03558一样，篇目名之后为条文（格的场合应接以敕颁布的年月日），下接属于同一篇目的条文时，则省略篇目名（格的场合则以“敕”字置于起首[②]）。因此，被雷氏、土肥氏两人认定为“敕”的条文，应是与前条相同的《户部格》。

（三）中国国家图书馆所藏文献中的发现

随着中国国家图书馆所藏敦煌出土文献图录出版工作的推进，新“发现”了如下法制文献。

1. 杂律疏（第38条）残片（BD01524）

史睿氏最早指出贴在BD01524《金刚般若波罗蜜经》纸背的纸片是《唐律·杂律疏》写本残片（史睿：《残片研究》，第215～216页）。《敦煌宝藏》未收录该残片，《国家图书馆藏敦煌遗书》第22册《条记目录》只是记为“应为残文书”（第8页）。

依据史氏的录文及复原方案（据现行版《唐律疏议》），写本每行约16个字，其内容为《唐律·杂律疏》第38条“乘官船违限私载”的一部分。史氏还比较了李盛铎旧藏《唐律·杂律疏》残卷和书体，断定该残片

---

① 《敦煌寫本研究年報》創刊號（2007）、卷末彩色图版1－2（图版说明的“Дx.03558”为“Дx.06521”之误）。本图版在照片摄影之际，已对写本残片有过若干的修复。参见上揭拙文第88页。

② 有关唐代格的书式，参见滋賀秀三《法典編纂の歴史》，载《中国法制史論集——法典と刑罰》，創文社，2003，第77～78页；坂上康俊《有关唐格的若干问题》，载戴建国主编《唐宋法律史论集》，上海辞书出版社，2007。

与被认为是唐初写本的李氏旧藏本“不是同一时代的写本”。

在史氏研究的基础上，冈野诚氏对该残片进一步加以检讨。

> 岡野誠：《新たに紹介された吐魯番·敦煌本〈唐律〉〈律疏〉斷片——旅順博物館及び中国国家圖書館所藏資料を中心に》，载土肥義和编《敦煌·吐魯番出土漢文文書の新研究》，東洋文庫，2009（以下简称“冈野《绍介》”）

依据《条记目录》，BD01524 的纸背上粘贴着两片纸片，但史氏仅对其中大片的纸片文字进行研究。冈野氏指出，《条记目录》释为“弘（?）戒（?）”的文字有可能是杂律疏“私载”的文字，并且两枚纸片存在上下接合的可能性。还有，李氏旧藏《杂律疏》为开元二十五年律疏之见解已由先行研究确定了，故提出该残片也可以视为《开元律疏》的一部分的见解。之后，冈野氏对该残片的原卷进行调查，报告了其调查结果：

> 岡野誠：《旅順博物館·中国国家博物館における〈唐律〉〈律疏〉斷片の原卷調查》，载土肥義和编著《内陸アジア出土4～12世紀の汉語·胡語文獻の整理と研究》，平成22～24年度科学研究費補助金基盤研究（C）研究成果報告書，平成22年度分册，2011（以下简称《原卷调查》）

2. 户部格残片（BD10603）

前面〔二之（一）TTD Supplement 所收法制文献〕介绍过的《户部格》残卷（BD09348）之僚卷（别的一部分）的残片，刊载于《国家图书馆藏敦煌遗书》第108册（北京图书馆出版社，2009）之“开元新格卷三（拟）”。与 BD09348 同样，纸背上书写着《大乘百法明门论开宗义记》。卷末的《条记目录》记载了该残片的详细资料和释文，可供参考。

（四）旅顺博物馆所藏文献中的发现

在大谷探险队搜集的西域出土文献中，有关旅顺博物馆所藏的，如前所述，在近些年陆续出版。在此之前的研究中，将其作为唐代法制文献处理的有：

荣新江：《唐寫本中の〈唐律〉〈唐禮〉及びその他》，载《東洋学報》（85－2），森部豐译，2003）

该文是2000年5月荣氏在东洋文库演讲稿基础上的修订版，其中，荣氏言及的法制文献有2件：

1）《唐律》断简

2）唐烽堠文书残片

其中的后一件2），刘《考释》认为与被比定为《开元职方格》的中国国家图书馆藏“周51号”文书有关。荣氏订正了刘氏录文的讹误，并指出其不是《职方格》的写本，而是“有关镇戍守捉烽堠的文书”。

1. 贼盗律（第46～48条）断片（LM20_1457_20_01）

1）是荣氏在查找到旅顺博物馆所藏吐鲁番文书的旧照片的基础上的研究，荣氏将其比定为唐律《贼盗律》第46条“略和诱奴婢”、第47条“略卖期亲以下卑幼”、第48条“知略和诱和同相卖”，指出存在与大谷5098、大谷8099相接合的可能。而且，该唐律写本断简含有与现行唐律不同的文字，荣氏将其断定为《永徽律》或者《垂拱律》的写本。然而，依据《旅博选粹》（第202页）、《旅博研究》（第179页），该唐律写本断简编号为LM1457_20_01，确实为旅顺博物馆所藏，但现状与荣氏的照片有异，是贴在衬纸上的。[①]

关于该写本断简的《贼盗律》第47条，冈野诚氏作了详细的探讨（冈野《绍介》，第93～106页）。在此后，冈野氏针对该残片在旅顺博物馆作了原卷调查，并发表了在那儿获得的认识与该断片的彩色图版（冈野《原卷调查》，第9～11页）。

2. 名例律疏（第27、28条）断片（旅顺：1509_1580、1507_988、1507_1176_4）

在《旅博研究》“馆藏大谷藏品新整理的文书”的《经册中的社会文

① 称为“蓝册”或者“蓝皮册”，是整理为蓝色封面的折叠本形式的文件夹（大小合计共52册）。参见橘堂晃一《二樂莊における大谷探檢隊將來佛典斷片の整理と研究——旅順博物館所藏のいわゆる「ブルーノート」の場合》，载《東洋史苑》（60·61）2003，以及《旅博選粹》解说（第251页）。

书》项下，刊载了4件“法律文书”的黑白照片和录文。依据冈野诚氏的意见，其中的3件是《唐律·名例律疏》第27、28条的写本断片（冈野《绍介》，第86~91页。还有残留的1件，是前项已列举的贼盗律断片）。这3件断片是从同一抄本分离但又不能直接接合的，从其书式判断，应是“地方官员为自己之需而书写的开元刊定《律疏》”（第90页）。

（五）《大谷文书》中的发现

《大谷文书》的出版而引发的情形之一，是从中发现了如下的法制文献：

祠部格残片（大谷8042、8043）

这些残片的图版很早就刊载于《西域考古圖譜》下册《史料》（9）之（3）《唐文书断片（吐峪沟）》。其文书资料、录文亦被《大谷文書集成》三（法藏館，2003）收录：

8042 唐乾封二年（667）佛教关系文书〔图版四六〕
8043 唐文书残片〔图版四五〕

与之几乎同时发表的有如下论考：

史睿：《残片研究》（前揭，第216~218页）
坂上康俊：《有关唐格的若干问题》（参见注37，第66~67页）

将其比定为唐格。史、坂上两氏都在出示录文[①]之后，检讨具体属于哪种格，只是结论稍稍有异。亦即史氏推测是在仪凤、垂拱、神龙之间的某个时期编纂的《礼部格》，坂上氏认为最有可能属于《神龙散颁祠部格》。拙见以为，追究其为何时编纂的格颇不容易，但篇目方面属于《祠部格》的见解是妥当的。[②]

① 录文有若干不同之处，但似以史氏的录文为正确。

② 史氏是依据《唐六典·尚书礼部》“祠部郎中员外郎”条推测的。但若考虑到唐格是以尚书省的二十四司为篇名的，则其说法似有不妥之处。《唐六典·尚书刑部》“刑部郎中员外郎”条：“凡格二十有四篇（以尚书省诸曹为之目）。”

（六）《新获吐鲁番出土文献》中的发现

礼部式（或库部式）残卷（2002TJI：043[①]）

《新获吐鲁番出土文献》中以“2002年交河故城出土文献”为目刊载的残片，几乎全都比定为汉文佛典。[②] 其中仅包含1件是佛典之外的汉文文献。其书写内容见于雷闻的《吐鲁番新出土唐开元〈礼部式〉残卷考释》〔(2007年首次发表)。增订版收录于荣新江、李肖、孟宪实主编《新获吐鲁番出土文献研究论集》，中国人民大学出版社，2010〕中，比定为开元二十五年删定的《礼部式》。雷氏认为该写本残片可分为3件，所记内容是：①有关仪刀的规定，②有关绯衫裌的记述，③十六卫的袍服制度（异文袍）。其中雷氏特别注意到③的部分，依据黄正建氏的唐代服饰史研究的成果[③]，作了如下论述：

> 异文袍（动物的图柄为刺绣做了袍服）在唐代其实也是常服。
>
> 唐代规定冠服（朝服、公服、祭服等）制度的基本是《衣服令》，而规定常服制度的主要是《礼部式》。
>
> 异文袍也是常服，关于异文袍的制度也当为《礼部式》所规定。

《唐令拾遗补》[④] 中，将《大唐开元礼·序例》的“大驾卤簿”的记事（其中包含了有关异文袍的文字）全部复原为一条唐开元七年的《卤簿令》条文（一丙）。不过，对此复原也存在很多问题，因为《开元礼》所引的异文袍的内容记述是根据开元十一年（723）六月敕文的新规定，《开

① 文献编号意味着“2002年吐鲁番交河故城出土”、I是附有出土遗物的编号〔《新获吐鲁番出土文献》（上册）“凡例”〕。再有，在雷闻氏的论文中，本写本残卷的编号是“2002TJI：042”，但查《新获吐鲁番出土文献》下册第242页所载图版所附的编号是“2002TJI：043”，而“2002TJI：042”的编号是给“五〇婆罗迷文文书残片”的。

② 2002年春，从吐鲁番交河故城大佛寺（E－15）寺院外壁周围的虚土（锄碎的软土）中出土了大小80多件写本残片。《新获吐鲁番出土文献》（下册）第231～251页刊载的残片，除了回鹘语文献1件、婆罗米文文献1件，以及本文介绍的写本残片之外，全部是汉文佛典的写本。

③ 参见黄正建《唐代衣食住行研究》，首都师范大学出版社，1998；《王涯奏文与唐后期车服制度的变化》，《唐研究》（10），2004。

④ 参见仁井田陞著，池田温编集代表《唐令拾遺補》，東京大学出版会，1997，第669～675页。

元礼》亦明确说是“新制”，因此，“大驾卤簿”的记事不可能是开元七年的《卤簿令》。

①关于“仪刀”的规定，是与诸卫仪仗有关，然尚无法确定是朝会还是出行卤簿的内容。②关于诸卫服“绯衫裌”的内容，则与朝会仪仗有关。③至于“异文袍”，亦是在冬至、元正等大朝会上所服，均与卤簿无涉。综上所述，初步判断，这件同时包含着“仪刀”“绯衫裌”“异文袍”等内容的文书当为《礼部式》的残卷。

《新获吐鲁番出土文献》拟题的“唐开元二十五年礼部式（?）”附有疑问号，解说中同时说明“或为监门宿卫式”，但未出示其根据（第242页）。

正如雷氏自己所指出的那样，①~③的内容均与“仪仗”有关。在尚书省24司中，负责执掌仪仗的是属于兵部的“库部”。

> 库部郎中、员外郎，掌邦国军州之戎器、仪仗，及冬至、元正之陈设，并祠祭、丧葬之羽仪，诸军州之甲仗，皆辨其出入之数，量其缮造之功，以分给焉。（《唐六典》卷五《尚书兵部》“库部郎中员外郎”条）

那么，在祭祀、朝会之际，供给用品的卫尉寺[①]（卫尉卿、武库令、武器署令）受兵部的节制[②]。而且唐代的式是由如下的33个篇目构成：

> 凡式三十有三篇。〈亦以尚书省列曹及秘书、太常、司农、光禄、太仆、太府、少府及监门宿卫、计帐为其篇，曰凡三十三篇，为二十卷。〉（《唐六典》卷六《尚书刑部》“刑部郎中员外郎”条）

如考虑到这些因素，该写本残片也有出自《库部式》的可能性吧。

还有，该写本在黄麻纸上画有界线（乌丝栏），用比较谨直的楷书书写。从所附图版的尺寸来看，界线的间隔当在2厘米左右。如雷氏指出的

---

① 《唐六典·卫尉寺》“卫尉卿”条：“卫尉卿之职，掌邦国器械、文物之政令，总武库、武器、守官三署之官属。……凡大祭祀、大朝会，则供其羽仪、节钺、金鼓、帷帘、茵席之属。同书《武库令》：武库令掌藏天下之兵仗器械，辨其名数，以备国用。”同书《武器署》：“凡大祭祀、大朝会、大驾巡幸，则纳于武库，供其卤簿。若王公、百官拜命及婚葬之礼应给卤簿，及三品已上官合列启戟者，并给焉。”

② 参见严耕望《论唐代尚书省之职权与地位》（1953年首次发表），后收入《唐史研究丛稿》，新亚研究所，1969，第39~59页。

那样，笔者亦认可其为盛唐时期的官府写本。

（七）对已知法制文献的再检讨

1. 吏部留司格→太极散颁吏部格（TⅡT. Ch. 3841）

TⅡT. Ch. 3841 在池田、冈野《法制文献》中，被认为“现在所在不明。其照片存否亦不明了”。但 TTD－Ⅰ的英语解说中介绍：“据 1978 年池田温氏的调查，明确了其保存于德意志民主共和国科学院，编号是 TⅡT. Ch. 3841，是 Toyug 带来的”。从而判明了 TTD－Ⅰ出版前的新事实。

关于该写本残片的拟题，池田、冈野《法制文献》、TTD－Ⅰ均为“吏部留司格那波　神龙”〔英语解说为：Retained Regulations of the Board of Personnel（？）. Fragment.〕，是略带暧昧的拟题。这是因为历来有关该写本残片唯一研究的那波利贞氏论文①，将其比定为《吏部留司格》，而内藤乾吉、仁井田陞两氏针对该结论提出疑义的结果。②

此后，坂上康俊氏在对唐格书式的全面检讨过程中，也对该写本残片详加考察，最后将其比定为《太极散颁吏部格》（前揭论文第 62～67 页）。

2. 兵部选格残片（P. 4978）→（不作为“格”处理）

P. 4978 在池田、冈野《法制文献》和 TTD－Ⅰ中均拟题为《（天宝）兵部选格断简?》，记述道：“从含有准兵部格云云的如右书式来看，该断简全体可能是与兵部格有别的选格之类。”在 TTD－Ⅰ的英语解说中，还列举了《白氏六帖事类集》卷一四所引《兵部叙录格》，《李卫公会昌一品集》卷一六所引《开元二年军功格》、《开元格》作为参考资料。由此可知似乎未必把该残片作为“（法典的）格”来处理。但因在一览表等场合依然分类为“格”，造成一些不甚清晰的结果。这一点在刘《考释》中亦同。

上揭坂上氏论文对该写本从书式方面再予检讨，在这方面不符合“格”的一般书式（见前述），由此断定其“不是作为法典的格，而是每年所作的招募要领的一种”（第 68 页）。

① 参见那波利貞《唐鈔本唐格の一斷簡》，载《神田博士還曆記念書誌学論集》，平凡社，1957。

② 参见内藤乾吉《那波利貞〈唐鈔本唐格の一斷簡〉・仁井田陞〈唐の律令および格の新資料〉書評》，《法制史研究》（9），1959；仁井田陞《中国法制史研究　法と慣習・法と道德》，東京大学出版会，1964，第 269 页补注 4。

结 语

以上不惮其烦地列举了 TTD – Ⅰ出版之后“发现”的唐代法制文献，以其相关研究状况。若与 TTD – Ⅰ所介绍的法制文献相比较：

TTD – Ⅰ		拙文
律	8 件	12 件（+4[①]）
律疏	5 件	8 件（+3）
令	2 件	2 件
格	5 件	7 件（+2[②]）
式	1 件	2 件（+1）
事类	0 件	2 件（+2）
表	1 件	1 件
判集	3 件	8 件（+5）
合计	25 件	42 件（+17）

如上所列，可知文献件数大幅度增加，在 TTD – Ⅰ出版之后的 30 多年间，唐代法制文献被大量“发现”，与之相关的研究亦取得进展，可以说带来了该领域的资料状况、研究环境大为好转的惊人结果。

最后，末尾所附《敦煌、吐鲁番出土唐代法制文献一览表》，列举了包含 TTD – Ⅰ也收录了的、目前所知的所有“唐代法制文献”，请一并参照为幸。

【本文的日文版原载《敦煌寫本研究年報》第 6 号（2012 年 3 月），增补后的汉译本原载周东平、朱腾主编《法律史译评》，北京大学出版社，2013】

① 此外，还发现了两件可能接合的残片。

② 将 TTD – Ⅰ中分类为格的 P. 4978 剔除，新增加两件。

敦煌、吐鲁番出土唐代法制文献一览表

	文献序号	法制文献名（内容）	TTD（A）	备考
律	Дx. 01916 Дx. 03116 Дx. 03155	名例律（6条，“十恶条”）	TTD－I，p. 2	
	S. 9460Av	名例律（6～7条，“十恶条”、“八议条”）	TTD Supplement，p. 1	
	Дx. 01391 Дx. 08467	名例律（44～50条）	TTD－I，p. 8	《俄藏敦煌文献》（第8册），卷首彩色图版，第133页）：唐永徽名例律
			—	《俄藏敦煌文献》（第14册），第55页
	P. 3608 P. 3252	职制律（9～59条）、户婚律（1～33条、43～46条）、厩库律（1～4条）	TTD－I，p. 1	
	BD16300	职制律（39～41条）	TTD Supplement，p. 2	旧《北图丽85·霜89粘贴》
	Дx. 11413v	厩库律（17～19条）	—	《俄藏敦煌文献》（第14册），第151页。吐鲁番出土
	大谷 8098	擅兴律（9～10条）	TTD－I，p. 5	
	TⅣK70－71（Ch. 991）	擅兴律（9～15条）	TTD－I，p. 6	
	IOL Ch. 0045	捕亡律（16～18条）	TTD－I，p. 7	
	LM20_1457_20_01 大谷 5098 大谷 8099	贼盗律（46～48条）	—	《旅顺博物馆藏新疆出土汉文佛经选粹》（法藏馆，2006）p. 202
			TTD－I，p. 3	

续表

	文献序号	法制文献名（内容）	TTD（A）	备考
律	大谷 4491 大谷 4452	诈伪律（1～2 条）	TTD－I，p. 4	
	Дх. 09331	断狱律（3 条）	—	《俄藏敦煌文献》（第 15 册），第 151 页
律疏	P. 3593	名例律疏（6 条，“十恶条”）	TTD－I，p. 11	
	BD06417	名例律疏（17～18 条、《律疏卷第二》）	TTD－I，p. 9	旧《北图河 17》
	旅顺：1509_1580	名例律疏（27～28 条）	—	《旅顺博物馆藏西域文书研究》，第 180 页
	旅顺：1507_988			《旅顺博物馆藏新疆出土汉文佛经选粹》，第 202 页
	旅顺：1507_1176_4			
	73TAM532：1/1－1、1/1－2	名例律疏（55～56 条）	TTD Supplement，p. 3（No plates）	《吐鲁番出土文书（四）》，第 366～377 页
	P. 3690	职制律疏（12～15 条）	TTD－I，p. 13	
	S. 6138	贼盗律疏（1 条）	TTD－I，p. 12	
	BD01524v	杂律疏（38 条）	—	《国家图书馆藏敦煌遗书》（第 22 册），第 120 页
	羽 20	杂律疏（55～59 条）	TTD－I，p. 10	李盛铎旧藏。《敦煌秘籍》（影片册 1），第 172～174 页

续表

	文献序号	法制文献名（内容）	TTD（A）	备考
令	P. 4634 S. 1880 S. 3375 P. 4634C_1	东宫诸府职员令（《令第六》。永徽二年）	TTD－I，p. 14	
	S. 3375 S. 11446 P. 4634C_2		TTD Supplement，p. 4	
	P. 2819	公式令（存6条）	TTD－I，p. 15	
格	P. 3078 S. 4673	散颁刑部格（存18条）（神龙二年）	TTD－I，p. 16	
	S. 1344	户部格（存18条）（开元前格。开元三年）	TTD－I，p. 17	
	BD09348	户部格（存5条）（开元新格。开元二十五年）	TTD Supplement，p. 5（No plates）	旧《北图周69》。《中国国家图书馆藏敦煌遗书精品选》，第14～15页
	BD10603	户部格（开元新格。开元二十五年）	—	《国家图书馆藏敦煌遗书》（第108册），第47页
	TⅡT. Ch. 3841	散颁吏部格（存6条）（太极中）	TTD－I，p. 18（吏部留司格?）	
	P. 4745	吏部格（或吏部式）（存3条）（贞观或永徽中）	TTD－I，p. 19	
	大谷8042 大谷8043	祠部格残片	—	《西域考古图谱》（下册）。《大谷文书集成》（三），图版46·45

续表

	文献序号	法制文献名（内容）	TTD（A）	备考
式	P. 2507	水部式（存约 30 条）（开元二十五年）	TTD－I，p. 21	
	2002TJI：043	礼部式（或库部式）（存 3 条）（开元二十五年）	—	《新获吐鲁番出土文献》，第 242 页
事类	Дх. 03558	格式律令事类（存 3 条）	TTD Supplement，p. 9（No plates）	《俄藏敦煌文献》（第 10 册），第 332 页：道教经典
	Дх. 06521	格式律令事类（存 4 条）	—	《俄藏敦煌文献》（第 13 册），卷首彩色图版，第 120 页：唐律
表	P. 2504	唐职官表（天宝中）	TTD－I，p. 22	
判集	P. 2593	唐判集（存 3 道）	TTD－I，p. 23	
	P. 3813	唐判集（存 19 道）	TTD－I，p. 24	
	P. 2754	安西判集（存 6 道）	TTD－I，p. 25	
	P. 2979	岐州郿县尉□勋牒判集（开元二十四年）	—	《中國古代籍帳研究》，第 374～376 页
	P. 2942	河西节度使判集（c. 765）	—	《中国古代籍帐研究》，第 493～497 页
	73TAM222：56－1～10（a）	判集	TTD Supplement，p. 6（No plates）	《吐鲁番出土文书（三）》，第 375～378 页
	67TAM380：02	判集（存 4 道?）	TTD Supplement，p. 7（No plates）	《吐鲁番出土文书（四）》，第 364～365 页
	65TAM341：26（b）	判文	TTD Supplement，p. 8（No plates）	《吐鲁番出土文书（四）》，第 63 页
	P. 4978	（兵部招募要领?）（存 4 条）	TTD，I－20（兵部选格?）	

Note：TTD：*Tun－huang and Turfan Documents concerning Social and Economic History*，The Toyo Bunko，1978－2001.

第二编　个案考证

俄藏敦煌 Дх. 06521《格式律令事类》残卷考释

雷　闻*

20 世纪以来，敦煌吐鲁番文书的发现对于唐史研究产生了巨大的推动作用，这已是有目共睹的事实。在法制史领域，随着律、律疏、令、格、式及制敕文书研究的不断深入，我们对于唐代的法制体系及其演变也有了许多新的认识。令人振奋的是，上海古籍出版社推进的《敦煌吐鲁番文献集成》这一功德无量的出版工程，极大便利了学界对于敦煌吐鲁番文书的利用，尤其是以前所知甚少的俄藏敦煌文书的刊布，更提供了许多宝贵的新材料。本章准备讨论的就是这样一件唐代法制文书：Дх. 06521 号（图 1）。经过考察，我们认为它很可能就是开元二十五年（737）李林甫等奏上的《格式律令事类》残卷，此书散佚已久，因此本卷文书虽残损严重，但吉光片羽，弥足珍贵。下面就对此残卷作一初步考释，不当之处，还请方家不吝赐教。

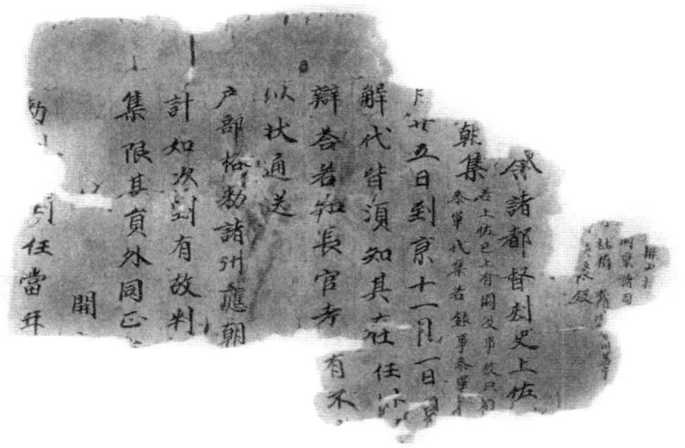

图 1

*　雷闻，中国历史研究院古代史研究所研究员。

一 Дх. 06521 残卷正面解说与录文

本卷文书编号为 Дх. 06521，清晰的彩版发表于《俄藏敦煌文献》第13册[①]，该图录将其初步拟名为《唐律》，不确，具体考证详下文。文书尺寸不详，从照片上看，为黄色麻纸，全卷以楷书精写，每行之间有明显的分界线，间有双行小注，总体感觉体例严整，非常正式和精致，而且背面没有任何文字[②]，颇显盛唐时官文书之风格。文书首尾俱残，共存14行，且下端皆失，无一行完存者。若据推补的情况来看，正文整行约在16字左右。今据此彩版录出，并以私意加标点。仅存残画文字，加“□”表示；下缺，以“______”表示；上缺，以“______”表示；推补文字，置于［ ］之中；原文异体字，以正字移录，以便阅读。

（前缺）

1. ______ □排山社 ______ 两京诸司 ______

2. ______ □社桥嶲州会川差管 ______ □□聚敛。

3.

4. [考课]令：诸都督刺史上佐 都［ ］［ ］［每年分］

5. 番朝集 若上佐已上有阙及事故，只有［ 录事］参军代集，若录事参军有［ ］［限十］

6. 月廿五日到京,十一月一日见。[所部之内，见任及]

7. 解代，皆须知。其在任以[来，年别状迹，随问]

8. 辩答。若知长官考有不当，______

9. 以状通送。

10. 户部格：敕，诸州应朝[集，长官、上佐分番入]

11. 计，如次到有故，判[司代行，未经考者，不在]

12. 集限，其员外同正员，[次正员后集。]

13. 开元[八年十一月十二日]

① 《俄藏敦煌文献》第13册，上海古籍出版社，2000，彩版四，黑白版见第120页。

② 此系上海古籍出版社府宪展先生核查原始记录后惠告，谨此致谢。

14. 敕：[刺]〔史〕[到]任，当年[   ]

（后缺）

二　残卷内容之考证

总体来看，全卷似乎可分为四部分。

（一）第1～3行

因仅余两排双行夹注，我们不能确定它们是否为同一内容的断简。按第1行中的“排山社”，又见于英藏S.1344号开元户部格残卷①：

21　敕：如闻诸州百姓结构朋党，作排山社，宜令州

22　县严加禁断。

23　　　　　　　　　　景龙元年十月廿日

这是景龙元年（707）十月的一道敕文，被编入开元三年（715）奏上的《开元格》（又称《开元前格》）中。至于排山社的性质，目前还不十分清楚。土肥义和先生认为排即盾牌之意，排山社是农民们结成的具有武装性质的私社，故政府要加以禁断②。考虑到同卷文书第42～48行所载天授二年（691）七月廿七日敕文中关于岭南风俗的描写：“所有忿争，不经州县。结集朋党，假作刀排，以相攻击，名为打戾。”③则土肥先生的推测

① 山本达郎、池田温、冈野诚合编 *Tun-huang and Turfan Documents concerning Social and Economic History*，Ⅰ *Legal Texts*，（A）Introduction and Texts，the Toyo Bunko，1980，p. 36，（B）Plates，1978，p. 72。刘俊文：《敦煌吐鲁番唐代法制文书考释》，中华书局，1989，第276～294页。该卷图版与录文又见唐耕耦、陆宏基编《敦煌社会经济文献真迹释录》第二辑，全国图书馆文献缩微复制中心，1990，第570～573页。更为清晰的图版见《英藏敦煌文献》第二卷，四川人民出版社，1990，第269～270页。

② 土肥義和：《唐・北宋間の“社”の組織形態に関する一考察——敦煌の場合を中心に》，载《堀敏一先生古稀記念・中国古代の国家と民衆》，汲古書院，1995，第702页。

③ *Tun-huang and Turfan Documents concerning Social and Economic History*，Ⅰ *Legal Texts*，（A）Introduction and Texts，p. 37，（B）Plates，p. 73. 刘俊文：《敦煌吐鲁番唐代法制文书考释》，中华书局，1989，第279页。又见唐耕耦、陆宏基编《敦煌社会经济文献真迹释录》第二辑，全国图书馆文献缩微复制中心，1990，第572页。

是有一定道理的。本卷中再次出现“排山社”一词，或者正是重申这个禁令。

第2行中的“嶲州”，系中都督府，位于剑南道南部，东北距成都1290里，为蛮、獠等少数民族聚居之地。《元和郡县图志》卷三二记载：“本汉南外夷獠，秦、汉为邛都国，秦尝攻之，通五尺道，改置吏焉。……周武帝天和三年，开越嶲地，于嶲城置严州。隋开皇六年，改为西宁州，十八年改为雟州。皇朝因之。至德二年没吐蕃，贞元十三年节度使韦皋收复。”[①] 据严耕望先生研究，嶲州地当唐与南诏交通之要道，为控制清溪道之战略要点，唐与南诏之通使与用兵多从此道[②]。方国瑜先生则指出，唐失嶲州在至德元载（756），当时吐蕃与南诏联兵，共陷嶲州，南诏得南部，吐蕃据北部。至贞元十年（794）南诏与吐蕃决裂，独占嶲州，其势力遂伸张至大渡河岸[③]。至于同一行的“会川”，乃是嶲州之一属县，高宗上元二年（675）置，因战略位置重要，“天宝初又于县侧立会同军，在今州南三百七十里是也”[④]。咸通以后，会川陷于南诏，成为其两个都督府之一[⑤]。循本行内容，估计是因为嶲州蛮汉杂居，朝廷为诫谕地方官不得聚敛而下的禁令。当然，这仅是推测，实际的情形还有待进一步的考证。

总之，由于这部分残缺太甚，目前尚无法对其作出合理的全盘解说。

（二）第4~9行

这一部分存字较多，在传世文献中也有可资比较的记载，其内容是关于朝集使制度的。按《唐六典》卷三“户部郎中员外郎”条曰：“凡天下朝集使皆令都督、刺史及上佐更为之；若边要州都督、刺史及诸州水旱成分，则它官代焉。皆以十月二十五日至于京都，十一月一日户部引见讫，于尚书省与群官礼见，然后集于考堂，应考绩之事。元日，陈其贡

---

① 李吉甫：《元和郡县图志》卷三二《剑南道中》，中华书局，1983，第822页。

② 严耕望：《唐代交通图考》第四卷山剑滇黔区，篇三一《川滇西道——成都清溪通南诏驿道》，载《中央研究院历史语言研究所专刊》之八十三，1986，第1179~1210页。

③ 方国瑜：《唐代后期云南安抚司（南诏）地理考说》，《历史研究》1983年第2期，第131页。

④ 李吉甫：《元和郡县图志》卷三二《剑南道中》，中华书局，1983，第825页。

⑤ 《新唐书》卷二二二上《南蛮传上》，中华书局，1975，第6269页。又参方国瑜《唐代后期云南安抚司（南诏）地理考说》，《历史研究》1983年第2期，第136页。

篚于殿庭。"[①] 这是对盛唐时期朝集制度的总体概括，但其定型却是一个渐进的过程，例如，朝集时间是开元八年（720）十月的一道敕文确定的；岭南与僻远小州可以参军、县官代行朝集早在圣历元年（698）正月就开始了[②]；而边要州的都督、刺史不在朝集之限的规定则到开元十八年（730）才最终确定下来[③]。不难看出，本卷文书的第4~9行正是关于朝集时间的规定，因此我们先来分析与之相关的敕文。《唐会要》卷二四的记载比较明确："开元八年十月敕：诸督刺史上佐，每年分蕃朝集，限一月二十五日到京，十一月一日见。"[④] 今以残卷内容与此敕对照，检其同异如下（残卷在上行，《唐会要》敕在下行）。

4. [考课]令：诸都督刺史上佐 都[ ] [ ] ▭

（开元八年）敕：诸　督刺史上佐每年分

5. 番 朝集 若上佐已上有阙及事故，只有[录事] 参军代集，若录事参军 有 [ ] ▭

蕃朝集，限一

6. 月廿五日到京，十一月一日见。▭

月二十五日到京，十一月一日见。

两相比较，文书所载与《唐会要》敕之内容基本相合，同出一源，恐无疑义。可注意者有三。第一，《唐律疏议》卷十的一条疏议明确记载，朝集时间是由"令"来规定的："'及事有期会'，谓若朝集使及计帐使之类，依令各有期会，而违不到者：一日笞三十，三日加一等，过杖一百，十日加一等，罪止徒一年半。"[⑤] 据刘俊文先生研究，所依之"令"是《考课令》[⑥]。因此，文书本条系唐令无疑，其来源正是这道敕文。从文书抄写形式上来观察，以双行夹注对正文进行补充说明和具体解释，这是唐

① 《唐六典》卷三《尚书户部》，中华书局，1992，第79页。

② 此条亦见前引英藏S.1344开元户部格残卷，第67~69行。*Tun-huang and Turfan Documents concerning Social and Economic History*, Ⅰ *Legal Texts*, (A) Introduction and Texts, p.37, (B) Plates, p.74.

③ 《唐会要》卷二四《诸侯入朝》，上海古籍出版社，1991，第536~537页。

④ 《唐会要》卷二四《诸侯入朝》，上海古籍出版社，1991，第536页。

⑤ 《唐律疏议》卷十《职制》，中华书局，1983，第213页。

⑥ 刘俊文：《唐律疏议笺解》卷十《职制》，中华书局，1996，第838页。

令的一般体例，如为学界熟知的《永徽东宫诸府职员令》残卷，其编排就是正文与小注相间①。而以“某某令：诸……”起首，更是一道完整唐令的典型格式，对此，只须翻看仁井田陞先生的《唐令拾遗》即可了然②。第二，残卷内容远比《唐会要》敕文所载丰富，它不仅规定了诸州都督、刺史及上佐分番朝集的时间，而且以双行夹注的形式对录事参军等代替长官上佐朝集的制度作出补充规定。③ 第三，从残卷的记载，我们也可纠正今本《唐会要》在流传过程中产生的某些传抄错误。例如，敕文开始的“诸督”，“督”前显然脱一“都”字；到京时间的“一月”，显系“十月”之误。顺便指出，《会要》所载“分蕃”的“蕃”，当作“番”字。

更重要的是第 7 ~ 9 行。其内容我们在中国存世文献中尚未找到相关的文字，但非常幸运的是，我们在日本《养老令》的《考课令》中发现了可资对照的材料。如上所述，这部分内容是关于朝集制度的，而其核心内容则是外官的考课问题。《养老考课令》对此有如下规定：“凡大贰以下及国司（原注：谓目以上），每年分番朝集。所部之内，见任及解代，皆须知。其在任以来，年别状迹，随问辨答。”④ 试将残卷内容与之依行比较如下（残卷在上行，《养老令》在下行）。

4. □□令：诸都督刺史上佐 都[　　] [　　] ▭

（养老令）：凡大贰以下及国司，　　每年分

5. □朝集 若上佐已有阙事及事故，只有[　　录事] 参军代集，若录事参军有[　　] ▭

番朝集

---

① 此卷文书之断片分藏于伦敦与巴黎，编号为：P. 4634、P. 4634C_1、P. 4634C_2；S. 1880、S. 3375、S. 11446。王国维、仁井田陞等前辈学者对其研究用力良多，此据刘俊文《敦煌吐鲁番唐代法制文书考释》，中华书局，1989，第 180 ~ 220 页。另如 P. 2819 开元公式令残卷亦为正文与双行夹注相间，同书，第 221 ~ 245 页。

② 仁井田陞：《唐令拾遗》，栗劲、霍存福等译，长春出版社，1989。又参仁井田陞著，池田温编集代表《唐令拾遺補》，東京大学出版会，1997。

③ 第 4 行小字注释中，仅余一“都”字，我们推测以下可能是对正文都督、刺史，特别是对上佐之具体解释。

④ 《新訂増補国史大系·令集解》卷第廿二《考課令五》，吉川弘文館，1981，第 627 ~ 628 页；又见同书卷第十八考课令第 2 条注。本条又见《新訂増補国史大系·令義解》卷四，吉川弘文館，1983，第 162 页。参看《唐令拾遺補》第三部分《唐日両令對照一覧》第十四《考課令》，第 1103 页。

6. 月廿五日到京，十一月一日见。[ ]
所部之内，见任及

7. 解代，皆须知。其在任以[ ]
解代，皆须知。其在任以来，年别状迹，随问

8. 辩答。若知长官考有不[当]，[ ]
辩答。

9. 随状通送。

不难看出，残卷所存相关字句（如第7行）与上述《养老考课令》完全相合，二者显然同出一源，我们可依据后者复原前者。至于其中含义，是说朝集使入京，对于所部内之官员，无论是现任，还是解代者，都应熟知他们一年来的功过行能，这样才能在应付外官考课的问题时对答如流。按唐前期考课之制："每年别敕定京官位望高者二人，其一人校京官考，一人校外官考；又定给事中、中书舍人各一人，其一人监京官考，一人监外官考；（考功）郎中判京官考，员外郎判外官考。其检覆同者，皆以功过上使。京官则集应考之人对读注定，外官对朝集使注定讫，各以奏闻。"① 也就是前引《唐六典》所云朝集使必须"以十月二十五日至于京都，十一月一日户部引见讫，于尚书省与群官礼见，然后集于考堂，应考绩之事"。

通过二者的比较，我们可以得到如下认识。第一，可以肯定，残卷的这一部分（即第4～9行）正是唐《考课令》之一条，"令"前残缺之二字，确信为"考课"二字无疑。第二，关于这条《考课令》的年代。按，《养老令》撰集于日本元正天皇养老二年（相当于唐玄宗开元六年，718），学界一般认为其蓝本是唐《永徽令》，也就是说，这条《养老考课令》所依据的唐令可能是《永徽令》。另外，由以上分析可知，朝集使赴京时间的规定是由开元八年十月的一道敕文确立的，因此，本卷所载的这条唐《考课令》就不会是开元七年的令，而只能是李林甫等人于开元二十五年新定之令。在这条令中，既包括了此前的部分令文（残卷第7～9行，或即《永徽令》原文），又将新颁制敕编入其中，可见，开元二十五年的这次定新令，是实实在在的"删辑""改修"。第三，残卷也提供了不少朝集

① 《唐六典》卷二《尚书吏部》"考功郎中员外郎"条，中华书局，1992，第42页。

制度的新信息，例如，第 8 ~ 9 行曰，“若知长官考有不当，……以状通送”，是对朝集制之核心内容——外官考课进行规定：对地方长官在考课过程中可能出现的不当现象，朝集使应当主动汇报。因为朝集使是由都督、刺史、上佐（别驾、长史、司马）轮流担任的，很多情况下，入京朝集的不是长官，而是上佐，从而出现了残卷所云“若知长官考有不当，……以状通送”的规定。对此，我们还可从日本《令集解》的记载中得到旁证。按该书卷十八《考课令》规定：

> 凡官人景迹功过应附考者，皆须实录，其前任有犯私罪，断在今任者，亦同见任法。即改任，应计前任日为考者，功过并附。注考官人，唯得述其实事，不得妄加臧不。若注状乖舛、褒贬不当（原注：谓景迹功状高而考第下，或考第优而景迹劣之类），及隐其功过以致升降者，各准所失轻重，降所由官人考。即朝集使褒贬进退失实者，亦如之。

对于最后这一规定，《令集解》注释引《古记》曰：

> 问：“即朝集使褒贬进退失实者亦如之。若为？”答：“朝集使不在所褒贬，唯长官所褒贬有不当者，必正谏合改正。今赍不当考文来，所以降朝集使考耳。何以知者？下条云：‘大贰以下及国司，每年分番朝集。所部之内，见任及解代，皆须知。其在任以来，年别状迹，随问辨答。’依此文，朝集使一事以上合知也。”①

《古记》是大宝令的注释书，成书于天平十年正月（开元二十六年）至天平十二年（开元二十八年）八月间②。此书征引了大量的唐令格式，成为仁井田陞先生复原唐令的一个重要来源，本条所载恐亦出自唐制。我们可参照其规定推知残卷“若知长官考有不当，……以状通送”的含义：因为朝集使入京时带着地方各级官员的考簿，在考堂上，他必须回答负责外官考课的官员提出的各种问题，如果他知道长官在考课本地官员时有不当之处，必须主动向中央汇报，“以状通送”，否则自己会受到

① 《新訂増補国史大系・令集解》卷第十八《考課令一》，第 542 ~ 553 页。

② 参看仁井田陞《〈唐令拾遺〉序論》，第 875 ~ 876 页。

降考的处罚。

关于朝集制度，我们还将另文讨论，此不多及。

（三）第10～13行

与第二部分的《考课令》一样，这一部分也是关于朝集制度的，而且非常明确地标明它是一道《户部格》。《唐会要》的记载与之相较，更是契若符节："其年（开元八年）十一月十二日敕：诸州朝集使，长官、上佐，分蕃入计，如次到有故，判司代行。未经考者，不在禁限。其员外同正员，次正官后集。"[①] 我们依前例对照如下（残卷在上行，《唐会要》敕文在下行）。

10. 户部格：敕，诸州应朝[ ]

（开元八年）敕，诸州 朝集使，长官、上佐，分蕃入

11. 计，如次到有故，判[ ]

计，如次到有故，判司代行。未经考者，不在

12. 集限，其员外同正[员]，[ ]

禁限。其员外同正员，次正官后集。

显而易见，文书中残余文句与《唐会要》所载开元八年十一月十二日的这道敕文几乎完全相同，我们可以断定二者同出一源，也就是说，这道敕文被编入格中，因此，对于文书残缺部分据此加以推补，如上节录文所示。需要说明的是，《唐会要》敕中的"禁限"，当误。残卷作"集限"，文意无疑更加通达，《唐会要》可能是在传抄中出现了错误。

下面我们来分析这条《户部格》的一些相关问题。如所周知，唐代前期的法典体系由律、令、格、式四部分构成，其中又以格为最权威、最活跃的因素，作为律、令、式的追加法，格可以修改、补充、变通律、令、式的规定，甚至能以格破律，如《唐律疏议》卷四"诸彼此俱罪之赃"条疏议曰："其铸钱，见有别格，从格断。余条有别格见行破律者，并准此。"[②] 毫无疑问，对唐格的研究对于整体理解唐代法制有着非常重要的意义，不

① 《唐会要》卷二四《诸侯入朝》，中华书局，1992，第536页。

② 《唐律疏议》卷四《名例》，中华书局，1983，第87页。

过由于唐格亡佚已久，现存文献中只能找到极少片段，所幸敦煌吐鲁番遗书中保存着几件唐格写本残卷，成为唐格研究最为宝贵的原始材料，在对其进行解读研究方面，前辈学者做了大量的工作①，特别是刘俊文先生的大作《论唐格——敦煌本唐格残卷研究》，更使我们对于唐格有了较为清晰的理解②。目前汇集敦煌吐鲁番中唐格文书（及已判定为唐格的文书）的著作有如下几种：（1）山本达郎、冈野诚、池田温合编《敦煌吐鲁番社会经济资料》第Ⅰ卷《法制文献》（下表简称“山本等”）③；（2）刘俊文《敦煌吐鲁番唐代法制文书考释》（下表简称“刘”）④；（3）唐耕耦、陆宏基编《敦煌社会经济文献真迹释录》第二辑（下表简称“唐”）⑤；这三种著作对于唐格的研究工作有很大的推进作用。之后池田温先生又发现了一件新的唐格文书，即北京图书馆藏周字69号残卷，据他考定为开元新格卷

① 董康：《敦煌发见散颁格研究》，附载仁井田陞《唐令の復舊につぃて》，1934。同氏《残本龙朔散颁格与唐律之对照》，《司法公报》9、10，1938。唐长孺：《敦煌所出唐代法律文书两种·跋》，《中华文史论丛》5，1964。大谷勝真：《敦煌遺文所見錄（二）敦煌出土散頒刑部格殘卷について》，《青丘学叢》17，1934。那波利貞：《唐鈔本唐格の一斷簡》，载《神田博士還曆記念書志学論集》，1957。仁井田陞：《唐の律令および格の新資料——スタイン敦煌文獻》，《東洋文化研究所紀要》13，1957。川北靖之：《敦煌発見神龍散頒刑部格と令集解》，《産大法学》16-4，第461~472页。

② 刘俊文：《论唐格——敦煌本唐格残卷研究》，载中国敦煌吐鲁番学会编《敦煌吐鲁番学研究论文集》，汉语大词典出版社，1990。此据氏著《唐代法制研究》第二章第三节《唐格初探》，文津出版社，1999，第120~163页，在收入此书时，作者作了某些修改，如对TⅡT的定名，见原书注释101，第161页。

③ *Tun-huang and Turfan Documents concerning Social and Economic History*，Ⅰ *Legal Texts*，（A）Introduction and Texts，p. 32-39，（B）Plates，pp. 63-78. 其中P. 4745号残卷定名为“吏部格或式断片”，唐耕耦、陆宏基编《敦煌社会经济文献真迹释录》第二辑拟名为“唐年代未详（贞观或永徽）吏部格或式断片”，然刘俊文《敦煌吐鲁番唐代法制文书考释》定名为“贞观吏部式断片”，因此不列入下表。

④ 刘俊文：《敦煌吐鲁番唐代法制文书考释》，收录五件唐格之录文，并有详细的考释（中华书局，1989，第246~306页）。不过，该书将北京图书馆藏周字51号文书拟名为“开元职方格”，而荣新江先生据原卷研究的结果表明，本件文书没有唐代格文每条起首处的“一”字线或“敕”字，而且，文字有不少涂抹改正之处，与现存格文原本书写谨严的风格截然有别。从外观上看，不像是格，而从内容上看，可能是地方官府对所属镇戍守捉烽堠下达的牒文。见氏著《唐寫本中の〈唐律〉、〈唐禮〉及びその他》，森部豐译，《東洋学報》第85卷第2號，2003；中文增订本《唐写本〈唐律〉、〈唐礼〉及其他》，《文献》2009年第4期，第3~7页。

⑤ 《敦煌社会经济文献真迹释录》第二辑收录了四件唐格之图版与录文，在拟名与解读上与刘著颇有出入，第563~576页。

三户部断卷，他并据此研究了开元后期的土地政策问题①。我们先将目前已经判定的敦煌吐鲁番本唐格残卷列表，作为我们研究本条格文的对照材料（表1）。

表1

名称	编号	特征	录文与研究	备注
神龙散颁刑部格	S. 3078 + S. 4673	首全尾残，共余120行，明确题名：散颁刑部格，下列刑部四司名称。每条格文起首有"一"标示，无"敕"字，亦无每格所据敕之年月	山本等/32～35；刘/246～269；唐/563～569	
神龙吏部留司格	Ch. 3841（TⅡT）	首尾俱残，余16行，每条格文以"敕"字起首，每条下有小字注释之年月日，而格文不一定另起一行，如第5行下部即开始另一条格文	山本等/38；唐/574；刘/270～275	吐鲁番出土，刘氏原拟题：垂拱后常行格。不确，其后已更正，参看注释27
开元户部格	S. 1344	首尾俱残，余69行，每条格文以"敕"字起首，且另起一行，下列年月日，除第50行外，年代也另起一行	山本等/36～37；刘/276～294；唐/570～573	即开元三年三月颁行的开元前格
开元户部新格	北图周字69号	首尾俱残，余45行，每条格文以"敕"字起首，且另起一行，年代也另起一行	池田/159～175	池田先生考证为开元二十五年九月颁行的户部新格
开元兵部选格	P. 4978	首尾俱残，余18行，每条以"一"起首，曰"准兵部格后敕""准兵部格""准开元七年十月廿六日"	山本等/39；刘/301～306；唐/576	唐氏拟题：唐天宝年代兵部选格。但刘氏考定其当在开元十九年到二十五年之间

可以看出，不同年代的唐格文书在抄写格式上颇有差异，但没有一件文书为直接标明"某某格：敕，……"的形式，这透露出一个信息，即这条格文是作为一道完整的唐格，为本件文书所引，但整件文书的性质却不

① 池田温：《北京图书馆藏开元户部格残卷简介》，载北京图书馆敦煌吐鲁番学资料中心、台北《南海》杂志社合编《敦煌吐鲁番学研究论集》，书目文献出版社，1996，第159～175页。同氏《唐朝開元後期土地政策の一考察》，载《堀敏一先生古稀記念・中国古代の国家と民衆》，第391～408页。此卷之图版刊布于中国国家图书馆善本特藏部、上海龙华古寺、《藏外佛教文献》编辑部合编《中国国家图书馆藏敦煌遗书精品选》，图版21号，2000，第14～15页。

是唐格文书，我们从其他文献引用唐格时的体例也可得到旁证。例如，《唐会要》卷八一《用荫》所引："《户部格》：敕，应用五品以上官荫者，须相衔告身三道。若历任官少，据所历任勘（下略）。"[①]

从前文分析可知，这道格文采自开元八年之敕，而《唐六典》卷六"刑部郎中员外郎"条注曰："（格）盖编录当时制敕，永为法则，以为故事。"因此本《户部格》的编纂当在玄宗之时。这一时期删撰格文的情况，据《唐会要》卷三九《定格令》载：

> 开元三年正月，又敕删定格式令，上之，名为《开元格》，六卷。……至七年三月十九日，修令格，仍旧名曰《开元后格》。……十九年，侍中裴光庭、中书令萧嵩又以格后制敕行用之后，与格文相违，于事非便，奏令所司删撰《格后长行敕》六卷，颁于天下。二十五年九月一日，复删辑旧格式律令，中书（令）李林甫，侍中牛仙客，中丞王敬从，前左武卫胄曹参军崔冕，卫州司户参军、直中书陈承信，酸枣县尉、直刑部俞元杞等，共加删辑旧格式律令及敕，……总成律十二卷，律疏三十卷，令三十卷，式二十卷，《开元新格》十卷。又撰《格式律令事类》四十卷，以类相从，便于省览，奉敕于尚书都省写五十本，颁于天下。[②]

《新唐书》卷五六《刑法志》又载："至二十五年，中书令李林甫又著新格，凡所损益数千条，……天宝四载，又诏刑部尚书萧炅稍复增损之。"[③] 为便于省览，我们根据上文，并参考刘俊文先生的研究，将玄宗在位期间格的编纂活动列表如下（见表2）。

玄宗时，格凡四修，开元三次，天宝一次，中间还有一次格后敕的编定。因本道格文采自开元八年之十一月十二日敕，它显然不可能是开元前格或开元后格。又因明载为《户部格》，则亦非格后长行敕。因此，它只可能指后两者之一。据刘俊文先生的研究，《天宝新定开元新格》对《开

---

① 《唐会要》卷八一《用荫》，中华书局，1992，第1774～1775页。

② 《唐会要》卷三九《定格令》，中华书局，1992，第822页。

③ 《新唐书》卷五六《刑法志》，中华书局，1975，第1413页。此段"天宝四载"之前原有"明年，吏部尚书宋璟又著后格，皆以开元名书"。然璟卒于开元二十五年，此处明显有讹误。见本卷之校勘记。

元新格》的损益很少，其依据只是开元二十五年到天宝四载间新发布的制敕，即《新唐书》卷五六《刑法志》所云“稍复曾损之”而已。我们初步判定，本条《户部格》出自开元二十五年的《开元新格》。

表 2

法典名称与卷数	奏上或颁行时间	主持人
开元（前）格十卷	开元三年正月（三月?）	卢怀慎、李乂等
开元后格十卷	开元七年三月	宋璟、苏颋等
开元格后长行敕六卷	开元十九年	裴光庭、萧嵩
开元新格十卷	开元二十五年九月	李林甫、牛仙客
天宝新定开元新格十卷	天宝四载	萧炅

（四）第 14 行

从残画可以推断，第四个字为“到”字，第二字据残余的立刀偏旁可推补为“刺”字，第三字可意补为“史”字。此行文字可推补为：“敕：刺史到任，当年”，我们推测此敕很可能也是关于朝集制度的，即刺史赴任后，是否可以当年入考的问题。由于朝集使入京后，升迁的机会很多，因此许多刺史到任未久，即忙着入京朝集，朝廷曾屡加禁止，史载：“先是，朝集使往往赍货入京师，及春将还，多迁官；（开元七年）宋璟奏一切勒还以革其弊。”① 开元二十一年（733）四月一日的《处分朝集使敕》也指出：“声绩未著，黎庶未康，牧守来朝而辄迁，参佐逾年而竞入，此独为人之资地耳，岂是责成之意耶？”② 到次年八月更明确下诏：“刺史到任，不得当年入考。县令阙，不得差使。”③ 对此诏书，《册府元龟》所载更详：“朕忧于理人，委在牧宰，虽已分命，仍未尽诚。如闻刺史新除，所莅不过数月，即营入计，无心在州，政教阙如，朝寄安在？自今已后，刺史到任，皆不得当年入考。”④ 我们推测，本行所载之敕很可能就是开元二十二年八月的这道敕文，“当年”之下或即“不得入考”四字。

① 《资治通鉴》卷二一二“玄宗开元七年十一月乙卯”条，中华书局，1956，第 6738 页。
② 《文苑英华》卷四六〇《翰林制诰》，中华书局，1982，第 2341 页上。
③ 《唐会要》卷六八《刺史上》，中华书局，1992，第 1420 页。
④ 《册府元龟》卷六三五《铨选部·考课一》，中华书局，1982，第 7623 页。

三 残卷性质与拟名

残卷内容考察既竟，下面我们就来探讨其性质。总的看来，本卷文书中包含有一条开元二十五年的《考课令》、一条同年的《户部格》以及一条可能是开元二十二年八月的敕，而且，所有内容都是关于朝集制度的，从不同方面对朝集制作出规定。那么，这样的一件文书究竟是什么性质呢？我们认为，它可能就是开元二十五年删定律令格式的同时编纂的那部《格式律令事类》之断简。

从前引《唐会要》卷三九《定格令》的记载可知，开元二十五年九月李林甫等人在删定律令格式的同时，“又撰《格式律令事类》四十卷，以类相从，便于省览”。对此，《旧唐书》卷五十《刑法志》、《册府元龟》卷六一二《刑法部·定律令四》的记载略同。值得注意的是，本件文书的抄写体例与文献所载《格式律令事类》“以类相从，便于省览”的特征完全相合。此书佚失已久，而目前所能见到的相关材料更是少得可怜，长期以来，人们并不清楚此书的内容，对其在法制史上的地位也未加注意。钱大群先生曾指出：“开元二十五年的《格式律令事类》未得传于今世，但是有两点可以确定：一是撰写的目的是‘以类相从，便于省览’，这是与官署有关的条文的分类编抄，并不是各法皆与刑律合体。二是这部‘事类’是开元二十五年的事，而不是今传唐律——永徽四年的《律疏》。”[①] 钱先生的主旨是想说明，唐代并不是众法合一于刑律，这自是不错，但开元年间确实有一种为使用方便而将律令格式编在一起的风尚。例如，《新唐书》卷五八《艺文志二》除了著录《格式律令事类》40卷外，同类著作还有裴光庭《唐开元格令科要》一卷[②]。另外，在《宋史》卷二〇四《艺文志》中著录了萧旻《开元礼律格令要诀》一卷[③]，从书名推测大致也属同类，不过更将礼的内容也纳入其中了。

那么，本卷文书会不会是这两部书中的一部呢？我们认为这种可能性

① 钱大群：《唐代法制与典籍考辨七题》，载韩延龙主编《法律史论集》第2卷，法律出版社，1999，第487页。

② 《新唐书》卷五八《艺文志二》，中华书局，1975，第1497页。

③ 《宋史》卷二〇四《艺文志三》，中华书局，1977，第5138页。

不大。首先，这两部书都是私家著述，而本卷文书纸质精细，书法颇佳，体例严整，无不显示其官方抄本之性质，远非私家著述可比。这一点，与《格式律令事类》的性质及流传情况相当。因为此书是李林甫等中央高级官员主持编纂的官方著述，且史书明言其编成之后，“奉敕于尚书都省写五十本，颁于天下”。可见，此书确曾在中央精抄并颁行天下，其实用性非常明显。由于只抄了50本，似乎沙州还分不到一本，则此卷写本或为凉州抄送本，或为沙州录副本①，当然也可能只是从书中摘抄的与地方官府有关的部分，无论如何，其为官府文书殆无疑义。其次，从内容分析，本卷也不可能是这两部书之一。先看裴光庭的《唐开元格令科要》，此书今亦不存，从名称可推知其编纂特色大略也是将格、令之精要排列于一起。《通志·艺文略》在著录此书时说：“裴光庭撰，记律令科目。”② 恐不全面，因为书中当还包含格的内容。又，裴光庭曾于开元十九年主持删撰《格后长行敕》6卷，所以沈家本在谈到此书时，曾推测道：“《格后长行敕》，裴光庭与修，此或其时所纂录者。”③ 即他认为此书可能是与《格后长行敕》同时编成的，这一推测有一定道理。更重要的是，裴光庭卒于开元二十一年（733）三月乙巳④，这样，载有开元二十五年新定《考课令》与《户部格》条文的本卷文书就不可能是这部书了。至于《开元礼律格令要诀》一书，颇疑作者萧旻即天宝四载主持修定新格的刑部尚书萧炅（见《新唐书·刑法志》），《宋史·艺文志》所载乃是传抄中出现的讹误。若然，则此书在时间上是可能的，但要以一卷的篇幅记载礼、律、格、令，肯定不会很详细，而应如其书名所示仅为“要诀”而已，反观本残卷，所载《考课令》与《户部格》都非常详尽，决非“要诀”可比。总之，本

---

① 按凉州为沙州所属之河西道采访使驻地，唐朝法令文书例由凉州颁下，例如著名的《永徽东宫诸府职员令》残卷尾部即有“沙州写律令典赵元简初校，典田怀悟再校，凉州法曹参军王羲”的签名，骑纸缝处且钤有多方“凉州都督府之印”，说明是沙州从凉州都督府抄写的官方写本，见前引山本达郎、池田温、冈野诚合编 *Tun-huang and Turfan Documents concerning Social and Economic History*，Ⅰ *Legal Texts*，（A）Introduction and Texts，p. 28。此外，甚至沙州、西州的官颁道经，也是经过凉州颁下的，参见荣新江《唐代西州的道教》，载《敦煌吐鲁番研究》第四卷，北京大学出版社，1999，第139页。

② 《通志》卷六五《艺文略三》“刑法·总类”条，此据《通志二十略》，中华书局，1995，第1556页。

③ 沈家本：《历代刑法考》第二册《律令四》，中华书局，1985，第939页。

④ 《旧唐书》卷八《玄宗本纪上》，中华书局，1975，第199页。

卷不可能是这两部书中的一部，而很可能是开元二十五年成书并颁行天下的《格式律令事类》之断简。因此，我们初步将其拟名为“唐开元二十五年格式律令事类残卷”。

那么，该书在中国古代法制史上有何意义呢？这要从其编纂形式上进行探讨。如史书所载，它的突出特点是将格、式、律、令的相关规定“以类相从，便于省览”，这在本残卷中得到了充分验证，即无论是《考课令》，还是《户部格》，抑或是敕书，凡是关于朝集制度的内容，都被编在一处，可见，所谓的“以类相从”的分类原则，应该是以事为纲，如同书名所反映的那样，即“事类”。这种编纂形式的渊源何在？

从隋代以来，律令格式并行，构成一个比较完备的法典体系。在《唐律疏议》中，曾征引许多令、格、式，计约130条，其中有些是对律文的具体解释，还有一些则是对律文的变更与调整，如前所述，当律文与现行格文冲突时，处理原则是“以格破律”。这个特点已为学界所注意，有些学者就此提出唐代刑法的特征是诸法合一，钱大群先生反对此说。无论如何，唐代确实出现了一些汇集律令格式的书籍，如唐初裴寂所撰《令律》12卷①，到开元年间就更多了，如上文所举，同类书籍，私修者有裴光庭的《唐开元格令科要》、萧旻的《开元礼律格令要诀》等，最终出现了中央政府官修的《格式律令事类》40卷这样一部集大成的法典汇编。

此外，前辈学者研究表明，在唐宋法制史上有一个最为突出的变化，就是法典体系由唐代的律令格式向宋代敕令格式的转变②。无疑，这一转变是以敕的地位不断上升来完成的，其先导正是编敕而成的格与格后敕地位的上升。《格式律令事类》的书名对这四种法典的排序，决非随意，当反映了开元时期各种法典地位的高下。这种排序方式当然也是渊源有自，如《旧唐书·刑法志》载：“景云初，睿宗又敕户部尚书岑羲、中书侍郎陆象先、右散骑常侍徐坚、右司郎中唐绍、刑部员外郎邵知与、删定官大理寺丞陈义海、右卫长史张处斌、大理评事张名播、左卫率府仓曹参军罗

① 《旧唐书》卷四六《经籍志上》，中华书局，1975，第2010页。

② 曾我部静雄：《中国律令史の研究》第一章第一節《律令格式から敕令格式へ》，吉川弘文館，1971，第1~82页。另参见梅原郁《唐宋時代の法典編纂——律令格式と敕令格式》，载《中国近世の法制と社会》，京都大学人文科学研究所，1993，第111~171页。

思贞、刑部主事阎义颛凡十人，删定格式律令，太极元年（712）二月奏上，名为太极格。”值得注意的是，这里已经是格式律令的排序了。而且，开元二十五年之后，唐王朝不再删修律令，只是删定格和格后敕。而敕的地位又逐渐超过了格，成为在法律效力和适用范围上的最终依据。如穆宗长庆三年十二月二十三日敕节文：“御史台奏，伏缘后敕，合破前格，自今以后，两司检详文法，一切取最向后敕为定。”[①] 在这个演变过程中，《格式律令事类》以正式的法律文件形式使格日益提高的地位得到巩固，并因此成为从律令格式向敕令格式转变过程中的一个重要过渡，值得重视。

开元以后，《格式律令事类》开始的“以类相从”的编纂方式得到继续推广，比较突出者为《大中刑法统类》，据载，宣宗大中七年（853）五月，“左卫率府仓曹张戣集律令格式条件相类一千二百五十条，分一百二十一门，号曰《刑法统类》，上之”[②]。《新唐书·刑法志》则记此书“以刑律分类为门，而附以格敕”[③]。可见也是将格式律令分类编纂而成的，不过，其内容显然偏重于刑法。到宋代，这种分类编集的形式更加受到重视。南宋孝宗淳熙年间，曾下诏“将见行敕令格式、申明，体仿吏部七司条法总类，随事分门修纂，别为一书。若数事共条，即随门厘入。仍冠以《淳熙条法事类》为名”[④]。后来的《庆元条法事类》《淳祐条法事类》等，皆准此体例编成[⑤]。《庆元条法事类》今存残本，它是以事分为十六门，每门下又分为若干类，每类载敕、令、格、式、申明等，可以看出，这与本章研究的唐开元二十五年《格式律令事类》残卷的编写体例颇为相近，二者因袭之迹昭然若揭，这正是《格式律令事类》在中国古代法制史上的意义所在，也体现了本卷敦煌文书之价值。

最后，我们来谈谈这部书的流传与著录情况。元和十年（815）十月刑部尚书权德舆奏：“自开元二十五年修《格式律令事类》三十卷、处分

① 《宋刑统》卷三〇《断狱律》，中华书局，1984，第486页。

② 《旧唐书》卷一八下《宣宗本纪下》，中华书局，1975，第631页。

③ 《新唐书》卷五六《刑法志》，中华书局，1975，第1414页。

④ 《宋会要辑稿》第七册《刑法一》，中华书局，1957，第6487～6488页。

⑤ 关于宋代法典的编纂，参见郭东旭《宋代法制研究》第一章“宋代立法总论”，河北大学出版社，1997，第14～69页。

长行敕等，自大历十四年六月、元和二年正月，两度制删之，并施行。伏以诸司所奏，苟便一时，事非经久，或旧章既具，徒更烦文，狱理重轻，系人性命。其元和二年准制删定，至元和五年删定毕，所奏三十卷，岁月最近，伏望且送臣本司。”[①] 这里不说开元二十五年新定律令格式，而径以《事类》为代表，并作为编格后敕的起点，可见此书曾长期行用。从后唐天成元年（926）十月二十一日御史台、刑部、大理寺的奏文可知，此书在后唐明宗时仍为完璧[②]，宋代所编《崇文总目》卷四《刑法类》有此书著录，但标一“阙”字，似乎已佚失[③]。《玉海》著录此书，云：“崇文目有之。”[④] 再往后，《通志·艺文略》中著录此书：“唐格式律令事类四十卷，李林甫纂，律令格式长行敕，附尚书省二十四司，总为篇目。”[⑤] 则似乎郑樵曾目睹此书。在此之后的各种目录书中，我们已见不到此书的踪迹了。

小　结

通过以上分析，我们可以得到以下结论：俄藏Дx.06521文书中包含着一条开元二十五年的《考课令》、一条同年的《户部格》以及一条可能是开元二十二年八月的敕，而且，其中的内容都是关于朝集制度的，是从不同方面对朝集制作出规定。我们初步判断，它可能就是开元二十五年删定律令格式的同时编纂的那部《格式律令事类》之断简。由于该书散佚已久，长期以来被学界遗忘，但在中国古代法律史上具有独特的

---

① 《唐会要》卷三九《定格令》，中华书局，1992，第822～823页。按，此处所云“三十卷”当为“四十卷”之误。《资治通鉴》卷二三九所记与《唐会要》略异，“宪宗元和十年十月”条载：“刑部侍郎权德舆奏：‘自开元二十五年修《格式律令事类》后，至今《长行敕》，近删定为三十卷，请施行。’从之。”可见所谓“三十卷”当是元和年间删定的格后敕之卷数。另，《通鉴》此节“侍郎”当作“尚书”，见严耕望《唐仆尚丞郎表》卷四《通表下》，中华书局，1986，第280页。

② 《五代会要》卷九《定格令》，中华书局，1998，第111页。《册府元龟》卷六一三《刑法部·定律令五》所载略同，中华书局，1982，第7357～7358页。

③ 《崇文总目》卷四，见《景印文渊阁四库全书》第674册，台湾商务印书馆，2008，第43页。

④ 《合璧本玉海》卷六六《诏令·律令下》，（京都）中文出版社，1977，第1304页。

⑤ 《通志》卷六五《艺文略三》“刑法·总类”条，此据《通志二十略》，中华书局，1995，第1556页。

地位，它不仅是唐代律令格式体系向宋代敕令格式体系转变的一个重要过渡，而且在体例上，开启了宋代法典编纂形式的先河，因此具有非常重要的意义，而本件敦煌文书的发现，为我们认识此书提供了极为宝贵的第一手材料。

【本文原载《敦煌学辑刊》2001年第1期】

新发现的敦煌吐鲁番唐律、唐格残片研究

史　睿*

近年来《俄藏敦煌文献》、《大谷文书集成》(第三卷)和《国家图书馆藏敦煌遗书》的刊布，为敦煌吐鲁番学界增加了大量新资料，其中包括唐律、《律疏》和唐格的残片。这些残片文字虽少，但保存了唐朝某些特定年代法制文献的原貌，对于研究唐代法制史仍有意义。笔者不揣鄙陋，草成小文，祈方家有以教之。

一　新发现俄藏唐律残片

俄藏敦煌文献中有两件尚未为人所知的唐律残片，一为《唐律·厩库律》残片，一为《唐律·断狱律》残片。俄藏Дx.09331敦煌写本为《唐律·断狱律》，笔者据《俄藏敦煌文献》公布的照片并参考《唐律》释录如下。

1. [诸死罪囚辞穷竟，而囚]之亲故为囚
2. [所遣，雇倩人杀之及]杀之者，合依本
3. [杀罪减二等；囚若不遣]雇倩及辞未
4. [穷竟而杀，各以斗杀罪论]，至死者加役
5. [流。辞虽穷竟，而子孙于]祖父母、父母，

* 史睿，北京大学中国古代史研究中心副研究馆员。

6. 部曲、奴婢于主者，皆以故杀罪论。①

此件《断狱律》残片为楷书，书法严整，为唐代官文书常见字体，复原之后每行14~15字，与标准唐代法制文书每行16字不符，但与吐鲁番出土大谷8098《唐律·擅兴律》残片每行13~14字相近②。此条律文的立法原意在于惩罚企图协助死囚逃避法律制裁，妨害司法公正的罪行③，与《唐律·断狱律》前一条密切相关：

> 诸以金刃及他物，可以自杀及解脱，而与囚者，杖一百；若囚以故逃亡及自伤、伤人者，徒一年；自杀、杀人者，徒二年；若囚本犯流罪以上，因得逃亡，虽无杀伤，亦准此。④

这规定无论帮助自杀或雇请杀手杀死死囚，死囚都不能逃脱刑律的制裁。唐代法令规定，监狱之中不能带入金刃等致人死伤的工具，《唐六典》云："狱丞掌率狱吏，知囚徒。贵贱、男女异狱。五品以上月一沐，暑则置浆。禁纸笔、金刃、钱物、杵梃入者。"⑤《日本令》作"凡狱皆给席荐。其纸笔及兵刃、杵棒之类，并不得入"。⑥日本学者仁井田陞复原的唐开元二十五年（737）《狱官令》为："诸狱皆厚铺席荐，夏月置浆水，其囚每月一沐，其纸笔及酒、金刃、钱物、杵棒之类，并不得入。"⑦以上各条法令文字虽有差异，立法原意皆同，即不允许兵刃或携带兵刃的人进入监狱，也就杜绝了囚犯自杀或被杀的可能。唐代令文与律条的严密配合，于此可见一斑。

另一俄藏Дx. 11413写本为《唐律·厩库律》，笔者依据《俄藏敦煌文献》公布的照片并参考今本《唐律》释录并推补如下。

---

① 俄国科学院东方民族研究所圣彼德堡分所、上海古籍出版社编《俄藏敦煌文献》（14），上海古籍出版社，2000，第151页。

② 小田義久：《大谷文書集成》（第三卷），法藏館，2003，图版二一，释文第236页。

③ 刘俊文：《唐律疏议笺解》，中华书局，1996，第2023页。

④ 《律附音义》卷十二《断狱律》，上海古籍出版社影印宋刻本，1979，第1a~1b页。

⑤ 《唐六典》卷十八《大理寺》，中华书局，1992，第504页。

⑥ 《令義解》卷十《獄令》，《新訂增補国史大系》（普及版），吉川弘文館，1972，第329页。

⑦ 仁井田陞：《唐令拾遺》，東方文化学院東京研究所，1933，第790页。

1. 诸监临主守以官物私□，各减一等坐之。虽贷亦同。余条公廨准此。即王守私贷，无文记者，依盗法。所

2. 贷之人不能备偿者，征判署之官。下条私借亦准此。 诸监临主守之官以

3. 官物自借，若借人及借之者，笞五十；过（失）十日，坐赃论减二等。诸仓库

4. 及积聚财物安置不如（以下原缺）①

《俄藏敦煌文献》所收文献来源复杂，不仅有敦煌文献，还有吐鲁番文献、于阗文献、黑水城文献等。《俄藏敦煌文献》中所收吐鲁番唐代文献已经陈国灿先生著录②，其中有一件唐律残片，编号为 Дx. 11413，已由陈先生比定为唐律，并据其另面所写《唐安十三欠小麦价钱凭》判定为吐鲁番出土文献③。陈先生的定名固然正确，然此外尚有问题需待阐明。

首先是正背问题。《俄藏敦煌文献》定《唐律》为正面，判凭为背面，是则《唐律》书写在前，判凭书写在后。陈国灿先生没有对《俄藏敦煌文献》的判断提出异议，然判凭为正式文书，且有官典签署，不当用另面已经写有文字的废纸。最有可能的是判凭使用完毕、失效之后被重新利用，抄写《唐律》，故将判凭定为正面，《唐律》为背面比较合理。

其次是定年问题。陈先生据残片另面《唐安十三欠小麦价钱凭》上"宴"字签署，判定文书年代约在景龙三、四年（709～710）前后④，由此推断《唐律》当早于景龙三、四年。景龙以前，只有垂拱年间（665～688）曾经修订过《唐律》⑤，所以这个残片有可能是《垂拱律》。

最后是文本问题。整个残片共抄写 3 条《唐律》，均为《厩库律》，与今本《唐律》对勘，我们发现第一条"监临主守贷官物"脱去正文 47 字，注文 8 字；第二条"监临主守借官物"衍 1 字；第三条"仓库安置不如法"尚未抄全。

---

① 《俄藏敦煌文献》（15），上海古籍出版社，2000，第 212 页。

② 陈国灿：《〈俄藏敦煌文献〉中吐鲁番出土的唐代文书》，载饶宗颐主编《敦煌吐鲁番研究》（第八卷），中华书局，2005，第 105～114 页。

③ 陈国灿：《〈俄藏敦煌文献〉中吐鲁番出土的唐代文书》，载饶宗颐主编《敦煌吐鲁番研究》（第八卷），中华书局，2005，第 105～114 页。

④ 陈国灿：《〈俄藏敦煌文献〉中吐鲁番出土的唐代文书》，载饶宗颐主编《敦煌吐鲁番研究》（第八卷），中华书局，2005，第 105～114 页。

⑤ 《唐会要》卷三九《定格令》，上海古籍出版社，1991，第 820～821 页。

今本《唐律》卷五《厩库律》云：

> 诸监临主守，以官物私自贷，若贷人及贷之者，无文记，以盗论；有文记，准盗论；文记，谓取抄署之类。立判案，减二等。即充公廨及用公廨物，若出付市易而私用者，各减一等坐之。虽贷亦同。余条公廨准此。即主守私贷，无文记者，依盗法。所贷之人不能备尝者，征判署之官。下条私借准此。①

与之对比，笔者发现以上画线部分都是这件残片脱漏的字句。此条“以官物私自贷”和“出付市易而私用”两句中，“私”字相同，故抄写者将后面的“私”字当作前句的“私”字，误把“各减一等坐之”接抄于“以官物私自贷”之后。另外，唐律各条都是先述基本罪行及相应的罚则，再述由基本罪行衍生的或相似的其他罪行及相应罚则，而后者的罚则一定是在基本罪行的罚则上作增减，断无尚未述及基本罚则就论及增减罚则的条款，故“各减一等坐之”这类关于增减罚则的文字不会接于基本罪行的叙述之后，中间必有脱误。基于以上理由，笔者判断为残片脱漏，而非不同时代律条的差异。

第二条“监临主守借官物”条中衍一字，今本《唐律》为“过十日，坐赃论减二等”，意指监临主守所借用或借出的官物超过十日尚未归还公库，则以赃罪减二等论处，残片过字下多一“失”字，显然不妥，当系衍字无疑。

第三条“仓库财物安置不如法”条，今本《唐律》原作“诸仓库及积聚财物安置不如法，若曝凉不以时致败损者，计所败损坐赃论，州、县以长官为首，监、署等亦准此”，而此件残片仅抄至“不如法”的“如”字，以下未抄写完全。

一般而言，目前所见敦煌吐鲁番文书出土《唐律》或《律疏》抄本皆书写工整，每条律文另起一行书写。而此件《唐律》残片各条律文连续抄写，字体不佳。根据以上文本的校勘，我们不难发现这是原本不完整的、抄写草率的《唐律》残片，并非当作法律典籍的正式《唐律》写本，似乎是随意抄写的习字。

---

① 《律附音义》卷五《厩库律》，上海古籍出版社影印宋刻本，1979，第4b~5a页。

二 新发现的《律疏》残片

中国国家图书馆最近将馆藏敦煌文献全面影印出版，目前已经出版了50余册，第22册有一件《金刚般若波罗蜜经》，编号为BD01524，其背面末端有一裱纸，上有数字[①]。以往对于经卷的裱补纸上的文献多有忽略，故国家图书馆以往所拍缩微照片和据此印行的《敦煌宝藏》都未刊布这件残片，直至本次《国家图书馆藏敦煌遗书》出版，得以拍照才公布于世。经比定，此残片为唐代《律疏》，其释文如下。

（前缺）

1. [　　　　　　　　　　]受寄准行程

2. [　　　　　　　　　　][用]此律

（后缺）

根据今本《唐律疏议》推算，此残片每行约为16字，其内容为《唐律·杂律》之"乘官船违限私载"条《律疏》，复原如下：

（前缺）

1. [云]"[与][同][罪]"，[若][是][空][船]，[虽][私][载]、受寄，准行程

2. [无][违][者]，[并][悉][无][罪]，[故][云]"[不][用]此律"。

（后缺）

与此残片同出敦煌藏经洞的李盛铎藏品中也有一件《唐律·杂律》的律疏，从"毁人碑碣石兽"条到"得宿藏物隐而不送"条[②]。两者均为每行16字，然字体略有不同，李盛铎所藏《杂律》之《律疏》字体稍扁，

---

① 任继愈主编《国家图书馆藏敦煌遗书》（22册），北京图书馆出版社，2006，第120页。中田篤郎：《北京圖書館藏敦煌遺書背面文書集成》（自印本，1984），未见著录。此条《律疏》承林世田先生检示，谨志谢忱。

② T. Yamamoto, O. Ikeda, and M. Okano (co-ed.), *Tun-huang and Turfan Documents concering Social and Economic History*, I *Legal Texts*, The Toyo Bunko, 1978, (A) Introduction & Texts, pp. 15–17, (B) Plates, pp. 28–32.

与唐初写本相近，而此残片字体方正，间距也略为疏朗，并非同一时代写本。敦煌和新疆发现的唐律断片数量不少，《律疏》则相对稍少，本件虽为残片，仍值得珍视。

三 新发现的唐格残片

《大谷文书集成》（第三卷）刊布的两件吐鲁番文书，分别为大谷8042和大谷8043，均出自土峪沟遗址①。《大谷文书集成》将大谷8042定为《唐乾封二年佛教关系文书》，大谷8043定为《唐文书断片》。陈国灿先生《吐鲁番文书总目》（日本收藏卷）将大谷8042定为《唐乾封二年行像等用物文书》，大谷8043定为《唐麟德元年残文书》②。大谷8042释文如下：

（前缺）

1. [　　　　　]其养婢[　　　]
2. [　　　　　]□物付行道所，每
3. [　　　　　]像等用。乾封二年三月三日
4. [　　　　　]□各七日行道，若还
5. [　　　　　]
6. [　　　　　]本

（后缺）

大谷8043释文如下：

（前缺）

1. [　　　　　]药。麟德元年□月廿日

① 小田義久：《大谷文書集成》（第三卷），法藏館，2003，图版四六、四五，释文第129页。这两个残片又见香川默識编《西域考古圖譜》下，国華社，1915，史料（9）-（3）。

② 陈国灿、刘安志主编《吐鲁番文书总目》（日本收藏卷），武汉大学出版社，2005，第435页。

2. 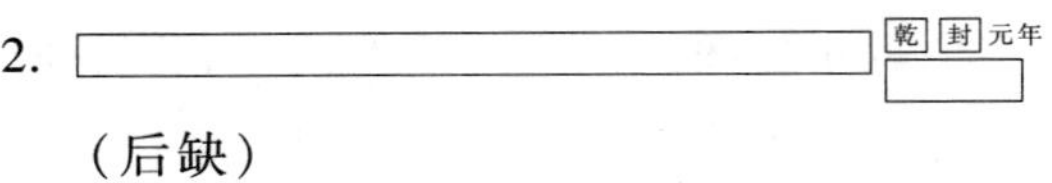

（后缺）

与其他出土唐代法制文书相较，这两件残片可以定为唐格。敦煌吐鲁番出土的唐格，有散颁格，如《神龙散颁刑部格》（P. Ch. 3078 + S. 4673），每条起首皆有“一”字以为标号，末尾无诏敕颁布日期。留司（常行）格基本可以分为两种抄写样式，其一以敕字起首，各条分行书写，诏敕颁布日期略低几格另行书写，以 S. 1344《开元户部格》为基准[①]；另一也是以敕字起首，但各条格文连续书写，诏敕颁布日期写作小字，附注于每条格文之末，如德国所藏 TⅡT《吏部留司格（?）》[②]。此件残片虽然起首部分残失，但末尾皆有日期，与德藏《吏部留司格（?）》极为相似，故可定为唐格。残片所见诏敕颁布日期分别为麟德元年（664）和乾封元年（666）、二年，集中于高宗朝，史载乾封之后高宗、武后时期修订格典，有仪凤格、垂拱格、神龙格等，以上残片有可能是其中一种。又，《唐六典》云：“祠部郎中、员外郎掌祠祀、享祭、天文、刻漏、国忌、庙讳、卜筮、医药、佛道之事。”[③] 此残片涉及的有佛道之事和医药之事，故推测应为《礼部格》。

大谷 8042 文书有两条格文都是关于国忌日行道的条款，第 2 ~3 行为行道庆像所用物料支配，第 4 ~5 行为国忌行道的类别。关于行道物料的支配，《唐六典》卷四《尚书礼部》“祠部郎中员外郎”条云：

> 凡道观三元日、千秋节日，凡修金录、明真等斋及僧寺别敕设斋，应行道官给料。

这是唐玄宗时行道的法令，当系继承高宗时法令而来，联系大谷 8042 文书第 2 ~3 行的内容，官方举办的僧道行道的物料都由官府提供。又，此条所及行道所用之像，不仅有佛像或天尊像，也有皇帝御容。《唐会要》

① 《英藏敦煌文献》（2 册），四川人民出版社，1990，第 269 ~270 页。释文见 *Tun-huang and Turfan Documents concering Social and Economic History*，Ⅰ *Legal Texts*，（A） Introduction & Texts，pp. 36 –37。

② 国家图书馆善本部藏旧照片，释文见 *Tun – huang and Turfan Documents concering Social and Economic History*，Ⅰ *Legal Texts*，（B），Plates，p. 38。

③ 《唐六典》卷四《尚书礼部》“祠部郎中员外郎”条，中华书局，1992，第 120 页。

卷五十《观杂记》云：

> 〔开元〕二十九年九月七日敕：诸道真容，近令每州于开元观安置。其当州及京兆、河南、太原等诸府有观处，亦各令本州府写貌，分送安置。[①]

又《法苑珠林》《辩正论》等记载唐高祖、太宗时代庆像行道之像多为供奉先代帝王御容[②]。

《唐六典》所载包括了道观上元、中元、下元日行道，皇帝生日行道，修金录、明真斋行道三类及佛寺别敕行道。据佛教史籍记载，唐朝于佛寺举行的行道分为多种类型，有忌日追悼逝者而行道者[③]，有庆像而行道者[④]，有求雨而行道者[⑤]，有忏悔杀伤过多而行道者[⑥]，还有别敕行道，而最为重要的每年例行的行道则为国忌行道。《法苑珠林》云：

> 每至武王、穆后之讳，尽京僧尼七日行道，太宗及文德皇太后忌日，普及僧尼三七日行道。[⑦]

此条下文述及显庆以后事项，故可推定上述制度定于永徽年间。据此，同为高宗时代唐格的这件残片，其第 4 行大致可以补为：

> 大武皇帝及太穆皇后忌日各七日行道。

【本文原载《出土文献研究》第 8 辑，上海古籍出版社，2007】

---

① 《唐会要》卷五十《观杂记》，上海古籍出版社，1991，第 1030 页。

② 高祖庆像行道见《法苑珠林校注》卷一百“兴福部”，中华书局，2003，第 2894～2895 页。又太宗庆像行道见唐法琳《辩正论》卷四“十代奉佛篇”下，《中华大藏经》（62 册），中华书局，1993，第 514 页上栏。

③ 唐道世撰，周叔迦、苏晋仁校注《法苑珠林校注》卷一百“兴福部”条，中华书局，2003，第 2898 页。

④ 高祖庆像行道见《法苑珠林校注》卷一百“兴福部”，中华书局，2003，第 2894～2895 页。又太宗庆像行道见唐法琳《辩正论》卷四“十代奉佛篇”下，《中华大藏经》（62 册），中华书局，1993，第 514 页上栏。

⑤ 《辩正论》卷四“十代奉佛篇”下，《中华大藏经》（62 册），中华书局，1993，第 513 页中栏。《法苑珠林校注》卷一百“兴福部”，中华书局，2003，第 2896 页。

⑥ 《辩正论》卷三“十代奉佛篇”下，《中华大藏经》（62 册），中华书局，1993，第 513 页中栏。《法苑珠林校注》卷一百“兴福部”，中华书局，2003，第 2896 页。

⑦ 《法苑珠林校注》卷一百“兴福部”，中华书局，2003，第 2898 页。

新介绍的吐鲁番、敦煌本《唐律》《律疏》残片

——以旅顺博物馆以及中国国家图书馆所藏资料为中心

冈野诚 撰　赵　晶　刘思皓 译*

序　言

1902年至1914年间，在西本愿寺第22代门主大谷光瑞的指挥下，西域探险队（又称大谷探险队）三次（第一次：1902～1904年；第二次：1908～1909年；第三次：1910～1914年）调查新疆各地的佛教遗迹。

这一探险事业消耗了巨额费用，不久之后，它就成为西本愿寺面临财政压力的一个原因，进而发展为与财政运营相关的贪污事件。光瑞承担了这个责任，于1914年辞去门主与伯爵之职。这三次艰苦的西域探险收集到的经卷、文书、佛像等被分藏在国内、国外。①

* 冈野诚，日本明治大学名誉教授；赵晶，中国政法大学法律古籍整理研究所副教授；刘思皓，清华大学法学院刑法学硕士。

① 有关大谷光瑞和大谷探险队的书籍、论文，如今数量已相当庞大。其中，给笔者留下特别深刻印象的有：彻底搜集细节信息，以此为基础描绘了以二乐庄为中心的地域和时代的芦屋市立美术博物馆编《现代主义再考——二乐庄与大谷探险队》（芦屋市立美术博物馆，1999）、和田秀寿编《现代主义再考——二乐庄与大谷探险队Ⅱ》（芦屋市立美术博物馆，2003）；在近代佛学的世界潮流中追寻大谷光瑞踪迹的井口泰淳《大谷光瑞师与近代佛教学》（龙谷大学350周年纪念学术企划出版编集委员会编《佛教东渐——从祇园精舍到飞鸟》，龙谷大学，1991）；以及利用宝贵的照片、图版，以亚洲和欧洲的近代史为背景，追寻大谷探险队的史实与意义的白须净真《大谷探险队及其时代》（勉诚出版，2002）等。

有关这些收集品现在的收藏情况，藤枝晃曾在《大谷收集品的现状》一文中作了如下分类：A1 群，中国旅顺博物馆；A2 群，北京图书馆（现为中国国家图书馆）；B 群，韩国国立中央博物馆；C1 群，东京国立博物馆；C2 群，京都国立博物馆；D1 群，龙谷大学；D2 群～D5 群（省略探险队员及其家族等寄赠或寄存于龙谷大学的藏品——引用者）。①

在这个分类的基础上，上山大峻在演讲记录《大谷收集品的意义》的“演讲资料”中又把大谷收集品作了大致分类：Ⅰ日本龙谷大学图书馆藏、Ⅱ日本东京国立博物馆藏、Ⅲ日本京都国立博物馆藏、Ⅳ中国旅顺博物馆藏、Ⅴ中国北京图书馆藏、Ⅵ韩国国立中央博物馆藏（省略西藏搜集资料Ⅰ、Ⅱ以及其他团体、个人所藏）。②

因此，中国旅顺博物馆藏有大谷探险队带来的经卷、文书以及考古发掘品等重要收集品，此前就已为学界所知悉，但了解其现状则是近些年的事情。尤其是通过龙谷大学和东洋文库等教育、研究机构所属或与它们相关的研究者的努力，与旅顺博物馆展开密切的学术交流所积累的实绩具有极其重大的意义。③

以下所举是与大谷文书相关的最新成果：

> 旅顺博物馆、龙谷大学共编《旅顺博物馆藏新疆出土汉文佛经选粹》，法藏馆，2006（以下略称为《新疆选粹》）
>
> 郭富纯、王振芬著《旅顺博物馆藏西域文书研究》，万卷出版公司，2007（以下略称为《旅博研究》）

---

① 参见藤枝晃《大谷收集品的现状》（井口泰淳《大谷探险队带来的西域文化资料选目录》，龙谷大学，1989，前引《佛教东渐》再录）再录书第 224～230 页。

② 参见上山大峻《大谷收集品的意义》（杉村栋、徐光辉编《佛的到来之路——丝绸之路的文物》，东方出版，2005）、其“演讲资料”（同书卷末）第 10～12 页。

③ 关于旅顺博物馆的藏品，参见旅顺博物馆编《旅顺博物馆》（文物出版社，2004），尤其是该书第 9 章“新疆文物”（第 200～223 页）。又，以该馆藏品为中心的展览会也曾在日本举办数次，其中最新的图录是郭富纯、葛华、上山大峻、三谷真澄监修《旅顺博物馆展——西域佛教文化的精华》（旅顺博物馆展实行委员会，2007），卷末收录了上山大峻和三谷真澄两篇有用的解说。入泽崇、三谷真澄、橘堂晃一监修《龙谷大学所藏西域文化资料展示图录——旅顺博物馆展 西域佛教文化的精华》（旅顺博物馆展实行委员会，2007）是在同一展览会中出版的龙谷大学藏品的图录和解说。

有关旅顺博物馆所藏大谷文书，我们根据这些书籍，第一次得到附加了许多文书（包含小残片）影像的信息。①

本文检讨上述两种书籍所含唐代法典，特别是《律》和《律疏》的残片。与此相关，我也对现在出版中的《国家图书馆藏敦煌遗书》第 22 册所含《律疏》两个残片阐述拙见。

作为唐代刑法典的《唐律》（在唐代仅称为《律》）12 卷是以前代的隋《开皇律》为基础，在纳入唐初五十三条格后编纂而成的，于武德七年（624）奏上。接下来，在太宗贞观十一年（637）颁行《贞观律》，根据记载，此后分别于永徽二年（651）、垂拱元年（685）、载初元年（690）、神龙元年（705）、太极元年（712）、开元七年（719）加以刊定，开元二十五年做了最后修订，一直适用到唐末。②

这一《律》的官方注释书是《律疏》30 卷，以统一《律》的解释为目的而编纂，于永徽四年颁行。对《永徽律疏》的刊定，则在开元二十五年。《律疏》不仅是《律》的官方注释书，而且还补充了《律》的不足，在唐代的裁判中可以作为法源被引用。

遗憾的是，唐代的《律疏》抄本并没有完全流传至今，在西域发现的法制文献中，可以找到若干断简、残片（后述）。另外，现存的北宋刑法典《宋刑统》完全照录了《唐律》12 卷和《律疏》30 卷，可以窥见《开元律疏》的全貌（实际上，在《宋刑统》现存最早的明抄本中，卷 1～4 有较大的残缺，卷 24～26 有较小的残缺，所以无法确认《律疏》的全部文字）。

与唐《律疏》十分相似的文献有《故唐律疏议》（通常称为《唐律疏议》）30 卷。迄今为止，我们无法充分了解《唐律疏议》是何时、何处、由谁、因何目的而制作的书籍，也无法明确地称它是特定王朝的刑法典。若是从它与《宋刑统》的关系上说，在《唐律疏议》中可以窥见《宋刑统》的影响，因此被认为是比《宋刑统》晚出的文献。至少可以说，在唐

---

① 其他相关的重要业绩，还有刘广堂、上山大峻主编《旅顺博物馆藏吐鲁番出土汉文佛典研究论文集》（龙谷大学西域研究丛书 4，旅顺博物馆、龙谷大学文学部，2006）。

② 关于唐代法典编纂史的详细情况，参见池田温《唐令》（滋贺秀三编《中国法制史——基本资料的研究》，东京大学出版会，1993）第 204～213 页、滋贺秀三《中国法制史论集——法典与刑罚》（创文社，2003）第 72～88 页。

代没有行用《唐律疏议》的事实。①

世上将《律疏》与《唐律疏议》等同视之的记述并不少见。然而，如前所述，《律疏》在唐代是对《律》的官方注释书，而《唐律疏议》是宋元以后的法律书。② 在现存的《唐律疏议》的刊本中，明确属于宋版的并不存在，全部都是元代以后的刊本。

关于两者的关系，笔者认为，唐代《律疏》的撰定仅有永徽四年一次，开元二十五年是它的刊定时间，而以这个开元刊定的《律疏》和《开元律》为基础，后代（宋末元初前后）制作了《唐律疏议》。当然，在开元刊定《律疏》与《唐律疏议》之间，还可能存在过几部已经亡佚的文献。③

因此，为了校勘西域发现的《唐律》《律疏》抄本的残片的文字，首先应该使用《律附音义》和《宋刑统》。然后，《律附音义》当然不会包括《律疏》，而天一阁旧藏抄本《宋刑统》存在相当程度的残缺，误字也不在少数，所以作为次要的手段，也会用《唐律疏议》进行校勘。笔者绝非是将唐代的《律疏》与《唐律疏议》等同视之，而是认为应该将它们先行区别，再加讨论。

以下简要说明本文频繁引用的主要文献。

唐律（12 卷）：《律附音义》，上海古籍出版社，1984。

北宋覆刻《唐律》12 卷，孙奭附加《音义》1 卷。本书影印的是

① 据仁井田陞、牧野巽《故唐律疏议制作年代考》上下（《东方学报·东京》1、2，1931，此后收录于律令研究会编《译注日本律令》Ⅰ〔首卷〕，东京堂出版，1978）言："在宋代以前的文献中，据我们所知，唐律疏议这个名称一次都没有出现过"（下第 115 页）。笔者的调查也是如此。

② 前引仁井田、牧野的论文批判了《唐律疏议》以《永徽律疏》为基础的学说，主张《开元律疏》说。因此，需要注意的是，他们时而持一种较有伸缩度的看法，如"要言之，故唐律疏议中存在着后代的加笔，其主体是开元二十五年律疏——这是我们最后得出的结论"（上第 73 页），时而又会简单化地处理为"否定故唐律疏议的永徽律疏说，论定它是开元二十五年律疏……"（下第 222 页）。同样的看法也见于中国，如将吐鲁番出土的《律疏》断简称为《唐律疏议》是不合适的（国家文物局古文献研究室等编《吐鲁番出土文书》第 9 册，文物出版社，1990，第 199～202 页）。《律疏》与《唐律疏议》在书式上是不同的。关于这一点，可参照拙文《西域发现唐开元律疏断简的再检讨》（《法律论丛》50－4，1977），第 53～54 页。

③ 参见杨廷福《唐律疏议制作年代》（冈野诚译，《法律论丛》52－4，1980，第 178～180 页）的"译者附记"。

中国国家图书馆所藏宋元递修本。[①]

唐律疏议（30卷）：律令研究会编《译注日本律令》Ⅰ〔首卷〕，1978；Ⅱ〔律本文篇上卷〕、Ⅲ〔律本文篇下卷〕，1975；Ⅶ〔唐律疏议译注篇3〕，1987，东京堂出版。[②]

宋刑统（30卷）：《建隆重详定刑统》30卷，明乌丝栏抄本，8册。

明天一阁旧藏本，现在由台北“故宫博物院”保管（本文简称为宋刑统）。[③]

西域发现唐代法制文献：T. Yamamoto, O. Ikeda & M. Okano coed., *Tun-huang and Turfan Documents concerning Social and Economic History*, Ⅰ *Legal Texts*,（A）Introduction & Texts,（B）Plates, The Toyo Bunko, 1980, 1978.（简称TTD－Ⅰ）[④]

T. Yamamoto et al., *Tun-huang and Turfan Documents Concerning Social and Economic History*, Supplement,（A）Introduction & Texts,（B）Plates, The Toyo Bunko, 2001.

日本律（养老律）：前引《译注日本律令》Ⅱ、Ⅲ。

井上光贞等校注《律令》（日本思想大系3），岩波书店，1976。

另外，关于条文的名称、序号，遵照以下原则：根据《唐律疏议》全12篇的篇目名和每个篇目的条文序号。例如，“贼47”是指《贼盗律》第47条的“略卖期亲卑幼”条。12个篇目的简称是：名（名例）、卫（卫

① 参照拙文《北京图书馆藏宋刻律十二卷音义一卷简介》（载《中嶋敏先生古稀记念论集》上，该记念事业会，1980）、《近刊景宋刊本律附音义》（《法律论丛》53－1、2，1980）。

② 若为参考而作一些叙述的话，刘俊文点校的《唐律疏议》（中华书局，1983）是以四部丛刊三编所收滂熹斋藏宋刊本的上海涵芬楼影印本即四部丛刊本为底本。滂熹斋本现在也藏于中国国家图书馆。然而，无论是将四部丛刊本选为底本，还是将滂熹斋本认定为宋版（刘氏认为是南宋后期刊行的），笔者都不赞同。笔者如此判定的论据是仁井田陞《（补订）中国法制史研究》Ⅳ〔法与惯习·法与道德〕（东京大学出版会，1981，1964年初版）的第5章“再论唐律疏议现存的最早版本”。其中，仁井田氏认为，滂熹斋本是先于泰定本的元刻本。原来被认为是宋版的部分是根据《宋刑统》补写的，所以它不是宋版（该论文第83页）。关于四部丛刊本，仁井田氏把它称为潘氏本（滂熹斋本）的“变造本”（该论文第98页），无法令人信赖且加以使用。此外，本文所用《译注日本律令》Ⅱ、Ⅲ所收《唐律疏议》，其底本用的是至正本系统的岱南阁丛书本。

③ 参照拙文《宋刑统》（前引滋贺秀三编《中国法制史》）。

④ 作为本书的先行成果，还有池田温、冈野诚共著《敦煌、吐鲁番发现唐代法制文献》（《法制史研究》27，1978）。

禁)、职(职制)、户(户婚)、厩(厩库)、擅(擅兴)、贼(贼盗)、斗(斗讼)、诈(诈伪)、杂(杂律)、捕(捕亡)、断(断狱)。《律附音义》、《宋刑统》、《日本律》、TTD-Ⅰ在原则上也都照此处理。

一　旅顺博物馆藏名例律疏残片

(一)旅顺博物馆的大谷文书

通过上述的两种新刊书，我们能够更详尽地知道旅顺博物馆所藏的大谷文书的现状。①

笔者首先拿到的是《旅博研究》，然后是《新疆选粹》的一部分复印版，正好与文献的出版顺序相反。这么做的理由在于，《新疆选粹》虽然是日文书，但它的价格非常高，不用说个人，即使是公立图书馆想要购入也是非常难的。

拿到《旅博研究》后看了一遍，了解到在“从馆藏大谷收集品中新整理出的文书”的“一、经册中的社会文书”(第177~180页)中有如下文书的照片和录文。②

(二十一)律典(1514_410)
(二十二)法律文书(1507_988)
(二十三)法律文书(1507_1176_4)
(二十四)法律文书(1457_20_1)
(二十五)法律文书(1509_1570_2)

---

① 关于旅顺博物馆所藏的大谷文书，参见小田义久《旅顺博物馆所藏的西域出土文物》(载《龙谷大学论集》449，1996)，上山大峻、三谷真澄《旅顺博物馆藏大谷探险队带来的资料》(载《国际文化研究所纪要》，龙谷大学，3，2000)。此外就大谷文书残片的杂贴帐，也就是所谓的“蓝色笔记本”，参照橘堂晃一《基于二乐庄的大谷探险队带来佛典残片的整理与研究——旅顺博物馆所藏的所谓“蓝色笔记本”》(东洋史苑60、61，2003)。

② (二十一)至(二十五)是《旅博研究》中单纯为了排列而使用的番号，不是文书番号。文书番号举例来说应该是(1514_410)这样的形式。此外，《新疆选粹》中文书番号都以“LM20_”开头(LM指旅顺博物馆所藏资料，20表示新疆出土文物)。顺便一提，LM20_1502以后都是用纸袋保管的文书残片，所以(二十一)至(二十五)中只有(二十四)被贴附在蓝册上，其他4个残片则被保管在纸袋中。

在此当中，（二十二）（二十三）（二十四）（二十五）一眼看上去是与《唐律》《律疏》类似的史料。

上述的5件文书中，（二十一）（二十二）（二十三）（二十四）4件在《新疆选粹》中也有清晰的照片（见该书第202页）。将对应的文书编号（基本部分共通）与编者所拟的文献名进行比定之后，可记为如下的形式：

（二十一）LM20_1514_410 非佛典（日讲春秋解义）
（二十二）LM20_1507_0988 非佛典（唐律）
（二十三）LM20_1507_1176 非佛典（唐律）
（二十四）LM20_1457_20_01 不明
（二十五）未被登载

《新疆选粹》的编者，将（二十二）和（二十三）记为《唐律》，可见其当然知道具体的篇目名和条文名，但是在一览表中并没有详细记载。

荣新江氏（北京大学）在对《新疆选粹》的书评（《敦煌吐鲁番研究》10，2007）中，正如他在论文《唐写本中的〈唐律〉〈唐礼〉以及其他》（《东洋学报》85－2，2003）中论述的一样，认为（二十四）所对应的残片正是唐《贼盗律》残片（这些是由已知的龙谷大学所藏大谷5098以及大谷8099缀合而成）。针对（二十四）的唐律残片，本文将在第三节进行讨论。此外，残片（二十二）（二十三）都是名例律疏残片，由于其书写整洁，可以认为是官方颁布的精抄本（参照该书评第412页）。①

以下本文将按照（二十五）（二十二）（二十三）的顺序，对3个残片的外形、内容进行讨论。

（二）（二十五）（1509_1570_2）

上述残片的照片与录文，虽然被《旅博研究》（第179～180页）收录，但是并没有被《新疆选粹》收录。文书的大小是通过推算得出的：竖

① 荣新江在《书评〈旅顺博物馆藏新疆出土汉文佛经选粹〉》（《敦煌吐鲁番研究》10，2007）第412页指出，（二十二）和（二十三）的两个残片都是《唐律疏议》“名例律·工乐杂户”条（名28）的疏文。

9.6 厘米×横 5.5 厘米。如图 1 所示，残片共 3 行，没有栏线。虽然照片不是很清晰，但文字依然可以判读。在《旅博研究》的编者的录文中，就第 1 行的两个重复符号的处理而言，存在若干个问题。例如，在记述为“□（祖）父々母々”的语句（下画线）中，其意思应当是唐律中的惯用语“祖父母父母”。所以录文保留了原文“々母々”的形式。与现行本的唐律疏议相比较，第 1、第 2 行是名例律疏（名 27）的疏文，第 3 行是名 28 的疏文。下面将展示其与《唐律疏议》相对应的部分。

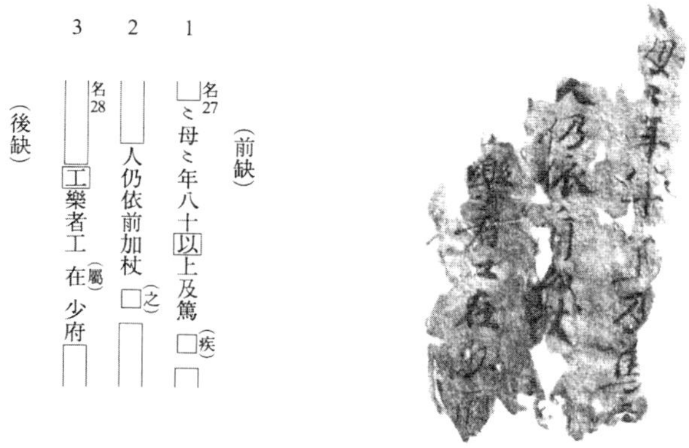

图 1 （二十五）（1509_1570_2）名例律疏断片（名 27、28）

图版来源：郭富纯、王振芬著《旅顺博物馆藏西域文书研究》，万卷出版公司，2007，第 180 页。

《名例律》“徒应役无兼丁”条（名 27）①

诸犯徒应役，而家无兼丁者。（妻年二十一以上，……）

（中略）

盗及伤人者，不用此律。（亲老疾合侍者，仍从加杖之法。）

疏议曰：盗及伤人，……。亲老疾合侍者，谓有祖父母父母年八十以上及笃疾合侍，家无兼丁者，虽犯盗及伤人，仍依前加杖之法。

《名例律》“工乐杂户”条（名 28）

诸工乐杂户及太常音声人，

疏议曰：工乐者，工（在）属少府，乐属太常，并不贯州县。……

（下略）

① 律令研究会编《译注日本律令》Ⅱ，第 108～115 页。

根据前述《唐律疏议》，可以确认的是，录文第1行下端的□以及第2行上端的□中应当填入的文字是“合侍，家无兼丁者，虽犯盗及伤”这12字。从这第1行、第2行推算，每行大概能记录21个字。

接下来考虑第2行下端的□与第3行上端的□应该填入的文字。首先，“法”1个字（名27疏文）、“诸工乐杂户及太常音声人”11个字（名28本文），“议曰”2个字（名28疏文）共计14个字，而且这里是接排书写《律疏》，在引用前至少要有一个字的空格，所以在“诸”字以及“议曰”两字之前应该各自有一个字，共计两个字的空格。也就是说，从录文第2行的下端到第3行的上端的残缺部分中，应当写着16个字（包括两个字的空格）。从第2行和第3行来看，一行字数可推算为约22个字。简单地说，第2行下端到第3行上端的残缺部分，虽然在照片版中一个字也确认不了，但是可推测其包含了律文本的11个文字。

校勘上存在的问题是录文第3行的“工在少府”。在现行本《唐律疏议》中，下画线部分是“属”字，由于“在”和“属”意思相近，所以可以认为是个笔误。“属”字应当是正确的。

此外，书写风格是熟练的楷书，并且混入了一部分的行书体（“笃”“少”等字）。由此可见是唐代中期以后的抄本。

（三）（二十二）（1507_988）

这个残片的照片和录文已被《旅博研究》（第177～178页）收录，照片也被《新疆选粹》（第202页）刊载。根据后者，残片的大小是竖6.5厘米×横2.3厘米，且没有栏线。文字是一行共6个字，但是《旅博研究》的录文落下了“合流千ㇾ二里者”中的转倒符号。书写人本来想要写的是“合流二千里者”，之后发现弄倒了“二”和“千”两个字的位置，就又添上了转倒符号（参照图2）。

此外，从照片上看，“二”字的右边一行（也就是前一行）中有两个墨点，可以确定是残留的笔画，但是到底是什么字则无法确定。从位置上来看，很有可能是“职”字的一部分，待日后对该残片进行调查之后再行考虑这个问题。

在《唐律疏议》中，与本残片对应的字句是《名例律》“工乐杂户”条（名28）第2段的疏文。

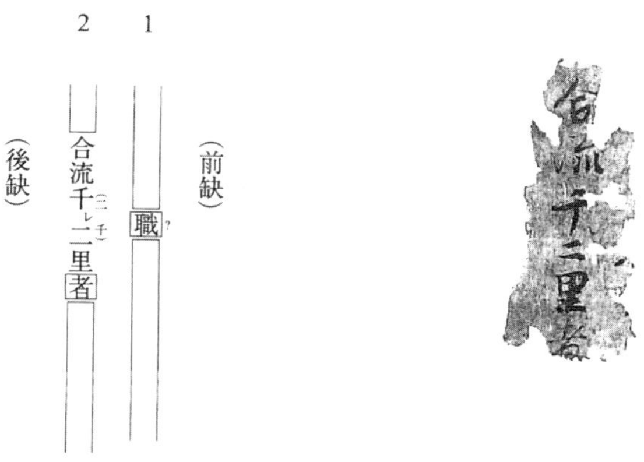

图 2 （二十二）(1507_988) 名例律疏断片（名 28）

图版来源：旅顺博物館、龍谷大学编著《旅顺博物館藏新疆出土漢文佛經遺粹》，法藏館，2006，第 202 页。

《名例律》“工乐杂户”条（名 28）①

诸工乐杂户及太常音声人，

疏议曰：工乐者，……。

犯流者，二千里决杖一百，一等加三十，留住俱役三年。（犯加役流者，役四年。）

疏议曰：此等不同百姓，职掌唯在太常、少府等诸司。故犯流者，不同常人例配。

合流二千里者，决杖一百。二千五百里者，决杖一百三十。三千里者，决杖一百六十。俱留住役三年。犯加役流者，役四年。名例云，累徒流应役者，不得过四年。

故三年徒上，止加一年，以充四年之例。若是贱人，自依官户及奴法。（下略）

现存的字句与《唐律疏议》一致，所以这个残片应当是唐《律疏》的一部分。文字主要是楷书，但也有一部分快速书写的行书（比如“流”字）混杂在其中。从笔法纯熟的感觉来看，这应该是唐代中期以后的书写风格。

① 律令研究会编《译注日本律令》Ⅱ，第 111 ~ 115 页。

（四）（二十三）（1507_1176_4）

这个残片的照片和录文，被《旅博研究》（第 178 页）收录，其照片也被《新疆选粹》（第 202 页）收录。根据后者，残片的大小是竖 7.5 厘米 × 横 4.1 厘米，共 2 行，没有栏线。《旅博研究》的录文将第 2 行的第一个字写成了“杀”，但是这应该是“役”字之误（见图 3）。

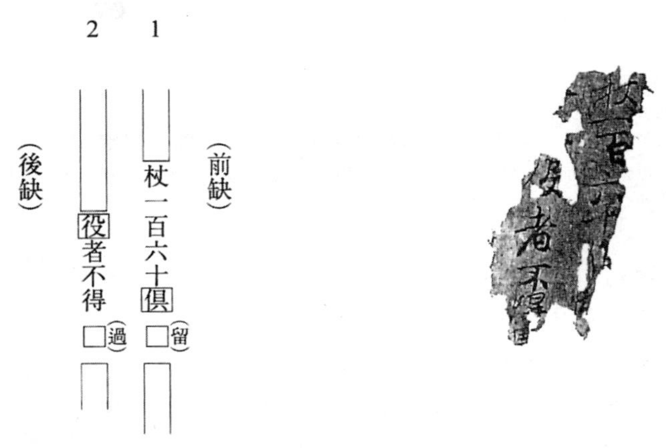

图 3 （二十三）（1507_1176_4）名例律疏断片（名 28）

图版来源：旅順博物館、龍谷大学编著《旅順博物館藏新疆出土漢文佛經遺粹》，法藏館，2006，第 202 页。

在《唐律疏议》中，与此残片对应的语句应当也出自《名例律》“工乐杂户”条（名 28），即前引《唐律疏议》名 28 中有双重下画线的文字。这与《唐律疏议》在字句上完全吻合。

因此这个残片应当是唐《律疏》的一部分。文字是楷书，一看就感觉笔法纯熟，所以应当是唐中期以后的写本。

作为本节的总结，以下拟对上述 3 个残片，即《旅博研究》的（二十五）（二十二）（二十三），是否出于同一文本进行讨论。

第一，（二十五）是《律疏》的名 27 疏和名 28 疏，（二十二）是《律疏》的名 28 疏，（二十三）也是名 28 疏。三者虽然不能直接缀合，但也可以说是位置相当近的条文。特别是（二十二），应该是（二十三）的第 1 行的前一行。

第二，从书写格式上看，《律疏》（原则上来说，由律本文、注、疏文、问答组成）全文是被接排书写的（参见图 4。3 个残片以外的文字，可将《唐律疏议》改成《律疏》的格式后加以引用。只是注用的可能是小字）。在每个残片中，每行的平均字数可推测如下：（二十五）大概是 21 ~ 22 字，（二十二）不明，（二十三）大概是 23 字。而且 3 个残片都没有栏线。

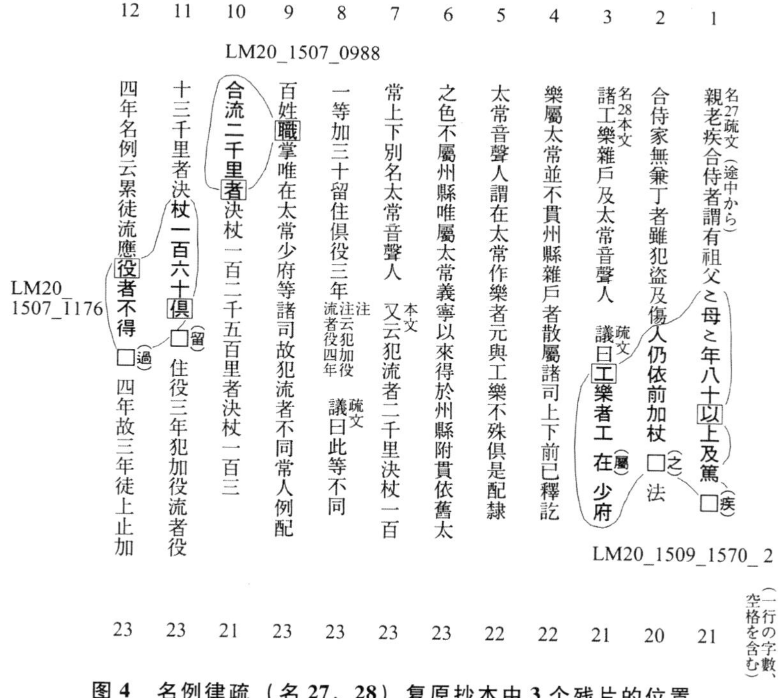

图 4 名例律疏（名 27、28）复原抄本中 3 个残片的位置

注：3 个残片文字用黑体表示，其余文字依照《唐律疏议》。

第三，从照片上看，纸质是相同的，无法透过纸面看到纸背的文字（当然有可能 3 个残片的纸背根本就没有文字）。

第四，字体都是楷书，但是混入了一部分行书，是非常纯熟的书写风格，应该是唐中期以后所写的。

从以上理由可以看出，这 3 个残片是从唐《律疏》的同一个抄本中分离出来的。但是，荣新江氏仅以书写风格为根据，得出这些残片为官颁本的结论，笔者还是难以赞同。从书写格式上来看，残片中没有栏线，全部接排书写，并且是用较快的笔法写成的。就现在来看，笔者认为这些残片是某个地方官员为自己抄写的开元年间刊定的《律疏》。

二　中国国家图书馆藏杂律疏残片

众所周知，中国国家图书馆所藏敦煌文献现在以《国家图书馆藏敦煌遗书》为名出版发行。由于册数极多（据说预计全160册）且价格昂贵，不用说个人，即使是大学图书馆也难以买入，笔者工作的学校也未购入一册。

其第22册收录的《金刚般若波罗蜜经》（BD01524）的纸背末端有几个汉字资料。

上述第22册所收的《条记目录》最先关注并介绍了这些文字，其记录如下：①

卷尾背裱补纸上有文字。

一块作："□…□弘（?）戒（?）□…□/"。

另一块作："□…□受寄准行程□…□/□…□此律/"。应为残文书。

将这个注记与上述第22册《BD01524号背　残文书》（第120页）的照片版相对照，可以作出以下的理解。

为了裱补BD01524《金刚般若波罗蜜经》的卷尾背面，贴上了两个纸片（根据照片版，经典和残文书的位置是颠倒的。此外，在照片版中，这两个残片外还可见到另外一个无字的残片）。上面的文字是：

(1)"□…□弘（?）戒（?）□…□/"

(2)"□…□受寄准行程□…□/□…□此律/"

（此外，从照片版可以看出，残片没有栏线）

中国国家图书馆的史睿氏将这个残片推定为唐《律疏》，并在其论文《新发现的敦煌吐鲁番唐律、唐格残片研究》中，作出了以下的释文（该论文第216页）②：

---

① 中国国家图书馆编，任继愈主编《国家图书馆藏敦煌遗书》第22册，北京图书馆出版社，2006，第8页。另外"BD01524"的千字文番号是"来024"，微型胶片番号是"094：3872"。

② 史睿：《新发现的敦煌吐鲁番唐律、唐格残片研究》，载《出土文献研究》第八辑，上海古籍出版社，2007，第216页。

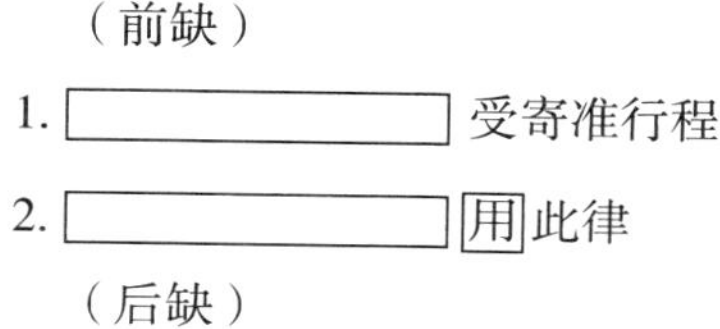
(前缺)
1. [ ]受寄准行程
2. [ ][用]此律
(后缺)

根据现行本的《唐律疏议》，这个残片每行约为16个字，其内容是唐《杂律疏》"乘官船违限私载"条（杂38）[①]的疏文的一部分，两行中缺失的文字可以根据《唐律疏议》来推定并给出了复原方案。

此外史氏认为，虽然该残片与李盛铎旧藏的《杂律疏》（TTD－Ⅰ之X）在每行的字数上相等，但是从书写上来看，《杂律疏》中的文字较为扁平，接近于唐初的写本，而残片中的文字呈正方形，二者并不相同，而且字间距也不一致，两者绝不是同一时代的写本。

史氏没有明确说明本残片的书写年代，我们也无法得知他的结论，但与《杂律疏》为唐初写本相对应，本残片的书写年代应当在之后的唐代中期或后期。

史氏将本残片比对为《唐杂律疏》"乘官船衣粮"条（杂38）后半段疏议文的一部分，这是非常妥当的。若根据《唐律疏议》来表示相应部分的话，就是如下的画线部分：

> 《杂律》"乘官船衣粮"条（杂38）[②]
> 诸应乘官船者，……。
> 　疏议曰：应乘官船之人，……。
> 从军征讨者，各加二等。……。
> 　疏议曰：从军征讨者，……。
> 　监当主司知而听之，谓监船官司，知乘船人私载受寄者，与寄之者罪同。故云，与同罪。若是空船，虽<u>私载</u><u>受寄，准行程</u>无违者，并悉无罪。故云，不<u>用此律</u>。

---

① 杂38是"乘官船衣粮"条。由于史氏以刘俊文点校本《唐律疏议》为依据，所以其条文名和笔者的不同。

② 律令研究会编《译注日本律令》Ⅲ，第769～770页。

史氏对《律疏》的比定值得肯定，但是正如前文所述，《条记目录》记录了两个残片，而史氏只提及了其中一个〔前述（2）〕的录文，剩下的一个残片〔前述（1）〕残留的文字笔画则没有被提及。仔细观察照片版，可以看到残片（1）的内容是：

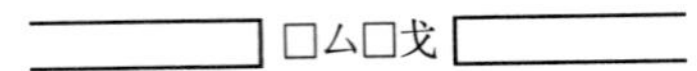

因此，《条记目录》将残留的笔画部分推定、复原为“弘（?）戒（?）”。但在该复原方案中，很难将它作为《律疏》的一部分读出语句的含义。重读一遍杂律疏（杂38），笔者发现，后段疏文中的“私载”两字出现了两次，即“谓监船官司知乘船人私载受寄者”和“虽私载受寄”。在照片中，“□厶□戈”之前的一个字虽然并不清楚，但是很难读作“人”字，因此后者的可能性更大。如果是后者的话，那么断片（1）可置于残片（2）第1行的“受寄”两字之前，两个残片可直接缀合，本来应是同一断简。因此，笔者的录文就如图5那样。其位置则在上述《唐律疏议》的对应语句下画双重下画线予以表示。

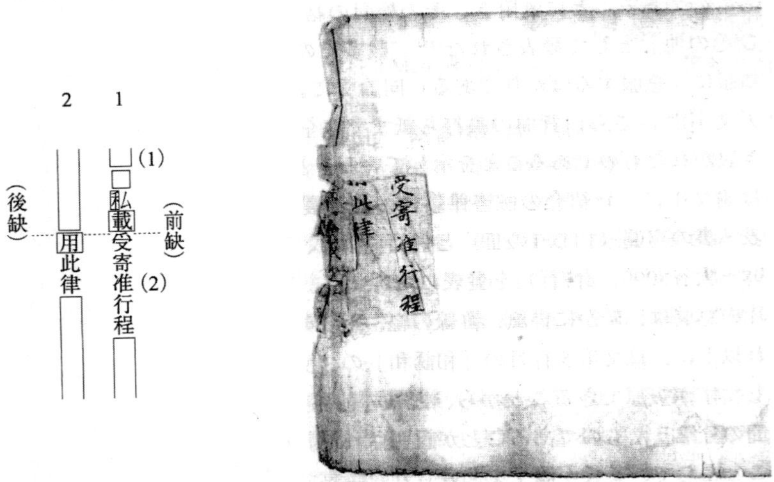

图5 BD01524背 杂律疏残片（杂38）

图版来源：中国国家图书馆编《国家图书馆藏敦煌遗书》第22册，北京图书馆出版社，2006，第120页。

关于李盛铎旧藏的《杂律疏》残卷，史氏从书写风格判断为唐初的写本，这一观点，笔者难以赞同。关于这一残卷，泷川政次郎、仁井田陞与牧野巽二人以及笔者皆有研究，从书写格式以及用字来看，可以确定为开元二十五年的律疏。[①] 从这两个残片的文字以及整洁的书写风格上来看，它们应是唐代中期以后的写本，因此可以认为是《开元律疏》的一部分。此外，笔者以后想对中国国家图书馆所藏原卷进行直接调查，从而验证这一看法。

三 旅顺博物馆藏贼盗律残片与永徽、开元年间的修法

（一）荣新江氏的新残片介绍

1980 年代初，前述的 TTD－Ⅰ被编纂并发行。我们得以知晓，龙谷大学所藏吐鲁番文书中的大谷 5098 和大谷 8099 虽然同为唐《贼盗律》的残片，但是并不直接相连，而是《贼盗律》“知略和诱和同相卖”条（贼 48）的上下部分。此外大谷 4491 和大谷 4452 可以直接缀合，是唐《诈伪律》“伪造皇帝宝”条（诈 1）与“伪写官文书印”条（诈 2）的一部分。从书写风格、栏线的宽度、每行的推定字数（21～23 字）以及纸背写有佛典（使用则天文字）等共通点来看，这 4 个残片本来是从同一文本中分离出来的。[②] 从纸背写有则天文字这一点来看，正面的唐律应当是《永徽律》或者《垂拱律》。

近年来，北京大学的荣新江氏在中国各地调查敦煌、吐鲁番收集品，在此过程中，发现旅顺博物馆所藏的吐鲁番文书的老照片中有一个残片，可以和大谷 5098 直接缀合，并将该研究成果发表在论文《唐写本中的〈唐律〉、〈唐礼〉以及其他》中。[③] 笔者非常钦佩他在数量众多的照片中

① 泷川政次郎《西域出土的唐律残篇》（《法学协会杂志》48－6、1930，之后同《律令的研究》，刀江书院，1931 年再收录）再录书第 50～71 页，仁井田陞、牧野巽，前述《故唐律疏议制作年代考》中，通过“制书”“宝”字的出现、未使用则天文字等理由，推定为开元二十五年律疏（下第 144～145 页），另外参照拙文《西域发现唐开元律疏断简的再讨论》（《法律论丛》50－4，1977）第 56～60 页。至于杂律疏的照片版，在前述 TTD－Ⅰ的 X 中。

② 4 残片的照片参照 TTD－Ⅰ（B）的Ⅲ和Ⅳ（第 13～14 页），录文与研究参照 TTD－Ⅰ（A）的Ⅲ和Ⅳ（第 24～25、122～123 页）。

③ 荣新江：《唐写本中的〈唐律〉、〈唐礼〉以及其他》，森部丰译，《东洋学报》85－2、2003）。

发现新残片的慧眼。根据该论文所述，两个残片的字体、背面的则天文字①，以及背面的裱纸完全相同，很明显是从一个残简上分裂出来的。

荣氏在论文中将新发现的《贼盗律》残片的正反面照片，与已知的大谷 5098、大谷 8099 的正反面照片（TTD－Ⅰ的Ⅲ）一起刊布，并发表（第 3 页，参照第 4～5 页的图 1、图 2）了新的录文（旅顺博物馆藏残片＋大谷 5098＋大谷 8099，共 7 行）。②

从新残片的照片来看，可以确认书写风格、栏线宽度、纸背使用则天文字等共通点。而且在录文第 5 行中“和诱和”3 个字能够与 2 个残片的残留笔画完全接合，由此实现修复。因此，可以证明已知的龙谷大学藏《贼盗律》2 个残片和这个新残片是从同一个残简上分离开来的。新残片的内容后文还将叙述，在荣氏发表论文时，其情况是：“……旅顺博物馆收藏的《大谷文书》的主要部分现在还没有整理，我们也无从得知这个照片所示的残片原件现在的状况如何。”（第 8 页）

此后，2006 年发行的、由旅顺博物馆和龙谷大学共编的前述《新疆选粹》第 202 页收录了新残片的正面（编号是 LM20_1457_20_01）照片，重新确认了该残片现保存于旅顺博物馆这一事实。该书的“解说”（第 256 页）虽然引用了上述荣氏的论文，明确记载该残片是《唐律》，但在第 236 页“版图列表”的文献属性栏中却记为“不明”。这里应该改为《唐律》。原残片的大小是：竖 10.1 厘米×横 9.6 厘米。

---

① 荣氏在前述论文中，并没有谈及则天文字的种类，但是在新残片的纸背确实有则天文字的“人”字，能与其缀合的大谷 5098v 有“日”字，此外大谷 4452v 中有“圣”字。藏中进《则天文字的成立和其本邦取来——以〈千唐志斋藏志〉拓影墓志为中心》（和汉比较文学丛书Ⅰ，汲古书院，1986，之后藏中《则天文字的研究》，翰林书房，1995 年再录），根据再录书第 161 页所述，则天文字的“人”字制定于圣历元年（697）正月一日，“日”字制定于载初元年（690）一月一日，然后“圣”字是证圣元年（694）正月一日制定的。因此新残片所含的贼盗律以及诈伪律残片的纸背佛典是 697～705 年之间书写的可能性很大。

此外诈伪律残片的表面上有一个“玺”字，武则天时代将“玺”字改为“宝”字，中宗复位时恢复原状，开元初（大概是开元六年）又改回“宝”字，所以有“玺”字出现的唐律是永徽律（651）的可能性很大，当然也不能排除是垂拱律（685）的可能性。

② 荣氏在前述论文的图 1、图 2（第 4～5 页）中，使用了新发现的老照片中的残片。但是在图 1 上，用 TTD－Ⅰ修补了大谷 8099，并向右侧移动了一行，加上大谷 5098 和大谷 8099 的两个残片之间的间隔很小，很难说是将三个残片的位置正确地复原了。在图 2 中，大谷 8099v 的位置不在 5098v 下面，而是放在新残片的下面，这样很容易让人产生误解。

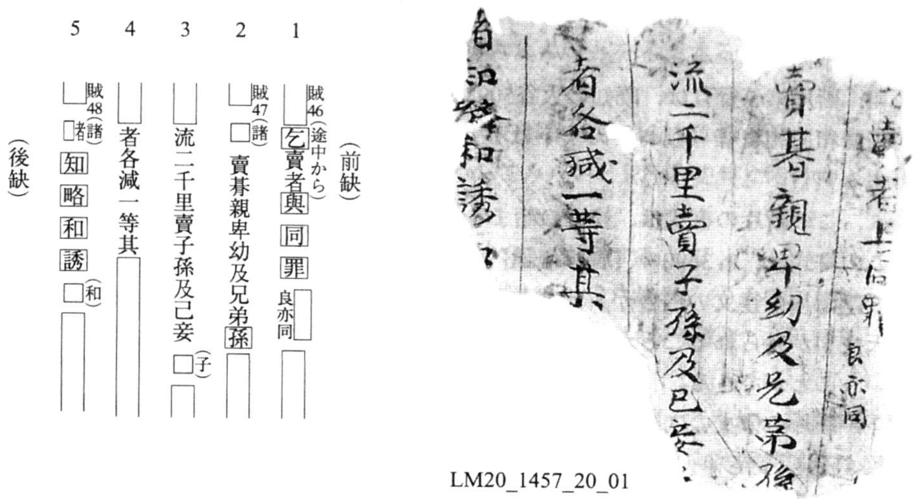

图6 （二十四）（1457_20_1）贼盗律断片（贼46、47、48）

图版来源：旅順博物館、龍谷大学编著《旅順博物館藏新疆出土漢文佛經遺粹》，法藏館，2006，第202页。

此外，这个残片正面的照片和录文，也被上述郭富纯、王振芬所著的《旅博研究》第179页所收录〔“（二十四）法律文书（1457_20_1）”〕。[①]

就新残片的内容而言，现将荣氏的研究成果补以笔者的若干言辞，分条叙述如下。[②]

（1）残片第1行是《贼盗律》“略和诱奴婢”条（贼46），其内容是律正文的最后6个字和注文的最后3个字（即双行中左行的3个字）。与《唐律疏议》相比较，残片中的律正文和注文的字数是相同的。

（2）残片的第2～4行，是《贼盗律》“略卖期亲卑幼”条（贼47），与《唐律疏议》进行比较，存在很多文字的差异。

① 本书第179页的录文中，第1行的“与”字被误写为“上”字，双行小字注文的一部分“良亦同”被误作正文文字，第5行的“□者（诸）”字被误作“者”字。在其他残余笔画的处理上，也有若干地方和笔者不同。

② 荣氏论文的要旨主要以前述森部氏的译文为依据，若干的译语在确认原文之后笔者还有别的解释。参照原文的这一工作要感谢妹尾达彦氏（中央大学）的协助。但是，解释的责任，全部由笔者（冈野）负责。

①第 2 行的“卖（賣）”字上只有残留的笔画，看起来像“诸”字。

②第 2 行的“期亲”下面，缺失了《唐律疏议》（贼 47）中的“以下”两个字，此外“卑幼”的后面接着的是“及兄弟”。

③第 3 行的“流二千里卖子孙及己妾”未见于《唐律疏议》（贼 47）的律正文。

④第 4 行的文字虽然与《唐律疏议》（贼 47）的律正本相同，但是从残片每行大概 21～22 字这一点来看，其前面部分应该补入的文字与《唐律疏议》有相当大的差别。

（3）考虑《唐律疏议》（贼 47）疏文的最初部分（“期亲以下卑幼者，谓……从父弟妹”）与问答（第 2 问答）中的一段（“此文，卖期亲卑幼，……各有正条”），《唐律疏议》律正文用“以下”二字省略了诸多内容。第 2 问答的“此文”所提到的文字，在形式上也和残片中《唐律》文字相似。

（4）残片的第 5 行能和已知的大谷 5098 直接缀合。虽然残片上“知略和诱和同相卖”条（贼 48）的文字并不完整，但和《唐律疏议》基本一致。[①]

（5）在这个残片的书写格式上，条文开头的“诸”字要比律本文高一格，这种格式和 P. 3690 的《唐律疏议》“职制律”残卷一致。

（6）从残片的律文内容与《唐律疏议》（贼 47）的差异，以及残片背面的佛典中所见则天文字这两点来考虑，可以认为这个残卷是《永徽律》或者《垂拱律》的抄本。

（7）残片的律文内容与日本的养老贼盗律的对应条文（贼 47）的文字大体上是一致的。《养老律》是根据《永徽律》和《垂拱律》

---

① 森部氏的翻译中，“现存的『略和诱和同相卖』的条文文字是不完全的，但是和现行本基本一致。”（第 7 页）他没有说清楚用『』框起来的部分是条文名还是对残片中字句的引用。原文是：“残片第 5 行可以与大谷 5098 直接缀合，所存‘略和诱和同相卖’条文字虽然不全，但与今本基本相合。”即指残片中残存的“略和诱和同相卖”条（条文名），其条文的内容和现存的《唐律疏议》基本一致。此外贼 48 的条文名上，荣氏使用了刘氏点校本的“知略和诱同相卖而买”（同书，《唐律疏议目录》，第 11 页），但是点校本和作为其底本的四部丛刊本的“知略和诱同相卖”也不一致。前述《译注日本律令》Ⅲ所收的贼 48 的条文名，与四部丛刊本的一致。因此笔者也无从得知刘氏所使用的条文名的典据了。

编纂而成的，所以这个残片应是《永徽律》或者《垂拱律》的抄本。

(8)《唐律疏议》的对应条目（贼47）和残片所显示的《永徽律》存在字句上的差异，这一点有力地支持了仁井田陞、牧野巽的论文《故唐律疏议制作年代考》所持《唐律疏议》在开元二十五年(737)以后被持续修订的观点。

以上便是荣氏的主张。

在上述的诸见解中，与残片所载唐律文字校勘有关的1、22、23、24、3、4这几点上，笔者基本赞成荣氏的意见。在此外的几点中，21认为残片第2行开头的几个笔画是"诸"字，笔者认为这个观点过于牵强。反倒是，本残片第5行开头的"□者"（诸）这个字，可以通过本残片的书写格式（即条文开头的"诸"字向前抬一格），以及和《律附音义》《宋刑统》《唐律疏议》中对应条文的比较，推定补为"诸"字。

第5点所提到的P.3690（TTD－Ⅰ之XIII）并不是《唐律疏议》的残片，而应该是唐《律疏》的残片。但是如果"诸"字抬头一格是《唐律》的书写格式的话，相比于P.3690的"唐职制律疏残片"，还不如举中国国家图书馆藏"唐职制律残片"（由从丽字85号剥离下来的3个残片和从霜字89号剥离下来的2个残片缀合而成）[①] 和《律附音义》（北宋时复刻的《唐律》12卷，孙奭还附加了1卷《音义》）这两个例子。

(二)《贼盗律》第47条的修改

前述荣新江氏的结论（3）和（7）中存在一个问题：残片中贼47的律文为何与《唐律疏议》的对应条文不同，反而与日本的养老贼盗律相似？就此问题，荣氏表示："笔者并非是法制史的专家，不敢胡乱推论，希望这方面的专家能够补全这段文字，并且能够告知笔者，现行本中没有

① 关于丽字85贴附的3个残片，参见拙文《敦煌资料和唐代法典研究——西域发现的唐律、律疏断简的再讨论》（池田温编《敦煌汉文文献》〈讲座·敦煌Ⅴ〉，大东出版社，1992）第517～524页，以及《中国国家图书馆所藏唐律断简——兼谈〈目连救母变文〉》（《明治大学社会科学研究所纪要》39－2，2001）。特别是后者的第71页上，登载了5个残片的复原图。内容是唐职制律39、40、41。

此外虽然这些残片的新编号现在是已知的，但是在收录残片的卷帙出版之前，残片的编号是不能确定的。

的‘流二千里卖子孙及己妾’这一语句的含义。”（第 7 页）

对于这个问题，即使是专攻法制史的笔者，现在也没能解决，以下只能阐述现在的一些初步看法（在史料上所添的 A、B、C、D 的记号，与表 1 的记号相互对应）。

首先引用日本的《养老贼盗律》“卖二等卑幼”条（贼 47）①

A 凡［1］卖二等卑幼、及兄弟孙、外孙为奴婢者，徒二年半。㋑子孙者，徒一年。

即和卖者，各减一等。其卖余亲者，各从凡人和略法。㋺㋩㋥㋭

㋑二等卑幼，谓弟妹，若兄弟之子者。

㋺其卖妻妾为婢者，［8］妻妾［1］虽是二等，不可同之卑幼。故诸条之内，每别称夫。［10］本犯非应义绝，或准二等之幼。若其卖妻妾为婢，原情即令离异。夫自嫁者，依律两离之。卖之充贱，何宜更合。此条卖二等卑幼、妻妾固不在其中。只可同彼余亲，从凡人和略之法。其于殴杀、还同凡人之罪。故知卖妻妾为婢，不入二等幼之科。

名例［1］云，家人共犯、止坐尊长［16］

㋥又例云。本条别有制，与例不同，依本条。㋩此文，卖二等卑幼，及兄弟孙、外孙、子孙。［14］被卖之人，不合加罪。为其卑幼合受处分故。㋭其卖余亲，各从凡人和略法。既同凡人为法，不合止坐家长。

在律正文中，将卖和卖为奴婢的客体（范围）分为：二等卑幼（弟妹、兄弟之子）、兄弟孙、外孙、子孙、余亲。作为分类基准的“二等卑幼”基于等亲法（仪制令 25）而加以区分（但是不含孙和妻妾），“兄弟孙”（四等亲）、“外孙”（五等亲）、“子孙”（子是一等亲，孙是二等亲）都是个别列举，而“余亲”则是指从五等亲中去除前四者后剩下的亲属。

① 使用前述《译注日本律令》Ⅲ所收的养老律。为了使该书的养老律能够方便地和《唐律疏议》进行比较，笔者有意识地改变了养老律的格式。也就是说在原来イ的位置上，疏文イ以双行小字的形式写入。此外疏文的ロニハホ（按照前述书的排列顺序）在正文之后按ロハニホ的顺序，以双行小字的形式写入（第 561～562 页）。

此外，本文在引用养老律时也进行了若干加工，比如把空行省略，将《唐律疏议》中有而养老律里没有的部分用数字［1］［8］表示字数（但是“疏议曰”“问曰”“答曰”“又问”之类就没有计数）。养老律本来的书写格式，参见前述岩波《律令》第 112 页，《律》〈新订增补国史大系〉（吉川弘文馆，1971）第 75～76 页。

然后我们来看该条的疏文：

> 此文，卖二等卑幼，及兄弟孙、外孙、子孙。……其卖余亲……。

当然，该疏文重申了与养老律正文相同的旨趣（有关“妻妾”，与“余亲”一样对待）。

与此相对，《唐律疏议·贼盗律》“略卖期亲卑幼”条（贼47）[①] 的内容是：

> B 诸略卖期亲以下卑幼为奴者，并同斗殴杀法。（无服之卑幼，亦同。）即和卖者，各减一等。其卖余亲者，各从凡人和略法。
>
> 疏议曰：期亲以下卑幼者，谓弟妹、子孙、及兄弟之子孙、外孙、子孙之妇，及从父弟妹。并谓本条杀不至死者。假如斗杀弟妹，徒三年。杀子孙，徒一年半。若略卖弟妹为奴婢，同斗杀法徒三年。卖子孙为奴婢，徒一年半之类。故云，各同斗殴杀法。如本条杀合至死者，自入余亲例。无服之卑幼者，谓己妾无子，及子孙之妾。亦同卖期亲以下卑幼，从本杀科之。故云，亦同。假如杀妾徒三年，若略卖亦徒三年之类。即和卖者，各减一等，谓减上文略卖之罪一等。和卖弟妹，徒二年半。和卖子孙，徒一年之类。其卖余亲，各从凡人和略法者，但是五服之内。本条杀罪名至死者，并名余亲。故云，从凡人和略法。
>
> 问曰：卖妻为婢，得同期亲卑幼以否？
>
> 答曰：妻服虽是期亲，不可同之卑幼。故诸条之内，每别称夫。为百代之始，敦两族之好。本犯非应义绝，或准期幼之亲。若其卖妻为婢，原情即合离异。夫自嫁者，依律两离。卖之充贱，何宜更合。此条卖期亲卑幼，妻固不在其中。只可同彼余亲，从凡人和略之法。其于殴杀，还同凡人之罪。故知卖妻为婢，不入期幼之科。
>
> 又问：《名例律》云，家人共犯，止坐尊长。未知此文和同相卖，亦同家人共犯以否？
>
> 答曰：依例，本条别有制，与例不同，依本条。C 此文，卖期亲卑幼，及兄弟子孙，外孙之妇。卖子孙，及己妾、子孙之妾，各有正条。被卖之

① 律令研究会编《译注日本律令》Ⅲ，第561～562页。

人，不合加罪。为其卑幼合受处分故也。其卖余亲，各从凡人和略法。既同凡人为法，不合止坐家长。

律正文将略卖、和卖的客体范围，分为期亲以下卑幼（在注中也规定了无服之卑幼）和余亲（在注中，若将无服之卑幼另作计算，就有三类）。其中“期亲以下卑幼”只是概括性的记述，在疏文中，其内容被记述为：“期亲以下卑幼者，谓弟妹、子孙，及兄弟之子孙、外孙、子孙之妇，及从父弟妹”。也就是说，若将犯罪的客体逐项进行列举的话，那就是：弟妹、子孙、兄弟之子孙、外孙、子孙之妇、从父弟妹、余亲。与前述 A 养老贼盗律（贼 47）相比，可知在规定上添加了“子孙之妇”、“从父弟妹”和注上的“无服之卑幼”。

但是从该条（《唐律疏议》贼 47）的问答来看，第 1 个问答的“答”中载“妻服虽是期亲，不可同之卑幼”，由此可见，妻不属于期亲的卑幼，而是与“余亲”相同对待（另外，A 的疏文中写作“妻妾”）。

第 2 个问答是：C“此文，卖期亲卑幼，及兄弟子孙，外孙之妇。卖子孙，及已妾、子孙之妾，各有正条。……其卖余亲，各从凡人和略法。……”若将其中诸项逐一列举的话，就是：期亲卑幼、兄弟子孙、外孙之妇、子孙、已妾、子孙之妾、余亲。虽是同一条文，但这与前述的 B 贼 47 的疏文在内容和顺序上并不一致。那么，这个差异到底为什么会存在？到底哪一个是正确的呢？

中村茂夫氏在译注《唐律疏议》贼盗篇时，曾特地列出上述一部分差异并进行注释：“……从上下文来看，这里可能是把应该写成‘外孙、子孙之妇’误写为‘外孙之妇’了”（前述《译注日本律令》Ⅶ，第 242 页注 8）。笔者认为，这一推论应该是正确的。也就是说，B 贼 47 疏文开头“……外孙、子孙之妇……”的记载是正确的，C 第 2 问答中的“外孙”后面遗漏了一个“子孙”。[①] 此外，因为“期亲卑幼”中包含着弟妹和兄弟之子，所以“兄弟子孙”的“子”字应该是衍字，而正确的应该是

---

① C 中的“外孙之妇”应该是误写，应当修正为“外孙、子孙之妇”，但是这时文言的意思不是“外孙之妇、子孙之妇”而是“外孙、子孙之妇”（妇和外孙没有关系）。顺便一提，《唐律疏议》中“外孙之妇”只有上例一句，其他有“外孙子孙之妇”1 例（贼 47 疏），“外孙子孙之妇妾”3 例（斗 46 正文、同疏、斗 56 疏）。

“兄弟孙”。实际上，在天一阁旧藏抄本《宋刑统》以及A《养老律》的疏文中，此处也作“兄弟孙”。

将上述C第2问答所引史料的字句进行两处订正后（下画线部分是订正后的状态），就是：期亲卑幼（其内容是弟妹以及兄弟之子）、兄弟孙、外孙、子孙之妇、子孙、己妾、子孙之妾、余亲。将“子孙之妇”“己妾”“子孙之妾”除外的话，这基本上和前述A《养老律》（贼47）的客体和顺序一致。

从表1我们可以得知，在略卖、和卖的客体上，A《养老律》（贼47）和C《唐律疏议》的第2问答（修正后）在构造上基本相同；在另一方面，在B《唐律疏议》中，该条的正文、注文和疏文在形式、内容上都与前两者存在差异。天一阁旧藏《宋刑统》所引用的《律》《律疏》在该条上都和《唐律疏议》基本一致（值得注意的一个差异就是上述的“兄弟孙”）。笔者认为，上述差异是作为日本《养老律》《大宝律》蓝本的《永徽律》《垂拱律》这一群体和开元律、律疏之间的差异。而这一《永徽律》《垂拱律》的内容为何会残存在《唐律疏议》（贼47）的C第2问答中呢？

笔者以下尝试从别的角度来论述这一点。《贼盗律》“略人略卖人”条（贼45）律正文的后段是：“和诱者，各减一等。若和同相卖为奴婢者，皆流二千里。卖未售者，减一等。（下条准此）。……”[①] 对于注文“下条准此”的疏文是：“注云，下条准此，谓下条得逃亡奴婢而卖未售，及卖期亲卑幼及子孙之妇等为奴婢未售者，亦减一等。故云准此。”这里说的下条，具体来说是贼46（“略和诱奴婢”条）和贼47。与贼47有关的是，“卖期亲卑幼及子孙之妇等为奴婢”和《唐律疏议》（以开元律、律疏为基础）中记载的B贼47律正文存在差异，而与前述C的前半部分相同，而且也指示了作为本文问题的残片中D贼47的律正文。因此反过来可以推知，《永徽律》《垂拱律》的贼47正文中含有“子孙之妇”（对应新残片的缺失部分），“卖期亲卑幼及子孙之妇等为奴婢”的意思是将“期亲卑幼”到“子孙之妇”都卖为奴婢，中间的兄弟孙、外孙被省略而用“等”字表示。而且《唐律疏议》的疏文所举“从父弟妹”并不存在于《永徽律》《垂拱律》中。

此外，由此可知，《永徽律》《垂拱律》的贼47律文开头的“诸”字之后应该不是“略卖期亲卑幼……”，而是省去了“略”字的“卖期亲卑

① 律令研究会编《译注日本律令》Ⅲ，第556~559页。

幼……”。并非是日本的《养老律》单独把“略”字省略掉了，而是《永徽律》《垂拱律》中本来就没有“略”字。①

另一个例子，贼 47 的第 1 问答是：

> 问曰：卖妻为婢，得同期亲卑幼以否？
>
> 答曰：妻服虽是期亲，不可同之卑幼。……此条卖期亲卑幼，妻固不在其中。只可同彼余亲，从凡人和略之法。……

本条（贼 47）中明确记载为“卖期亲卑幼”，这一点也明确地指示了《永徽律》《垂拱律》中应当没有“略”字。

自仁井田陞、牧野巽两氏的《故唐律疏议制作年代考》以后，一直存在着从以开元《律》《律疏》为基础的《唐律疏议》中寻找开元以前《律》《律疏》之文句的努力。本文所提出的贼 47 的修改，也能作为一例添入其中。②

总的来说，在永徽《律》《律疏》的编纂之后，与《贼盗律》（贼 47）相关的法有过修订，其结果是，《律》《律疏》的相关部分得到修订，但是《律疏》第 2 问答没有被充分检讨，就直接沿用到开元时期的《律》《律疏》中去了。开元二十五年刊定的《律疏》在同一条（贼 47）中存在着矛盾内容，这也延续到了《宋刑统》和《唐律疏议》之中。

---

① 牧英正氏将《养老律》贼 47 和《唐律疏议》贼 47 进行了比较，以日本律在唐律的基础上做了较大的改动，特别是将《唐律疏议》贼 47 律正文的“略卖”改成日本律中的“卖”字为例，探求彼、我两国亲对子权限的强弱。但是如介绍的永徽律（或者垂拱律）的新残片所示，这样的议论，至少不能从唐日之间律文的比较上得出。参见牧《律令前后的人身买卖法制》（《法学杂志》4-1，大阪市立大学，1957）第 34~39 页，同《日本法史上的人身买卖研究》（有斐阁，1961）第 46~49 页，同《人身买卖》（岩波新书，1971）第 26~28 页，同《律令前后的略、和诱罪——日本略取诱拐罪的沿革之一》（《法学杂志》19-3、4，1973）第 218 页。此外牧氏关于人身买卖的一系列研究，和本文的主题深切相关，极为有用。

② 《唐律疏议》名例律·十恶条大不敬（名 6［6］）的注文是“注，盗及伪造御宝”（《译注日本律令》Ⅱ，第 47 页），疏文为“说文云，玺者印也，古者尊卑共之。……秦汉以来，天子曰玺，诸侯曰印。开元岁中，改玺为宝。本条云，伪造皇帝八宝。……”（同前）仁井田陞、牧野巽两氏由此指出：“……名例律十恶条大不敬的疏议将正文以及注文中不存在的玺的字义与沿革进行了说明，这便是疏议刚做成时玺字就存在的雄辩的证明。”（仁井田、牧野《故唐律疏制作年代考》上第 76~77 页）。其他则参照该论文的“五、开元前的残存物”（下第 53~60 页）。

(三) 新残片中的《贼盗律》第47条的讨论

这里回过头来再看存在问题的新残片中贼47的律文(参见图6)。

D ▭(诸)□卖朞亲卑幼，及兄弟孙、▭

▭流二千里。卖子孙，及己妾、(子)□▭

▭者，各减一等。其▭

犯罪的客体分为：期亲卑幼、兄弟孙、(缺失部分)、子孙、己妾、(后缺)。

从表1也能清楚地看出，这和《永徽律》《垂拱律》基本属于同一类型。仔细观察残片上的律，我们可以发现：

①“卖朞亲…”之前的文字和开元《律》《律疏》相同，没有“略”字。这一点和A日本《养老律》是一样的。“卖朞亲…”的上面，从文字的位置来看，应该添加表示条文开头的“诸”字。

②“及兄弟孙”后面的残缺部分，根据A《养老律》、C《唐律疏议》第2问答，或可复原为“外孙、子孙之妇为奴婢者”。最后一个字可能是“各”或者“并”，但笔者还是假定为“各”字。

③将期亲卑幼、兄弟孙、外孙卖为奴婢的场合，全部判处流二千里。修改之后则产生了很大的变化，刑罚的内容依照客体的不同而各不相同。此外，“流二千里”也比《养老律》的“徒二年半”重二等。

接下来考虑残片的第3行“流二千里”后面的律文“卖子孙，及己妾、(子)□。▭”与其将它与A《养老律》进行比较，不如与C《唐律疏议》进行比较来得更加明了。其内容是：

> 卖子孙，及己妾、子孙之妾，各有正条。

以此为参考，那么残片的残缺部分也有可能是：

> 卖子孙，及己妾、子孙之妾，(此后是刑罚——作者注)

也就是说，可以复原为(下画线部分)：

卖子孙，及己妾、子孙之妾，（此后加入刑罚——作者注）。即和卖/者各减一等。其……

存在问题的是，残片上残缺的子孙、己妾、子孙之妾作为客体时，各自的刑罚该如何推定。

①子孙。在 A 养老贼盗律中，二等卑幼（徒二年半）和子孙（徒一年）的刑罚等级相差三等。在 B《唐律疏议》的疏文中，期亲的卑幼（徒三年）和子孙（徒一年半）的刑罚等级也相差三等。从这一点上来推算，D 中的期亲卑幼（流二千里）和子孙的刑罚等级也应该相差三等，流二千里减三等便是徒二年。

②己妾。首先根据 C《唐律疏议》贼 47 的第 1 问答，妻和余亲做相同处理，遵照凡人和略之法，如果将其殴杀则判处绞（贼 45）。如果是己妾，依照斗 24，减妻二等，所以是徒三年。

③子孙之妾。子孙之妾也是减子孙之妇（流二千里）二等，所以是徒二年半。

总结以上①②③，子孙徒二年，己妾徒三年，子孙之妾徒二年半。但是这里又出现了一个疑难问题，即残片第 3 行有 11 个字：

▭流二千里。卖子孙，及己妾、□（子）▭

在“己妾、□（子）”的后面，是“孙之妾”3 个字，此后是表示刑罚等级的语句。根据 A《养老律》（贼 47）和 B《唐律疏议》，行末应该存在“即和卖”3 个字。

这个残片的律文，每行 21 ~23 个字，表示刑罚等级的语句应是 4 ~6 个字。在 4 ~6 个字的范围内，表示对子孙、己妾、子孙之妾为客体的犯罪所课刑罚等级的语句，那么首先想到的是 C 第 2 问答中的“各有正条”，但不使用《唐律疏议》的律正文的语句，恐怕是有问题的。所以在现阶段，这 4 ~6 个字依旧是处于不明状态。

以上的研究成果以图 7 表示，同样在图 8 中也有总结。[①]

---

① 笔者这里也举出了诈伪律残片的复原抄本（图 8），理由是它与贼盗律（图 7）原来就是同一抄本。在 TTD - Ⅰ之Ⅳ的录文中，第 1、第 3 行的“诸”字没有抬头一格，所以这次修正这一点并再加刊载。但是图版没有变化，所以就不加刊载。

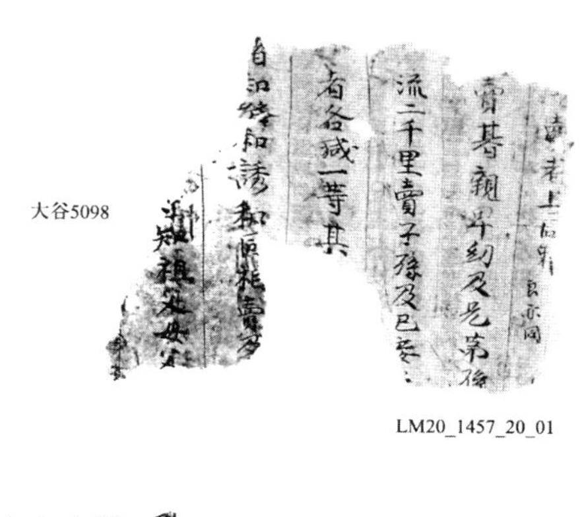

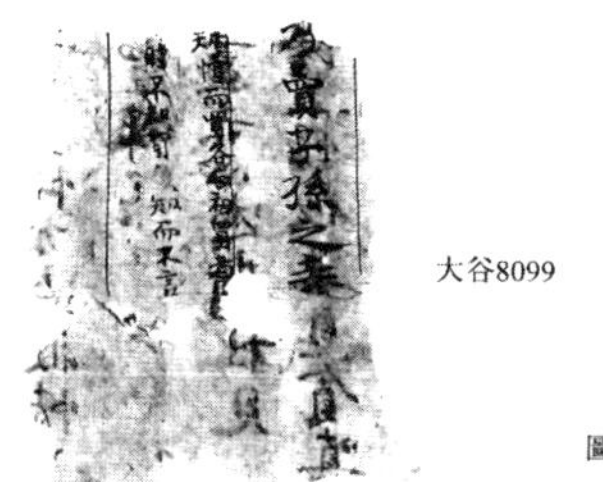

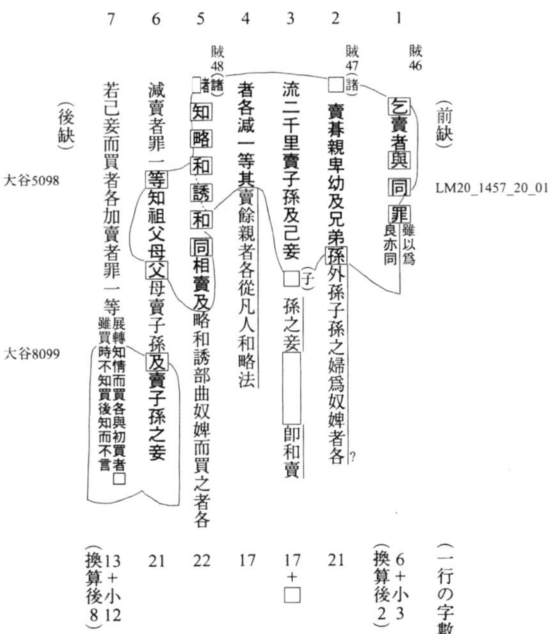

图7　贼盗律（贼46、47、48）复原抄本中三个残片的位置

注：3个残片文字用黑体表示，旁边画线部分是永徽律的复原，其余文字依照《唐律疏议》。

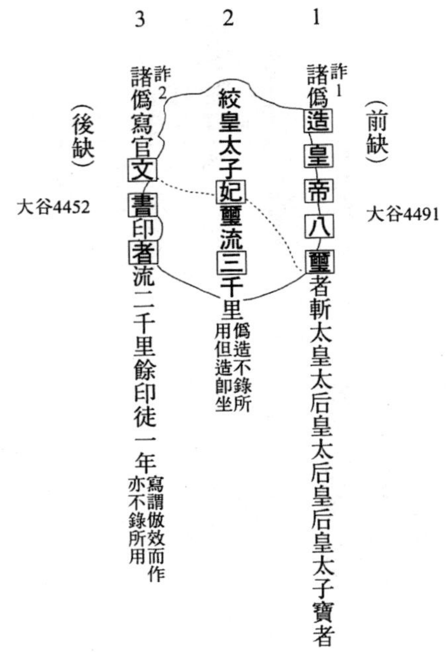

图 8 诈伪律（诈 1、2）复原抄本中两个残片的位置

注：2 个残片文字用黑体表示，其余文字依照《唐律疏议》。

（四）史料 D 与 B 的比较

通过以上的研究，D 的残片中贼 47 和 B《唐律疏议》贼 47 的不同点就清楚了：一是，略卖、和卖的客体的范围和顺序；二是，各自的刑罚。

首先具体考察一下两者的客体的差异。根据表 1，在和卖、略卖的客体上，B 主要增加了从父弟妹和无服之卑幼。

除去 D（的复原条文）所列举的有服亲以外，其他的有服亲，当然被包含在“余亲”当中，这根据的是凡人和略法。那么如何处理无服的卑幼呢？D（C 也相同）没有任何规定，所以从结果来看，他们和“余亲”相同，与客体是凡人的情况做相同处理。

另一方面，B 新追加了属于有服亲的从父弟妹，而且在注中明确地记载了无服卑幼的处理方法，这是很重要的。但根据疏文，本条所说的无服卑幼，仅仅是指没有孩子的自己的妾以及子孙的妾。“余亲”是指没有被列举的其他有服亲，以及除了没有孩子的自己的妾和子孙的妾之

表 1 日唐贼盗律 47 的客体、刑罚比较

文献 客体	A 养老·贼盗律 47	B《唐律疏议》贼盗律 47 的正文、注、疏文	C《唐律疏议》贼盗律 47 的第 2 问答	D 残片中的贼盗律 47
弟妹	二等卑幼（(疏)弟妹、兄弟之子）：徒二年半	期亲以下卑幼：并同斗殴杀法 (疏)弟妹：徒三年（斗 27）	期亲卑幼	朞亲卑幼：流二千里
兄弟之子				
		(疏)子孙：徒一年半（斗 28）		
兄弟之孙	兄弟孙：徒二年半	(疏)兄弟之子孙：徒三年（斗 27）	兄弟子[①]孙	兄弟孙：流二千里
外孙	外孙：徒二年半	(疏)外孙：徒三年（斗 27）	外孙	“外孙”：流二千里
子孙之妇		(疏)子孙之妇：徒三年（斗 29）	“子孙”*[②]之妇	“子孙之妇”：流二千里
子孙	子孙：徒一年		子孙	子孙：［徒二年］
从父弟妹		(疏)从父弟妹：流三千里（斗 26）		
妻	〔(疏)妻妾：同余亲远流（贼 45）〕	*	（第 1 问答）妻：绞（贼 45）	*
己之妾 子孙之妾		㊟无服之卑幼亦同 (疏)无服之卑幼（己妾无子、子孙之妾）：徒三年（斗 24）、徒二年（斗 29）	己妾 子孙之妾	己妾：［徒三年］ “子孙之妾”：［徒二年半］
余亲	余亲：各从凡人和略法 远流（贼 45）	余亲：各从凡人和略法 (疏)余亲：绞（贼 45）	余亲：各从凡人和略法	“余亲”：［各从凡人和略法］
备注		*（第 1 问答）妻：同余亲 绞（贼 45）	① 子：据宋刑统删去 ② “子孙”*：据唐律疏议·贼 47 疏插入 2 字	“ ”：该记号标注的 4 种客体是残片的缺失部分； ［ ］：该记号标注的刑罚等级都是推定的； * 妻：同余亲（推定）。

外的无服卑幼。①

接下来对 D 和 B 的刑罚逐项进行比较。

在 B 中，自弟妹到从父弟妹，都比 D 要减一等。另外，子孙以及子孙之妾也同样减一等。在妻、己妾上，B 和 D 是相同的。从这些内容可以看出，B 和 D 相比，一般都是在刑罚上减一等，但仅在妻和己妾上，维持刑罚的不变。另外，在余亲上，也有两者刑罚相同的可能性。

客　体	D	B	D、B 间刑罚的差等	备　注
弟妹	流二千里	徒三年	减一等	
兄弟之子	流二千里	徒三年	减一等	
兄弟之孙	流二千里	徒三年	减一等	
外孙	＊流二千里	徒三年	减一等	D 的外孙是推定、补充的
子孙之妇	＊流二千里	徒三年	减一等	D 的子孙之妇是推定、补充的
从父弟妹	无→绞（余亲*）	流三千里	减一等	D 没有从父弟妹，推定视为余亲
妻	无→绞（余亲*）	绞	同一	D 没有妻，根据 C 推定视为余亲
子孙	“徒二年”*	徒一年半	减一等	D 的刑罚是推定的
己妾	“徒三年”*	徒三年	同一	D 的刑罚是推定的
子孙之妾	“徒二年半”*	徒二年	减一等	D 的刑罚是推定的
余亲	＊绞？*	绞	同一？	D 的余亲是推定、补充的，刑罚也是推定的

① 《唐律疏议》的“余亲”所包含的范围，根据条文不同而各有不同。举例来说，《户婚律》“嫁娶违律”条（户 46）的律文中的“余亲主婚”，其疏文是“余亲，谓期亲卑幼及大功以下主婚，……”所以这里的余亲是指期亲卑幼和大功以下的亲属（Ⅱ，第 417～420 页）。此外，《诈伪律》“父母死言余丧”条（诈 22）的律文中的“余亲，减一等”，是指祖父母、父母、夫、伯叔父母、姑、兄姐以外的缌麻以上的亲属（Ⅲ，第 717～718 页）。至于本条（贼 47）的“余亲”，疏文上写“……五服之内，本条杀罪名至死者，并名余亲”（Ⅲ，第 561 页），当对象是五服内的亲属，且对其实行的殴杀罪的刑罚是死刑时，那么除去贼 47 律正文中规定的人之外，剩下的亲属就是余亲。但是本条的余亲，戴炎辉氏认为只限定为余亲的卑幼（戴炎辉《唐律各论》下，成文出版社，1988，第 436 页），中村茂夫氏认为“并不限于卑幼”（贼 47 的注 4，《译注日本律令》Ⅶ，第 241 页）。立法者在意图上有可能将余亲的着力点放在卑幼上，但是从当时的社会情况来看，也不能将尊长完全排除出略卖、和卖的客体。

由上可知，在《永徽律》、《垂拱律》与《开元律》之间，贼47的修法目的是，扩大略卖、和卖的客体范围，除了客体是妻、己妾、余亲，其他都将刑罚减轻一等。

现在我们还无法确定，到底是什么具体的事件或者社会现象导致了这次法律修改，但是可以作出以下论断：一方面通过扩大略卖、和卖的客体（即有服亲的从父弟妹和无服卑幼），法律变得更加细密，其实效性也提高了。另一方面，除了妻、己妾、余亲为客体外，刑罚都减轻了一等。这并不是说国家、社会对略卖、和卖犯罪作出了更轻的评价，而是说以家人近亲属为客体的略卖、和卖犯罪已经不再那么严重，不需要用流二千里这么重的刑罚来威吓了。[①] 另一方面，当客体是妻、己妾时，刑罚没有减轻而是维持原状，可能是修改法律时对当时女性法律地位的关心或其影响所致。从这一点来考虑，此次法律修订的时间，可能是在武则天掌握政权到玄宗开元时代之间。[②]

在本节中，笔者认为，律的5个残片应该是《永徽律》或者是《垂拱律》，但是从垂拱时律的修改非常少这一点来考虑的话（“其律令惟改二十四条。又有不便者，大抵依旧”，见《旧唐书·刑法志》），《永徽律》和

---

① 王朝交替期的战乱和社会的混乱与略卖、和卖有着深刻的关系，这是不言自明的。在唐仪凤二年（677）狄仁杰的上表中，就汉武帝平定四夷作了如下叙述“府库皆空，盗贼蜂起，百姓嫁妻卖子，流离于道路者万计”（《唐会要》卷73，上海古籍出版社，1991，下册第1563页），唐代也是同样。穷困的百姓，不得不把妻子嫁给别人，卖掉自己的孩子。进行略卖的不光是丈夫或是父母。郭元振传中有“任侠使气，不以细务介意。前后掠卖所部千余人，以遗宾客，百姓苦之”（《旧唐书》卷97，第3042页），记录的是，他略卖掉自己治下之民千余人，用来招待宾客，民众为此受苦。

此外略卖不光是把良民卖为奴婢，在唐末的混乱中，还发生了“会毕师铎乱，人相掠卖以食”（《新唐书》卷205，第5831页）这样令人战栗的事态。周迪夫妇在往来广陵（扬州）的途中，被卷入毕师铎之乱（887），苦于饥饿，妻子就把自己卖了，换成数千钱给丈夫。丈夫与怀疑其言的守役回来时，妻子已经变成了食物，她的头被切断，挂在横梁上。

此外，本文虽然无法探究唐律贼47的渊源，但是笔者认为它可能和北魏延昌三年（514）的费羊皮相关联，当时的律文引用了“掠人掠卖人和卖人，为奴婢者死”，“卖子有一岁刑，买（卖）五服因亲属在尊长者死，朞亲及妾与子妇流”。详见内田智雄编《译注中国历代刑法志》（创文社，1964，补订版2005），第219～228页。

② 重视母亲地位的服纪改革，在武韦政权时代达到顶峰，即使在开元初遭到否定，但其影响还是波及了唐代后半期。有关这一点及其社会背景，参照藤川正数《唐代母亲主义的服纪改制》（《东方学》16，1958），第35～45、48～55页。这和尊重外姻的风气以及妻妾的法律地位也是密切相关的。

《垂拱律》的内容几乎可以说是一样的。再加上表 1 的 C 是《永徽律疏》字句的残存，且 D 与 C 的构造相同，所以 D 是《永徽律》的可能性最大。相对于之前所述荣新江氏的见解 6 和见解 7，这是笔者的观点。此外，荣氏（见解 8）认为 D 与 B 的差异是开元二十五年以后法律修订的结果，而正如前述，笔者认为修改的时间在永徽、开元之间，尤其是从武则天统治时期到开元时代之间的可能性最大。

结 语

以上，本文分成三节，讨论了近年来被新介绍的吐鲁番敦煌发现的《唐律》《律疏》残片。特别是第三节讨论的律残片，考虑到与永徽、开元年间的法律修订相关，所以花了较多的笔墨。

以下简单概括讨论的结果。

（1）第一节处理的残片，属于《旅博研究》及《新疆选粹》收录的旅顺博物馆所藏大谷文书。《律疏》这 3 个残片（LM20_1509_1570_2、LM20_1507_988、LM20_1507_1176_4）虽然不能直接缀合，但都是《名例律疏》的第 27、第 28 条的疏文。3 个残片每行推定的平均字数是 21 ~ 23 字，接排书写，没有栏线，字体主要是楷书并混入一部分行书。从其熟练的书写风格来看，笔者认为，是唐朝中期以后官员为自己抄写的开元时刊定的《律疏》的一部分。

（2）第二节讨论的是《国家图书馆藏敦煌遗书》第 22 册收录的、为修补《金刚般若波罗蜜经》（BD01524）纸背而贴上去的 2 个残片。根据史睿氏的研究，其中的 1 个残片可比定为《杂律疏》第 38 条的疏文。此次笔者将剩下的另一个残片也比定为同一条文疏文的一部分。所以两者能够直接缀合。笔者不同意史氏的年代推定结论，认为它与李盛铎旧藏的《杂律疏》一样，是《开元律疏》的一部分。

（3）在龙谷大学所藏的大谷文书中，存在永徽（或者垂拱）的《贼盗律》第 48 条的 2 个残片（大谷 5098、大谷 8099）和《诈伪律》第 1、第 2 条的 2 个残片（大谷 4491、大谷 4452，这两个残片可以直接缀合）。这 4 个残片是从同一文本中分离出来的。2003 年，荣新江氏根据老照片介绍的新残片是旅顺博物馆所藏的一件大谷文书，能和已知的大谷 5098 直接缀合。现在根据《旅博研究》，可以确认这一新残片现藏于旅顺博物馆（LM20_1457_20_01），其内容与《贼盗律》第46、第47、第48条的正文和注相当。

（4）新残片中的D贼47的内容与A日本《养老律》（贼47）以及C《唐律疏议》（贼47）第2问答相同，但是和B《唐律疏议》（贼47）的正文、注、疏文存在差异。

也就是说D是《永徽律》（《垂拱律》的内容也基本相同），与此相关的《永徽律疏》的字句在修订后残留在《开元律疏》的第2问答当中。D、B不同的原因在于，永徽到开元之间，贼47进行了法律修改，其结果是，与略卖、和卖有关的犯罪的客体范围扩大，法的实效性提高。在另一方面，和唐朝初期相比社会更加安定，对家人、近亲属的略卖、和卖犯罪有所减少，因此通过刑罚来抑制犯罪的必要性有所下降，从而刑罚几乎都是减了一等。

在这之后编纂的《宋刑统》和《唐律疏议》，是以接受了这种修改的《开元律》和《开元律疏》为基础的。所以存在于《开元律疏》中的法规内容的矛盾，依然保留在《宋刑统》和《唐律疏议》当中。上述的（3）（4）两点是第三节的结论。

以上4项是本文讨论的结果。

另外，在讨论第三节的问题的过程中，作者再次深刻地体会到法的修改以及律、律疏的修正是相当重要的课题。[①] 而且通过贼47的事例，我们发现，法律的修改未必是逐字逐句彻底地进行的，而是在最小限度的范围内，对律和律疏的文字进行修改，而在疏文与问答中，应当被订正但没有被订正的旧条文的一部分则被残留下来了。这样的话，该条文在逻辑上是

① 作为法律修改的律典、令典修正，其采用的程序可能是以下任意一种：1. 作为诏敕发布→入格→在新的律典、令典编纂时修为条文；2. 诏敕→直接修改现行的律典、令典。参照拙文《唐代禁婚亲的范围——在外姻无服尊卑为婚的场合》（《法制史研究》25，1976）、《唐代“守法”的一个事例——与卫禁律阑入非御在所条相关》（《东洋文化》［东京大学］60，1980）、《关于敦煌本唐户婚律放部曲为良条——P. 3608、P. 3252的再讨论》（《法律论丛》60－4、5，1988）。其中，第1种没有什么问题，但是第2种被滋贺秀三氏否定了，“律典、令典一经制定，只有被废止了，而不可能进行部分变更。如果有修改的必要，就必须把原来的律典、令典废止，然后再制定新的法典”（《中国法制史论集——法典与刑罚》，创文社，2003，第21页）。

不连贯的，在这种情况下，规定内容出现了矛盾。在今后考察唐代律令的实态时，我们必须考虑这一情形。

【附记】此前，笔者对大谷探险队带来的经卷和文书并没有过多的研究。尽管如此，龙谷大学的上山大峻、小田义久、中田笃郎三位老师也曾不吝赐予有益的研究文献和研究信息。虽然有点迟，但是这里要向三位老师长期以来的教导致以衷心的敬意。

对笔者来说，研究旅顺博物馆所藏的大谷文书还是第一次，因此在准备阶段就向片山章雄氏（东海大学）请教了许多初步的问题，得到了许多有用的指导。此外，作为编集委员的妹尾达彦氏（中央大学）也多次帮助了在执笔阶段差点掉队的笔者。如果没有这两位的帮助，本文是无法完成的。所以衷心感谢两位。

此外，为撰成拙文而进行文献复印以及输入录文时，得到了明治大学RA的石野智大（明治大学大学院文学研究科DC）、岩田真纪子（明治大学大学院法学研究课DC）两位的协助。这里也表示感谢。

【修订版附记】拙文《新介绍的吐鲁番、敦煌本〈唐律〉〈律疏〉残片——以旅顺博物馆以及中国国家图书馆所藏资料为中心》（以下略称为A论文），以旅顺博物馆所藏的唐名例律疏的3个残片和唐贼盗律的1个残片，以及中国国家图书馆所藏的唐杂律疏2个残片为讨论对象。其第一手的依据资料是日本以及中国出版的著作所载的文书照片（黑白）。

此后在2010年9月，笔者与土肥义和、片山章雄两氏一起访问了旅顺博物馆和中国国家图书馆，直接调查了上述的几个残片。其结果是发表了拙文《旅顺博物馆、中国国家图书馆的〈唐律〉〈律疏〉残片的原卷调查》（土肥义和编《内陆亚洲出土4～12世纪的汉语、胡语文献的整理和研究》科研报告书，东洋文库，2011，以下略称为B论文）。在该文中，笔者总结了通过原卷调查所知的内容，对A论文进行了补正。详见该论文。

这里利用余下的空白部分，阐述一下B论文中的若干修正点。

第一，首先在B论文中，关于旅顺博物馆所藏的残片，第一次发布彩色照片。

第二，在 A 论文中，关于旅顺博物馆所藏的名例律疏的第 1 个残片的编号，所据资料有误，B 论文将“1509_1580”（错误的）改为“1509_ 1570_2”（正确的）（依据旅顺博物馆的提示订正）。

第三，A 论文的图 6 贼盗律残片（第 95 页）的第 2、第 5 行的第 1 个字“诸”字，在 B 论文的图 7 中改为抬头一格。此外 A 论文图 6 的“朞”改为“朞”字。有关这两个字的论述，参见 B 论文（第 9 ~ 10 页）。

第四，以下刊载 B 论文的图 4 名例律疏的复原抄本中 3 个残片的位置（A 论文的图 4 的修正）。在图 4 中，第 8 行的注文从双行小字改为单行大字。其理由参照 B 论文（第 6 ~ 7 页）。

在以上 4 项中，此次对 A 论文的修订，只是对与第 2 项相关的部分进行了修正，其他部分则因为技术的原因而保持了原状。

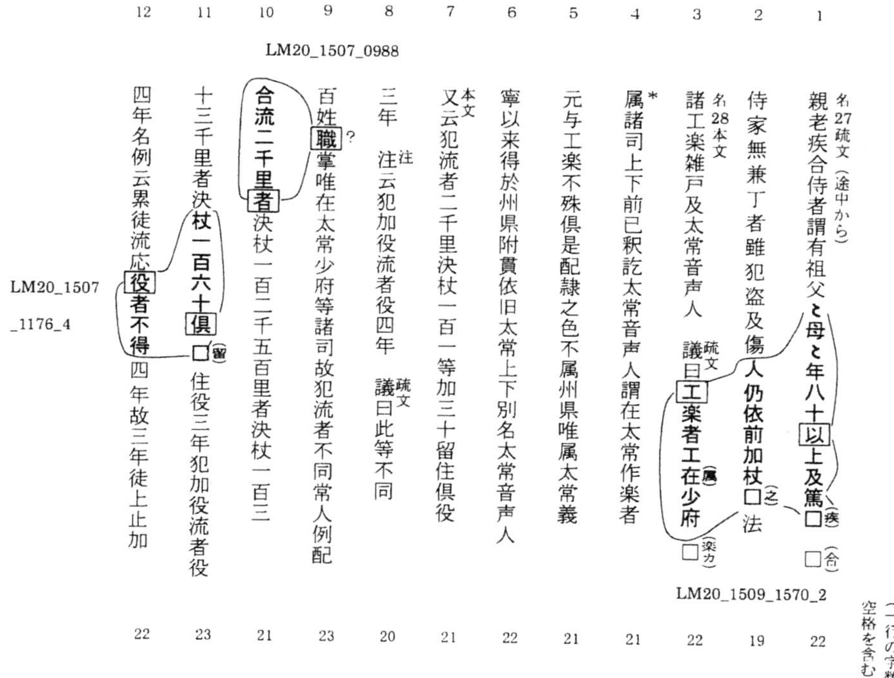

图 4　名例律疏（名例 27、28）复原抄本中 3 个残片的位置

注：3 残片的位置用黑体字表示，其余文字依照《唐律疏议》。

* 第 4 行开头的 12 个文字（“属太常……杂户者散”）可能有错漏。

【中译本附记】本译文由刘思皓初译，拟收入杨一凡先生主编的《法史新论》；后由杨先生委托赵晶校译；赵晶在通读初译稿后，补译了序言部分并通改全篇，再由冈野诚先生委托石野智大博士进行校订，特此向石野博士致谢。

【本文日文版原载《敦煌、吐魯番出土漢文文書の新研究》（修訂版），東洋文庫，2013】

吐鲁番新出土唐开元《礼部式》残卷考释

雷　闻 *

2002 年，新疆吐鲁番博物馆在位于交河故城大佛寺北侧的一处唐代寺院遗址（编号：E－15 号）发掘出土了一些文书残片，经工作人员的精心拼合与复原，一件珍贵的唐代法制文书的断片呈现在我们眼前（见图 1），经过初步研究，我们推断它很可能是唐开元二十五年（737）的《礼部式》残卷。如所周知，在唐代律、令、格、式等各种法制文书中，尤以“式”的原件存留最少，这件文书虽存字不多，但仍为我们提供了许多重要的研究信息，吉光片羽，弥足珍贵。下面，我们就对这件文书及其相关的问题进行初步考释，不当之处，敬请批评指正。

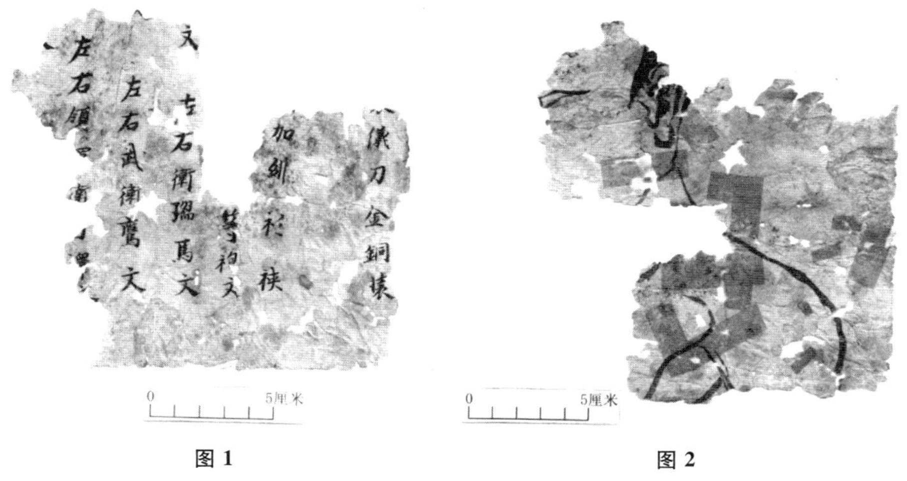

图 1　　　　图 2

* 雷闻，中国历史研究院古代史研究所研究员。

一 残卷解说与录文

本件文书编号为2002TJI：042，纸质为黄色麻纸，首尾俱残，高15厘米，长16.5厘米，上部皆残，下部完整，在每行文字结尾处都留有大约3厘米的纸边。文书全卷存留文字8行，以楷书精写，文字存留最多的是第7行，有8个字。每行之间有乌丝栏分隔，总体感觉体例严整，相当精致，呈现出盛唐时期官文书之风格。

残卷的背面（见图2），以墨线纵向勾勒着一幅佛或高僧的白描图像，目前仅存半个头部与其左肩。从图像来看，眼睛细长，耳朵的比例不大，远未达到佛像双耳垂肩的常规，且耳前的一道墨书似为头发，我们推测这幅图很可能是弟子（或即阿难）的图像。由于是正面描绘，头部向右略偏，按照比例分析，目前残存者当为原件宽度的一半略少，也就是说，残卷复原后的完整高度当在30厘米多一点，正面满行文字当在十六七字左右，这也正是唐代官文书的一般规格。显而易见，这份残卷原本是唐代的官文书，待其废弃之后，因官文书的用纸一般比较讲究，西州的某个寺院就将其收集起来，用其背面来抄写佛经，或如本件文书这样来绘制佛画。关于这一点，我们在敦煌文书中也可见到许多类似的例子①。

通过研究，我们对于残卷的部分内容进行了推补，先以简体字录文如下。仅存残画文字，加“□”表示；下缺，以“　”表示；上缺，以“　”表示。推补文字置于［　］之中，原文异体字则以正字移录，以便阅读。

（前缺）

1. 装仪刀，金铜装

2.

3. □加绯衫袂。

4. ［诸卫大将军、将军、中郎将、郎将］等袍文：

5. ［左右千牛卫瑞牛］文、左右卫瑞马文、

① 例如法藏敦煌文书P.3593《开元名例律疏》残卷的背面即抄写《佛说相好经》，而P.2507《开元水部式》残卷的背面则为《陀罗尼》抄本。

6.［左右骁卫大虫］文、左右武卫鹰文、

7.［左右威卫豹文］、左右领军卫白泽文、

8.［左右金吾卫辟邪］文、［左右监门卫狮子文。

（后缺）

二　残卷内容与文字推补

从内容来看，文书大致可分为三部分。

（一）第1~2行

第1行清晰可辨者唯“仪刀，金铜装”5个字，第一个字根据残画，可补作“装”字，第2行下部无字，从第1行文字来看，文意似乎未完，然则第2行的上半部分应当还有文字，惜已无从查考。

按：所谓“仪刀”，或称“容刀”，是中国古代王朝在举行朝会或皇帝、高官出行时，仪卫所持的象征性的佩刀。据汉代刘熙《释名·释兵》云：“佩刀，在佩旁之刀也，或曰容刀。有刀形而无刃，备仪容而已。”[①] 另据《唐六典》卷一六《卫尉寺、武库令》记载：“刀之制有四：一曰仪刀，二曰鄣刀，三曰横刀，四曰陌刀。（《释名》曰：‘刀末曰锋，其本曰环。’今仪刀盖古班剑之类，晋、宋已来谓之御刀，后魏曰长刀，皆施龙凤环，至隋，谓之仪刀，装以金银，羽仪所执。）”[②] 可见，“仪刀”之名起自隋代，当时是“装以金银”。唐承隋制，在新发现的宁波天一阁所藏《天圣令》卷二八《营缮令》中，其附抄《唐令》的第一条即云：“诸军器供宿卫者，每年二时，卫尉卿巡检，其甲番别与少府监相知，令匠共金吾就仗铺同检，指授缝连讫，仍令御史台重覆，余有不调及损破，随即料理。……其金银装刀，若有非理损失者，追服用人；研耗者，官为修理。”[③] 可见，由于这些金银装刀比较珍贵，在《唐令》中对其管理有专门规定。

① 王先谦：《释名疏证补》，上海古籍出版社，1984，第342页。

② 《唐六典》卷一六《卫尉寺、武库令》，中华书局，1992，第461页。

③ 在牛来颖先生复原的唐《营缮令》中，此条被复原为第17条。见天一阁博物馆、中国社会科学院历史研究所：《天一阁藏明钞本天圣令校证（附唐令复原研究）》，中华书局，2006，第673页。

仪刀的应用范围颇广，首先，在从皇帝到四品以上官员出行的卤簿中，都有数量不等的仪刀队列。据《新唐书》卷二三上《仪卫志上》记载，在皇帝的“大驾卤簿”中，诸卫府分十二行排列，前四行执“金铜装班剑”，中间四行执“金铜装仪刀”，后面四行则执“银装仪刀”①。皇太子的卤簿中，亦由亲、勋、翊卫军将率领仪刀六行，其中亲卫所执为金铜装，勋卫所执为银装，而翊卫所执则为鍮石装②。皇太子以下至四品官，卤簿中执仪刀者的数量各有等差③。

其次，仪刀大量应用于朝会和一些官府司卫的“立杖”。朝会自不必说，至于一般官衙，据《唐会要》卷七二记载：开成元年（836）三月，“皇城留守奏：‘城内诸司卫所管羽仪法物数内，有陌刀利器等。伏以臣所管地，俯近宫阙，兼有仓库，法驾羽仪，分投务繁，守捉人少。前件司卫，皆有刀枪防虞，所管将健，并无寸刃。其诸司卫所有陌刀利器等，伏请纳在军器使。如本司要立仗行事，请给仪刀，庶无他患。’敕旨：‘宜令送纳军器使，令别造仪刀等充替。’”④ 显然，仪刀正是陌刀等利器的替代品，也用以诸司卫的“立杖行事”。此外，在金吾卫率领侲子进行年终大傩仪式时，也要佩带仪刀⑤。

（二）第3行

由于残缺过甚，只剩下“加绯衫袂”四个字，我们目前尚未在文献中找到相关线索。按：《新唐书》卷二三上《仪卫志》上：“凡朝会之仗，三卫番上，分为五仗，号衙内五卫。一曰供奉仗，以左右卫为之。二曰亲仗，以亲卫为之。三曰勋仗，以勋卫为之。四曰翊仗，以翊卫为之。皆服鶡冠、绯衫袂。五曰散手仗，以亲、勋、翊卫为之，服绯绝裲裆，绣野

① 《新唐书》卷二三上《仪卫志上》，中华书局，1975，第492页。按：今本《大唐开元礼》卷二《序例中》“大驾卤簿”条缺少这十二行班剑、仪刀的组成之记载，疑有脱漏。古典研究会，1972，第21页。

② 《新唐书》卷二三下《仪卫志下》，中华书局，1975，第501页。《大唐开元礼》卷二《序例中》“皇太子卤簿”条略同，古典研究会，1972，第24页。

③ 《大唐开元礼》卷二《序例中》，古典研究会，1972，第26～27页。

④ 《唐会要》卷七二《军杂录》，上海古籍出版社，1991，第1541页。

⑤ 参看《唐会要》卷七一《十二卫》所载元和十三年十二月左右金吾奏文，上海古籍出版社，1991，第1520页。

马。皆带刀捉仗，列坐于东西廊下。”① 可见，除了散手仗之外，“衙内五卫”的前四仗皆服“绯衫裌”，然则本行文书似乎也是朝会仪仗的相关规定，而所谓“带刀捉仗”，其所带之刀应即本件文书第1行出现的“仪刀”。

（三）第4~8行

则与玄宗时的一道敕文密切相关，据《唐会要》卷三二记载：“开元十一年六月，敕诸卫大将军、中军郎将袍文：千牛卫瑞牛文，左右卫瑞马文，骁卫虎文，武卫鹰文，威卫豹文，领军卫白泽文，金吾卫辟邪文，监门卫狮子文。每正冬陈设，朝日着甲，会日着袍。”② 《通典》卷六一对此也有记载，但文字略异：“（开元）十一年六月，敕诸卫大将军、中军中郎、郎将袍文：千牛卫瑞牛文，左右卫瑞马文，骁卫大虫文，武卫鹰文，威卫豹文，领军卫白泽文，金吾卫辟邪文，监门卫师子文。每正冬陈设，朝日着甲，会日着袍。”③ 显然，本件文书的主体部分正是建立在这条敕书的基础上，不过，《唐会要》《通典》所记似皆为敕书的节文，故除了左右卫之外，其他卫府的“左右”二字全部被省略了，本件文书则要正式得多，第6行的“左右武卫”、第7行的“左右领军卫”都是全称。

值得提及的是，《大唐开元礼》卷二《序例中》对此制的记载比较完整：“其新制苣文旗、云旗、刀旗、肆神幢、长寿幢，及左右千牛将军衣瑞牛文、左右卫瑞马文、左右骁卫大虫文、左右武卫瑞鹰文、左右威卫豹文、左右领军白泽文、左右金吾辟邪文、左右监门师子文，并绣为袍文，将军、中郎、郎将皆同。并冬、正大会通服之。”④ 与本件文书略同。可见，在《开元礼》中，由于距离开元十一年（723）敕文的时间较近，关于十六卫军将袍服图案的制度仍被称为“新制”。因此，我们可以在开元十一年这道敕文的基础上对残卷的这部分进行复原，需要说明的是以下两点。

其一，第4行上部关于服袍的对象，《唐会要》卷三二记载是“敕诸

① 《新唐书》卷二三上《仪卫志上》，中华书局，1975，第481~482页。

② 《唐会要》卷三二《异文袍》，中华书局，1975，第680~681页。

③ 《通典》卷六一《君臣服章制度（袍附）》，中华书局，1988，第1726页。

④ 《大唐开元礼》卷二《序例中》“大驾卤簿”条，古典研究会，1972，第23页。《通典》卷一〇七《大驾卤簿》略同，中华书局，1988，第2783页。

卫大将军、中军郎将袍文"，《通典》卷六一作"敕诸卫大将军、中军中郎、郎将袍文"，而《大唐开元礼》卷二则云"将军、中郎、郎将皆同"，此外，《新唐书》卷二四《舆服志》所载则是"诸卫大将军、中郎将以下给袍者"①，诸书所记各有差异，需合而观之。按：诸卫府中并无"中军郎将""中军中郎"之设，十六卫设置有大将军和将军，而勋、亲、翊诸府则设置中郎将和左、右郎将②。因此，我们推测文书第 4 行上部所缺的文字当为："诸卫大将军、将军、中郎将、郎将"。

其二，第 6 行推补文字中的"左右骁卫大虫文"，系据前引《大唐开元礼》卷二《序例中》（《通典》卷一〇七《大驾卤簿》同）的记载复原。《唐会要》卷三二对此记载是"骁卫虎文"，而《通典》卷六一则作"骁卫大虫文"，无"左右"二字。唐代避李虎之讳，虎或避作"武"，或写作"大虫"，甚至避作"豹"③，由于本件文书是正式的法制文书，不仅应有"左右"二字，避讳亦必相当严格，因此，我们据《大唐开元礼》和《通典》的记载，将本行缺字复原为"左右骁卫大虫文"。

三 残卷性质的推论

从上节讨论不难看出，本件文书的主体部分是关于十六卫的袍服制度的规定。这种绣有各种动物图案的袍服在唐代被称作"异文袍"，它们最早出现在武则天时期，《新唐书》卷二四《舆服志》即云："武后擅政，多赐群臣巾子、绣袍，勒以回文之铭，皆无法度，不足纪。"④ 具体而言，天授三年（692）正月二十二日，"内出绣袍，赐新除都督、刺史。其袍皆刺绣作山形，绕山勒回文铭曰：'德政惟明，职令思平。清慎忠勤，荣进躬亲。'自此每新除都督、刺史，必以此袍赐之。"⑤ 这大概是最早的异文

① 《新唐书》卷二四《舆服志》，中华书局，1975，第 530 页。

② 参看《唐六典》卷二四、卷二五《诸卫》，中华书局，1992，第 610～653 页。

③ 《隋书·韩擒虎传》曰："擒本名豹"，钱大昕《廿二史考异》卷三四指出："唐人讳'虎'，史多改为'武'，或为'兽'，或为'彪'。此独更为'豹'，欲应'黄斑'之文也。"《嘉定钱大昕全集》第 2 册，江苏古籍出版社，1997，第 744 页。

④ 《新唐书》卷二四《舆服志》，中华书局，1975，第 529 页。

⑤ 《唐会要》卷三二《异文袍》，上海古籍出版社，1991，第 680 页。按：《旧唐书》卷四五《舆服志》记载此事在天授二年二月，时间有所不同（中华书局，1975，第 1953 页）。

袍了。此后，异文袍又经历了两次比较重要的发展。

第一次是在武则天延载元年（694），“五月二十二日，出绣袍以赐文武官三品已上，其袍文仍各有训诫。诸王则饰以盘龙及鹿，宰相饰以凤池，尚书饰以对雁。左右卫将军饰以对麒麟，左右武卫饰以对虎，左右鹰扬卫饰以对鹰，左右千牛卫饰以对牛，左右豹韬卫饰以对豹，左右玉铃卫饰以对鹘，左右监门卫饰以对狮子，左右金吾卫饰以对豸。文铭皆各为八字回文，其辞曰：‘忠贞正直，崇庆荣职。文昌翊政，勋彰庆陟。懿冲顺彰，义忠慎光。廉正躬奉，谦感忠勇。’”① 这是将异文袍的赏赐范围扩大到中央的三品以上高级官员。

第二次发展是在玄宗时期，即本件文书所反映的开元十一年敕文的规定，用黄正建先生的说法就是“将这种绣有动物图案的袍的服用扩大到诸卫郎将”。② 当然，在十六卫军将的袍服纹饰上也有了一些变化，如左右卫由延载元年的“对麒麟”变为“瑞马文”，左右领军卫由“对鹘”变成了“白泽文”，左右金吾卫由“对豸”变成了“辟邪文”等。

需要指出的是，在池田温先生主持编集的《唐令拾遗补》中，将《大唐开元礼》卷二《序例中》“大驾卤簿”的内容全部复原为一条唐开元七年的《卤簿令》条文（一丙），其中包含了上文所引有关异文袍的文字③。不过，我们对此复原颇为怀疑，因为关于异文袍的内容是开元十一年六月敕文的新规定，《开元礼》亦明确说是“新制”，因此不可能是开元七年的《卤簿令》。的确，《大唐开元礼》卷二都是关于各种卤簿的规定，然而作为“序例”，不可能只是照抄《卤簿令》而已，“异文袍”之例即为明证。此外，《大唐开元礼》卷二在“大驾卤簿”条的后半部分有云：“准《式》：‘若法驾，减大驾，……诸队仗及鼓吹三分减一，余同大驾，县令以后，御史大夫以前，威仪亦四分减一。小驾又减法驾。’”④ 显然，“准《式》”之下为有关“法驾”“小驾”卤簿的规定（颇疑这里所准之《式》当为《礼部式》），可见，在唐代对卤簿构成进行规范的并非只有

① 《唐会要》卷三二《异文袍》，上海古籍出版社，1991，第680～681页。又见《通典》卷六一《君臣服章制度（袍附）》，中华书局，1988，第1725页；《旧唐书》卷四五《舆服志》，中华书局，1975，第1953页。三者文字略有不同。

② 黄正建：《唐代衣食住行研究》第二章《衣生活》，首都师范大学出版社，1998，第60页。

③ 仁井田陞著，池田温编集代表《唐令拾遺補》，東京大学出版会，1997，第669～675页。

④ 《大唐开元礼》卷二《序例中》，古典研究会，1972，第23页。

《卤簿令》。

随着学界对于唐代服饰制度研究的深化，我们对“异文袍”的认识也逐步清晰。唐代的服饰分为冠服（包括朝服、公服、祭服等）和常服两种，孙机、黄正建等先生已从不同角度对此进行了相当深入的研究[①]。对于异文袍的性质，黄先生指出：“其实异文袍也是常服，不过是在普通常服上增加了一些图案而已，但它似也有走向制度化的趋势。”[②] 在最近的一篇研究文宗大和六年（832）宰相王涯奏文所反映的晚唐舆服制度变化的文章中，他又明确指出：“在唐代，规定冠服制度的基本是《衣服令》，而规定常服制度的主要是《礼部式》。”[③] 这个判断非常准确，据此，关于异文袍的制度也当为《礼部式》所规定。事实上，本件文书第一部分关于仪刀的规定与诸卫仪仗有关，然尚无法确定是朝会还是出行卤簿的内容。文书第3行关于诸卫服“绯衫袂”的内容则与朝会仪仗有关，至于异文袍，亦是在冬至、元正等大朝会上所服，即前引《唐会要》与《通典》所谓“每正冬陈设，朝日着甲，会日着袍”。这些均与卤簿无涉。综上所述，我们初步判断，这件同时包含着“仪刀”“绯衫袂”“异文袍”等内容的文书当为《礼部式》的残卷。

由于残卷第二部分关于十六卫异文袍的规定是从开元十一年的那道敕文发展而来，则具体的时间自然在其后。关于开元时期的立法活动，《唐会要》卷三九《定格令》条记载[④]：

> 开元三年正月，又敕删定格式令，上之，名为《开元格》，六卷。……至七年三月十九日，修令格，仍旧名曰《开元后格》。……十九年，侍中裴光庭、中书令萧嵩又以格后制敕行用之后，与格文相违，于事非便，奏令所司删撰《格后长行敕》六卷，颁于天下。二十五年九月一日，复删辑旧格式律令，中书李林甫，侍中牛仙客，中丞

① 参见孙机《中国古舆服论丛》（增订本）下编《两唐书舆（车）服志校释稿》卷三，文物出版社，2001，第457～463页。黄正建：《唐代衣食住行研究》，首都师范大学出版社，1998，第52～106页。

② 黄正建：《唐代衣食住行研究》，首都师范大学出版社，1998，第59页。

③ 黄正建：《王涯奏文与唐后期车服制度的变化》，载《唐研究》第10卷，北京大学出版社，2004，第299页。

④ 《唐会要》卷三九《定格令》，上海古籍出版社，1991，第821～822页。

王敬从，前左武卫胄曹参军崔冕，卫州司户参军、直中书陈承信，酸枣县尉、直刑部俞元杞等，共加删缉旧格式律令及敕，总七千二十六条。其一千三百二十四条于事非要，并删除之，二千一百八十条随事损益，三千五百九十四条仍旧不改。总成律十二卷，律疏三十卷，令三十卷，式二十卷，《开元新格》十卷。又撰《格式律令事类》四十卷，以类相从，便于省览，奉敕于尚书都省写五十本，颁于天下。二十五年九月三日，兵部尚书李林甫奏："今年五月三十日前敕，不入新格式者，并望不任（在）行用限。"

显然，有可能收入残卷中开元十一年敕文内容的，有开元十九年删撰的《格后长行敕》以及开元二十五年新定之《式》。

我们先来看开元十九年由裴光庭、萧嵩主持删撰的《格后长行敕》。值得注意的是，自从开元十八年十二月张说去世之后，主持修定《大唐开元礼》的宰相也是萧嵩。吴丽娱先生指出，开元十九年六月朝廷曾进行了一些衣服制度的改革，这些敕文很可能被编入《格后长行敕》中，并为次年成书的《开元礼》所吸纳①。事实上，开元十一年关于十六卫军将袍服的敕文也可能被编入《格后长行敕》中，这也正是《开元礼》卷二所谓的"新制"之由来。

不过，本件文书却不太可能是《格后长行敕》。该书编纂的主要目的是避免新出敕文与"格"相违背，而"格"本身一般还保留着敕文的形式，如前有"敕"字起首，后有原敕发布的年月②，《格后长行敕》的体例自然更应如此。从本件文书来看，第一部分关于"仪刀"条与第3行关于"绯衫裌"条之间、"绯衫裌"条与其后"异文袍"条之间均无可以书写发敕年月的空间，显非编敕的形式，因此不会是《格后长行敕》。至于

① 吴丽娱：《新制入礼：大唐开元礼的最后修订》，《燕京学报》2005年新十九期，第52~55页。

② 例如，S. 1344开元《户部格》、北图周字69号开元《户部新格》均以"敕"字起首，尾列发敕时间，且另起一行。德藏Ch. 3841《神龙吏部留司格》亦然，唯发敕时间以小字注释的方式标注，且未另起一行。只有S. 3078 + S. 4673《神龙散颁刑部格》的每条格文起首以"一"字线标识，无"敕"字，亦无格文所据敕文的时间。参见刘俊文《敦煌吐鲁番唐代法制文书考释》，中华书局，1989，第246~294页。池田温：《北京图书馆藏开元户部格残卷简介》，载北京图书馆敦煌吐鲁番学资料中心、台北《南海》杂志社合编《敦煌吐鲁番学研究论集》，书目文献出版社，1996，第159~175页。

“式”的体例，从 P. 2507《开元水部式》残卷来看，则非编敕形式，因此每条式文均无“敕”字起首，亦无发敕年月①，与本件文书相合。

事实上，在前引《大唐开元礼》卷二《序例中》“大驾卤簿”条中，在引《式》所载叙述了法驾、小驾的递减规定之后，又将“新制”的旗帜与十六卫军将袍服制度列于其后，可见，这一新制此时尚未入《式》。我们推测，关于“异文袍”的新制先是在开元十九年被编入《格后长行敕》，并在次年成书的《开元礼》中有所体现，到开元二十五年删定律令格式时，这一制度才被正式整理入《式》，考虑到当时正是唐玄宗制礼作乐、建定制度的高峰时期，诸卫军将“异文袍”的新制入《式》完全是顺理成章之事。因此，我们推测本件文书当为开元二十五年删定的《礼部式》残卷。

与律、令、格等法律形式相比，唐《式》的研究还很不充分，这主要是因为其久已散佚，而无论是传世文献还是敦煌吐鲁番文书，所能提供的资料都是寥寥无几②，因此，这件开元二十五年《礼部式》的残卷无疑为我们增添了相当宝贵的新材料。

【本文原刊《文物》2007 年第 2 期；修订稿收入荣新江、李肖、孟宪实主编《新获吐鲁番出土文献研究论集》，中国人民大学出版社，2010】

① 参见刘俊文《敦煌吐鲁番唐代法制文书考释》，中华书局，1989，第 326～354 页。

② 参见刘俊文《敦煌吐鲁番唐代法制文书考释》，中华书局，1989，第 307～354 页。韩国磐：《传世文献中所见唐式辑存》，《厦门大学学报》（哲社版）1994 年第 1 期，第 33～40 页。黄正建：《唐式摭遗》，载《98 法门寺唐文化国际学术讨论会论文集》，陕西人民出版社，2000。

俄罗斯科学院东方文献研究所藏《唐名例律》残片浅析

——关于 Дх. 08467 的考证为主

辻正博 撰　金成爱 译[*]

本文试将俄罗斯科学院东方文献研究所藏奥登堡（S. F. Oldenburg）收集品中有关唐代法制史的文献进行初步探讨。具体确认：①Дх. 08467 与 Дх. 01391 可以缀合；②其内容属于《唐名例律》。并进一步阐述本残片所记录的律的年代和写本的性质。

一　关于俄罗斯科学院东方文献研究所藏唐律写本残片

关于俄罗斯科学院东方文献研究所（以下简称“东方文献研究所”）藏唐律写本残片，目前有如下的研究。

①Дх. 01916（Дх. 01916B）+Дх. 03116+Дх. 03155：《名例律》（第 6 条“十恶”）

孟列夫目录把 Дх. 01916 残片记录为“唐律，卷第一，十恶”[①]。池田温和冈野诚两位先生则认为上述三个残片是《永徽律》[②]。刘俊文先生也抱

* 辻正博，日本京都大学大学院人间・环境学研究科教授；金成爱，执译时就读日本京都大学人间・环境学研究科博士后期课程。

① М. И. Воробьева－Десятовская, И. Т. Зограф, А. С. Мартынов, Л. Н. Меньшиков, Б. Л. Смирнов, *Описание китайских рукописей дуньхуанского фонда Института народов Азии*, *Выпуск II*, Москва, 1967, p. 487. 孟列夫主编《俄藏敦煌汉文写卷叙录》（以下简称《孟目》）下册，上海古籍出版社，1999，第 464 页。

② 池田温、岡野誠：《敦煌、吐魯番發見唐代法制文獻》，《法制史研究》27，創文社，1978，第 202 页。

有同样的观点[①]。土肥义和先生的研究已证明英国图书馆斯坦因（M. A. Stein）收集品中 S. 9460v《名例律》（第 6 ~ 7 条“十恶”及“八议”）属于本残片的僚卷[②]。

②Дx. 01391：《名例律》（第 46 条“同居相为隐”至第 50 条“断罪无正”）[③]

孟列夫目录把此残片鉴定为《唐律》（《名例律》第 46 ~ 49 条）。池田、冈野两位则认为“是《名例律》第 46 条至第 50 条的断简残卷”，并且认为“律的年代尚不清楚”，“没有充分的依据可以证明”[④] 与上述①的《名例律》残片是同一个卷子。而刘俊文先生则主张“细检原件图版，其书写格式及笔记与前述一，Дx. 01916，Дx. 03116，Дx. 03155 永徽名例律断片相同，疑二者为同一卷子之分离物，所载亦当是永徽律”，与池田、冈野两位持不同看法[⑤]。

③Дx. 11413：《厩库律》（第 17 ~ 18 条）

近年，史睿先生确认了这一残片属于《唐律》（《厩库律》）写本中的一部分[⑥]。并且，据陈国灿先生的研究表明此残片属于吐鲁番出土文书[⑦]。

④Дx. 09331：《断狱律》（第 3 条）

在上述论文中，史睿先生又确认了此残片属于《唐律》（《断狱律》）

---

① 刘俊文：《敦煌吐鲁番唐代法制文书考释》，中华书局，1989，第 24 ~ 25 页。

② 土肥義和：《唐天寶年代敦煌縣受田薄斷簡考——田土の還受問題に關連して》，载《坂本太郎博士頌壽記念日本史学論集》上卷，吉川弘文館，1983，第 340 ~ 341 页，注（34）。池田温：《最近における唐代法制史料の發見紹介》，载唐代史研究会编《中国律令制の展開とその国家・社会との關係—周邊諸地域の場合を含めて—》，刀水書房，1984，第 65 页。

③ М. И. Воробьева - Десятовская，И. С. Гуревич，Л. Н. Меньшиков，В. С. Спирин，С. А. Школяр，*Описание китайских рукописей дуньхуанского фонда Института народов Азии*, *Выпуск I*，Москва，1963，p. 566. 《孟目》上册，上海古籍出版社，1999，第 574 页。孟列夫鉴别本残片所记录的律的条文相当于名例律第 46 条“同居相为隐”至第 49 条“本条别有制”，并验明与根据《唐明律合编》相传的唐律并无文字的异同。

④ 池田温、岡野誠：《敦煌、吐魯番發見唐代法制文獻》，《法制史研究》27，創文社，1978，第 206 页。

⑤ 刘俊文：《敦煌吐鲁番唐代法制文书考释》，中华书局，1989，第 33 页。

⑥ 史睿：《新发现的敦煌吐鲁番唐律、唐格残片研究》，《出土文献研究》第八辑，上海古籍出版社，2007，第 213 ~ 219 页。

⑦ 陈国灿：《〈俄藏敦煌文献〉中吐鲁番出土的唐代文书》，《敦煌吐鲁番研究》第八卷，中华书局，2005，第 109 ~ 110 页。

写本中的一部分。据他的研究从写本残缺部分的复原结果来推测，写本的格式应该是每行 14 ~ 15 字。

二　新发现的唐律写本残片——Дх. 08467 的定名及与 Дх. 01391 的缀合

1. 关于 Дх. 08467

近年来，《俄藏敦煌文献》全 17 册（上海古籍出版社，1992 ~ 2001）的出版，对东方文献研究所藏敦煌出土文献的研究产生了巨大的推动作用。《俄藏敦煌文献》收录的图版中有不少与唐代法律相关的文献。作为与唐代法制文献相关的资料集广泛应用的 *Tun-huang and Turfan Documents concerning Social and Economic History*, Vol. I. Ed. By Yamamoto Tatsuro, Ikeda On and Okano Makoto, The Toyo Bunko, 1978 - 1980（以下略称为 TTD - I）中，奥登堡收集品一共有 2 件 4 点（Дх. 01916 + 03116 + 03115，Дх. 01391）。相比之下《俄藏敦煌文献》出版后到目前所发现的总共有 4 件 4 点（Дх. 11413，Дх. 09331，Дх. 03558，Дх. 06521）。

我个人认为，在此介绍的 Дх. 08467 也是唐代法制文献。具体地说应该是《唐名例律》写本中的一部分。

本残片的图版，收录在《俄藏敦煌文献》第 14 册（第 55 页，黑白图版）。因没有标明规格，残片的大小虽无法确定，但是本残片和 Дх. 08468、Дх. 08469（均属佛典残片）一共 3 张残片收录在同一张图版中，感觉是个比较小的残片。

残片上的文字有些走样，但是因其楷书的书写风格，内容比较容易掌握。很快就可以判断出它就是唐律（《名例律》第 44 条“共犯罪有逃亡”至第 46 条“同居相为隐”）的残片。即本残片完全可以接合在 Дх. 01391 前面。

2. 关于 Дх. 01391

关于 Дх. 01391，《俄藏敦煌文献》第 8 册中，彩色图版（卷首图版七）和黑白图版（第 133 页）均有收录。根据前述的孟列夫目录中的著录（No. 1445），它大小约 22.5 厘米 × 28.5 厘米，首尾缺，每行 18 ~ 19 字，残缺 13 行，白纸，因残片上粘有泥土呈淡红色（据说是 9 ~ 10 世纪的写本）。

池田、冈野两位在《唐代法制文献一览表》中，根据对图版的观察，得出每行 19~20 字，残缺 15 行的结论。至于律的年代区分，虽说“目前尚不清楚”，但仍然推测为《永徽律》或者是《开元律》的写本①。并且，TTD－Ⅰ的英文解说〔（A）Introduction & Texts，p. 28〕则认为一行 21 字左右，与前述①的《名例律》（第 6 条）残片相同“从其略显粗劣的字体可以判断出它并不属于官方的写本，应该是官人或胥吏私藏的写本”。

3. Дx. 08467 与 Дx. 01391 的缀合

在 Дx. 08467 后面摆放 Дx. 01391，从其叙述内容可以判断两个残片刚好缀合。用扫描器把《俄藏敦煌文献》的图版作为图像文件存入计算机中，并统一文字大小，如同我的预料，两个残片刚好缀合为一。

根据缀合结果完成的释文（见图 1），写本残片共计 26 行，每一行有 18~21 字。与孙奭《律附音义》的相关部分②相比较，可以发现如下文字存有异同处。

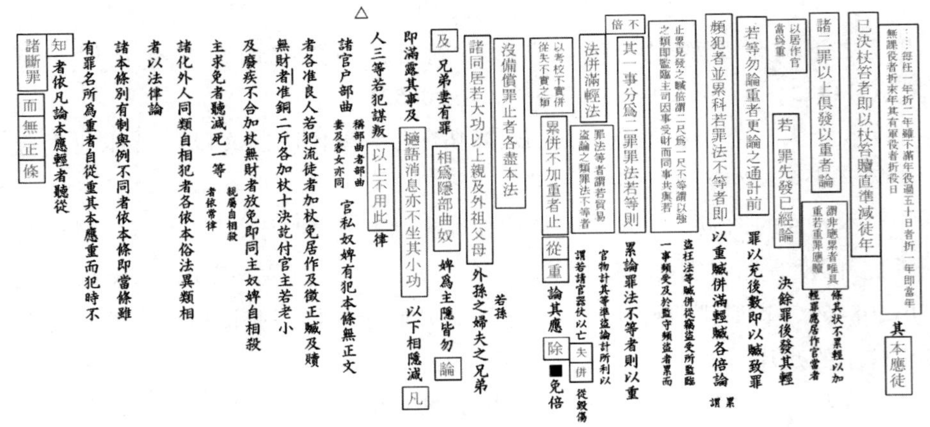

图 1　唐名例律（第 44~50 条）残卷（Дx. 01391＋Дx. 08467）

写本残片（Дx.08467＋Дx.01391）	《律附音义》
① 第8行 罪法不等则以重	罪法不等者以重

① 池田、岡野《敦煌、吐鲁番發見唐代法制文獻》中“西域發見唐代法制文獻一覽表”之⑧，第 200~201 页。

② 孙奭撰《律附音义》，上海古籍出版社，1984，第 28~31 页。

② 第9行 官计其等准盗论	官物计其等准盗论
③ 第18行 无财者（右侧是删除符号）	无财者
④ 第19行 及废疾不合加杖	及废疾不合加杖

②只是单纯的漏字，④是写本残片的文字正确。至于①，《通典》卷一六五《刑法·刑制》所记载的开元律也不存在“者”字。

> 诸二罪以上俱发，以重者论〈谓非应累者，唯具条其状，不累轻以加重。若重罪应赎，轻罪应居作、官当者，以居作、官当为重〉。等者从一。若一罪先发，已经论决，余罪后发，其轻若等，勿论。重者，更论之，通计前罪，以充后数。即以赃致罪，频犯者并累科。若罪法不等者，以重赃并满轻赃。各倍论〈累，谓止累见发之赃。倍，谓二尺为一尺。不等，谓以强盗、枉法等赃，并从窃盗、受所监临之类。即监临主司，因事受财，而同事共与，若一事频受及于所监守频盗者，累而不倍〉。其一事分为二罪，罪法若等，则累论。罪法不等，则以重法并满轻法〈罪法等者，谓若贸易官物，计其等准盗论，计其利以盗论之类。罪法不等者，谓若请官器仗，以亡失并从毁伤，以考校不实并从失不实之类〉。累并不加重者，止从重论。其应除免、倍、没、备偿、罪止者，各尽本法。

《律附音义》的律也应属于开元律，因此怎样解释这一区别也是相当困难。当然，不能排除有漏字的可能性。关于③，我推测是由写本校正人的失误记下了删除符号。这说明就此写本曾进行过校对。

4. 通过高精度彩色照片进行考证

进行上述考证的同时，在东方文献研究所的协助之下，入手了高精度彩色照片，以两个残片缀合为一（见图2）。此后，在东方文献研究所的阅览室亲眼见到了实物，并确认两个残片刚好接合为一。

与孟列夫目录中“因残片上粘有泥土呈淡红色”的记录一样，写本残片表面的一部分上粘有呈红色的颜料，并且此颜色跨越Дх. 08467和Дх. 01391两个残片（见图3）。这说明两张残片本来是连着的同一个写本。那么，此种颜料是什么时候粘上去的呢？

可以确定的是唐律写本被废弃之后的事情。在本文的开头部分介绍的唐律残片中Дх. 09331上也粘有同色颜料。正如上述史睿先生的论文所论

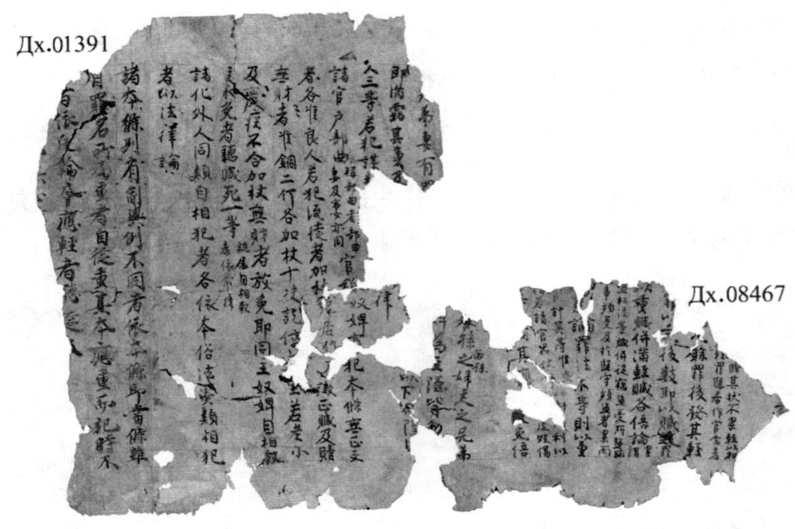

图 2

图 3

证，这张残片属于《唐律》（《断狱律》）的写本。据史睿先生研究，他推测这一残片的格式是每行 14～15 字。而本残片的格式是每行 18～21 字。这种格式上的差异显示两者是不同写本的残片。不同写本的残片上粘有同色的颜料，说明上述两件写本残片上粘上颜料的时期，应该是其被官厅废弃之后，在再利用过程中被带入莫高窟的。

5. 作为唐律写本的年代区分

据刘俊文先生的研究，这一写本（Дx. 01391）所记录的应该是《永徽律》。其判断依据是：被认为永徽律的唐律写本残片〔即 Дx. 01916（Дx. 01916B）+ Дx. 03116 + Дx. 03155〕和 Дx. 01391 的“书写格式及字体”几乎相同。但是，是否可以这样断定？

正如前面所述，本残片（Дx. 01391 + Дx. 08467）有界栏。并且，纵向有折叠线（见图 4）。对 Дx. 01916（Дx. 01916B）+ Дx. 03116 + Дx. 03115，同样进行了高精度彩色照片的考证和现场勘验，仔细观察也没发现界栏和纵向折叠线（见图 5）。关于纸质，可以确认其纸质较单薄，跟本残片的纸质有所不同。并且，观察 S. 9460v 的照片之后的印象也相差不多①。

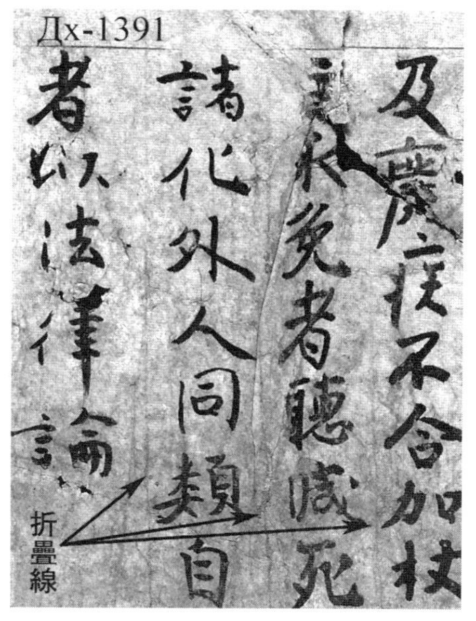

图 4

从上述分析可以判断：Дx. 01916（Дx. 01916B）+ Дx. 03116 + Дx. 03155 和本残片是“同一卷子的分离物”的见解并不十分精确。从其写本内容本身很难辨认出是《永徽律》还是《开元律》。所以目前赞同的还是池田和冈野两位先生“《永徽律》或者是《开元律》”的观点。

① 此次使用的是在网上公开的 International Dunhuang Project（http://idp.bl.uk/）图像数据库“IDP Database”。

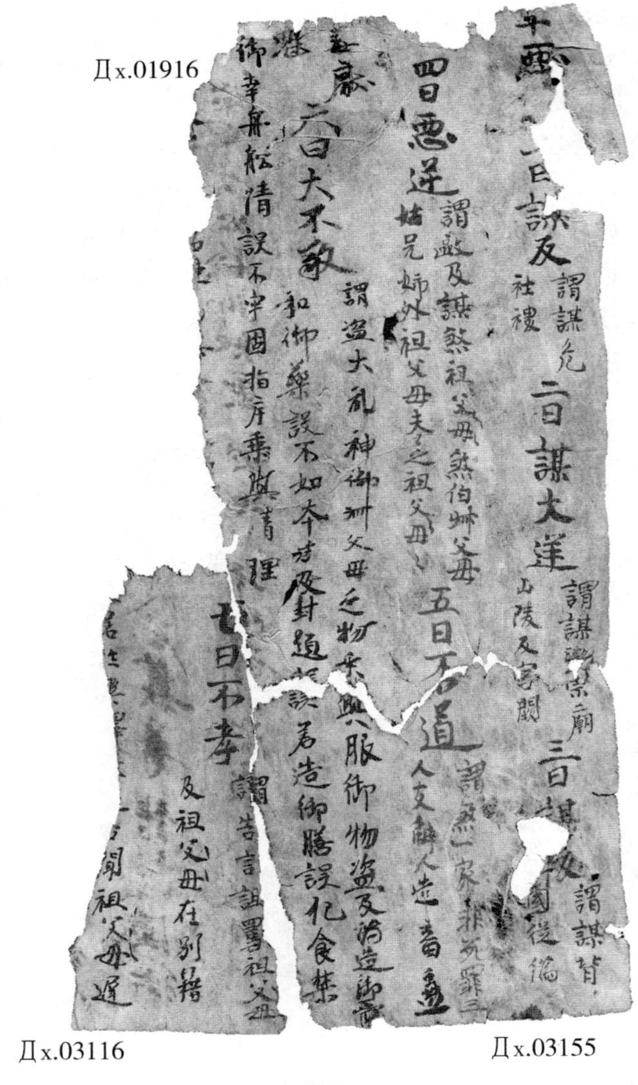

图 5

三 结论

通过以上分析，我们可以得到以下结论：

①Дx. 08467 属于《唐律》（名例律第 44 ~46 条）写本的一部分。

②这一残片可以缀合在《唐律》（名例律第 45 ~ 50 条）写本残片Дx. 01391 的前面。

③写本所记录的律属于《永徽律》或者是《开元律》。

④此写本残片曾被进行过校对。

【本文原载 *Dunhuang Studies*: *Prospects and Problems for the Coming Second Century of Research*, Eds by I. Popova and Liu Yi, Slavia Publishers, St. Petersburg, 2012】

中国国家图书馆藏两件敦煌法典残片考略*

赵　晶**

唐代中前期的法律体系由律、令、格、式所组成，除了传世本《唐律疏议》保存了唐《律》及《律疏》的基本内容外，其他三种法律形式皆已佚失。自近代以来，中日学术界开始积极地复原唐令、[①] 辑佚唐式、[②] 唐格，[③]

---

* 本文为国家社科基金青年项目“新出中、日藏敦煌吐鲁番法制文献与唐代律令秩序研究”（项目号为：14CFX056）、北京市社会科学界联合会青年社科人才资助项目“北图藏敦煌法律与社会文献研究”（项目号为：2013SKL017）的阶段性成果。拙稿撰写期间，承蒙冈野诚、石野智大、土口史记、中田裕子等先生拨冗提供日文资料，黄正建先生惠予指正，谨此申谢。

** 赵晶，中国政法大学法律古籍整理研究所副教授。

① 相关成果如仁井田陞：《唐令拾遺》，東方文化学院東京研究所，1933；仁井田陞著，池田温编集代表《唐令拾遺補》，東京大学出版会，1997；天一阁博物馆、中国社会科学院历史研究所天圣令整理课题组：《天一阁藏明钞本天圣令校证（附唐令复原研究）》，中华书局，2006。

② 如韩国磐：《传世文献中所见唐式辑存》，《厦门大学学报》（哲社版）1994 年第 1 期，第 33 ~ 40 页；黄正建：《唐式摭遗（一）——兼论〈式〉与唐代社会生活的关系》，载韩金科主编《98 法门寺唐文化国际学术讨论会论文集》，陕西人民出版社，2000，第 451 ~ 456 页；霍存福：《唐式辑佚》，社会科学文献出版社，2009。

③ 如刘俊文：《论唐格——敦煌写本唐格残卷研究》，载中国敦煌吐鲁番学会编《敦煌吐鲁番学研究论文集》，汉语大词典出版社，1990，第 524 ~ 560 页，后收入氏著《唐代法制研究》，文津出版社，1999，第 120 ~ 163 页；坂上康俊：《〈令集解〉に引用された唐の格・格後勅について》，《史淵》第 128 号，1991，第 1 ~ 20 页；桂齐逊：《传世文献所见“唐格”试析》，《中国古代史研究》第 6 期，2006，第 127 ~ 194 页；戴建国：《唐格条文体例考》，《文史》2009 年第 2 期，第 95 ~ 105 页，后收入氏著《唐宋变革时期的法律与社会》，上海古籍出版社，2010，第 135 ~ 152 页；桂齐逊：《唐格再析》，载徐世虹主编《中国古代法律文献研究》第 4 辑，法律出版社，2010，第 244 ~ 286 页；赵晶：《唐代〈道僧格〉再探——兼论〈天圣令・狱官令〉“僧道科法”条》，《华东政法大学学报》2013 年第 2 期，第 127 ~ 149 页，后收入氏著《〈天圣令〉与唐宋法制考论》，上海古籍出版社，2014，第 137 ~ 169 页。

而这些工作的展开，在很大程度上须依靠敦煌藏经洞所出的唐代法典文献的残卷。

20 世纪 70 年代，日本学者池田温、冈野诚全面概论了敦煌、吐鲁番出土的 25 件唐代法典文献，附有录文和校勘。其中，为中国国家图书馆所藏（原称“北图藏”，以下皆略称“国图藏”）的敦煌法典文献有“河字 17 号”《名例律疏》残卷。[①] 在此基础上，池田、冈野两氏与山本达郎一起整理出版了由英文解题、录文（附校勘）、黑白图版所组成的《敦煌、吐鲁番社会经济文献》第一辑《法制》卷。该辑分上下两册，上册是英文概要与录文，下册是图版，所收录的文献数量同于上文。[②]

在中国方面，首次系统整理敦煌、吐鲁番法制文献者，首推刘俊文，他于 1989 年出版了《敦煌吐鲁番唐代法制文书考释》，内分律、律疏、令、格、式、令式表、制敕文书、牒、案卷等 9 类，考释文书 50 件。就国图藏敦煌文献而言，刘著较上述日本所出录文多了一件“丽字 85 号”《职制律》残片、一件“周字 51 号”《开元职方格》残片。[③] 刘氏《考释》出版的翌年，唐耕耦、陆宏基出版了《敦煌社会经济文献真迹释录》第二辑（以下简称《真迹释录》），[④] 且唐氏于 1994 年又单独出版了《中国珍稀法律典籍集成》第三册《敦煌法制文书》，[⑤] 但并未增加所收国图藏敦煌法典文献的数量。

2001 年，日本东洋文库再次编集、出版了《敦煌、吐鲁番社会经济文献》第五辑《增补》卷。该辑的编集形式一如此前出版的各辑，其中“法制”部分增收了 9 件第一辑所无的文献。就国图藏法典文献而言，未见于上述刘著、《真迹释录》者，还有 1 件“周字 69 号”的《户部格》残卷。[⑥]

---

① 池田温、岡野誠:《敦煌・吐魯番発見唐代法制文献》,《法制史研究》第 27 號，1977，第 207 ~ 208 页。

② Yamamoto Tatsuro, Ikeda On, Okano Makoto, co-edited, *Tun-huang and Turfan Documents concerning Social and Economic History*, Ⅰ, (A) Introduction & Texts, (B) Plates, The Toyo Bunko, 1978 - 1980.

③ 刘俊文:《敦煌吐鲁番唐代法制文书考释》，中华书局，1989，第 39、295 ~ 300 页。

④ 唐耕耦、陆宏基编《敦煌社会经济文献真迹释录》（第二辑），全国图书馆文献缩微复制中心，1990。

⑤ 唐耕耦编《敦煌法制文书》，载刘海年、杨一凡总主编《中国珍稀法律典籍集成》，科学出版社，1994。

⑥ Yamamoto Tatsuro, Ikeda On, Dohi Yoshikazu, Kegasawa Yasunori, Okano Makoto, Ishida Yusaku, Seo Tatsuhiko, co-edited, *Tun-huang and Turfan Documents concerning Social and Economic History*, Ⅴ, (A) Introduction & Texts, (B) Plates, The Toyo Bunko, 2001.

由于国图藏敦煌文书至2012年方才出齐全部的图版，[①] 因此上述所及部分法典文献的完整图版至此才被公布于众。本文结合最新的图版，对两件法典文献略作考析。

一 BD16300号《职制律》残片

（一）学术史与新录文

最先公布这一文献者，为日本学者中田笃郎。他在调查、编纂北京图书馆藏敦煌文献总目时，发现了“丽字85号”《目连救母变文》纸背所贴的三块《唐律》残片，并将之拼接、复原。[②]

1983～1985年，黄永武主编的《敦煌宝藏》在第56～111册中，陆续公布了8738号国图藏敦煌文书的图版，其中第110册首次公布了这三块残片的拼接图。[③] 1990年出版的《真迹释录》公布的图版仅收录了其中两块残片（见图1）。[④] 所以不论是1992年冈野氏所撰“职制律断简”的章节，[⑤] 还是2001年日本东洋文库所出版的《敦煌、吐鲁番社会经济文献》第五辑《增补》卷，都采用了《敦煌宝藏》的图版（见图2）。

需要注意的是，虽然《敦煌、吐鲁番社会经济文献》第五辑《增补》

---

① 1999～2001年，中国国家图书馆与江苏古籍出版社合作，以《中国国家图书馆藏敦煌遗书》为名刊布国图藏敦煌文献的图版，但仅出版7册。2005年，由北京图书馆出版社开始重新出版《中国国家图书馆藏敦煌遗书》，至2012年出版完毕，共计146册。有关国图藏敦煌文献的相关情况，参见陈丽萍《中国国家图书馆藏敦煌契约文书汇录》（一），载黄正建主编《隋唐辽宋金元史论丛》第5辑，上海古籍出版社，2015，第84～85页。

② 中田篤郎：《敦煌遺書中の唐律斷片について》，氏编《北京圖書館藏敦煌遺書總目錄》，私家版，1983，卷末第1～3页；《〈北京圖書館藏敦煌寫經〉中に存する唐律斷片について》，《東洋史苑》第23號，1984，第103～107页；《唐律斷片小考》，氏编《北京圖書館藏敦煌遺書總目錄》，朋友書店，1989，逆页第165～168页。

③ 黄永武主编《敦煌宝藏》第110册，新文丰出版股份有限公司，1984，第340页。

④ 唐耕耦、陆宏基编《敦煌社会经济文献真迹释录》（第二辑），第499页。此点已为冈野诚指出，参见氏著《中国国家圖書館所藏の唐律斷簡について——〈目连救母變文〉にふれて》，《明治大学社会科学研究所紀要》第39卷第2號，2001，第69页注5。

⑤ 岡野誠：《敦煌資料と唐代法典研究——西域発見の唐律・律疏断简の再検討》，载池田温《講座敦煌5 敦煌漢文文献》，大東出版社，1992，第518页。

图 1[①]

图 2[②]

卷所用图版依然是《敦煌宝藏》的版本，但其编号却发生了变化："北图丽 85、霜 89 黏贴"。换言之，自中田氏以降，学界一直将其编为"丽字 85 号"或"丽字 85 号黏贴"，而此时编号却增加了"霜 89 黏贴"。其原因在于，冈野诚在 1992 年发表的论文猜测，北图藏丽字 85 号《目连救母变文》残卷可与同馆所藏的霜字 89 号进行缀合。[③] 既然丽字 85 号背面贴有用于修补的残片，那么霜字 89 号背面也可能贴有《唐律》的残片。1994 年，冈野氏在北京图书馆调阅原卷时又发现了从霜字 89 号背面剥离的两块残片。可惜的是，限于当时的条件，冈野氏仅以录文的方式重新缀合了这件拥有 5 块残片的《职制律》文献（见图 3），而未能附加图版。[④]

① 唐耕耦、陆宏基编《敦煌社会经济文献真迹释录》（第二辑），第 499 页。

② Yamamoto Tatsuro, Ikeda On, Dohi Yoshikazu, Kegasawa Yasunori, Okano Makoto, Ishida Yusaku, Seo Tatsuhiko, co-edited, *Tun-huang and Turfan Documents concerning Social and Economic History*, Ⅴ, (B) Plates, p. 1.

③ 岡野誠:《敦煌資料と唐代法典研究——西域発見の唐律・律疏断簡の再検討》，第 520 页。

④ 岡野誠:《中国国家圖書館所藏の唐律斷簡について——〈目连救母變文〉》にふれて》，第 70 ~ 72 页。

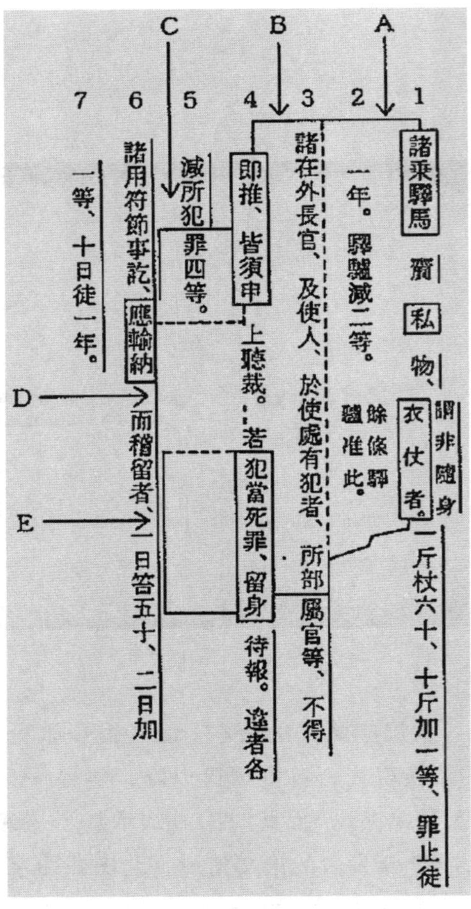

图 3①

也因为如此，《敦煌、吐鲁番社会经济文献》第五辑《增补》卷的录文没有吸收冈野氏的缀合成果，但用下注“丽字 85 号黏贴”予以限定，② 亦即该录文仅限于以往刊布的那三块残片。

① A、B、D 是粘贴于丽字 85 号的三块残片，C、E 是冈野诚调查原卷时新发现的从霜字 89 号剥离下来的两块残片。▭内文字是残片上缺少笔画的残字，而加了傍线（实线）的文字则是依据传世文献追补出来的。参见岡野誠《中国国家圖書館所藏の唐律斷簡について——〈目连救母變文〉にふれて》，第 71 页。

② Yamamoto Tatsuro, Ikeda On, Dohi Yoshikazu, KegasawaYasunori, Okano Makoto, Ishida Yusaku, Seo Tatsuhiko, co-edited, *Tun-huang and Turfan Documents concerning Social and Economic History*, Ⅴ, (A) Introduction & Texts, p. 1.

此次出版的《中国国家图书馆藏敦煌遗书》（以下称《遗书》）终于刊布了该件文献的完整图版（见图4）。[①] 其《条记目录》记载：该件文献包括5块残片，是从BD04085号背面揭下来的裱补纸，现已缀接，故而录成一号。该残片首尾、上下皆残，其尺寸是7厘米×20.4厘米，目前尚存4行文字，每行残16个字，且有双行小字。其中，所谓的BD04085号即“丽字85号”，因此其中两块残片与“霜字89号”没有关系，这与冈野氏前述的调研情况有所差异，不明其故。

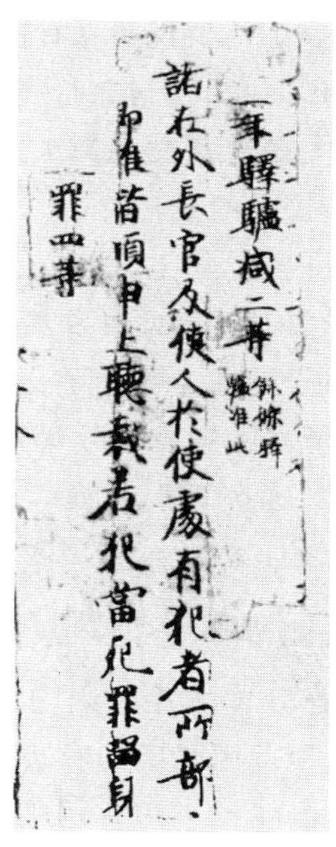

图4

以下根据该残卷的图版，并结合现存《律附音义》、[②]《唐律疏议》、[③]《宋刑统》，[④] 以及过往校录之文，将该残卷重新过录如下：[⑤]

① 《中国国家图书馆藏敦煌遗书》第146册，北京图书馆出版社，2012，图版第93页、条记目录第42页。

② 孙奭撰《律附音义》，上海古籍出版社，1984。

③ 长孙无忌：《唐律疏议》，刘俊文点校，中华书局，1983。

④ 明乌丝栏抄本《重详定刑统》，共8册，天一阁旧藏，现存于台北“故宫博物院”。笔者所据，乃是东京大学东洋文化研究所藏复制版，名为《天一阁藏宋刑统》。

⑤ 该残卷前后两边皆有残字笔画，可参见图3所示冈野氏的录文。本文暂不补录。

（前缺）

1 一年。驿驴减二等。余条驿驴准此。

2 诸在外长官及使人于使处有犯者，所部属官等不得

3 即推，皆须申上听裁。若犯当死罪，留身待报。违者，各

4 减所犯罪四等。

（后缺）

对于该图版及笔者的录文，需要说明者有三。

第一，《真迹释录》交代：“2 行与 3 行、4 行顶头相对连在一起”。[①]其所谓的 2、3、4 行，分别是笔者录文的第 1、2、3 行；所谓“顶头相对连在一起”，即图 1、图 2 所展示的残片样态。而从图 4 可见，《遗书》对 5 块残片进行了重新处理、拼接。

第二，通过与图 1、图 2 的比勘，便可发现，《遗书》增加了两个残片：其一录有“罪四等”；其二补全了录文第 3 行“上听裁。若犯当死罪，留身”的残字。前述冈野氏缀合的录文已体现了第一个残片的“罪四等”，但对于第 3 行的“犯当死罪，留身”这 6 个字，仍认为是残字（参见图 3）。[②]

第三，《条记目录》将第 4 行录补为“各减所犯罪四等”；冈野氏缀合的录文将此补录为“减所犯罪四等”。[③] 从第 2 行可知，此件文献每行有 21 个大字，若第 3 行也是 21 个大字，则应断至“各”字，而在第 4 行起首补入“减所犯”三字，因此冈野氏的看法可从。只是目前图 3 所见的残片拼接，仅在第 4 行“罪”字之上留了两个字的空间，这就与文字推补产生矛盾。仔细研究图 3 后，笔者发现：写有“罪四等”的残片右侧边缘留有残笔，与拼接的另一残片上的“皆须”二字无法密合，“皆”字下半部多出一竖，“须”字左半也同一般写法有异。唯一的解决办法是：将这一残片往下移一个字距（见图 5）。

图 5

① 唐耕耦、陆宏基编《敦煌社会经济文献真迹释录》（第二辑），第 499 页。

② 岡野誠：《中国国家圖書館所藏の唐律斷簡について——〈目连救母變文〉にふれて》，第 71 页。

③ 岡野誠：《中国国家圖書館所藏の唐律斷簡について——〈目连救母變文〉にふれて》，第 71 页。

（二）抄写格式

由于此件文献残存文字太少，无法据以判断其所据《唐律》之本为何年代，刘俊文暂时定为“永徽”律；[①] 池田温仅对其背景作了推断，即这些残片可能在8世纪后期以降被作为废纸进行了二次利用；[②] 冈野诚通过对其所贴补的《目连救母变文》的考察，推定这一《变文》大概抄于10世纪初期，因破损而需修理，故而将废弃的律文抄本予以贴补，因此这一律文有三种时代的可能性：唐律（唐后半期的律抄本或转写本）、五代之律、沙州归义军时期的律。[③] 且不论其年代为何，既往学者皆注意到了这种条文起首“诸”字高抬一格的书写格式有别于其他《唐律》残卷，冈野氏进而判断，这种律的“精写本”可能是原来的官方写本。[④]

循此思路，笔者逐一检视了目前所见敦煌、吐鲁番所出《唐律》残片。[⑤] 除了部分残卷因残缺过甚而无法显现其抄写格式外，其他《唐律》的写本格式有如下三种。

A. 条文与条文之间并不换行，但大约间隔一至两格，如P. 3608 + P. 3252《职制律》《户婚律》《厩库律》残卷（部分图版见图6）、[⑥] S. 9460Av《名例律》残片（见图7）、[⑦] Дx. 11413v《厩库律》残片（见

---

① 刘俊文：《敦煌吐鲁番唐代法制文书考释》，第39页。

② 池田温：《最近における唐代法制資料発見の紹介》，载唐代史研究会《中国律令制の展開とその国家・社会との関係——周辺諸地域の場合を含めて》，刀水書房，1984，第65页。

③ 岡野誠：《敦煌資料と唐代法典研究——西域発見の唐律・律疏断簡の再検討》，第523页。

④ 如池田温：《最近における唐代法制資料発見の紹介》，第65页；岡野誠：《敦煌資料と唐代法典研究——西域発見の唐律・律疏断簡の再検討》，第518～519页。

⑤ 具体文献序号、所载条文及其出处，可参见辻正博《敦煌、吐鲁番出土唐代法制文献一览表》，氏著《敦煌・吐鲁番出土唐代法制文献研究之现状》，周东平译，载周东平、朱腾主编《法律史译评》，北京大学出版社，2013，第142页。

⑥ 有关P. 3608《职制律》残卷的缀合、校录与考释，可参见Yamamoto Tatsuro，Ikeda On，Okano Makoto，co-edited，*Tun-huang and Turfan Documents concerning Social and Economic History*，Ⅰ，（A）Introduction & Texts，pp. 1－5；刘俊文《敦煌吐鲁番唐代法制文书考释》，第41～85页。

⑦ 有关S. 9460A《名例律》残片的校录、考释，可参见刘俊文《敦煌吐鲁番唐代法制文书考释》，第30～31页；Yamamoto Tatsuro，Ikeda On，Dohi Yoshikazu，Kegasawa Yasunori，Okano Makoto，Ishida Yusaku，Seo Tatsuhiko，co-edited，*Tun-huang and Turfan Documents concerning Social and Economic History*，Ⅴ，（A）Introduction & Texts，p. 1。

图 8）；[①]

B. 条文与条文之间须换行、顶格重写，但条文起首“诸”字并未高抬一格，而是平行抄写，如 Дx. 01391《名例律》残片（见图 9）；[②]

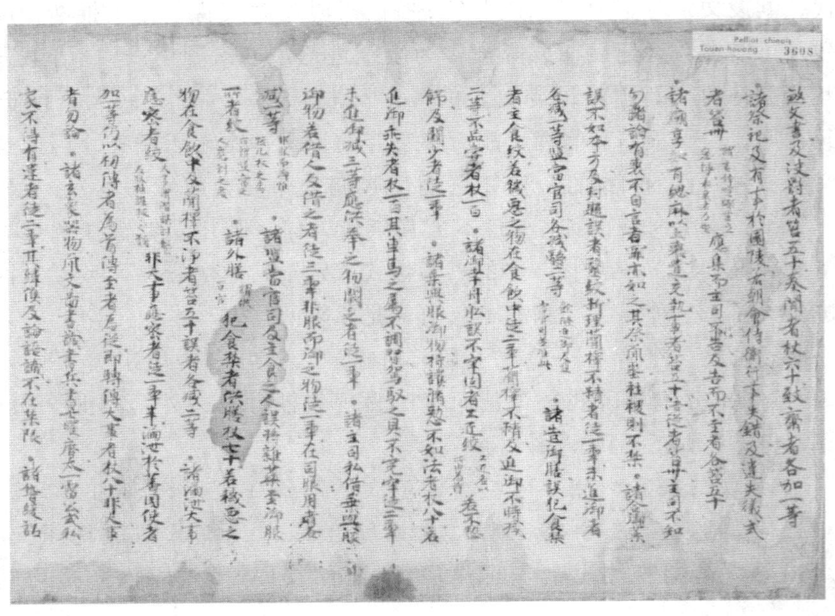

图 6[③]

① 陈国灿判定此一残片出自吐鲁番，参见陈国灿《〈俄藏敦煌文献〉中吐鲁番出土的唐代文书》，载《敦煌吐鲁番研究》第 8 卷，中华书局，2005，第 109～110 页；后收入氏著《论吐鲁番学》，上海古籍出版社，2010，第 183～184 页。史睿认为此一《厩库律》残片应为背面，而非《俄藏敦煌文献》所定正面，参见史睿《新发现的敦煌吐鲁番唐律、唐格残片研究》，《出土文献研究》第 8 辑，上海古籍出版社，2007，第 214 页。唯需指出者，史文注⑧将此残片的出处录作“《俄藏敦煌文献》14……第 151 页”，注①将 Дx. 09331《断狱律》残片的出处录作“《俄藏敦煌文献》15”，辻正博《敦煌、吐鲁番出土唐代法制文献一览表》亦同，实则二文所录册数与页码皆有误，Дx. 09331《断狱律》残片的图版在第 14 册。

② 有关 Дx. 01391《名例律》残片的校录与考释，可参见刘俊文《敦煌吐鲁番唐代法制文书考释》，第 32～38 页；Yamamoto Tatsuro, Ikeda On, Dohi Yoshikazu, Kegasawa Yasunori, Okano Makoto, Ishida Yusaku, Seo Tatsuhiko, co-edited, *Tun-huang and Turfan Documents concerning Social and Economic History*, Ⅴ,（A）Introduction & Texts, p. 8。辻正博近来发现，这一残片可与 Дx. 08467 残片进行缀合，并对其所载条文的年代进行了再次考释，参见辻正博《敦煌·吐鲁番出土唐代法制文献研究之现状》，周东平译，第 132～133 页。

③ 以下所附图版，未单独出注者，皆截取自“国际敦煌项目”（IDP）网站：http://idp.nlc.gov.cn/。

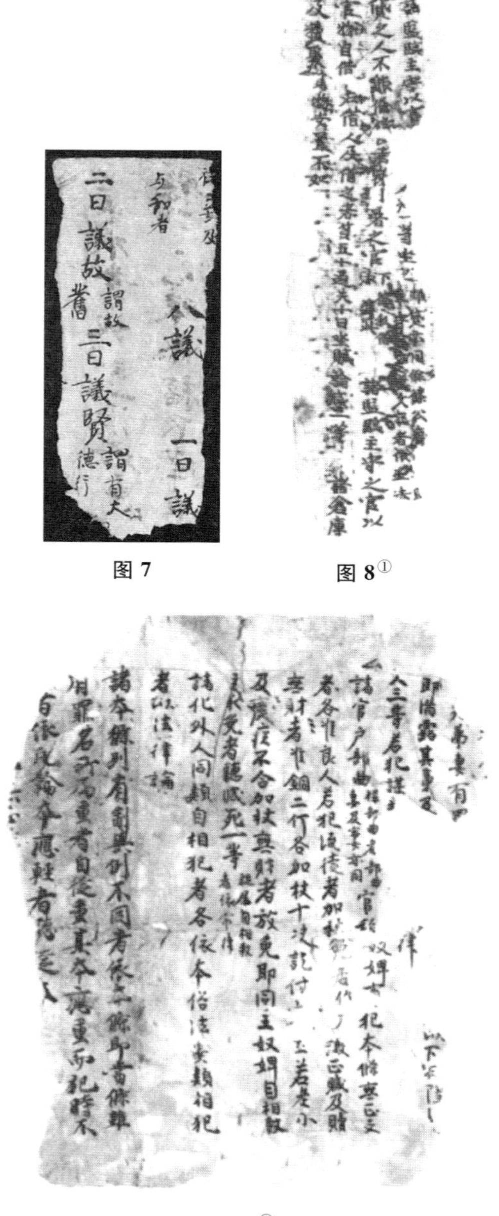

图 7

图 8[①]

图 9[②]

① 《俄藏敦煌文献》第 15 册，上海古籍出版社、俄罗斯科学出版社东方文学部，1997，第 212 页。

② 《俄藏敦煌文献》第 8 册，卷首彩图第七。

C. 条文与条文之间须换行重写，条文起首“诸”字高抬一格，如本文所讨论的 BD16300 号《职制律》残片，以及旅顺博物馆藏 LM20 - 1457 - 20 - 01《贼盗律》残片（见图 10）。[①]

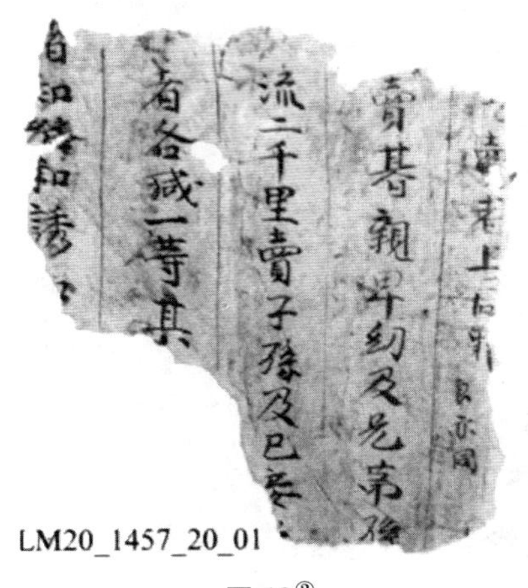

图 10[②]

此外，若是将考察的范围扩展至《律疏》，那么 BD06417《名例律疏》残卷、羽 20《杂律疏》残卷的抄写格式为 B 种；而池田温、冈野诚、荣新江皆已先后指出，[③] 采用 C 种抄写格式者，还有 P. 3690《职制律》残卷（见图 11）。

---

① 荣新江最早刊布这一残片，并将之与大谷 5098、大谷 8099 相缀合，参见荣新江《唐寫本中の〈唐律〉、〈唐禮〉及びその他》，森部豊译，《東洋学報》第 85 卷第 2 號，2003；中文增订本《唐写本〈唐律〉、〈唐礼〉及其他》，《文献》2009 年第 4 期，第 3 ~ 7 页。郭富纯、王振芬亦刊布过图版，并作录文，氏著《旅顺博物馆藏西域文书研究》，万卷出版公司，2007，第 179 页。冈野诚调查过原卷，刊布过彩色图版并在荣文基础上详加考析，分别参见氏著《旅順博物館・中国国家圖書館における〈唐律〉〈律疏〉断片の原巻調査》，载土肥義和编《内陸アジア出土 4 ~ 12 世紀の漢語・胡語文献の整理と研究》，平成 22 ~ 24 年度科学研究費補助金（基盤研究 C）研究成果報告書（平成 22 年度分冊），2011 年，第 9 ~ 11、12 页；《新たに紹介された吐魯番・敦煌本〈唐律〉〈律疏〉斷片——旅順博物館及び中国国家圖書館所藏資料を中心に》，载土肥義和编《敦煌・吐魯番出土漢文文書の新研究》（修訂版），東洋文庫，2013，第 93 ~ 101 页。

② 旅顺博物館、龍谷大学共编《旅順博物館藏新疆出土漢文佛經選粹》，法藏館，2006，第 202 页。

③ 池田温：《最近における唐代法制資料発見の紹介》，第 65 页；岡野誠：《敦煌資料と唐代法典研究——西域発見の唐律・律疏断简の再検討》，第 518 页；荣新江：《唐写本〈唐律〉、〈唐礼〉及其他》，第 6 页。

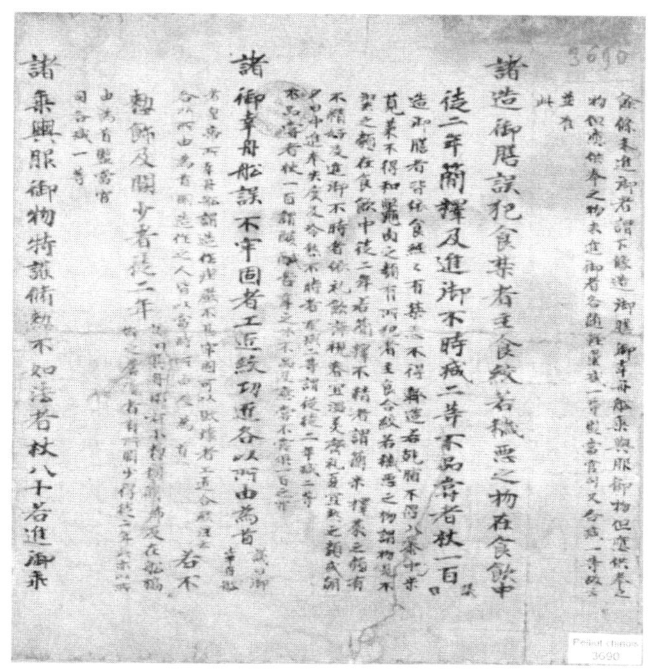

图 11

综上所述，在敦煌、吐鲁番出土的《唐律》写本中，抄写格式总体而言可以依据以下标准分为两大类：条文与条文之间是否另起一行。其中，条文另起一行抄写者，又存在着是否将“诸”字抬高一格抄写的区别。史睿在判定Дx. 11413v《厩库律》残片为随意抄写的习字时，言道：“一般而言，目前所见敦煌吐鲁番文书出土《唐律》或《律疏》抄本皆书写工整，每条律文另起一行书写。”[①] 然而由上述可知，各条律文连续抄写的情况并不少见。

或许更有意义的问题是：唐代法典的官方书式究竟如何？冈野诚曾经指出：北宋初年，为律学参考而复刻唐律所形成的《律附音义》，其律的书式即为 C 种。由此反推，除了每行的字数以外，《律附音义》中律的书式忠实地反映了原本。[②] 黄正建还以天一阁藏明抄本《天圣令》残卷也采

① 史睿：《新发现的敦煌吐鲁番唐律、唐格残片研究》，第 215 页。

② 岡野誠：《敦煌資料と唐代法典研究——西域発見の唐律・律疏断简の再検討》，第 523 页。

用 C 种格式的现象，补证了 C 种是官方法典书式的观点。[①]虽然目前我们未必能够据此完全确定唐代法典的官方书式（尤其是不同时段的书式或许还有所变化），但这些信息无疑为进一步思考提供了宝贵的线索。

二 BD15403 号《监门宿卫式》残片

（一）概述与校录

据《条记目录》所载：此件残片曾被编为“简字 068073 号”，正背面皆有文字。残片尺寸为 15 厘米 ×25 厘米，首残尾脱，通卷下残，有栏线。其正面残存 8 行，最长一行存 14 字，被拟名为《监门宿卫式》（参见图 12）；背面残存 7 行，最长一行存约 17 字，被拟名为《夹注金刚经疏》。[②]

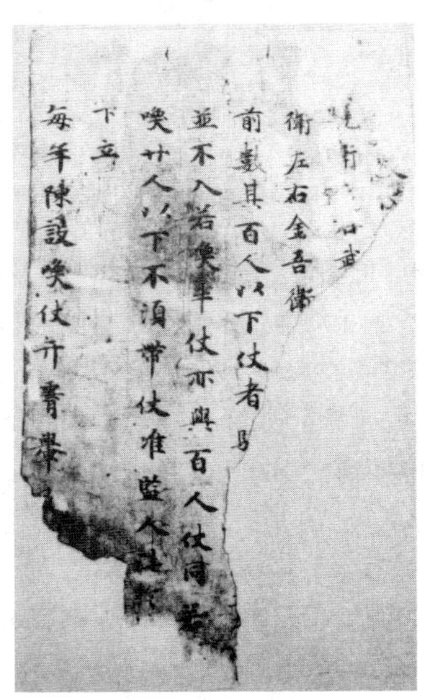

图 12

① 黄正建：《敦煌吐鲁番法典文书与唐代法律文化》，载《中国敦煌吐鲁番学会 2008 年度理事会议暨“敦煌汉藏佛教艺术与文化学术研讨会”论文集》，三秦出版社，2011，第 183 页注 21。

② 参见《中国国家图书馆藏敦煌遗书》第 143 册，北京图书馆出版社，2012，图版第 338 页、条记目录第 19 页。

迄今为止，此残片并未引起学界注意，现据图版及《条记目录》过录正面文字如下：

（前缺）

1 □□仗[　　　][左右]

2 骁卫、左右武[卫、左右威卫、左右领军]

3 卫、左右金吾卫[　　　]

4 前数。其百人以下，仗者[　　　]

5 并不入。若唤半仗，亦与百人仗同。若

6 唤廿人以下，不须带仗，准监人法，于□

7 下立。

8 每年陈设、唤仗并腰轝[　　　]

（后缺）

对于上述录文，需交代者如下。

第一，第1~3行，第1行勉强可辨者是“仗”字；第2行则可读出“骁卫”“武”等字，《条记目录》在“武”字前释出“左右”二字，从“武”字前一个字留下的偏旁“口”来看，应该可从；第3行残存文字十分清晰，即“卫、左右金吾卫”。从后文的考述可知，此残卷与朝会等的“立仗”相关，检诸《唐六典》卷二四《诸卫》以及《新唐书》卷二三《仪卫志上》，可知左右卫、左右骁卫、左右武卫、左右威卫、左右领军卫、左右金吾卫等十二卫府承担着太极殿左右厢、正殿两阶、正殿东西廊以及诸门仪仗的功能。[①] 据此在第1行末补入“左右”二字，在第2行“武”字后补入“卫、左右威卫、左右领军”。此外，据《条记目录》判断第5行文字完整，并据此推断此件文书每行14字。虽然这一判断存在问题，[②] 但补全

① 李林甫等撰《唐六典》卷二四《诸卫》，陈仲安点校，中华书局，1992，第615~624页；欧阳修等撰《新唐书》卷二三《仪卫志上》，中华书局，1975，第481~489页。渡边信一郎根据如上记载，对朝会时的诸卫仪仗进行了总结。参见氏著《天空の玉座——中国古代帝国の朝政と儀礼》，柏書房，1996，第166~167页。

② 如第6行目前所见已有14字，若与第5行相较，其下应有1个缺字，如此“每行14字”之说便不能成立。不过，雷闻所考释的开元《礼部式》残卷也存在类似问题，其所补全的文字每行为13~15字不等。参雷闻《吐鲁番新出土唐开元〈礼部式〉残卷考释》，《文物》2007年第2期，第57页。

第2行后恰好也是14字，亦可为所推补的文字增加旁证。

第二，第4~7行，部分文字残失，但大致文意可以判断，即分“百人以下”“半仗”“廿人以下”三种情况，规定仗者的行为要求。文意最为完整的是第5~6行“若唤廿人以下，不须带仗，准监人法”。这在《新唐书》卷二三《仪卫志上》中亦见类似记载：

> 内谒者承旨唤仗，左右羽林军勘以木契，自东西閤而入。内侍省五品以上一人引之，左右卫大将军、将军各一人押之。二十人以下入，则不带仗。三十人入，则左右厢监门各二人，千牛备身各四人，三卫各八人，金吾一人。百人入，则左右厢监门各六人，千牛备身各四人，三卫三十三人，金吾七人。二百人，则增以左右武卫、威卫、领军卫、金吾卫、翊卫等。凡仗入，则左右厢加一人监捉永巷，御刀、弓箭。及三卫带刀入，则曰“仗入”。三卫不带刀而入，则曰“监引入”。①

其中“二十人以下入，则不带仗”与此残卷记载的文意一致。只不过，《新唐书》所载“百人”的文字，其规范意图是在常规的护卫之外，再增加相应的保卫力量“左右厢监门各六人，千牛备身各四人，三卫三十三人，金吾七人”，而此残卷所要求的是“仗者”该如何做，与护卫人数无关，这从“并不入”“不须带仗”“于□下立”中可以窥见。

其中，所谓“半仗”，是指仪仗减半，如“宴蕃客日，队下，复立半仗于两廊。朔望受朝及蕃客辞见，加纛、矟队，仪仗减半”。② 征诸礼典，使用“半仗”者，还有以下情况：册命三师、三公、亲王，“皇帝服衮冕之服，鼓吹令设十二案，乘黄令陈车辂，尚辇奉御陈舆辇，诸卫设黄麾半仗”；③ 皇太子纳妃，临轩命使，“未明二刻，诸卫勒所部屯门，布黄麾半仗入陈于殿庭如常仪”；④ 受蕃客使表及币，“诸卫勒所部列黄麾半仗屯门

① 《新唐书》卷二三《仪卫志上》，第489页。

② 《新唐书》卷二三《仪卫志上》，第489页。

③ 《大唐开元礼》卷一〇八《嘉礼》“临轩册命诸王大臣”，民族出版社，2000，第508页；杜佑撰《通典》卷一二五《礼八五·开元礼纂类二〇·嘉礼四》“临轩册命诸王大臣”，王文锦等点校，中华书局，1992，第3210页。

④ 《大唐开元礼》卷一一一《嘉礼》“皇太子纳妃·临轩命使”，第519页；《通典》卷一二七《礼八七·开元礼纂类二二·嘉礼六》，第3248页。

及入陈于殿庭";[①] 皇帝宴蕃国使,"诸卫各勒所部列黄麾半仗,皆与上仪同"。[②]

第三,第8行,《条记目录》误释"轝"字为"辇",这从图版便可清楚辨识,且《唐六典》卷一一《殿中省》"尚辇局"条之注载:"轝有三:……三曰腰轝,则常御焉",[③] 亦可为证。

(二)定名

前述已及,从残片第4~7行的内容来看,这很明显是对于仗者的行为要求,应属制度性条文。唐代承载制度性条文的法律形式有律、令、格、式、格后敕。《唐六典》卷六《尚书刑部》"刑部郎中员外郎"条载:"凡律以正刑定罪,令以设范立制,格以禁违正邪,式以轨物程事。"[④] 若以条文是否含有刑罚为标准,则律为刑罚规范,令与式为非刑罚规范,格则兼具刑罚、非刑罚两种规范。[⑤] 至于格后敕,其与格一样,都是对散行制敕的系统整理,将之升格为"永法",因此在法律性质上与格相同。从本残片的条文内容看,可以明确判定它绝非律文;从其形式上看,第7行并无记录颁行时间,亦可排除其为格后敕的可能性。[⑥] 因此,若残片所载条文确为法律条文,则其所属法源只可能是令、格、式。《遗书》的整理者将之拟名为《监门宿卫式》,应是基于该条文的制度性规范属性而作出的判断。对此,笔者申述拙见如下。

第一,《唐六典》卷六《尚书刑部》"刑部郎中员外郎"条载:"凡式三十有三篇。(亦以尚书省列曹及秘书、太常、司农、光禄、太仆、太府、少府及监门、宿卫、计帐为其篇目,凡三十三篇,为二十卷。)"[⑦] 然据其

① 《大唐开元礼》卷七九《宾礼》"皇帝受蕃使表及币",第388页;《通典》卷一三一《礼九一·开元礼纂类二六·宾礼》,第3371页。

② 《大唐开元礼》卷八〇《宾礼》"皇帝宴蕃国使",第391页;《通典》卷一三一《礼九一·开元礼纂类二六·宾礼》,第3375页。

③ 《唐六典》卷一一《殿中省》,第332页。

④ 《唐六典》卷六《尚书刑部》,第185页。

⑤ 参见滋賀秀三《中国法制史論集——法典と刑罰》,創文社,2003,第80~81页。

⑥ 根据戴建国的总结,唐代的格后敕保留了每条制敕的颁行时间。参见氏著《唐格后敕修纂体例考》,《江西社会科学》2010年第9期,第146~153页。

⑦ 《唐六典》卷六《尚书刑部》,第185页。当然,这一记载仅是《开元式》的篇目,并不能完全适用于此前的诸部式典。

所列篇目，应为34篇，这便引起了学者的讨论。如仁井田陞虽然发现了这一问题，但存而不论；[①] 韩国磐以为，“如果监门、宿卫合为一篇，则恰为三十三篇”；[②] 滋贺秀三怀疑，在开元七年（719），尚书省二十四司中有一司并无独立式篇；[③] 霍存福不同意韩氏之说，认为“考之《唐律疏议》以及日本古文献《令集解》中所引的《监门式》，是独立成篇的，与《宿卫式》无涉，可证当时二式是独立的”。[④] 笔者赞同霍氏之说，且认为即便二篇可能合一，但“监门”“宿卫”所规范的内容截然二分，条文亦应各有所属，所以时人才可能明确指出哪一条文是《监门式》，而不致混淆二者。因此，即便此件残片为唐式，亦不应拟名为“监门宿卫式”。

第二，《唐六典》卷五《尚书兵部》“兵部郎中员外郎”条亦有与诸卫相关的记载，涉及宿卫官的上番次第、人选、品第高下、考课升迁以及卫士管理等内容，[⑤] 总体而言，这些都属于诸卫的组织性规范。上已述及，据《唐六典》所载，式篇之中有以尚书省列曹为名者，而格亦“以尚书省二十四司为篇名”，[⑥] 由此可以推测，《兵部格》或《兵部式》亦存在与诸卫相关的条文，但应属于组织规范，而非本残片所载的行为规范。

第三，《唐六典》卷二五《诸卫府》“左右监门卫”条载：“左右监门卫大将军、将军之职，掌诸门禁卫门籍之法……若大驾行幸，则依卤簿之法，率其属于牙门之下以为监守。中郎将掌监诸门及巡警之法。”[⑦] 由此可见，监门卫的主要执掌与门禁相关，这一点也可从霍存福复原的8条《监门式》中得到印证。[⑧] 上述职能范围与本件残片所涉诸卫仪仗的行为规范有相当大的差距。因此，此件残片不应是《监门式》。

---

① 仁井田陞：《唐式の構成》，氏著《補訂 中国法制史研究 法と慣習・法と道德》，東京大学出版会，1991，第335页注4。

② 韩国磐：《传世文献中所见唐式辑存》，第39页。刘俊文在胪列唐式篇目时作“监门宿卫”，亦即将二者合为一篇。参见刘俊文《唐代法制研究》，文津出版社，1999，第27、42页。

③ 滋賀秀三：《中国法制史論集——法典と刑罰》，第86页注21。

④ 霍存福：《唐式辑佚》，第67页。

⑤ 《唐六典》卷五《尚书兵部》，第153～157页。

⑥ 《唐六典》卷六《尚书刑部》，第185页。

⑦ 《唐六典》卷二五《诸卫府》，第640页；亦见《旧唐书》卷四四《职官三》，第1902页。

⑧ 参见霍存福《唐式辑佚》，第563～580页。

第四，《唐六典》卷二四《诸卫》“左右卫”条载：“左、右卫大将军、将军之职，掌统领宫廷警卫之法令，以督其属之队仗，而总诸曹之职务。”① 且该卷历数诸卫在朝会等时的不同服色、位次等仪仗规范。据此可知，如果存在与仪仗行为相关的法律规定，应该在《宫卫令》或《宿卫式》中。

第五，《唐律疏议》卷七《卫禁律》“已配仗卫辄回改”条疏议载：“依式：‘卫士以上，应当番宿卫者，皆当卫见在长官，割配于职掌之所，各依仗卫次第坐立。’”② 这条式文规定，卫士当番宿卫，由所属之卫的长官进行分配，且按照本卫所在的次序坐立，这便是涉及仗卫的行为规范。刘俊文、霍存福皆将之推断为《宿卫式》。③ 据此，本残片所载的仗卫规范应该载诸《宿卫式》。

第六，若残片为《宿卫式》，则其制定于何时？《唐六典》卷二四《诸卫》“左右骁卫”条注文载：“皇朝置左、右骁卫府。龙朔二年除‘府’字。光宅元年改为左、右武威卫，神龙元年（706）复为左、右骁卫”；④ “左右武卫”条注文载：“至隋，采诸武职名，置左、右武卫府……皇朝因旧。光宅元年改为左、右鹰扬卫，神龙元年复故”；⑤ 卷二五《诸卫府》“左右金吾卫”条注文载：“大业三年，改为左、右侯卫……皇朝因之。龙朔二年，改为左、右金吾卫”。⑥ 此残卷清晰可辨者有“骁卫”“武[卫]”“左右金吾卫”，因此就有两种可能性：其一是龙朔二年（662）以后、光宅元年（684）以前的式文；其二是神龙元年（706）以后的式文。

论者往往征引《唐会要》卷三九《定格令》所载“龙朔二年二月改易官名，敕……重定格式……至麟德二年奏上之。至仪凤二年官号复旧，又敕删辑。三月九日删辑格式毕，上之”，⑦ 认为存在《麟德式》或《仪

① 《唐六典》卷二四《诸卫》，第 616 页。
② 《唐律疏议》，第 160 页。
③ 刘俊文：《唐律疏议笺解》，中华书局，1996，第 591 页；霍存福：《唐式辑佚》，第 582 页。
④ 《唐六典》卷二四《诸卫》，第 619 页。
⑤ 《唐六典》卷二四《诸卫》，第 620 页。
⑥ 《唐六典》卷二五《诸卫府》，第 638 页。
⑦ 王溥：《唐会要》卷三九《定格令》，上海古籍出版社，2006，第 820 页。

凤式》。[1] 笔者认为此说存在三大疑点：第一，据《唐六典》卷六《尚书刑部》"刑部郎中员外郎"条注文载"皇朝永徽式十四卷，垂拱、神龙、开元式并二十卷，其删定与定格、令人同也"，[2] 永徽至垂拱之间并未修纂颁布过"式"，且《旧唐书》卷四六《经籍志上》、《新唐书》卷五八《艺文志二》亦未见其式存目。然而，在此期间修纂完成的《永徽留本司行格中本》《永徽散行天下格中本》《永徽留本司行格后本》之名既见诸旧、新二志，其立法活动等亦载诸《唐六典》，可见当时可能并未修"式"。第二，《唐六典》卷六《尚书刑部》"刑部郎中员外郎"条注文叙述了麟德、仪凤年间源直心、刘仁轨等先后刊定"令"、删定"格"，[3] 但有关修"令"之举却未见于前引《唐会要》的记载，更鉴于唐代史籍中"格令""格式"等记载往往泛指为"法"，并非指向特定的法源，故而笔者怀疑《唐会要》中所载两次修法活动，可能限于"令"与"格"。第三，近来，许多研究者皆已指出，不能依据《唐六典》对于式篇的描述去理解唐中前期的"式"，[4] 当时的式未必具有与律、令、格并驾齐驱的地位，因此编修时也未必完全保持同步。综上所述，笔者认为龙朔二年以后、光宅元年以前可能并无修"式"之举，故而本残片的时间断限暂不考虑这种可能性。[5]

又，《唐会要》卷三九《定格令》载"神龙二年正月二十五日已前制敕，为《散颁格》七卷。又删补旧式，为二十卷，表上之，制：令颁于天下"，[6] 由此可确认《神龙式》的存在；至于"开元式"所指为何，由于《旧唐书》卷四六《经籍志上》载"《开元前格》十卷（姚崇等撰）……《式》二十卷（姚崇等撰）"，[7] 根据前引《唐六典》所述式的"删定与格、令同人"，可知这二十卷《式》的修撰与《开元前格》同时，即为《开元三年式》；又据《新唐书》卷五八《艺文志二》载"《开元后格》十卷；

① 如刘俊文《唐代法制研究》，第32～34页；霍存福《唐式辑佚》，第19～23页。

② 《唐六典》卷六《尚书刑部》，第185页。

③ 《唐六典》卷六《尚书刑部》，第185页。

④ 相关讨论，可参见拙稿《唐令复原所据史料检证——以令式分辨为线索》，《中研院历史语言研究所集刊》第86本第2分，2015，第336～337页。

⑤ 针对部分论者所论证的《太极式》，笔者亦持类似的怀疑态度，故不再赘言。

⑥ 《唐会要》卷三九《定格令》，第821页。

⑦ 《旧唐书》卷四六《经籍志上》，第2011页。

又，《令》三十卷、《式》二十卷。（吏部侍郎兼侍中宋璟、中书侍郎苏颋、尚书左丞卢从愿、吏部侍郎裴漼、慕容珣、户部侍郎杨滔、中书舍人刘令植、大理司直高智静、幽州司功参军侯郢琎等删定，开元七年上。）”[①]可知存在《开元七年式》；而《唐会要》卷三九《定格令》载“（开元）二十五年九月一日，复删辑旧格式律令……总成律十二卷，律疏三十卷，令三十卷，式二十卷，开元新格十卷”，[②] 可知还有《开元二十五年式》。综上所述，神龙元年以后，唐廷颁布过《神龙式》、《开元三年式》、《开元七年式》与《开元二十五年式》四部式典，此残片应属其一。

总之，笔者推测，BD15403 号残片所载可能是唐代《宿卫式》的条文，且属于神龙元年以后的唐式。唐代令、格、式皆已散佚，尤其是格、式之文，见诸传世史籍与出土文献者依然不多，此一残片值得研究唐代法制者重视。

【本文原载《隋唐辽宋金元史论丛》第 6 辑，上海古籍出版社，2016；后又进行修订，发表《中国国家图书馆藏 BD16300 号〈职制律〉残片缀合与录文勘正》，载《隋唐辽宋金元史论丛》第 7 辑，上海古籍出版社，2017。现将二文合并，并再行修订】

① 《新唐书》卷五八《艺文志二》，第 1493 页。

② 《唐会要》卷三九《定格令》，第 822 页。

新发现旅顺博物馆藏法制文书考释（节本）

陈烨轩*

关于敦煌吐鲁番法制文书的研究，历来受到学界瞩目。仁井田陞、山本达郎、池田温、冈野诚、刘俊文等学者所作的研究，使该领域从起步阶段以来，长期处于较高的水平。① 与此同时，敦煌吐鲁番学是近百年来兴起的学问，写本材料的发现，往往能够推动这一学科的进步。20 世纪初，大谷探险队在中国西北地区获得了一批中古写本，这就是所谓的“大谷文书”②。这批文书除一部分被带去日本，现存于龙谷大学外；大部分都留存于旅顺博物馆。

近年来，旅顺博物馆将该馆所藏的新疆文书陆续公布，其中就包含若干法制文书③。荣新江、史睿、冈野诚等学者所作的研究和分析，使我们得以知道这些写本的性质、年代等情况④。最近，我们从该馆所藏的文书

---

* 陈烨轩，北京大学历史系博士研究生。

① 仁井田陞：《唐宋法律文書の研究》，東京大学出版会，1983；Tatsuro Yamamoto，On Ikeda，Makoto Okano co-ed，*Tun-huang and Turfan Documents concerning Social and Economic History*，Ⅰ *Legal Texts*，The Toyo Bunko，1978～1980；刘俊文：《敦煌吐鲁番唐代法制文书考释》，中华书局，1989。

② 关于大谷探险队的经历，可参小田義久《龍谷大学圖書館藏大谷文書について》I，载小田義久责任编集《大谷文書集成》第一卷，法藏館，1984，第 1～20 页。

③ 郭富纯、王振芬：《旅顺博物馆藏西域文书研究》，万卷出版公司，2007。

④ 荣新江：《唐寫本中の〈唐律〉、〈唐禮〉及びその他》，森部豐译，《東洋学報》85：2，2003，第 1～17 页；荣新江：《旅顺博物馆、龙谷大学共编〈旅顺博物馆藏新疆出土汉文佛经选粹〉书评》，载《敦煌吐鲁番研究》第 10 卷，上海古籍出版社，2007，第 409～413 页；荣新江：《唐写本〈唐律〉、〈唐礼〉及其他》（增订本），《文献》2009 年第 4 期，第 3～10 页；岡野誠：《新たに紹介された吐魯番・敦煌本〈唐律〉〈律疏〉斷片——旅順博物館及び中国国家圖書館所藏資料を中心に》，载土肥義和编《敦煌、吐魯番出土漢文文書の新研究》，東洋文库，2009，第 83～114 页；史睿：《新发现的敦煌吐鲁番唐律、唐格残片研究》，载《出土文献研究》第 8 辑，上海古籍出版社，2007。

中，又发现两件法律写本。这为推动相关研究的深入，又带来了新的契机。

2015～2016 年，旅顺博物馆藏新疆文书整理小组在整理旅顺博物馆所藏吐鲁番文书的过程中，一共发现武周时期律写本一片（篇次不详），贼盗律写本一片，以及唐律疏议写本一片。其中，前两者为首次发现；后者与荣新江先生之前发现并定名、冈野诚先生进行文书复原的名例律疏写本①，可以确定为同一卷。现将这三片文书进行录文和解释。

1. LM20－1452－35－05 武周时期律写本残片②

存 2 行，行楷精写。第 2 行第 4 字为武周新字"埀"，即"年"字。今录文如下：

（前缺）

1 ］□流三千[里]［

--（纸缝）

2 ］者徒一埀[半]［

（后缺）

该残片与 P. 3608、P. 3252《垂拱职制户婚厩库律》书法风格相近，并有武周新字。关于《垂拱职制户婚厩库律》，内藤乾吉有详细的考释③。刘俊文先生认为："从史载神龙元年'又删定垂拱格及格后敕'来看，终武则天之世，其所行用者，均为垂拱改定之律令格式。因而可以推定，此卷所载，当是垂拱律。"④ 由于该残片的文字只有两行，在今传《唐律疏议》中，"流三千里"一共出现 147 次，"者徒一年半"一共出现 44 次。不过，

① 荣新江：《旅顺博物馆、龙谷大学共编〈旅顺博物馆藏新疆出土汉文佛经选粹〉书评》，载《敦煌吐鲁番研究》第 10 卷，上海古籍出版社，2007，第 412 页；荣新江：《唐写本〈唐律〉、〈唐礼〉及其他》（增订本），《文献》2009 年第 4 期，第 5～7 页；岡野誠：《新たに紹介された吐魯番・敦煌本〈唐律〉〈律疏〉斷片——旅顺博物館及び中国国家圖書館所藏資料を中心に》，载土肥義和编《敦煌・吐魯番出土漢文文書の新研究》，東洋文庫，2009，第 90 页。

② 2017 年以后，旅顺博物馆藏新疆文书的编号形式有所变更：原来编号中的"_"改为"－"，如原编号"LM20_1452_35_05"今改为"LM20－1452－35－05"。本文采用新的编号形式。

③ 内藤乾吉：《敦煌發見唐職制戶婚廄庫律斷簡》，载安部健夫等编著《石濱先生古稀記念東洋学論叢》，石濱先生古稀記念会，1958，第 325～364 页。

④ 刘俊文：《敦煌吐鲁番唐代法制文书考释》，中华书局，1989，第 55 页。

图 1 LM20 -1452 -35 -05 武周时期律写本残片

翻看唐律写本，我们会发现，按照唐律写本的格式来看，每行的字数都在30字以内。在这样的格式下，没有能够在今传本中找到相应的段落。因之，这两行文字应当属于唐律逸文。由于文字太少，每行的文字重复性太高，所以很难从文献学的角度，对其进行定名。

不过，由于该写本书写工整，考虑到律的性质，应当可以判定为官文书。该残片有武周新字"埊"，由于中宗神龙之后，武周新字已经不行，官文书中不应再书写"埊"字，所以笔者认为这是武周时期律写本。其次，正如刘俊文所指出的那样，武周时期通用的律法为垂拱律，所以这一残片很有可能是垂拱律的条文。而且，武周相对于李唐，既是一场宫廷革命，其实也是改朝换代。那么，武周时期的官府写手，还有可能抄写前朝的永徽律吗？所以该残片的内容极有可能就是垂拱律。不过，由于目前能够引以判断的证据过少，或许还要等待相近写本的再发现。

2. LM20 -1493 -04 -01 名例律疏残片

存4行，行楷精写，无栏线。本片文字可对应《名例律》"工乐杂户及妇人犯流决杖"条。今录文如下：

（前缺）

1 ］身乃有官荫

2 ］不　　答曰律

3 ］罪名若犯十恶

4 　］从官当减

（后缺）

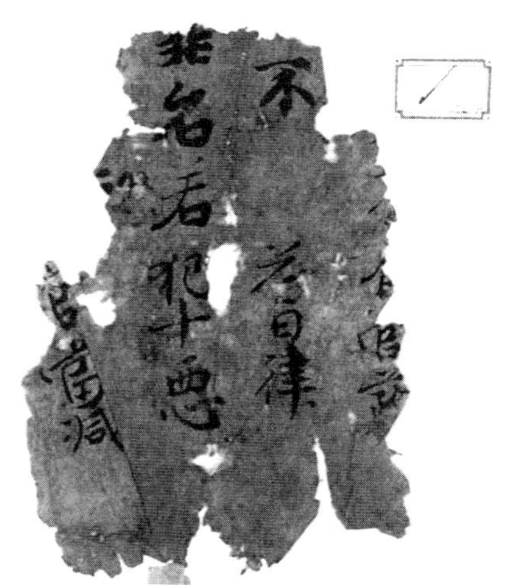

图 2　LM20－1493－04－01　名例律疏残片

冈野诚曾对旅顺博物馆所藏的原编号 LM20_1509_1580、LM20_ 1507_988、LM20_1507_1176_4 号文书（现编号依次为 LM20－1509－1571、LM20－1507－988、LM20－1507－1176）进行复原。新发现的这一片与之前三片所对的位置相距较远，但可以确定处于同一卷之中。这份文书可与今传《唐律疏议》卷三"名例"疏议的部分相对应。冈野诚在对上述三个残片进行复原时，曾经对它们所在写本每行的字数进行推测。他最后采用每行 23 字的处理方式①。现依据《唐律疏议》原本，复原如下②：

① 岡野誠：《新たに紹介された吐魯番・敦煌本〈唐律〉〈律疏〉斷片——旅順博物館及び中国国家圖書館所藏資料を中心に》，载土肥義和编《敦煌・吐魯番出土漢文文書の新研究》，東洋文庫，2009，第 90～91 页。

② 其中，第 1、第 2 行为冈野诚录文，对应 LM20－1507－1176。但依据 LM20－1493－04－01 的复原来看，每行似在 20 字左右。复原所引文字见《唐律疏议笺解》卷三"名例"，中华书局，1996，第 282～285 页。

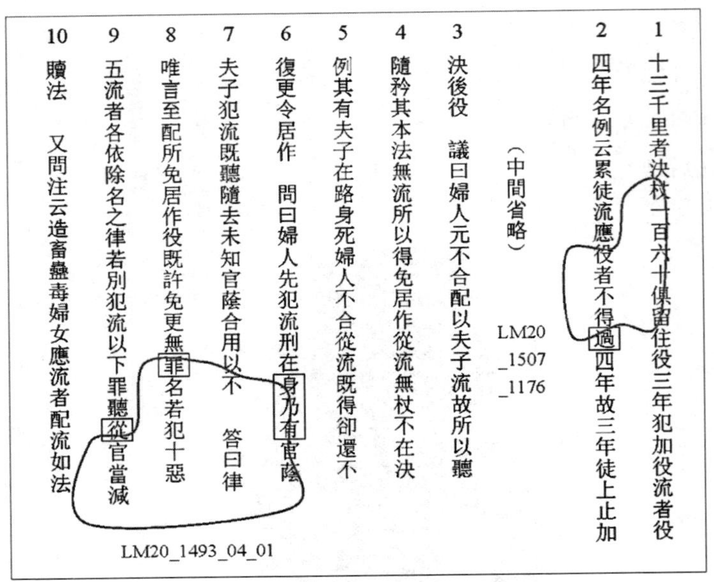

图 3　LM20 - 1507 - 1176、LM20 - 1493 - 04 - 01 复原位置

3. LM20 - 1509 - 1625《断狱律》残片

存 2 行，楷体，无栏线。本片文字可对应《断狱律》“囚应禁不禁”条。今录文如下：

（前缺）

1　］罪亦如之若［

2　］杻而［

（后缺）

依据今传《唐律疏议》卷二九《断狱》“囚应禁不禁”条文字[①]，可复原为如图 5 所示。

包括笔者在上文列出的唐律、律疏写本在内，目前吐鲁番地区发现的唐律、律疏写本共计有 14 片[②]，包含了擅兴律、贼盗律、诈伪律、断狱律，

① 复原的文字依据《唐律疏议笺解》卷二九“断狱”，中华书局，1996，第 2013 ~ 2014 页。

② 关于 2005 年以前，敦煌吐鲁番法制文书的发现和定名情况，可参见郑显文《新材料、新视野——敦煌吐鲁番文书与中国法律史学研究》，载《法律史学科发展国际学术研讨会文集》，中国政法大学出版社，2005，第 349 ~ 361 页。

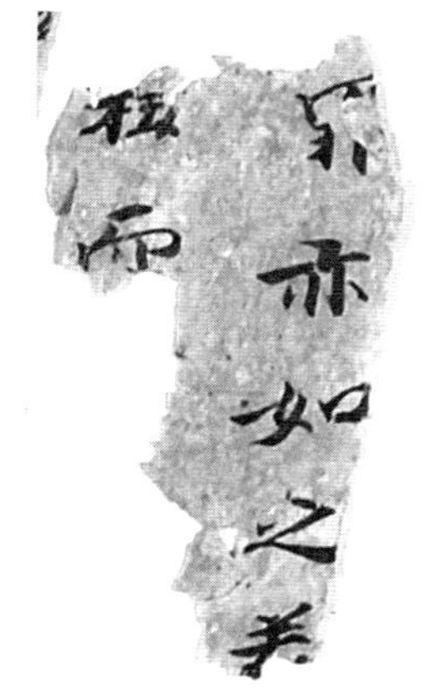

图 4　LM20－1509－1625《断狱律》残片

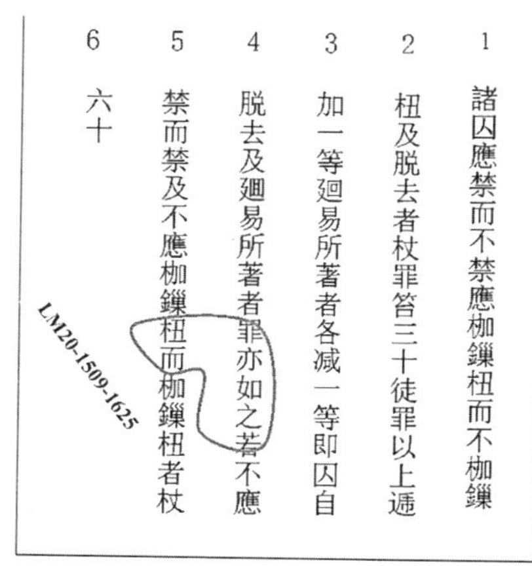
1 諸囚應禁而不禁應枷鏁杻而不枷鏁
2 杻及脱去者杖罪笞三十徒罪以上遞
3 加一等廻易所著者各減一等即囚自
4 脱去及廻易所著者罪亦如之若不應
5 禁而禁及不應枷鏁杻而枷鏁杻者杖
6 六十

LM20-1509-1625

图 5　LM20－1509－1625 复原

以及和今传本文字相同的名例律疏，还有疑似武周时期的律写本。根据刘俊文的研究，唐代从武德到元和年间，共有 13 次定、改律的记载。其中，先后编纂而成的律典共计 5 部，即武德律 12 卷、贞观律 12 卷、永徽律 12 卷、开元七年律 12 卷、开元二十五年律 12 卷[①]。

贞观十四年（640），唐灭麴氏高昌，置西州；到贞元年间（785～804）西州陷蕃，有一个半世纪左右的历史[②]。在此期间，西州长期作为唐代正州存在，是唐帝国经营西域的重要根据地。《贞观律》修成于贞观十二年，目前仅在敦煌文书中发现一件，吐鲁番地区尚未发现。《永徽律》修成于永徽二年（651），在敦煌吐鲁番地区有比较多的发现，占到唐律文书的绝大部分。《垂拱律》修成于垂拱元年（685），在敦煌文书中共发现三片，吐鲁番地区为首次发现。《开元七年律》未发现，《开元二十五年

① 《唐律疏议笺解》"序论"，中华书局，1996，第 12～29 页。关于唐律的编纂与修定过程，最近的研究可参见黄正建《有关唐武德年间修定律令史事的若干问题——唐代律令编纂编年考证之一》，载《隋唐辽宋金元史论丛》第 3 辑，上海古籍出版社，2013，第 20～33 页；黄正建《贞观年间修定律令的若干问题——律令格式编年考证之二》，载《隋唐辽宋金元史论丛》第 4 辑，上海古籍出版社，2014，第 33～48 页；黄正建《唐高宗至睿宗时的律令修定——律令格式编年考证之三》，载《隋唐辽宋金元史论丛》第 5 辑，上海古籍出版社，2015，第 7～26 页。

② 西州陷蕃的时间点有争议，参见荣新江《摩尼教在高昌的初传》，载刘东主编《中国学术》第 1 辑，商务印书馆，2000，第 158～171 页；刘子凡《瀚海天山——唐代伊、西、庭三州军政体制研究》，中西书局，2016，第 359～360 页。

律》在敦煌地区发现有两件，吐鲁番地区未发现。兹将吐鲁番地区出土唐律和律疏的现存编号整理如下。

表 1 吐鲁番地区所发现的唐律和律疏①

类别	名 称	编 号
律	永徽擅兴律	大谷 8098
	永徽贼盗律	大谷 5098、大谷 5152②、大谷 8099、LM20－1457－20－01
	永徽诈伪律	大谷 4491、大谷 4452
	武周时期律写本	LM20－1452－35－05
	断狱律	LM20－1509－1625
疏	名例律疏	73TAM532：1、LM20－1509－1571、LM20－1507－988、LM20－1507－1176、LM20－1493－04－01

上述律和律疏之所以能够被发现，未必是因为它们使用频繁或者数量众多。也可能是寺院的僧人将已经失去法律效力的旧律写本取回寺院，用于抄写佛经之用。在大谷探险队所获唐律文书中，LM20－1457－20－01《永徽贼盗律》的背面是佛经③，并且，其中的文字不见于大正藏。

唐律的贯彻执行，有赖于学校教育的发展。④ 黄正建先生曾注意到敦

① 关于今本《唐律疏议》的年代问题，学界有比较大的争论，可参见岳纯之《仁井田陞等〈故唐律疏议制作年代考〉及其在中国的学术影响》，《史林》2010 年第 5 期，第 183～187 页。此外，TⅣK. 70－71 虽然收入刘俊文《敦煌吐鲁番唐代法制文书考释》，但该文书实际上是在库车出土，因而未列入本表。

② 按大谷 5152 与大谷 8099 内容相近，字迹一致；它们的背面均为佛教禅宗典籍《息诤论》的内容，且字迹一致，综上可定为同一写本。大谷 5152 录文参见小田義久责任编集《大谷文書集成》第三卷，法藏館，2003，第 143 页；大谷 8099 录文见同卷，第 237 页。大谷 5152 与大谷 8099 图版见“国际敦煌项目”（IDP）网站 http：//idp. dha. ac. cn/。《息诤论》托名为达摩禅师撰，实则作者不详；今本《息诤论》为方广锠整理，见中华电子佛典协会（CEBTA）编：藏外佛教文献第 1 册第 3 号《息诤论》，CBETA，ZW01，no. 3，p. 57，a1－5；中华电子佛典协会网址为 http：//www. cbeta. org/。此处承蒙北京大学李昀学姐指教，谨表谢忱。

③ 荣新江：《唐写本〈唐律〉、〈唐礼〉及其他》（增订本），《文献》2009 年第 4 期，第 5 页。不过，旅顺博物馆所藏的其他唐律写本，就没有发现背面为佛经的现象。此处承蒙旅顺博物馆朱月仁学兄见告，谨表谢忱。

④ 关于西州官学、私学的情况，可参见姚崇新《唐代西州的官学》，《新疆师范大学学报》（哲学社会科学版）2004 年第 1 期，第 62～68 页；《唐代西州的私学与教材——唐代西州的教育之二》，《西域研究》2005 年第 1 期，第 1～10 页。

煌吐鲁番出土的唐律与律疏写本，在书式上存在很大的不同，这些不同体现在注疏是否重新起行、每行字数多少、字体是否工整等方面。他认为除了带有官印、作为官文书的那部分律、律疏写本，可以确定是作为地方官员断狱之用；其他的私人写本，有可能是供学习使用的教材，只是基于应试国子监律学生或者“明习律令科”的需要。[①]

黄先生的说法是基于合理推测。这种观点启发我们，唐律、律疏在唐代社会的运用，绝对不限于官府断案上，应该有更广泛的用途。反过来讲，也正是因为有相关学校教育的实践，才使得唐律能够在官吏群体中得到普及，这可能更是值得我们进一步探究的地方。

其次，我们知道，大唐作为律令制的国家，它的正常运转离不开律、令、格、式法制类规章的施行。唐律共有12篇，维护了唐代社会的各个方面。实际上，唐朝立法之初，就有希望借助唐律实现清明政治的愿景。唐高祖在颁布武德律的诏书中，提出了制定唐律最基本的方针，那就是“禁暴惩奸，弘风阐化，安民立政，莫此为先”。[②] 这或许可以视为唐朝开国帝王的唐律观。此后唐律虽然经过几次修改，但基本的精神并未产生颠覆性的改变。

《唐六典》将县令的职责定义为“导扬风化，抚字黎氓，敦四人之业，崇五土之利，养鳏寡，恤孤穷，审察冤屈，躬亲狱讼，务知百姓之疾苦”。[③] 其中，“审察冤屈，躬亲狱讼”是县令最基本的一项职责。县令必须亲自断狱，而民众也有权到县令处诉讼，这是唐律在施行过程中最基本的一套程序。

唐律对于这套程序有专门的规范，这体现在《斗讼律》和《断狱律》，唐令中的《狱官令》有更具体的规定。而这些法律条文，实际上就成为民众和官府在进行诉讼和断狱时的基本凭借，同时也是体现唐代法律和社会

---

① 黄正建：《敦煌吐鲁番法典文书中〈律〉〈律疏〉文书性质再议》，载《隋唐辽宋金元史论丛》第1辑，紫禁城出版社，2011，第80～85页。

② 《旧唐书》卷五〇《刑法志》，中华书局，1975，第2134～2135页。

③ 《唐六典》卷三，中华书局，2014，第753页。关于唐代县令的选授与职责问题，参见刘后滨《论唐代县令的选授》，《中国历史博物馆馆刊》1997年第2期，第51～58页；黄修民《唐代县令考论》，《四川师范学院学报》（哲学社会科学版）1997年第4期，第13～20页。关于唐代县司与州司的关系，参见夏炎《唐代州级官府与地域社会》，天津古籍出版社，2010，第318～348页。

关系的重要文本。这些法律条文是否可以得到良好的贯彻，实际上可以看出唐代的律法制度是否能有效地落实到基层社会。这也就是一个“在国家与社会之间”的问题。

其实，中国法律史早期的研究者，比如瞿同祖，就已经十分自觉地关注法律与社会的关系。他的《中国法律与社会》，探讨了中国历代社会中，法律在社会治理、家庭生活方面的作用①。此外，杜希德（Denis Twitchett）也注意并论述了唐律的贯彻和执行的问题②。今天，探讨中华法系与中国传统社会之间的关系，已经成为法律史研究一个重要的方面。郑显文利用敦煌吐鲁番文书等出土的法制写本研究中国古代法律的体例、实效等问题，具有十分有益的指引作用③。在更广的方面，高明士、柳立言、黄源盛、陈登武、戴建国等学者，也都关注并研究了唐宋法律的社会效用问题④。

得益于敦煌吐鲁番法制文书的多样性，我们更可以把西州地区作为一个案例，探究唐代的社会中，官府和民众在法律事务上的互动关系。

【本文节选自陈烨轩《新发现旅顺博物馆藏法制文书考释——兼论唐律在西州诉讼和断狱中的运用》，原刊于荣新江主编《唐研究》第22卷，北京大学出版社，2016，第182~201页。该文系旅顺博物馆、北京大学中国古代史研究中心、中国人民大学国学院合作项目“旅顺博物馆藏新疆出土汉文文书整理与研究”，即“教育部人文社会科学重点研究基地北京大学中国古代史研究中心重大项目（项目编号16JJD770006）”成果之一。本文在原文基础上，有所订正。】

① 瞿同祖：《中国法律与中国社会》，商务印书馆，1947。

② Denis Twitchett, “The implementation of law in early Tang China”, *Civilta Veneziana Studi*, 34, 1978, pp. 57 - 84. Denis Twitchett and Wallace Johoson, “Criminal procedure in Tang China”, *Asia Major*, 3rd Series, 6, Part 2, 1990, pp. 113 - 146.

③ 郑显文：《出土文献与唐代法律史研究》，中国社会科学出版社，2012。

④ 高明士主编《唐律与国家社会研究》，五南图书出版公司，1999；刘馨珺：《明镜高悬——南宋县衙的狱讼》，五南图书出版公司，2005；李淑媛：《争财竞产——唐宋的家产与法律》，五南图书出版公司，2005；陈登武：《从人间世到幽冥世——唐代的法制、社会与国家》，五南图书出版公司，2006；柳立言：《宋代的家庭与法律》，上海古籍出版社，2008；戴建国：《唐宋变革时期的法律与社会》，上海古籍出版社，2010；黄源盛主编《唐律与传统法文化》，元照出版公司，2011。

大谷文书唐《医疾令》《丧葬令》残片研究*

刘子凡**

律令是唐代国家行政运作的依据，如今唐律尚存而唐令则久已佚失。日本学者通过辑佚，整理、复原出超过半数的唐令。① 中国学者也取得了极大的成果，尤其是对天一阁藏明抄本《天圣令》的整理，将唐令的复原研究推向了新的高度。② 然而仍有很多唐令有待于复原。值得注意的是，敦煌吐鲁番文书中保存了若干唐令，使我们得见其原貌。这其中就包括早已为学界熟知的敦煌所出《永徽东宫诸府职员令》（P. 4634、S. 1880、S. 3375、S. 11446）和《开元公式令》（P. 2819）。③ 俄藏Дx. 03558文书抄录有显庆年间修订的《永徽令》条文，为一条《台省职员令》和两条《祠令》，可能是一种唐令摘抄本。④ 俄藏Дx. 06521文书中也录有一条开元

* 本文系旅顺博物馆、北京大学中国古代史研究中心、中国人民大学国学院合作项目“旅顺博物馆藏新疆出土汉文文书整理与研究”，即“教育部人文社会科学重点研究基地北京大学中国古代史研究中心重大项目（项目编号16JJD770006）”成果之一。

** 刘子凡，中国历史研究院古代史研究所、中国社会科学院敦煌学研究中心副研究员。

① 仁井田陞：《唐令拾遺》，東方文化学院東京研究所，1933；此据栗劲、霍存福、王占通、郭延德编译《唐令拾遗》，长春出版社，1989。仁井田陞著，池田温编集代表《唐令拾遺補》，東京大学出版会，1997。

② 天一阁博物馆、中国社会科学院历史研究所天圣令整理课题组校证：《天一阁藏明钞本天圣令校证（附唐令复原研究）》，中华书局，2006。

③ 高明士先生认为此文书名称当是《东宫王府职员令》，参见高明士《唐“永徽东宫诸府职员令残卷”名称商榷》，载徐世虹主编《中国古代法律文献研究》第7辑，社会科学文献出版社，2013，第225~235页。

④ 荣新江、史睿：《俄藏敦煌写本〈唐令〉残卷（Дx. 03558）考释》，《敦煌学辑刊》1999年第1期，第3~13页。

二十五年（737）《考课令》的条文。[1] 最近，旅顺博物馆藏吐鲁番文书中又检出《户令》残片。[2] 由此可知吐鲁番出土文书中也有唐令。笔者在翻阅龙谷大学图书馆藏大谷文书时，又发现了两件极小的残片，分别为唐代《医疾令》与《丧葬令》。这对于相关唐令的复原与研究具有重要的价值，吉光片羽，弥足珍贵。本文即拟对大谷文书中的这两件唐令残片略作考释，为唐令研究提供新的资料。

一

龙谷大学图书馆藏 Ot. 3317 文书，尺寸为 9.2 厘米 ×10.3 厘米，有乌丝界栏。录文如下：

（前缺）

1 ］ □［

2 ］子尝然后［

3 ］此 ［

4 □□暑每岁［

5 伤中金□［

（后缺）

《大谷文书集成》录有此件文书，定名为“文学关系文书（诸子）断片”，未附图版。[3]《吐鲁番文书总目》（日本卷）则将其定为“古籍写本残片”。[4] 然而，文书残存的文字实为《医疾令》的两条令文。

1. Ot. 3317 文书第 1 ~3 行为唐《医疾令》“合药供御”条

关于文书第 1 ~3 行的内容，《唐六典》卷一一“殿中省・尚药局”条有：

① 雷闻：《俄藏敦煌 Дx. 06521 残卷考释》，《敦煌学辑刊》2001 年第 1 期，第 1 ~13 页。

② 旅顺博物館、龍谷大学共编《旅順博物館藏新疆出土漢文佛經選粹》，法藏館，2006，第 161 页；田卫卫：《旅顺博物馆藏唐户令残片考——以令文复原与年代比定为中心》，《中华文史论丛》2017 年第 3 期。

③ 小田義久主编《大谷文書集成》贰，法藏館，1990，第 75 页。

④ 陈国灿、刘安志主编《吐鲁番文书总目》（日本卷），武汉大学出版社，2007，第 162 页。

图 1 Ot. 3317《医疾令》残片

> 凡合和御药，与殿中监视其分、剂，药成，先尝而进焉。（合药供御，门下、中书司别长官一人，并当上大将军卫别一人，与殿中监、尚药奉御等监视；药成，医佐以上先尝，然后封印；写本方，方后具注年、月、日，监药者遍署名，俱奏。饵药之日，尚药奉御先尝，次殿中监尝，次皇太子尝，然后进御。）①

这是关于合和御药的相关规定，注文中的“次皇太子尝，然后进御”句，便与文书第 2 行的“子尝然后”相符。又《唐律疏议》卷九《职制律》“合和御药有误”条：

> 依令，合和御药，在内诸省，省别长官一人，并当上大将军、将军、卫别一人，与尚药、奉御等监视，药成，医以上先尝。②

可知合和御药的内容确为唐令。《唐令拾遗》即结合《唐六典》及《唐律疏议》内容复原出一条唐代《医疾令》的令文。③ 日本《令义解》所载《养老医疾令》逸文也有对应的条目，分为“合和御药”与“饵药之日”两条，丸山裕美子先生将其合并为一条，并据《养老令》“然后进御”句

① 《唐六典》卷一一，中华书局，1992，第 325 页。

② 《唐律疏议》卷九，中华书局，1983，第 191 页。

③ 仁井田陞：《唐令拾遗》，栗劲、霍存福、王占通、郭延德编译，长春出版社，1989，第 650 页。

后有“其中宫及东宫准此”的注，在对应的唐令后补入“太子准此”。[①]《唐令拾遗补》应用了丸山裕美子的研究成果，在《唐令拾遗》基础上将此条唐令改补为“诸合药供御……次皇太子尝，然后进御。太子准此”。[②]

又，《天圣令》宋 10 条有：

> 诸合药供御，本院使、副、直院、尚药奉御、医官、医学等豫与御药院相知，同具缄封，然后进御。其中宫及东宫准此。[③]

这条宋令显然也是据前述唐令修改而来。值得注意的是，其中亦有“其中宫及东宫准此”句，与《养老医疾令》逸文中的注相同。程锦先生据此整理复原了唐令，将其列为唐《医疾令》的第 23 条如下：

> 诸合药供御，在内诸省，省别长官一人，并当上大将军、将军卫别一人，与殿中监、尚药奉御等监视；药成，医佐以上先尝，然后封印；写本方，方后具注年、月、日，监药者遍署名，俱奏。饵药之日，尚药奉御先尝，次殿中监尝，次皇太子尝，然后进御。其中宫及东宫准此。[④]

这一复原在《唐令拾遗》《唐令拾遗补》的基础上又有进步，将最后一句定为“其中宫及东宫准此”。丸山裕美子在此后发表的《基于北宋天圣令的唐日医疾令复原试案》一文中，大致接受了程锦的这种复原方法，不过又在“其中宫及东宫准此”句加上括号，认为是注文。[⑤]

Ot. 3317 文书则为这条唐令的复原提供了重要的信息。文书第 3 行有一“此”字，以下空缺。这无疑可对应于此条《医疾令》末尾的“准此”。加上第 2 行“子尝然后”与“次皇太子尝，然后进御”的对应，可

---

① 丸山裕美子：《養老醫疾令合和御藥條復原の再檢討》，《日本歷史》第 456 號，1986，第 24 页。

② 仁井田陞著，池田温编集代表《唐令拾遺補》，東京大学出版会，1997，第 802 ~ 803 页。

③ 天一阁博物馆、中国社会科学院历史研究所天圣令整理课题组校证《天一阁藏明钞本天圣令校证（附唐令复原研究）》，中华书局，2006，第 409 页。

④ 天一阁博物馆、中国社会科学院历史研究所天圣令整理课题组校证《天一阁藏明钞本天圣令校证（附唐令复原研究）》，中华书局，2006，第 573 ~ 574 页。

⑤ 丸山裕美子：《北宋天聖令による唐日醫疾令の復原試案》，载《愛知县立大学日本文化学部論集·歷史文化学科编》1，2009，第 34 页。

以明确说 Ot. 3317 文书的前三行就是此条唐令。可以清楚地看到，“此”字为大字，而非小字注。丸山裕美子将末句列为注文恐怕不妥。又这件文书书写十分规整，各行文字皆一一对应，每行的字数也应相同。值得注意的是，第 3 行的“此”字是与第 2 行的“子”字相对。如果令文复原为“次皇太子尝，然后进御。其中宫及东宫准此”的话，“子”与“此”之间相差 13 字。若是复原为“太子准此”，则两字相差 7 字，稍嫌太少。且文书上所载后一条令文，测算每行字数也是 13 字。这就清楚地证明唐令末句的原文为“其中宫及东宫准此”，且并非注文，程锦的这处复原显然更符合文书所反映的唐令原貌。另外，若按每行 13 字算，文书第 1 行的残字或当为“奉”。

2. Ot. 3317 文书第 4 ~5 行为唐《医疾令》“太医署每岁合药”条

《唐六典》卷一四《太常寺》“太医署”条：

> 凡医师、医正、医工疗人疾病，以其全多少而书之，以为考课。（每岁常合伤寒、时气、疟、痢、伤中、金疮之药，以备人之疾病者。）①

Ot. 3317 文书中的“每岁”“伤中金”等字，正与此相合。又日本《养老医疾令》逸文中有大致相同的条目，可知其为唐令，《唐令拾遗》即据此复原出唐代令文：

> 诸太医署，每岁常合伤寒、时气疟痢、伤中金疮之药，以备人之疾病者。②

即在《唐六典》注文基础上加入“诸太医署”，并写明“以意补之”。丸山裕美子又据《养老医疾令》对应条目中的“郡国准此”，推补唐令有“诸州准之”注。③《唐令拾遗补》即照此增补了令文。④《天圣令》宋 11

① 《唐六典》卷一四，中华书局，1992，第 409 页。

② 仁井田陞：《唐令拾遗》，栗劲、霍存福、王占通、郭延德编译，长春出版社，1989，第 652 页。

③ 丸山裕美子：《養老醫疾令合和御藥條復原の再檢討》，《日本歷史》第 456 號，1986，第 28 页、第 33 页注 47；丸山裕美子：《日唐醫疾令の復原と比較》，《東洋文化》第 68 号，1988，第 191 ~192 页。

④ 仁井田陞著，池田温编集代表《唐令拾遺補》，東京大学出版会，1997，第 803 ~804 页。

条由此条唐令删改而来，但内容已大不相同。程锦在复原唐令时，便采用了《唐令拾遗》的复原。她认为《唐令拾遗》所补“诸太医署”，参酌《天圣令》宋11条来看是适宜的，但《天圣令》唐20条中又有诸州预合伤寒等药的内容，故关于太医署合药的条文就不应再有“诸州准之”了。[①] 丸山裕美子在《基于北宋天圣令的唐日医疾令复原试案》文中便亦将复原唐令中的“诸州准之”删去，但又指出唐令中“常合”当作“量合”。[②]

Ot. 3317文书的第4、第5行，无疑就是此条唐令。第4行的“暑”字，当为“署”之误。此字的出现，也表明增补“太医署”应是正确的。然而第5行“伤”字是顶格书写，那么对应于第4行“署”字以上应只有两个缺字，应为“太医”。唐令起首大多言“诸”，但令文内容针对特定机构时也未必一定要加“诸”，如《天圣令·杂令》唐1条就以“太常寺二舞郎”发端，并无“诸”字。故此条唐令原文，或许便是直接以“太医署每岁”起头。但考虑到“诸”字也有可能在栏外书写的情况，这里只能暂且存疑。

根据上文讨论，可以将Ot. 3317所载两条唐令根据文书格式复原清本如下，残片以外的文字用“［ ］”标出。值得注意的是，程锦复原的“合药供御”条唐令按照文书确定后两行位置后，前文并不能按每行13字的格式完好地排列，自后向前排到第1行会缺6个字。大概是目前据《唐六典》和《唐律疏议》复原的唐令与原文还是有些许出入，抑或中间有些文字为注文。但具体如何尚无法考证，只能暂且如此排列。

［诸合药供御在内］　　　　（对应《天圣令》复原23）
［诸省省别长官一人并当上大将］
［军将军卫别一人与殿中监尚药］
［奉御等监视药成医佐以上先尝］
［然后封印写本方方后具注年月］
［日监药者遍署名俱奏饵药之日］
［尚药］奉［御先尝次殿中监尝次皇］

---

① 天一阁博物馆、中国社会科学院历史研究所天圣令整理课题组校证《天一阁藏明钞本天圣令校证（附唐令复原研究）》，中华书局，2006，第574～575页。

② 丸山裕美子：《北宋天聖令による唐日醫疾令の復原試案》，载《愛知県立大学日本文化学部論集·歷史文化学科編》1，2009，第24～25页、第34页。

［太］子尝然后［进御其中宫及东宫］

［准］此

［太医］署每岁［常合伤寒时气疟痢］　　（对应《天圣令》复原25）

伤中金疮［诸药以备人之疾病者］

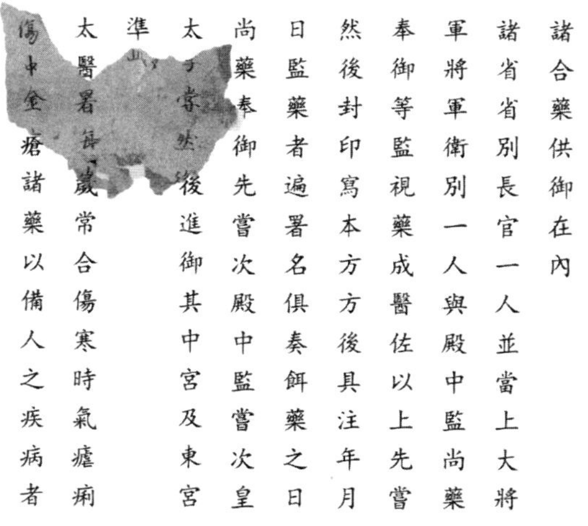
諸合藥供御在內
諸省省別長官一人並當上大將
軍將軍衛別一人與殿中監尚藥
奉御等監視藥成醫佐以上先嘗
然後封印寫本方方後具注年月
日監藥者遍署名俱奏餌藥之日
尚藥奉御先嘗次殿中監嘗次皇
太子嘗然後進御其中宮及東宮
準此
太醫署每歲常合傷寒時氣瘧痢
傷中金瘡諸藥以備人之疾病者

图2　Ot. 3317令文位置复原图

3. 从Ot. 3317文书看《医疾令》条文的排列顺序

如前文所述，Ot. 3317文书所载为唐《医疾令》“合药供御”条与“太医署每岁合药”条的残文，而且这是两条连续书写的令文。

日本《令义解》所载《养老医疾令》的相关条文顺序为，第23“合和御药”条、第24“饵药之日”条、第25“五位以上病患”条、第26“典药寮合杂药”条；丸山裕美子已将第23、24合并为“合药供御”条，①对应于唐令的“合药供御”条。而从《天圣令》看，《养老医疾令》第25条对应于《天圣令》的宋8“在京文武职事官病患”条及唐10“文武职事五品以上官致使有疾患”条，《养老医疾令》的第26条包含了宋11“翰林医官院每岁量合诸药”条（即对应于复原唐令的“太医署每岁合药”条）及唐20“诸州收采医药合药散给”条的部分内容。也就是说，如果按照《养老医疾令》的顺序，是在类似唐令“合药供御”及“太医署每岁

① 丸山裕美子：《養老醫疾令合和御藥條復原の再檢討》，《日本歷史》第456號，1986，第24页。

合药”的条目中间，加入了关于官员病患的一条令文。这显然与 Ot. 3317 文书所反映的唐令令文排列顺序不同。

程锦在整理《天圣令》时亦已指出，唐令条文的排列逻辑与日本《养老令》并不相同。《天圣医疾令》是先中央后诸州，而《养老医疾令》是先医教后医政，《天圣医疾令》应是更符合唐令的逻辑。而程锦复原的唐代《医疾令》相关条文顺序是宋 10“合药供御”条、唐 14“在内诸门及患坊进汤药”条、宋 11“翰林医官每岁量合诸药”条。她指明此三条都是与药的和合及进上、散下有关，但唐 14 条的位置并不能确定，只是按逻辑推测置于宋 10 和宋 11 之间。[①] 唐 14 条为：

> 诸在内诸门及患坊，应进汤药，但兼有毒药者，并对门司合进。不得进生药。[②]

也是讲关于进药的规定，从内容上看确实是与“合药供御”条可以衔接。丸山裕美子在复原唐令时也采用了这种排序。[③] 然而，Ot. 3317 文书显示唐令的“合药供御”条与“太医署每岁合药”条是连接在一起的，“在内诸门及患坊进汤药”条不应在二者之间。也就是说，从《天圣令》条文复原唐令的话，顺序应是宋 10、宋 11、唐 14，或者唐 14、宋 10、宋 11。从逻辑上说，“合药供御”应在最前，则宋 10、宋 11、唐 14 的可能性更大，即“合药供御”—“太医署每岁合药”—“在内诸门及患坊进汤药”的顺序。

总之，Ot. 3317 文书前三行唐《医疾令》“诸合药供御”条与文书后两行唐《医疾令》“太医署每岁合药”条，是两条连续排列的唐令，相关的复原研究应以此为准进行修正。

二

龙谷大学图书馆藏 Ot. 4866 文书，尺寸为 4.6 厘米 ×3.4 厘米，有乌

---

① 天一阁博物馆、中国社会科学院历史研究所天圣令整理课题组校证《天一阁藏明钞本天圣令校证（附唐令复原研究）》，中华书局，2006，第 555 ~ 562 页。

② 天一阁博物馆、中国社会科学院历史研究所天圣令整理课题组校证《天一阁藏明钞本天圣令校证（附唐令复原研究）》，中华书局，2006，第 411 页。

③ 丸山裕美子：《北宋天聖令による唐日醫疾令の復原試案》，载《愛知县立大学日本文化学部論集・歴史文化学科編》1，2009，第 34 页。

丝界栏。录文如下：

（前缺）

1 ］

2 ］铎有挽哥
者铎依

（后缺）

《大谷文书集成》录有此件文书，定名为“佛典片”，[①]《吐鲁番文书总目》（日本卷）亦定名为“佛典小残片”。[②] 但通过仔细比对，可知此残片亦是唐令。

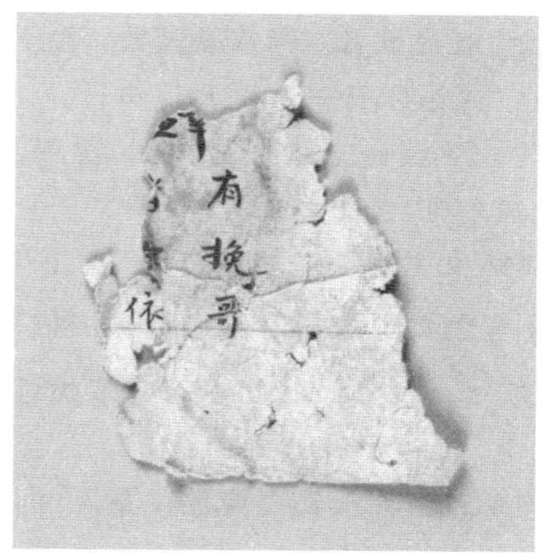

图3 Ot. 4866《丧葬令》残片

《唐六典》卷一八“鸿胪寺·司仪署”条有：

> 凡引、披、铎、翣、挽歌、方相、魌头、纛、帐之属亦如之。（三品已上四引，四披，六铎，六翣；挽歌六行三十六人；有挽歌者，铎依歌人数，已下准此……）[③]

《开元礼》卷三《序例下·条制》及《通典》卷八六《礼·丧制·器

① 小田義久主编《大谷文書集成》叁，法藏館，2003，第50～51页。

② 陈国灿、刘安志主编《吐鲁番文书总目》（日本卷），武汉大学出版社，2007，第300页。

③ 《唐六典》卷一四，中华书局，1992，第508页。

行序》也有类似记载。[①]《唐令拾遗》即据《唐六典》注文复原出一条唐《丧葬令》。[②] 此外，《天圣令》宋17条有：

> 诸引、披、铎、翣、挽歌，三品以上四引、四披、六铎、（有挽歌者，铎依歌人数。以下准此。）六翣，挽歌六行三十六人……[③]

吴丽娱先生据此并参酌《唐六典》复原出唐令为：

> 诸引、披、铎、翣、挽歌，三品以上四引、四披、六铎、六翣，挽歌六行三十六人（有挽歌者，铎依歌人数，以下准此。）……[④]

吴先生特别指出“有挽歌者，铎依歌人数，以下准此”句的位置问题，《唐六典》是在“挽歌六行三十六人”句后，而《天圣令》则是在“六铎”后且为小字注。在没有进一步证据的情况下，确实极难判别，吴先生此处只是暂从《唐六典》。

幸运的是，Ot. 4866 文书刚好提供了证据。文书中的小字注“有挽哥者铎依”，刚好对应于令文中的“有挽歌者，铎依歌人数，以下准此”句。“哥”字古同“歌”。“者”“铎”两字也依稀可辨。值得注意的是，小字注上方有半个大字，从字形看明显是“铎”。这样，Ot. 4866 文书残文应可比定为唐《丧葬令》“引披铎翣挽歌”条。由此也可知，唐令中的“有挽歌者，铎依歌人数，以下准此”句确为小字注，但应在“六铎”之后。仅就此处来说，《天圣令》更接近唐令原文。

根据上文讨论，可以将 Ot. 4866 所载“引披铎翣挽歌”条唐令根据文书格式复原清本如下，残片以外的文字用“［ ］”标出。

［诸引披铎翣挽歌三品以上四引四披六］铎有挽哥者铎依 （对应《天圣令》复原20）

---

① 《大唐开元礼》卷三，民族出版社影印版，2000，第34页。《通典》卷八六，中华书局，1988，第2338～2339页。

② 仁井田陞：《唐令拾遗》，栗劲、霍存福、王占通、郭延德编译，长春出版社，1989，第757～758页。

③ 天一阁博物馆、中国社会科学院历史研究所天圣令整理课题组校证《天一阁藏明钞本天圣令校证（附唐令复原研究）》，中华书局，2006，第687页。

④ 天一阁博物馆、中国社会科学院历史研究所天圣令整理课题组校证《天一阁藏明钞本天圣令校证（附唐令复原研究）》，中华书局，2006，第688页。

[歌人数以下准此六翣挽歌六行三十六人五品已上二引]
[二披四铎四翣挽歌四行十六人九品已上〔二〕]
[〔引二披〕二铎二翣其执引披者皆布帻布深衣]
[挽歌白练帻白练褠衣皆执铎綍]

諸引披鐸翣挽歌三品以上四引四披六鐸
歌人數以下準此六翣挽歌六行三十六人五品已上二引
二披四鐸四翣挽歌四行十六人九品已上「二
引二披」二鐸二翣其執引披者皆布幘布深衣
挽歌白練幘白練褠衣皆執鐸綍

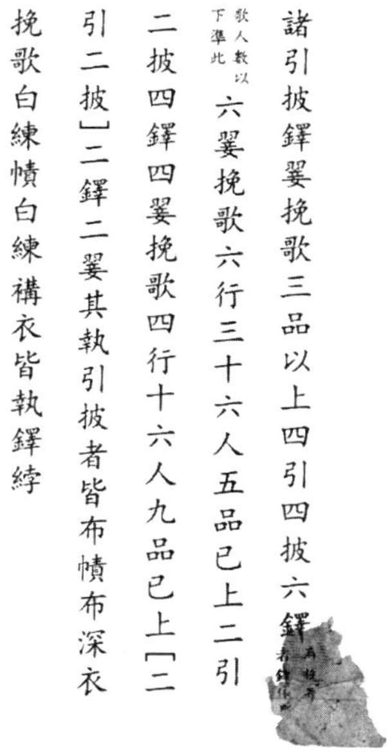

图 4 Ot. 3317 令文位置复原图

三

大谷文书中的 Ot. 3317 与 Ot. 4866 文书分别为《医疾令》与《丧葬令》抄本残片，这无疑是唐代令文的重要发现，虽然只有寥寥数字，但对于我们了解唐令原貌具有重要意义，前文已详细论及。按唐前期曾经数次删改令文，已知的便有武德令、贞观令、永徽令、开元七年令、开元二十五年令等。敦煌所见《东宫诸府职员令》即为永徽令，而 P. 2819《公式令》则可定为开元令。[①] 本文提到的 Ot. 4866《丧葬令》残片，不同于

① 刘俊文：《敦煌吐鲁番唐代法制文书考释》，中华书局，1989，第 197 ~ 198 页、第 228 ~ 229 页。

《唐六典》，而是同于《天圣令》。如果按一般认为的《天圣令》唐令蓝本为开元二十五年令的话，[①] Ot. 4866 有可能是开元二十五年令。而 Ot. 3317《医疾令》并未见有可以判断年代的信息，也就无从得知究竟是唐代哪一时期的令文，只能模糊地称其为唐令了。

算上龙谷大学图书馆藏 Ot. 3317《医疾令》、Ot. 4866《丧葬令》与旅顺博物馆藏 LM20 - 1453 - 13 - 04《户令》，目前已知的吐鲁番出土唐令残片已经有三件。此前仅知敦煌出有前述两种唐令，其中《永徽东宫诸府职员令》钤有“凉州都督府之印”，且 P. 4634 抄本末尾有“沙州写律令典赵元简初校”“典田怀悟再校”“凉州法曹参军王义”，无疑是官方的正式抄本。这也说明令文是先颁下至凉州都督府，沙州再从凉州抄写而来。[②] 而沙州也有专门的“写律令典”来抄写、校对令文。此外，唐代沙州、西州的官颁道经，也是自凉州而来。[③] 由此或可推测，西州的律令可能也是自凉州抄来。

值得注意的是 Ot. 4866 的出土地点。《大古文书集成》在该文书下标注有“チキトム出土”。[④] “チキトム”在吉川小一郎日记中又称为治格墩。吉川小一郎于 1911 年 3 月 16 日到达治格墩，并在距此东南 1 里的古城遗址中发掘得到回鹘文残纸。[⑤] 从吉川小一郎所记里程看，治格墩无疑就是晚清民国时人所称之齐克腾木，即今吐鲁番地区鄯善县七克台镇。

① 参见戴建国《〈天圣令〉所附唐令为开元二十五年令考》，载荣新江主编《唐研究》第 14 卷，北京大学出版社，2008，第 9 ~ 28 页；坂上康俊《〈天圣令〉蓝本唐令的年代推定》，何东译，载荣新江主编《唐研究》第 14 卷，北京大学出版社，2008，第 29 ~ 39 页；坂上康俊《天聖令藍本唐開元二十五年令說再論》，《史淵》第 147 號，2010，第 1 ~ 16 页。但对于开元二十五年令说也有一些疑问，参见卢向前、熊伟《〈天圣令〉所附〈唐令〉为建中令》，载《国学研究》第 22 卷，北京大学出版社，2008，第 1 ~ 28 页；黄正建《〈天圣令〉附〈唐令〉是开元二十五年令吗?》，《中国史研究》2007 年第 4 期，第 90 页。

② 池田温：《隋唐律令与日本古代法律制度的关系》，《武汉大学学报》（哲学社会科学版）1989 年第 3 期，第 93 页；雷闻：《俄藏敦煌 Дx. 06521 残卷考释》，《敦煌学辑刊》2001 年第 1 期，第 13 页注 42。

③ 荣新江：《唐代西州的道教》，载季羡林、饶宗颐、周一良主编《敦煌吐鲁番研究》第 4 卷，北京大学出版社，1999，第 139 页。

④ 小田義久主编《大谷文書集成》叁，法藏館，2003，第 50 ~ 51 页。

⑤ 吉川小一郎：《支那紀行》，载《新西域記》第 2 卷，有光社，1937；此据《敦煌见闻》，章莹译，载《丝路探险记》，新疆人民出版社，1998，第 296 页。

而所谓古城应即七克台古城，此城 1982 年尚出土过回鹘文佛经。[①] 此唐令残片亦应是此城出土。黄文弼先生指出此古城遗址即唐代赤亭守捉所在。[②] 出土文献中所见赤亭镇自然也是在此地，属西州蒲昌县，位于自伊州至西州的南、北二道交会处，是西州的东面门户，位置极为重要。[③] 在赤亭守捉（或赤亭镇）故址出土唐令残片，就颇值得寻味。唐代的守捉或军镇在日常事务中，肯定也要用到律令。那么西州的赤亭守捉（或赤亭镇）很可能就会存有一份唐令抄本，这大致可以反映出唐令在基层的行用情形。

总之，大谷文书中的 Ot. 3317 与 Ot. 4866 文书为唐令抄本残片。其中 Ot. 3317 文书载有两条唐《医疾令》，其前三行为“诸合药供御”条，后两行为“太医署每岁合药”条。Ot. 4866 文书则为唐《丧葬令》“引披铎翣挽歌”条。这两件文书虽然残存文字不多，但涉及的三条令文，对于相关唐令的复原和排序都有重要价值。现将复原令文结果标点如下，文书所见文字用字下点标出。

《医疾令》：

诸合药供御，在内诸省，省别长官一人，并当上大将军、将军卫别一人，与殿中监、尚药奉御等监视；药成，医佐以上先尝，然后封印；写本方，方后具注年、月、日，监药者遍署名，俱奏。饵药之日，尚药奉御先尝，次殿中监尝，次皇太子尝，然后进御。其中宫及东宫准此。

太医署，每岁常合伤寒、时气、疟痢、伤中、金疮诸药，以备人之疾病者。

《丧葬令》：

诸引、披、铎、翣、挽歌三品以上四引、四披、六铎、有挽歌

① 新疆维吾尔自治区文物局编著《新疆维吾尔自治区第三次全国文物普查成果集成·吐鲁番地区卷》，科学出版社，2011，第 34 页。

② 黄文弼：《高昌疆域郡城考》，原载《北京大学国学季刊》1932 年第 1 期；此据黄烈编《黄文弼历史考古论集》，文物出版社，1989，第 163 页。

③ 陈国灿：《唐西州蒲昌府防区内的镇戍与馆驿》，载《魏晋南北朝隋唐史资料》第 17 辑，武汉大学出版社，2000，第 94～96 页。

者，铎依歌人数，以下准此。六翣，挽歌六行三十六人，五品已上二引、二披、四铎、四翣，挽歌四行十六人；九品已上〔二引、二披、〕（?）二铎、二翣。其执引、披者，皆布帻、布深衣，挽歌白练帻、白练褠衣，皆执铎绋。

附记：本文幸得荣新江、游自勇等先生提出宝贵意见，谨致谢忱！

【本文原载《中华文史论丛》2017 年第 3 期】

旅顺博物馆藏唐户令残片考

——以令文复原与年代比定为中心*

田卫卫**

前　言

众所周知，20 世纪初大谷探险队的部分资料被运往当时的关东厅博物馆，即今旅顺博物馆（简称旅博），这批资料完好保存至今。2006 年春，旅顺博物馆与大谷文书的另一重要收藏地日本的龙谷大学，对这批文书进行了合作整理，双方联合主编出版了图录《旅顺博物馆藏新疆出土汉文佛经选粹》，[①] 刊载图版 1400 余幅，不少内容为稀见资料。其中，旅博原编号为 LM20_1453_13_04 者，书中将其归于不明佛典系列，未予定名。[②] 自 2005 年开始，旅顺博物馆与北京大学、中国人民大学合作整理馆藏新疆出土汉文文献，对这批残片重新考订，发现此文书当为一件唐户令残文。笔者受整理小组之命作文书考释，现将初步成果阐述如下，请方家指正。

虽然隋唐时期已经有较为完备的律令格式法律文本，并且此体系也曾

* 本文为旅顺博物馆、中国人民大学国学院、北京大学中国古代史研究中心合作的“旅顺博物馆藏新疆出土汉文文书的整理与研究”项目，即“教育部人文社会科学重点研究基地北京大学中国古代史研究中心重大项目”成果之一。论文写作过程中获同项目组诸位老师和学长的多方帮助，在此表示诚挚感谢。本文成稿后曾得大津透老师、吉永匡史老师、神户航介博士生等日本学者及黄正建老师、赵晶老师等多位专家诸多提点，在此一并致谢。

** 田卫卫，首都师范大学历史学院博士后。

① 旅顺博物館、龍谷大学主编《旅順博物館新疆出土漢文佛經選粹》（日文书名《旅順博物館藏トルファン出土漢文仏典断片選影》），法藏館，2006。

② 旅顺博物館、龍谷大学主编《旅順博物館新疆出土漢文佛經選粹》，法藏館，2006，第 131 页。

对朝鲜半岛、日本等东亚诸国家和地区形成了深远的影响，但岁月久远，唐令文本与唐式、唐格一起，都早已不传于世（仅唐律赖《唐律疏议》得存至今）。虽有继承改用唐令之日本《养老令》《大宝令》等文本以及天一阁藏《天圣令》文本可窥唐令一斑，但终究都不是唐令原本的样子。近代以来，敦煌、吐鲁番地区得地利之厚，多有晋唐古文献出土面世，其中即有唐令写本，只可惜数量不多，迄今所见者不过《永徽东宫诸府职员令》、[①]《开元公式令》、[②]《省台职员令》和《祠令》残卷抄本数卷残文而已。[③] 自20世纪初以来，以日本学者仁井田陞为代表的一代又一代学人致力于唐令的复原工作，[④] 特别是随着《天圣令》的发现，在中日学者的共同努力下，该项工作取得了非常好的成果。[⑤] 此次旅博藏唐户令残片的发

① 图版及录文见 T. Yamamoto, O. Ikeda, & Y. Okano, *Tun-huang and Turfan Documents concerning Social and Economic History*, Ⅰ *Legal Texts*, The Toyo Bunko, 1978 - 1980, （A）, pp. 22 - 28, （B）, pp. 40 - 50; T. Yamamoto et al., *Tun-huang and Turfan Documents concerning Social and Economic History*, Supplement, The Toyo Bunko, 2001, （A）, p. 3, （B）, pp. 2 - 3; 刘俊文：《敦煌吐鲁番唐代法制文书考释》，中华书局，1989，第180～197页。

② 图版及录文见 T. Yamamoto, O. Ikeda, & Y. Okano, *Tun-huang and Turfan Documents concerning Social and Economic History*, Ⅰ *Legal Texts*, The Toyo Bunko, 1978 - 1980, （A）, pp. 29 - 31 （B）, pp. 55 - 60; 刘俊文：《敦煌吐鲁番唐代法制文书考释》，中华书局，1989，第221～228页。

③ 荣新江、史睿：《俄藏敦煌写本〈唐令〉残卷Дx. 03558考释》，《敦煌学辑刊》1999年第1期，第3～13页。其后，李锦绣曾撰文认为，此非祠令残片，而是祠部的《格式律令事类》，参见氏著《俄藏Дx. 03558唐〈格式律令事类·祠部〉残卷试考》，《文史》2002年第3期，第150～165页。对此意见荣新江、史睿撰文《俄藏Дx. 03558唐代令式再研究》回应，载季羡林、饶宗颐主编《敦煌吐鲁番研究》第9卷，中华书局，2006，第143～168页。另外，关于《格式律令事类》的讨论，也可以参考日本学者土肥义和的解说，见氏著《唐考課令等寫本斷片（Дx六五二一）考——開元25年撰〈格式律令事類〉に関連して》，《国学院雜誌》105（3），2004，第1～12页。

④ 仁井田陞：《唐令拾遺》，東方文化学院東京研究所，1933（本书有中译本，见仁井田陞原著、粟劲等编译《唐令拾遗》，长春出版社，1989）；仁井田陞著，池田温编集代表《唐令拾遺補》，東京大学出版会，1997。

⑤ 天一阁博物馆、中国社会科学院历史研究所天圣令整理课题组《天一阁藏明钞本天圣令校证·附唐令复原研究》，中华书局，2006。有关研究论著比较集中发表在荣新江主编《唐研究》第12卷、第14卷，北京大学出版社，2006、2008；大津透编《日唐律令比較研究の新段階》，山川出版社，2008；台师大历史系、中国法制史学会、唐律研读会主编《新史料·新观点·新视角：天圣令论集》（上下），元照出版公司，2011；黄正建主编《〈天圣令〉与唐宋制度研究》，中国社会科学出版社，2011；岡野誠等《天聖令研究の新動向——〈唐研究〉第14卷（天聖令特集號）に対する書評を中心として》，《法史学研究会会報》第14号，2009，第104～130页。

现，不仅对于研究当时的户籍政策以及家族关系十分有益，还对唐令的复原研究，以及唐令和日本令的关系讨论等，都具有极其重要的参考价值。下文即从令文复原及其年代考证等方面略作阐释。

一　残片录文及阙文推补

旅博藏 LM20_1453_13_04 唐户令残片（见图 1），可见部分天头，现存文字 7 行，原纸行款未知，现每行残留 3 ~ 7 字不等，字体正楷，有墨色界栏，线形齐整，其墨色略淡于文字，未见朱点句读等标识，亦无改字。为讨论方便，作录文如下。

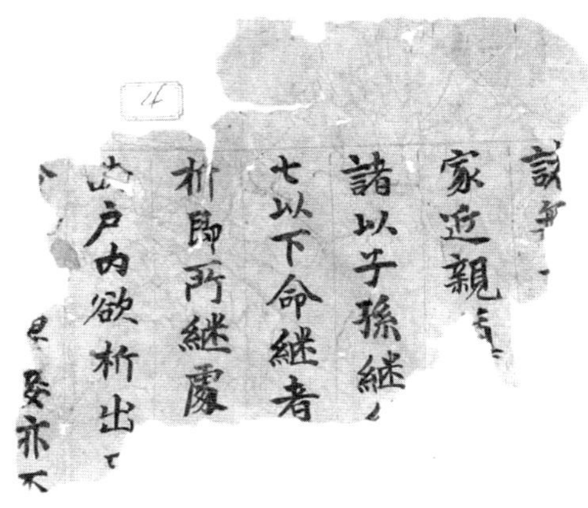
家近親
諸以子孫継
七以下命継者
析即所継處
戶内欲析出
妾亦不

图 1　旅顺博物馆藏唐户令残片

（前缺）

1　诸无子［

2　家近亲尊［

3　诸以子孙继绝［

4　七以下命继者［

5　析即所继处［

6　诸户内欲析出口［

7　□□□妻妾亦不［

（后缺）

结合天一阁藏《天圣令》尾所附唐令文本形式以及日本令文本形式，根据每条令文起首常见之“诸”字，以及每条令文均不直接接续于前一条的行尾，而是单独另起一行、顶格起笔的书写格式，我们可以推定，此残片所存之7行文字应当是分属于三条令文，此三条令文在唐令原本中处于先后依次排列的顺序。

本文待讨论残文，大体上可以和《唐令拾遗》及《唐令拾遗补》所复原的《户令》一四条至一六条的令文依次对应，鉴于残片文字与唐令高度对应，结合中原政权统治该地区的历史时期，可知此残片所载内容当为唐户令。以下引出上面两书的复原本，加点者为残卷所存文字。

14〔开二五〕诸无子者，听养同宗于昭穆相当者。……申官附籍。(据《唐户婚律》卷一二、《文献通考》卷一一)①

15〔开二五〕诸以子孙继绝应析户者，非年十八已上，不得析，其年十七已下命继者，但于本生籍内注云年十八，然听。即所继处有母在者，虽小亦听析出。(据《通典·食货七·丁中》、《文献通考·户口考一·历代户口丁中赋役》，及《白氏六帖事类集》卷二二，《白孔六帖》卷七六)②

16〔开二五〕诸户欲析出口为户，及首附口为户者，非成丁，皆不合析，应分者，不用此令。(据前列《通典》《文献通考》)③

仁井田陞《唐令拾遗》复原案中，此处对应令文均被定为开元二十五年令，见于旅博藏户令文本每一条均与《唐令拾遗》复原内容在文字上有出入，所以在此首先针对每一条令文内容的复原补全问题加以探讨。

（一）唐户令复原一四“听养”条

旅博本首行行首仅存“诸无子”三字，与《唐令拾遗》复原唐令令文

① 仁井田陞：《唐令拾遺》，東方文化学院東京研究所，1933，第233页；仁井田陞著，池田温编集代表《唐令拾遺補》，東京大学出版会，1997，第528～529页。与以下两条引文综合两本而成，个别标点有所不同。

② 仁井田陞：《唐令拾遺》，東方文化学院東京研究所，1933，第234页；仁井田陞著，池田温编集代表《唐令拾遺補》，東京大学出版会，1997，第528页，第1020页。

③ 仁井田陞：《唐令拾遺》，東方文化学院東京研究所，1933，第235页；仁井田陞著，池田温编集代表《唐令拾遺補》，東京大学出版会，1997，第1020～1021页。

一四条的起首相合，但其次行行首现存“家近亲尊”四字却不见于《唐令拾遗》复原。但因为《唐令拾遗补》在复原时原本推断“听养同宗于昭穆相当者”与“申官附籍”之间尚有未知的内容，并且使用了省略号“……”表示，所以此处当有“家近亲尊”存在的可能性。查唐宋法典，在《名公书判清明集》中载有无子孙之时有关“家近亲尊”命继的规定。《名公书判清明集》卷八《户婚门》立继类“已立昭穆相当人而同宗妄诉（翁浩堂）”条云：

> 谨按令曰：诸无子孙，听养同宗昭穆相当者为子孙。又曰：其欲继绝，而得绝家近亲尊长命继者，听之。又曰：夫亡妻在，从其妻。①

《宋会要辑稿》礼三六之一六载相关事例：

> 绍圣元年十二月五日，尚书省言：“元祐七年（1092）南郊赦书节文，今后户绝之家近亲不为依条立继者，官为施行。今户绝家许近亲尊长命继，已有著令，即不当官为施行。”从之。②

由此可知，宋代在对无子孙者收养子孙做出条件限制的同时，还存在对继绝和夫亡妻在两种情况的补充规定，而且至少在绍圣元年，这一规定是明确行之于令的。查《唐令拾遗》及《唐令拾遗补》复原解说可知，《唐令拾遗》对“无子”条的复原依据是《唐律·名例》“会赦改正征收”条疏议和《唐律·户婚》“养子舍去”条疏议所引唐令，并参考了《晋令》《宋天圣令》《宋令》《金泰和户令》《明户令》，③ 这些材料均不见有“家近亲尊”字样，存在“家近亲尊”内容的《宋会要辑稿》《宋史》并未被《唐令拾遗》所注意（后来《名公书判清明集》相关内容被补充到了《唐令拾遗补》中）。正如《名公书判清明集》卷八《户婚门》立继类“已立昭穆相当人而同宗妄诉（翁浩堂）”条所示，“其欲继绝，而得绝家

① 中国社会科学院历史研究所宋辽金元史研究室点校：《名公书判清明集》卷之八《户婚门》，中华书局，1987，第247页；高橋芳郎：《訳注〈名公書判清明集〉戸婚門》，創文社，2006，第472～473页。

② 《宋会要辑稿》，上海古籍出版社，2014，第1548页下。参见《宋史》卷一二五《礼二十八》，中华书局，1977，第2935页。

③ 仁井田陞：《唐令拾遺》，東方文化学院東京研究所，1933，第233～234页。

近亲尊长命继者，听之”这一内容，与“诸无子孙，听养同宗昭穆相当者为子孙”一样，也应该是同属于户令的内容，而且是无子听养这一规定的补充和细化。由此可以确定，残文此处的“家近亲尊”应当为“其欲继绝，而得绝家近亲尊长命继者，听之”。考虑到《名公书判清明集》在引用此条文字时是“谨按令曰：……又曰：……又曰：……”的格式，所以此处或亦可追加复原“夫亡妻在，从其妻”这一规定。

至于此处起首“诸无子”后残存文字，《名公书判清明集》作“诸无子孙，听养同宗昭穆相当者为子孙”，而《唐律·名例》卷四“会赦改正征收”条疏议作“自无子者，听养同宗于昭穆合者”，《唐律·户婚》“养子舍去”条疏议所引唐令，则作“无子者，听养同宗于昭穆相当者”，结合宋《天圣令》：“诸无子者，听养同宗之子昭穆合者”；宋令：“诸无子，听养同宗昭穆相当者为子孙”；以及日本《养老令》户令一四条：“凡无子者，听养四等以上亲于昭穆合者，即经本属除附”。考虑到日本令在继承唐令时，除删改不适用本国的规定及本身固定用语外，对唐令一般用语较为忠实遵循原本的情况，故此结合日本令与《唐令拾遗》复原文字，复原第14条户令内容如下：

14. 诸无子［者听养同宗于昭穆相当者其欲继绝而得绝］
家近亲尊［长命继者听之夫亡妻在从其妻］申官附籍

按残片所见文字的横向对应来看，虽然纵向有界栏隔开，但横向字迹高低大小大多不能对齐，故而此处行款相近却不完全一致，应该说也影响不大。

（二）唐户令复原一五“析户”条

《唐令拾遗》据《通典》食货七、《文献通考》户口考一及《白氏六帖事类集》卷二二和《白孔六帖》卷七六复原令文如前文所示。

按《通典》卷七《食货七·丁中》：

按开元二十五年《户令》云：“……诸以子孙继绝应析户者，非年十八以上不得析。即所继处有母在，虽小亦听析出。”[①]

① 《通典》卷七《食货七》“丁中”条，中华书局，1988，第155页。

《文献通考》卷十《户口考一·历代户口丁中赋役》与《通典》同。

《白氏六帖事类集》卷二二“析户令”条注：

> 《户令》：诸子孙继绝应以户者，非年十八已上不得析。其年十七已下命继者，但于本生籍内注云年十八，然听。即所继处有母在者，虽小亦听析出。[①]

据《白氏六帖》，《通典》《文献通考》应当是把“其年十七已下命继者，但于本生籍内注云年十八，然听”一段省略掉了，因为所述也是所谓“年十八已上”这一标准的一种情况，好在《白氏六帖事类集》将全文保留下来，《唐令拾遗》即据《白氏六帖》补全。

按仁井田氏唐令复原文本“注云年十八，然听。即所继处”的地方，旅博残文此处残存“析，即所继处”，多一“析”字。在“听”字后加一“析”字，语义更为完整。

其次，《通典》《文献通考》均为“有母在”，而《白氏六帖》为“有母在者”，文意无碍，而文字有略，此处也取《白氏六帖》，复原为“有母在者”为宜。

据以上资料可以推测，据旅博本改订的第15条令文内容应作：

15. 诸子孙继绝［应析户者非年十八已上不得析其年十］
七已下命继者［但于本生籍内注云年十八然听］
析即所继处［有母在者虽小亦听析出］

（三）唐户令复原一六“为户”条

《唐令拾遗》复原此条令文的依据为《通典·食货七·丁中》和《文献通考·户口考一·历代户口丁中赋役》，并以《晋令》作为参考。《通典》称：“诸户欲析出口为户及首附口为户者，非成丁皆不合析。应分者，不用此令。”[②]《文献通考》同。旅博本此条行首为“诸户内欲析出口”，

① 《白氏六帖事类集》卷二二，文物出版社，1987年影印傅增湘旧藏南宋绍兴刻本，帖册五，叶六十五b。

② 《通典》卷七《食货七》“丁中”条，中华书局，1988，第155页。

与《唐令拾遗》复原令文完全一致。但是下行行首仅余残笔画，约第四字开始才清晰可见“妻妾亦不”四字，这四字却又不见于《唐令拾遗》所依据的各种史料中。而据《通典》可知，户令有明文规定：“无夫者为寡妻妾。”可以推见，户令中当有涉及寡妻妾的规定，但《通典》的引文可能并不完全。

在日本保存的来源于唐令的文献材料中，可以看到有关“寡妻妾”的令文。

《养老令》卷四（第12~13条）：

> 凡无子者，听养四等以上亲与昭穆合者，即经本属除附。
>
> 凡户内欲折（析）出口为户者，非成中男及寡妻妾者，并不合折（析）。应分者，不用此令。①

《令义解》卷二引户令文原文：

> 凡无子者，听养四等以上亲与昭穆合者，即经本属除附。
>
> 凡户内欲析出口为户者，非成中男及寡妻妾者，并不合析。应分者，不用此令。②

《令集解》卷九引户令文原文：

> 凡无子者，听养四等以上亲与昭穆合者，即经本属除附。
>
> 凡户内欲析出口为户者，非成中男及寡妻妾者，并不合析。应分者，不用此令。③

据此，为《通典》所载文字不见“无子听养”以及“寡妻妾析户”的内容，这有可能是后来的令文削除了这一规定，也可能是《通典》引用转载不完全。同样，日本令中也不见“首附口”的记载，且“非成丁”作

---

① 井上光貞：《律令》（日本思想大系3），岩波書店，1976，第228页。同书同页载《大宝令》，此处“寡妻妾”作“寡妇”。

② 《国史大系·令義解》卷二，東京経済雑誌社，1901，第85页；《新訂増補国史大系·令義解》（普及版），吉川弘文館，1985，第94~95页。

③ 《国史大系·令集解》前篇卷九，吉川弘文館，1966，第272页；《新訂増補国史大系·令集解》，吉川弘文館，1983，第272~273页。

“非成中男”，这也体现了日本方面因地制宜修改唐令的部分，而所谓的“非成中男及寡妻妾者，并不合析”，若联系《唐令拾遗》“非成丁皆不合析”一起来看，或者可以大胆推测，旅博藏本或为日本令与《通典》等所引令文，其原文也很可能是两者内容的综合：“非成丁皆不合析，寡妻妾亦不合析”，如此则意思不改，只不过是两句并为一句、增加了此规定所针对的对象而已。由此，我们推定复原户令第16条内容如下：

16. 诸户内欲析出口［为户及首附口为户者非成丁皆不］

合［析寡］妻妾亦不［合析应分者不用此令］

总结以上讨论结果，我们可以推补此旅博藏令残文的内容及格式，得出如下三条完整的唐令内容（行前编号对应《唐令拾遗》令文编号）。

14. 诸无子者，听养同宗于昭穆相当者，其欲继绝而得绝

……21字

家近亲尊长命继者，听之，夫亡妻以从其妻申官附籍。

……21字

15. 诸子孙继绝应析户者，非年十八以上不得析，其年十

……21字

七已下命继者，但于本生籍内注云年十八，然听

……19字

析。即所继处有母在者，虽小亦听析出。

……15字

16. 诸户内欲析出口为户及首附口为户者，非成丁皆不

……21字

合析，寡妻妾亦不合析。应分者，不用此令。

……16字

根据以上分析可以确定，旅博所藏这件残片应当是唐令残文，满行行款约21字。其珍贵之处在于，所见三条令文的残文中，都有令人复原相对条目中没有的文字，我们根据宋代的《名公书判清明集》和日本令，基本上完整地复原出令文，所补文字与文书的行数相应。这样，由此残片，我

们获得了三条唐令的令文，可以据以补正从仁井田陞以来复原这三条唐令的不足，并可以从一定程度上看到唐代时间序列上后令对前令的继承与修改，以及日本令在参照唐令制定《大宝令》《养老令》时的取舍，因为律令的修改订正，往往是为了更适应当时社会状况，这也就使令人有机会管窥到当时更真实的社会历史信息。

二 旅博残令文的年代

关于有唐一代的法典，根据史料记载可知，唐朝从高祖武德七年（624）开始编纂法令，当时只是承继隋《开皇令》。到太宗贞观十一年（637），天下安定，正式形成唐朝自己的《贞观令》。至高宗永徽元年（650），再修订而成《永徽令》。以后经过多次修订，如麟德、仪凤、垂拱、神龙、太极年间，均有修订。到玄宗开元三年（715），再修订成《开元三年令》，开元七年（719）又修改为《开元七年令》，即《唐六典》所引之令文。到开元二十五年（737），唐朝全面修订律令格式，形成《开元二十五年令》。[①] 由令文记录下来的唐朝制度不是一成不变的，官名、时节、礼法常常有变动，朝廷不时以诏敕形式发布新的制度规定，并用格的形式过一段时间就编纂起来，然后再在较大规模修订令的时候增补改订进去。虽然史籍中有多次修订令的记载，朝廷的敕书中也常常有“著之于令”的说法，但令文是比较正规的法律文书，平常只是用“签贴”冲改旧条的方式来增订，[②] 并没有全面推倒重来。唐令较大的改订并不多，从《旧唐书》的《刑法志》和《经籍志》、《新唐书》的《艺文志》著录的令看，只有《武德令》《贞观令》《永徽令》《开元七年令》《开元二十五年令》的记载，而且都是30卷，可见虽是几次大的修订，并成为专书，但卷数未变，估计改动也不会很大。

开元以后，唐朝没有再做大的唐令修订工作，小的改订当然仍然存

① 参见池田温《唐令と日本令——〈唐令拾遺〉編纂によせて》，《中国禮法と日本律令制》，東方書店，1992，第165～194页。中译见霍存福、丁相顺译《唐令与日本令——〈唐令拾遗〉编纂集议》，《比较法研究》1994年第1期，第96页。

② 详见戴建国《唐宋变革时期的法律与社会》第二章“唐宋法典修订方式和修纂体例的传承演变”，上海古籍出版社，2010，第97～135页，并参见氏撰《天一阁藏〈天圣令·赋役令〉〉初探》（下），《文史》2001年第1辑，第176～181页。

在。从史料记载来看，德宗、宣宗时，都曾有所改订。但这些改订并不大，所以没有形成并刊布“建中令”“大中令”一类的专书。我们在宋代的目录书中，只见到《直斋书录解题》著录有《开元七年令》30卷，[①]《宋史·艺文志》著录《开元令》（开元二十五年令）30卷，[②]前者是私家藏书的记录，后者是官方所藏，从道理上来说，《开元二十五年令》是开元以后具有官方法律效力的图籍。戴建国教授在天一阁发现的宋《天圣令》抄本所保存的唐令内容，基本上被认定为开元二十五年令。[③]有的学者认为其中可能有中晚唐的令文，甚至是建中令，[④]但总体来说，中晚唐对开元二十五年令有所修订是没问题的，但并没有取代《开元二十五年令》这部法典。

再回到前文的阐述，我们要讨论的残片文字，正与《唐令拾遗》所复原的《开元二十五年令》有着极高的对应关系。在这一基本认识之上，我们再来看旅博所存三条唐令文字的年代问题。

（一）唐户令复原一四“听养”条

户令第14条的文字，仁井田陞《唐令拾遗》及池田温等《唐令拾遗补》据《唐律疏议》等，只复原开元二十五年令的“诸无子者，听养同宗于昭穆相当者，申官附籍”。目前所见史料中能与旅博残文全部吻合的，

---

① 陈振孙：《直斋书录解题》，上海古籍出版社，1987，第223页。

② 《宋史》卷二四《艺文志三》：“李林甫《开元新格》十卷。又，《令》三十卷。”中华书局，1977，第2341页。

③ 戴建国：《天一阁藏明钞本〈官品令〉考》，《历史研究》1999年第3期，又收入氏著《宋代法制初探》，黑龙江人民出版社，2000，第46～70页。戴建国：《〈天圣令〉所附唐令为开元二十五年令考》，载《唐研究》第14卷，北京大学出版社，2008，第9～28页。坂上康俊：《〈天圣令〉蓝本唐令的年代推定》，载《唐研究》第14卷，北京大学出版社，2008，第29～39页；又《再论〈天圣令〉蓝本唐令〈开元二十五年令〉说》，载《新史料·新观点·新视角：天圣令论集》（上），元照出版公司，2011，第53～64页。

④ 黄正建：《〈天圣令〉附〈唐令〉是开元二十五年令吗?》，《中国史研究》2007年第4期，第90页；又《〈天圣令〉附〈唐令〉是否为开元二十五年令》，载黄正建主编《〈天圣令〉与唐宋制度研究》，中国社会科学出版社，2011，第48～52页。卢向前：《〈天圣令〉所附〈唐令〉是开元二十五年令吗?》，载汤勤福主编《历史文献整理研究与史学研究方法论》，黄山书社，2008，第82～106页。卢向前、熊伟：《〈天圣令〉所附〈唐令〉为建中令辩》，载袁行霈主编《国学研究》第22卷，北京大学出版社，2008，第1～28页。

就是《名公书判清明集》卷八户婚门立继类“已立昭穆相当人而同宗妄诉(翁浩堂)”条：“谨按令曰：诸无子孙，听养同宗昭穆相当者为子孙。又曰：其欲继绝，而得绝家近亲尊长命继者，听之。又曰，夫亡妻在，从其妻”[①]。按，《名公书判清明集》有残宋本存于日本静嘉堂文库，只保存户婚门的文字，有南宋理宗景定辛酉（二年，1261）序。此段文字，见于宋本《清明集》。[②] 中国社会科学院历史研究所宋辽金元史研究室的先生们在北京图书馆（今中国国家图书馆）和上海图书馆找到明刻本，有张四维隆庆己巳（三年，1569）序，于是以明本为底本，用宋本补充，于 1987 年整理出版标点本，上述引文即出自该标点本。陈智超先生曾仔细对照宋本、明本的存佚情况，[③] 上引判文，两本均在。

《清明集》保存的令文出自翁浩堂的书判。浩堂名甫，字景山，理宗宝庆二年（1226）进士，曾任知处州、浙西转运使，书判地点均在江南东路。[④] 从时间上推断，翁甫所据之令，当为理宗时编定的《庆元令》。按宋令的编纂谱系前人已经做过梳理，大体来说，北宋时期，不论太宗时所编《淳化令》，还是仁宗天圣七年（1029）所颁《天圣令》，基本上都是依据唐《开元二十五年令》而来，由于《天圣令》残本的发现，我们得知其中包括据唐令调整改订的宋令和宋代已不行用但仍附录的唐令原文，可以说基本上都是来源于《开元二十五年令》。但自神宗元丰七年（1084）制定《元丰令》后，篇目从 30 卷增至 50 卷，内容也有改变，形成与唐令不同的系统，这一编纂系统由以后的《元符令》《政和令》《绍兴令》《乾道令》《淳熙令》《庆元令》《淳祐令》继承下来。目前我们可以从《庆元条

① 中国社会科学院历史研究所宋辽金元史研究室点校《名公书判清明集》卷之八《户婚门》，中华书局，1987，第 247 页；高橋芳郎：《訳注〈名公書判清明集〉戸婚門》，創文社，2006，第 472 ~ 473 页。

② 《宋本名公书判清明集》，《续古逸丛书》上海涵芬楼景印东京岩崎氏静嘉堂藏本 37，商务印书馆，1935，叶 4 右 ~ 叶 5 左；《名公书判清明集》，古典研究会影印本，1964，第 20 页。

③ 陈智超：《宋史研究的珍贵史料——明刻本〈名公书判清明集〉介绍》，载中国社会科学院历史研究所宋辽金元史研究室点校《名公书判清明集》附录七，中华书局，1987，第 649 页。

④ 陈智超：《宋史研究的珍贵史料——明刻本〈名公书判清明集〉介绍》，载中国社会科学院历史研究所宋辽金元史研究室点校《名公书判清明集》附录七，中华书局，1987，第 682 页。

法事类》中看到相当一部分《庆元令》的文字，与《天圣令》有许多不同点①。从一般情形来说，翁甫所引宋令的文字，不能直接看作是开元二十五年令了。

不过，《宋会要辑稿》礼三六之一六载相关事例：

> 绍圣元年十二月五日，尚书省言："元祐七年南郊赦书节文，今后户绝之家，近亲不为依条立继者，官为施行。今户绝家许近亲尊长命继，已有著令，即不当官为施行。"从之。②

说明至少在北宋哲宗绍圣元年时，"户绝家许近亲尊长命继，已有著令"。那么这个著令或当来自《元丰令》，也可能是《元丰令》的新制。但是，旅博残片出自吐鲁番，因为唐末五代的战乱，以及宋初统治版图的萎缩，完全不存在《元丰令》通行于吐鲁番地区的高昌回鹘政权的可能性，而只能是唐代法令残片的遗存，因此可以推知，"户绝家许近亲尊长命继"这条令文，其祖本也应当是从《元丰令》到《天圣令》，并有可能进一步往前追溯到《唐开元二十五年令》《唐开元七年令》《唐开元三年令》《永徽令》。

（二）唐户令复原一五"析户"条

第15条残文复原后的文字和白居易《白氏六帖事类集》所引文字比较，除个别文字《白氏六帖》传抄有误外，几乎完全一样。从白居易生活的时代来看，当时的令应即开元二十五年令。这段文字，《通典》只是摘引。因为这里是说"诸子孙继绝应析户者，非年十八以上不得析"，后面

---

① 参见梅原郁《唐宋時代の法典編纂——律令格式と敕令格式》，载《中国近世の法制と社会》，京都大学人文科学研究所，1993，第112～172页。滋賀秀三《法典編纂の歴史》，氏著《中国法制史論集——法典と刑罰》，創文社，2003，第103～152页。戴建国《唐宋变革时期的法律与社会》，上海古籍出版社，2010，第64～69页、第181～219页。川村康《宋令變容考》，载關西学院大学法政学会编《法と政治》第62卷第1號（下），2011，第459～573页。赵晶中译文《宋令演变考》（上下），载徐世虹主编《中国古代法律文献研究》第5辑，社会科学文献出版社，2011，第222～250页；第6辑，2012，第269～313页。赵晶《〈天圣令〉与唐宋法制考论》，上海古籍出版社，2014，第13～112页。

② 《宋会要辑稿》，中华书局，1957，第1316页；上海古籍出版社，2014，第1548页。参见《宋史》卷一二五《礼二十八》，中华书局，1985，第2935页。

提到在“其年十七已下命继者”的情况时，需要“于本生籍内注云年十八”，方能析户。换句话说，须年满十八的情形下才能析户。《通典》省文，略去了这种情况。《通典》前后两句都和《白氏六帖》相同，而这些文字明确提示为开元二十五年令。因此，《白氏六帖》的整条文字以及旅博残片，应当可以确定其见于《开元二十五年令》户令的文中。

《通典》是具有权威性的政书，出自宰相杜佑之手，记载天宝之前的典章制度，成书于元和之前，其记载备受后人信赖。《白氏六帖》是私家著述，主要为诗文创作提供方便。两相比较，前人更相信《通典》。过去学者见到《通典》引唐令特别标出开元二十五年令，就以为后面的文字应当就是唐令的原样。现在有了这个残片，加上《白氏六帖》的印证，可以确认《通典》引唐令有时是部分摘引，我们不能因为《通典》没有抄录齐全，就认为开元二十五年令也没有相应的文字。

戴建国先生曾列举出《通典》所载唐令与宋《天圣令》所附唐开元二十五年令不尽相同之处，如（1）《通典》卷六《赋税下》：“诸课役，每年计帐至尚书省，度支配来年事。”《天圣令·赋役令》附唐令第1条作：“诸课，每年计帐至，户部具录色目，牒度支支配来年事……”。（2）《通典》卷二《田制下》所载开元二十五年令没有《天圣令·田令》附唐令第5条所载职事官永业田规定的“六品、七品各二顷五十亩，八品、九品各二顷”这一段文字。（3）《通典》卷四十《职官》所载官品无《天圣令·杂令》附唐令第8条的“漕史”。（4）《通典》把太史局历生列为“流外七品”，而《天圣令·杂令》附唐令第8条列为“流外长上”。[①] 他认为这或许是《天圣令》所本唐令可能在后唐行用时被局部修改过，也有可能是《通典》传抄刻写之误造成的。[②] 其实，从我们讨论的《户令》第15条来看，《通典》在传抄唐令原文时，可能有故意的省略。因为当时令文俱在，杜佑不需要把所有令文都原原本本抄到《通典》里去。

综上可知，至少在《开元二十五年令》中，此户令“析户”条内容应该大致是如此模样。

---

① 此为黄正建指出，见所撰《〈天圣令（附杂令）所涉唐前期诸色人杂考〉，载《唐研究》第12卷，北京大学出版社，2006，第215页。

② 戴建国：《〈天圣令〉所附唐令为开元二十五年令考》，载《唐研究》第14卷，北京大学出版社，2008，第9~28页。

（三）唐户令复原一六“为户”条

上节已经指出，这一条仁井田氏是据《通典》卷七《食货七》“丁中”复原的，原文其实是第15、第16两条连续抄录的：“按开元二十五年《户令》云：‘诸以子孙继绝应析户者，非年十八以上不得析。即所继处有母在，虽小亦听析出。诸户欲析出口为户及首附口为户者，非成丁皆不合析。应分者，不用此令。’”① 上面讨论第15条时，我们已经据《白氏六帖》保留的全文，指出《通典》引令文有省略现象。这里引第16条文字，恐怕也有省略。我们从日本《养老令》《令义解》《令集解》保存的与唐令文字相应的地方，有“非成中男及寡妻妾者，并不合析”，可见有“寡妻妾”，只是与“非成丁”一起，合称为“非成中男及寡妻妾者”。旅博残片为我们保留了令文原文形式。

《大宝令》是日本大宝元年（701）由藤原不比等根据唐《永徽令》编纂而成的十一卷本日本法典，其注释书有“古记”，今整本已不传，仅可见部分引文。《养老令》根据《大宝令》以及《开元三年令》制定于养老二年（718）或养老五年，于天平胜宝九岁（757）五月在藤原仲麻吕主导下确定并施行。② 其注释书有“令释”“迹记”“穴记”“义解”等，连同“古记”一起，可见于《令集解》。《令集解》是贞观十年（868）左右学者惟宗直本在综合参考以上众多资料的基础上撰写的私家注释书。由上可知，《令集解》所有令文均来自《养老令》，又在一定程度上体现着《大宝令》。对于《大宝令》《养老令》的来源问题，日本学界基本将其定义为分别带有《永徽令》和《开元三年令》的影子。③ 这样看来，保存在《养老令》中的第16条“寡妻妾”的内容，很可能也存在于《开元三年令》以及《开元二十五年令》之中。只不过由于《大宝令》中“寡妻妾”为

① 《通典》卷七《食货七》“丁中”条，中华书局，1988，第155页。

② 井上光貞：《日本律令の成立とその注释書》，载《井上光貞著作集》第2卷，岩波書店，1986；榎本淳一：《養老律令試論》，载笹山晴生先生還歷記念会编《日本律令制論集》上卷，吉川弘文館，1993。

③ 坂上康俊：《日本に舶載された唐令の年次比定について》，《法史学研究会会報》13号，2008，第1～24页，该文亦有中文版，见氏著《日本舶来唐令的年代推断》，载韩昇主编《古代中国：社会转型与多元文化》，上海人民出版社，2007，第168～175页。服部一隆认为《养老令》与《开元二十五年令》很接近，见氏著《養老令と天聖令の概要比較》，载明治大学古代学研究所编《古代学研究所紀要》第15号，2011，第33～46页。

“寡妇”，所以或许可以认为旅博藏残户令应该不属于《永徽令》。

综上所述，讨论中所涉及的旅博本最为重要的主干内容，大体上都见于《唐令拾遗》（及《拾遗补》）复原本、《养老令》本。在此列后两种文本内容如下（加点的文字可见于旅博残卷）。

《唐令拾遗》及《唐令拾遗补》卷九《户令》复原：

14〔开二五〕诸无子者，听养同宗于昭穆相当者。……申官附籍。（据《唐户婚律》卷一二、《文献通考》卷一一）①

15〔开二五〕诸以子孙继绝应析户者，非年十八已上，不得析，其年十七已下命继者，但于本生籍内注云年十八，然听。即所继处有母在者，虽小亦听析出。（据《通典·食货七·丁中》、《文献通考·户口考一·历代户口丁中赋役》，及《白氏六帖事类集》卷二二，《白孔六帖》卷七六）②

16〔开二五〕诸户欲析出口为户，及首附口为户者，非成丁，皆不合析，应分者，不用此令。（据前列《通典》《文献通考》）③

日本《养老令》户令：

12. 凡无子者，听养四等以上亲于昭穆合者，即经本属除附。

13. 凡户内欲析出口为户者，非成中男及寡妻妾并不合析。应分者，不用此令。④

仁井田陞《唐令拾遗》复原案中将此处三条对应令文均定为《开元二十五年令》，而旅博藏残文在与《拾遗》复原条文主旨相合、先后次序一致的同时，于第一条和第三条令文又分别有所增衍，第一条因为有省略号的存在，并不相悖，第三条多出来的“寡妻妾”虽不见于《拾遗》复原，

① 仁井田陞：《唐令拾遺》，東方文化学院東京研究所，1933，第233页；仁井田陞著，池田温编集代表《唐令拾遺補》，東京大学出版会，1997，第528～529页。与以下两条引文综合两本而成，个别标点有所不同。

② 仁井田陞：《唐令拾遺》，東方文化学院東京研究所，1933，第234页；仁井田陞著，池田温编集代表《唐令拾遺補》，東京大学出版会，1997，第528页。

③ 仁井田陞：《唐令拾遺》，東方文化学院東京研究所，1933，第235页。

④ 仁井田陞著，池田温编集代表《唐令拾遺補》第三部分唐日两令对照一览，東京大学出版会，1997，第1020页。

却见于《养老令》户令的对应令文。

对比旅博藏唐户令残文、仁井田复原《开元二十五年令》、体现《开元三年令》的《养老令》这三种文本来看，旅博本的内容不仅囊括了后两者的内容，还多出了“家近亲尊”等内容规定（参图 2）。考虑到后两者本身都具有修改自其以前的令文的因袭性，可以推断，旅博本很可能是开元二十五年令及日本《养老令》的母本。再考虑到吐鲁番地区归属中原统治的时期，以及《养老令》的“寡妻妾”一词是在《大宝令》“寡妇”一词的基础上参照《开元三年令》修改而来，可知旅博残片应当就是《开元三年令》户令残文。

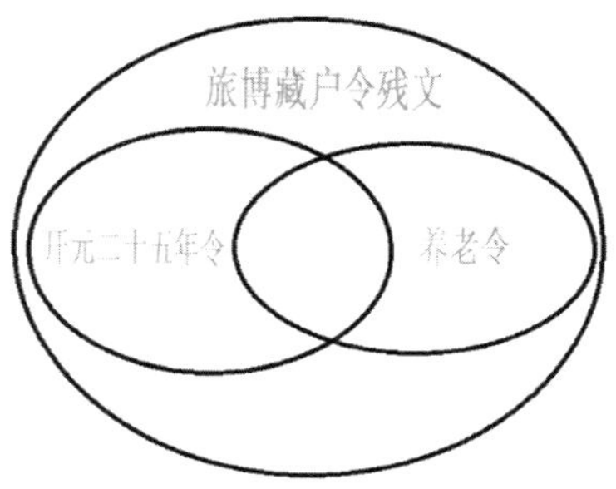

图 2　三种令文之所属关系图示

三　旅博唐令写本的性质

此前所见唐令原本，有敦煌发现的《永徽东宫诸府职员令残卷》（P. 4634 + P. 4634C_2 + P. 4634C_1 + S. 1880 + S. 3375 + S. 11446）、《开元公式令残卷》（P. 2819）、《台省职员令》和《祠令》残卷抄本（Дх. 03558），后两篇是类抄性质，而前两篇分属“职员令”和“公式令”。

《永徽东宫诸府职员令》背面纸缝处钤有“凉州都督府之印”，结合卷尾的题记，我们知道是沙州吏人到凉州都督府抄写的文本。[①] 当时律令格

① 图版及录文见 *Tun-huang and Turfan Documents concerning Social and Economic History*，Ⅰ *Legal Texts*，The Toyo Bunko，1978 – 1980，（A），pp. 22 – 28，（B），pp. 40 – 50；*Tun-huang and Turfan Documents concerning Social and Economic History*，Supplement，The Toyo Bunko，2001，（A），p. 3，（B），pp. 2 – 3；刘俊文《敦煌吐鲁番唐代法制文书考释》，中华书局，1989，第 180 ~ 197 页。

式甚至开元道藏，都是经过十道首府转抄给各州的。[①] 作为《职员令》，书写格式有其特殊性。首先单列一行顶格书写职员单位，然后另起一行顶格书写该单位下所属职员名称及其人数。所有职员名称及其人数均按照官位高低顺序书写，并在每一条的后面附加双行小字注解说该职员的执掌，有所属单位不同，但是职员名称相同而且职责相同的，省略重复加注。

《开元公式令》纸缝背各钤有一方“凉州都督府之印”,[②] 说明也是从凉州公文转抄而来，其形式是按照官文书的格式抄写，与一般以“诸”字开头的令文格式不同。

因此，旅博藏唐户令残片以“诸”开头，在每一条内容结束之后，另起一行顶格书写。这些从已有的格、式或其他官文书中也有所见，但旅博残片提供了令的写法。因为旅博户令残文存字不多，未见双行小字注。据《东宫诸府职员令》，令文以卷为单位书写，每卷后可能有抄写题记。

从书法的角度来看，《东宫诸府职员令》和《开元公式令》的书法极为工整精美，一丝不苟，钤有官印，是正式的官府定本。旅博此卷的书法称不上有多么精美，格式也不见得有多么谨严，因此这件西州写本，或许并非从凉州抄来的正本，而是再次转抄的地方文本。尽管如此，虽然其书法水平不够高，但笔画书写认真，字架结构规整，仍有很大可能是官府书吏按照唐令正本抄录而来，行用于当地官府部门。无论如何，我们今天看到了《开元三年令》的原始面貌，弥足珍贵。明抄本《天圣令》中虽然保存了不少唐令的文字，但格式毕竟已不是唐人写本的原样了。

结　语

作为律令的重要组成部分，户令与田令、赋役令一样是规定民政的大纲,[③] 在晋令以降、唐宋令文中始终存在，且篇名一致，不曾有变。以律令格式为标志的律令体制是古代东亚的共通统治形式，历来受到研究者们

① 荣新江：《唐西州的道教》，载季羡林等主编《敦煌吐鲁番研究》第4卷，北京大学出版社，1999，第139页。

② *Tun-huang and Turfan Documents concerning Social and Economic History*, Ⅰ *Legal Texts*, The Toyo Bunko, 1980, (A), p. 29.

③ 瀧川政次郎：《户令總說》，载皇学館大学人文学会编《皇学館論叢》9（5），1976，第2页。

的瞩目。自2008年戴建国发现天一阁藏《天圣令》文本以来，关于唐宋律令的研究更是进入了高峰时期。我们在旅博所藏大谷文书中发现了一片唐户令残片，在对文本的复原补全基础上，确定其年代为开元三年（715）户令。在此过程中，对日本《大宝令》《养老令》、唐《开元二十五年令》甚至宋代各法承袭接受《永徽令》《开元三年令》等早期令文的表现有了一定的发现，也进一步猜测到了一点关于当时社会状况以及发展的变迁。虽然LM20_1453_13_04残存文字较少，但在整理补全其文本内容的同时，这三条残文也为我们复原唐令、考察日令在取舍唐令时的思考，提供了很好的材料。对于唐代的户口继承关系、户籍管理政策等研究、唐令复原研究，以及对日本令与唐令的关系的研究，也都具有十分重要的参考价值。

【本文原载《中华文史论丛》2017年第3期】

第三编　观点争鸣

俄藏敦煌写本《唐令》残卷（Дх. 03558）考释

荣新江　史　睿*

小引：1998 年 4 月，我借往杭州开会的机会，途经上海，目的是调查上海古籍出版社拍摄回来的俄罗斯圣彼得堡所藏敦煌文献照片。承蒙赵昌平、府宪展、蒋维崧、刘景云诸位先生的关照，得以饱览《俄藏敦煌文献》第九册以下未刊残卷的照片，唐人诗集、开元戒牒、王梵志诗、舞谱、唐令等，一件件激动人心的文献映入眼帘，恍如 1991 年在圣彼得堡的那段时间。

在这些文献中，Дх. 03558 号写本是仅存 10 行文字下半的一件残片，前后均残，但楷体书写，笔法严整，有丝栏。揆其内容，实为唐令残卷，后两条当为《祠令》无疑。回京后，因无法复核残卷照片，迟迟没有动笔考释，只是时而与精研北朝隋唐礼制的史睿君相互切磋讨论。现本残片已发表在《俄藏敦煌文献》第十卷（1998 年）第 332 页上栏，惜误题作"道教经典"。因邀约史睿一道，释录如下，并就其内容、年代等问题略加探讨。（荣新江）

一　录文与推补

Дх. 03558 残卷现存下半 10 行，明显分别属于《唐令》的三个条目。据条目中间的空格，第一、第二条间空二栏，第二、第三条间空一栏，总计原本有 13 行文字（见附图）。现将残卷所存文字录出，并根据相关史料推补其上残缺的文字，然后再陈述推补的理由。

*　荣新江，北京大学中国古代史研究中心教授；史睿，北京大学中国古代史研究中心副研究馆员。

（前缺）

1. □□□□□□□□六［

2. □□□□二王后每年四时享庙牲牢调度

3. 及祭服祭器官给几案有阙亦官给主客

4. 司四时省问

5. □□□□□□□

6. □□昊天上帝五方上帝皇地祇神州宗

7. 庙等为大祀社稷日月星辰先代帝王岳镇

8. 海渎先农先蚕释奠等为中祀司中司命风

9. 师雨师诸星山林川泽之属为小祀州县社［稷释奠］及

10. 诸神祠亦准小祀例

11. 冬至日祀昊天上帝于圆丘高祖配牲用苍

12. 犊二其从祀五方上帝日月用方色犊各一五

13. 星以下内官五十五座中官一百五十九座外

14. 官一百五座众星三百六十座加羊九豕九

目前所见敦煌出土《唐令》写本，有《东宫诸府职员令》残卷和《公式令》（开元年间）残卷，其平均每行的字数，为17字左右①。我们推测本残卷每行字数应大体相当。现根据每行上面的空字和相关的文献记载，推补如上，并说明具体理由如下。

遍检仁井田陞《唐令拾遗》和池田温等《唐令拾遗补》②。第一条文字不在现在所能见到的《唐令》佚文当中。但《唐会要》卷二四“二王三恪”条云：“开元三年二月敕：‘二王后，每年四时享庙牲及祭服祭

① T. Yamamoto, O. Ikeda and M. Okano (co-ed.), *Tun-huang and Turfan Documents concerning Social and Economic History*, I *Legal Texts*, (B) Plates, The Toyo Bunko, 1978, pp. 40 - 60.

② 仁井田陞：《唐令拾遺》，東方文化学院東京研究所，1933；栗劲、霍存福、王占通、郭延德编汉译本，长春出版社，1989；仁井田陞著，池田温编集代表《唐令拾遺補》，東京大学出版会，1993。

器，并官给。及帷幄几案有阙，亦官给。主客司四时省问，子孙准同正三品荫。'"[①] 按，唐朝的敕文有不少后来整理成为令文，有的则是对已经行用的令文的再确定[②]，也就是说，不论开元三年（715）以前的武德、贞观、永徽诸令，还是开元三年以后的开元七年、开元二十五年令，都有可能有与这条敕文相合的内容。如下所考，残卷所见的《唐令》很可能是《永徽令》，那么开元三年的敕文就应当是对旧令文的重申，因为残卷所存的文字大多见于敕文。但敕文与令文并非完全相同，"二王后"的前面应当还有其他内容，"牲牢调度"为敕文所无，但"几案"前似原缺"帷幄"二字，因为没有空间补充更多的字了。

第二条和第三条很容易判断出是《唐令》中《祠令》的开头部分。

第二条相对应的文字，仁井田氏《唐令拾遗》据《大唐开元礼》《唐六典》《唐律疏议》等书，曾复原出唐《开元七年令》和《开元二十五年令》的条文[③]。据残卷每行14~17字计，中祀部分无法包括《开元令》所列"孔宣父齐太公诸太子庙"，知残卷并非《开元七年令》或《开元二十五年令》。池田温氏等《唐令拾遗补》据尊经阁文库所藏日本古书《天地瑞祥志》，参考太田晶二郎《〈天地瑞祥志〉略说——附けたり、所引の唐令佚文》[④]，复原了相对应的《永徽令》条文[⑤]，残卷所存文字接近，但也不完全相同。

关于大祀，《唐律·名例律》"十恶"条《疏议》所引《祠令》和《天地瑞祥志》卷二十所引《祠令》文字相同，均作"昊天上帝、五方上帝、皇地祇、神州、宗庙等为大祀"[⑥]，残卷所存文字正好都在其中，可以据补，但补后的该条首行字数似少二三字，不知是否在开头有其他文字或符号。如果本残卷是《唐令》的分类摘抄，则前面不排除有"祠令""祠

① 《唐会要》，上海古籍出版社，1991，第539页。

② 菊池英夫氏关于唐代敕文重申令文的论说，对本文最具参考价值。见氏撰《唐代史料における令文と詔敕文との關係について——〈唐令復原研究序說〉の一章》，《北海道大学文学部紀要》第21卷第1号，1973，第35~57页。

③ 仁井田陞:《唐令拾遺》，東方文化学院東京研究所，1933，第159~161页；栗劲、霍存福、王占通、郭延德编汉译本，长春出版社，1989，第60~63页。

④ 原载《東京大学史料編纂所報》第7号，1973；收入《太田晶二郎著作集》第1册，吉川弘文館，1991。

⑤ 仁井田陞著，池田温编集代表《唐令拾遺補》，東京大学出版会，1993，第488~489页。

⑥ 《唐律疏议》，中华书局，1983，第10页。

令曰”“令曰” 等字。

关于中祀，《唐律·职制律》“大祀不预申期”条《疏议》曰：“社稷、日月、星辰、岳镇、海渎、帝社等为中祀。”① 《天地瑞祥志》卷二十则作“日月、星辰、岳镇、海渎、先农等为中祀”，从残卷第7行上部的残画，可确定是“日月”的“日”字。而据每行字数推定，其上可填补“社稷”二字。因为“海渎”一定是跟在“岳镇”之后的，则其后据写本字距还能容纳6个字。按《唐律》引文的“帝社”即《瑞祥志》引文的“先农”，指孟春吉亥祭祀帝社的籍田礼。据《大唐郊祀录》，从武德、贞观到永徽，此礼一直称作“籍田”，神位为“帝社”，武周时改称“先农”，编入《垂拱令》②。但《唐会要》卷十七《祭器议》略云：“永徽（应为显庆）二年，礼部尚书许敬宗议笾、豆之数曰：‘谨按《光禄式》，先农、先蚕，俱为中祀。’”③ 知显庆时也用“先农”之名。同时又可证明当时中祀还有先蚕。因此，这里前四个字可推补为“先农先蚕”。其下二字，为《唐律疏议》和《瑞祥志》所不及，但《令集解》此处有“释奠”二字，似可据补④。值得注意的是，残卷上保存的“先代帝王”一项，则为《唐律》和《瑞祥志》所引《唐令》均不及者。

---

① 《唐律疏议》，中华书局，1983，第188页。

② 王泾《大唐郊祀录》卷十《飨礼十》“飨先农”条略云：“臣泾按，先农者，《祭法》所谓帝社是也。后齐及隋，皆曰先农。国初定礼，复为帝社。则天后摄位，改为先农。至神龙元年，礼部尚书祝钦明与礼官奏曰：‘谨按祀典，无先农之文。《礼·祭法》云：王自为立社，曰王社。先儒已谓其社在籍田之中。永徽中犹名籍田，垂拱以后删定，改为先农。’”（《大唐开元礼》附录，汲古書院，1972，第797页）《旧唐书》卷二四《礼仪志》略同（中华书局，1988，第912～913页）。

③ 《唐会要》，上海古籍出版社标点本，1991，第403页。唯系此事于永徽二年不确，《大唐郊祀录》卷一《凡例》“俎馔”条载同一奏议，系于显庆初（东京汲古书院，1972，第763页），《旧唐书·礼仪志》作显庆二年（中华书局，1988，第825页）。《唐会要》卷二三《缘祀裁制》云：“旧仪，每祭笾豆之数各异，至显庆二年始一例，大祀笾豆各十二，中祀每（各）十，小祀各八。”（上海古籍出版社，1991，第514页）亦可证此事当系于显庆二年，而非永徽。此奏议提及中祀“先蚕”，据《玉海》引《唐会要》佚文，先蚕为中祀始于永徽三年，故奏议不应早于此年。

④ 《新訂增補国史大系》第23卷《令集解》上，吉川弘文館，1943。按《令集解》是以《永徽令》为蓝本的日本《大宝令》《养老令》的注释书，其中可以窥见部分《永徽令》的条文。详参池田温《唐令与日本令》，载《第二届华学研究会议论文集》，中国文化大学人文学院，1992，第381～397页；又《唐令と日本令》，载《中国禮法と日本律令制》，東方書店，1992，第165～175页；又《中国令と日本令》，载《周一良先生八十生日纪念论文集》，中国社会科学出版社，1993，第479～484页。

关于小祀，《唐律·职制律》“大祀不预申期”条《疏议》曰：“司中、司命、风师、雨师、诸星、山林、川泽之属，为小祀。”[①]《唐令拾遗》所复原的《开元七年令》和《开元二十五年令》，除“诸星”作“灵星”外，与《疏议》全同，可以据补残卷“风师”以下各神位，且每行字数也大体相等。

第二条的最后一句，《天地瑞祥志》引《唐令》作“州县之社稷释奠及诸神祠亦准小祀例”[②]。残卷“社”字下，当漏抄“稷释奠”三字。州县释奠之始不晚于贞观二十一年，见《唐会要》卷三五《释奠》及《旧唐书·礼仪志》。残卷下一行（第10行）上残，下半无字，正可补“诸神祠亦准小祀例”8个字。

第三条的对应条目，《唐令拾遗》据《通典》等复原的《武德令》和据《大唐开元礼》复原的《开元七年令》[③]，与此残卷所存文字均不相当。《唐令拾遗补》据《天地瑞祥志》复原的《永徽令》如下：“冬至日，祀昊天上帝于圜丘，太祖配，牲用苍犊二。其从祀五方上帝、日月，用方色犊各一。五星以下内官卌二座，中官一百卅六座，外官一百十二座，众星三百六十座。如（加）羊九豕九。”[④]对比残卷所存文字，二者有明显差异，“太祖”残卷作“高祖”，“五星以下”所列内外星官数目亦不同[⑤]。按《唐六典》卷四“祠部郎中员外郎”条云：“冬至祀昊天上帝于圜丘，以高祖陪焉……又祀内官五十五坐于坛之第二等，又祀中官一百五十九坐于坛之第三等，又祀外官一百五坐、众星三百六十坐于内壝之内。”[⑥]其中官星数与残卷正合。又《大唐开元礼》卷五“冬至祀圜丘有司摄

① 《唐律疏议》，中华书局，1983，第118页。

② 仁井田陞：《唐令拾遺》，東方文化学院東京研究所，1933，第159～160页；栗劲、霍存福、王占通、郭延德编汉译本，长春出版社，1989，第60～61页。

③ 仁井田陞：《唐令拾遺》，東方文化学院東京研究所，1933，第162～163，第165～167页；栗劲、霍存福、王占通、郭延德编汉译本，长春出版社，1989，第63～65，第67～70页。

④ 仁井田陞著，池田温编集代表《唐令拾遺補》，東京大学出版会，1993，第489～490页；池田温：《唐令と日本令（二）——〈唐令拾遺補〉の訂補》，《創価大学人文論集》第11号，1999，第150页。

⑤ 《唐令拾遺補》据此条所复原之《永徽令》实为《武德令》，故有此差异，说详下文。

⑥ 《唐六典》，中华书局，1992，第120页。

事”条，“陈设”下所列星官数也与残卷符合[1]，可以据补。因本行全缺，所以牲牢之数纯属推测。

二 Дx. 03558《唐令》残卷的年代

从仁井田氏的《唐令拾遗》到池田温氏编辑的《唐令拾遗补》，《唐令》的复原工作已经取得了巨大的成就。与此同时，中日学者对史籍、文书所存《唐令》的编纂年代和各个时期的令文之间的关系问题，做了深入细致的研究[2]。这些，都构成我们今天探讨这件《唐令》残卷年代的依据。

此残卷所存三条令文，第二、第三条为唐代《祠令》无疑，但究属哪个年代的令文，尚需考证。有唐一代，多次修定令式，有记载的就有《武德令》（624 编定）、《贞观令》（637）、《永徽令》（651）、《麟德令》（665）、《乾封令》（666～668）、《仪凤令》（677）、《垂拱令》（685）、《神龙令》（705）、《太极令》（712）、《开元初令》（三年/715）、《开元前令》（七年/719）、《开元后令》（二十五年/737）等[3]，此残卷究属何种令文，尚需以史籍记载及《唐令拾遗》《唐令拾遗补》所复原之《祠令》为坐标，考察此卷的内容及顺序，进一步判定其年代。

首先，残卷记载，冬至祀昊天上帝于圆丘，以高祖配。按，武德七年

① 《大唐开元礼》，汲古書院，1972，第 46 页。

② 池田温氏对中日学者的唐令研究史有详细的总结，见《唐令》，载滋賀秀三主编《中国法制史：基本史料の研究》，東京大学出版会，1993，第 229～239 页；又《唐令と日本令（一）——唐令復原の研究史》，《創価大学人文論集》第 7 号，1995，第 144～175 页；又《唐令と日本令（二）——〈唐令拾遺補〉の訂補》，《創価大学人文論集》第 11 号，1999，第 127～154 页。

③ 《唐六典》卷六“刑部郎中员外郎”条，中华书局，1992，第 185 页；又《通典》卷一六五《刑法三》“刑制”条，中华书局，1986，第 4243～4245 页；《唐会要》卷三九《定格令》，上海古籍出版社，1991，第 820～821 页。参见刘俊文《唐律疏议笺解》卷一《名例律》“十恶”条注释第三十一，中华书局，1996，第 73～74 页。实际上，除上述 12 种令文之外，还应包括各令的修订版，如显庆时对《永徽令》的修订，说详下文。

定令，圆丘祀昊天上帝，以景帝配[①]。贞观（627～649）中，改以高祖配祭昊天上帝于圆丘[②]。贞观十一年正月庚子颁行新律令，同月甲寅下诏行用《贞观礼》[③]，以高祖配祭圆丘之制可能已载入以上礼令，十四年冬至有事于南郊是《贞观礼》及《贞观令》行用后太宗第一次亲祭圆丘[④]，高祖配天之制的正式实行当始于此。高宗所定《显庆礼》一仍其旧，乾封元年（666），司礼少常伯郝处俊奏云："高祖依《（显庆）新礼》见配圆丘昊天上帝。"[⑤] 至高宗乾封二年十二月改以高祖、太宗同配昊天上帝[⑥]。武后垂拱元年（685），从元万顷、范履冰之议，又加高宗历配五祀，成三帝共配

---

① 《通典》卷四三《礼三·沿革三·吉礼二》"郊天"引《武德令》，中华书局，1986，第1192页；《旧唐书》卷二一《礼仪志》略同，中华书局，1988，第820页。

② 《通典》卷四三《礼三·沿革三·吉礼二》"郊天"条，中华书局，1986，第1193页。《旧唐书》卷二一《礼仪志》云："贞观初，诏奉高祖配圆丘及明堂、北郊之祀。"（中华书局，1988，第821页）《新唐书》卷十三《礼乐志》略同（中华书局，1975，第335页）。按，贞观初年之说不确，《唐会要》卷一"帝号"上云："高祖神尧大圣大光孝皇帝讳渊。贞观九年五月六日崩于太安宫垂拱前殿，其年十月庚寅，葬献陵，谥号太武皇帝，庙号高祖。"（上海古籍出版社，1991，第2页）《旧唐书》卷一《高祖纪》载高祖崩于贞观九年五月庚子（中华书局，1988，第18页），故贞观九年之前不应有高祖配祀昊天上帝之事。

③ 《唐会要》卷三七《五礼篇目》云：贞观"七年正月二十四日献之（指《贞观礼》——作者注）。诏有司行用焉"（上海古籍出版社，1991，第781页）。《旧唐书》卷三《太宗纪》略云：贞观十一年正月"庚子，颁新律令于天下。甲寅，房玄龄等进所修《五礼》，诏所司行用之"（中华书局，1988，第46页）。

④ 《玉海》卷九三《郊祀》"唐南郊"条引《唐会要》卷十佚文，江苏古籍出版社、上海书店，1987，第1697页；《旧唐书》卷三《太宗纪》略同，中华书局，1988，第52页。

⑤ 《通典》卷四三《礼三·沿革三·吉礼二》"郊天"条，中华书局，1986，第1195页。《旧唐书》卷二一《礼仪志》系此事于乾封初年高宗封禅回京之后（中华书局，1988，第825页）。按，高宗封禅泰山是麟德三年（666）正月，故断定郝处俊奏议上于同年改元乾封之后。

⑥ 《通典》卷四三《礼三·沿革三·吉礼二》"郊天"条，中华书局，1986，第1195页；《旧唐书·礼仪志》所载乾封二年十二月诏略同（中华书局，1988，第827页）。实际上，二帝配天之制于麟德年间封禅泰山时已露端倪，《通典》卷五四《礼十四·沿革十四·吉礼十三》"封禅"条略云："麟德二年，有司进仪注：'封祀以高祖、太宗同配。'"（中华书局，1986，第1516～1517页）《旧唐书》卷五《高宗纪》云："麟德三年春正月戊辰朔，车驾至泰山顿。是日亲祀昊天上帝于封祀坛，以高祖、太宗配飨。"（中华书局，1988，第89页）乾封年间曾编定过《乾封令》，见于《旧唐书》卷四二《职官志》（中华书局，1988，第1797，1801页），二帝同配之制可能载入此令。

之礼[①]。周革唐命，改以周文王和武士彟配祭[②]。及中宗复国，神龙元年（705）二月诏社稷、宗庙、陵寝、郊祀一切依永淳（682）以前故事[③]。就圆丘配祭而言，则恢复为乾封二年以后的三帝共配之制。直至玄宗开元十一年冬至亲祀圆丘，才依中书令张说之议罢三祖同配之礼，仅以高祖配祭[④]。仅据这一特征判断，这一残卷的年代应在贞观十一年至乾封二年之间或开元十一年以后，这期间唐朝曾制定过《贞观令》、《永徽令》、《麟德令》、《乾封令》及《开元二十五年令》。

其次，唐令所载神位随不同时代的礼制思想而变化，也可据以定年。圆丘、南郊、明堂、雩祭所祀神位，南郊与圆丘的异同及北郊与方丘的异同，等等，都是唐代君臣常常探讨的问题，而《显庆礼》和《开元礼》的制定都曾引发礼制体系的重要变迁。就神位而言，《显庆礼》与《贞观礼》有显著的差异，《大唐郊祀录》云："明（显）庆中，礼部尚书许敬宗议曰：'据《祠令》及《新礼》，并用郑玄六天之义，圆丘祀昊天上帝，南郊祭太微感生帝，明堂祭太微五帝。'"并请求高宗"宪章姬孔，去郑取王"[⑤]，即由郑玄礼学体系转入王肃礼学体系。此议上于《显庆礼》颁行之前，《新礼》当谓《贞观礼》[⑥]，令谓《永徽令》。《显庆礼》于显庆三年正月戊子颁行天下[⑦]，与《贞观礼》《永徽令·祠令》

---

① 《旧唐书》卷二一《礼仪志》，中华书局，1988，第830页。

② 《通典》卷四三《礼三·沿革三·吉礼二》"郊天"条，中华书局，1986，第1197页；《旧唐书》卷二一《礼仪志》略同，中华书局，1988，第830页。

③ 《旧唐书》卷七《中宗纪》，中华书局，1988，第136页。

④ 《通典》卷四三《礼三·沿革三·吉礼二》"郊天"条，中华书局，1986，第1198页；《旧唐书》卷二一《礼仪志》略同，中华书局，1988，第833页。

⑤ 《大唐郊祀录》卷四《祀礼》"冬至祀昊天上帝"条，汲古書院，1972，第757页；《玉海》卷九三《郊祀下》引《唐会要》佚文，江苏古籍出版社、上海书店，1987，第1698页；《旧唐书》卷二一《礼仪志》略同，中华书局，1988，第328页。《通典》卷四三《礼三·沿革三·吉礼二》"郊天"条系此事于永徽二年，与三书皆不同，疑误。

⑥ 《唐会要》卷三五《褒崇先圣》略云："显庆二年七月十一日，太尉长孙无忌等议曰：'按《新礼》，孔子为先圣，颜回为先师。'"（上海古籍出版社，1991，第743页）亦称《贞观礼》为新礼。参见高明士《论武德到贞观礼的成立——唐朝立国政策的研究之一》，载中国唐代学会编《第二届唐代学术会议论文集》，文津出版社。

⑦ 《通典》卷四一《礼一·沿革一·礼》序，中华书局，1986，第1121页。《唐会要》卷三十六《修撰》，上海古籍出版社，1991，第765页；同书卷三十七《五礼篇目》，第782页。《旧唐书》卷四《高宗纪》，中华书局，1988，第78页。

大异其趣。参与编纂《大唐开元礼》的王丘仲论其差异曰："《大唐前礼》祀感生帝于南郊，《大唐后礼》祀昊天上帝于圆丘以祈谷。《大唐前礼》雩祀五方帝、五帝、五官于南郊，《大唐后礼》雩祀昊天上帝于圆丘。《大唐前礼》祀五方帝、五帝、五官于明堂，《大唐后礼》祀昊天上帝于明堂。"① 同前奏议中，许敬宗本诸王学，认为南郊、圆丘名异实同，不应分祭。又《武德令》《贞观令》《永徽令》承袭前代礼制，每岁夏至祭皇地祇于方丘，孟冬祭神州于北郊。显庆二年，太尉长孙无忌、礼部尚书许敬宗等奏议云："方丘祭地之外，别有神州，谓之北郊，分地为二，既无典据，理又不通，亦请合为一祀，以符古义。"由此废除了神州之祀。以上种种建议均得到高宗首肯，从而"条附令式，永垂后则"，编入礼、令之中②。这里所说的礼应指当时正在修订的《显庆礼》。至于令，史籍并未记载此时有改定令文之举，但我们推测，《永徽祠令》当作了相应的修订。原因是，《永徽令》修成于永徽二年闰九月③，此时正行用的是颁布于贞观十一年正月的《贞观礼》，《永徽祠令》与《贞观礼》在国家大祀方面基本一致，而新定的《显庆礼》与《贞观礼》大相径庭，根据《贞观礼》制定的《永徽祠令》如不修订，势必与《显庆礼》相凿枘，难以继续行用。上文所引高宗将许敬宗之议条附礼令，可能是《显庆礼》撰成之前修订《永徽祠令》的一个实例。此外，加入先代帝王的祭祀，改释奠礼的圣周师孔制改为圣孔师颜制，等等，也可能是修订《永徽祠令》所致。显庆二年《祠令》的修订不同于以往的局部修订，是为了配合新定《显庆礼》而作的全面修订，此前仍可称为《永徽祠令》，而此后的《祠令》，

① 《大唐开元礼》卷一《序例》"神位"条，汲古書院，1972，第 14 页。《旧唐书》卷二一《礼仪志》引王丘仲文略同（中华书局，1988，第 835 页），唯《大唐前礼》作《贞观礼》，《大唐后礼》作《显庆礼》，更为明确。

② 《旧唐书》卷二一《礼仪志》，中华书局，1988，第 823～825 页。《玉海》卷九三《郊祀下》"唐五郊"条引《唐会要》卷十佚文略云："显庆二年八月十三日己巳太尉无忌议：'方丘在（在字衍）祭地之外，别有神州，谓之北郊，分地为二，请合于一祀。'诏可。"（江苏古籍出版社、上海书店，1987，第 1700～1701 页）与此同。又《通典》卷四五《礼五·沿革五·吉礼四》"方丘"条云："永徽中，废神州之祀。"（中华书局，1986，第 1261～1262 页），校勘记已指出系年不确，应从《旧唐书》卷二一《礼仪志》为显庆二年（第 1275 页），然未引《唐会要》佚文。

③ 《通典》卷一六五《刑法三》"刑制"条，中华书局，1986，第 4244 页；《唐会要》卷三九《定格令》，江苏古籍出版社、上海书店，1987，第 820～821 页；《旧唐书》卷四《高宗纪》，中华书局，1988，第 69 页。

其名称未见史籍记载，我们姑名之曰“显庆祠令”。其确立年代无考，暂以高宗照准许敬宗奏议之日（显庆二年八月十三日）作为上限，其修成的下限当去《显庆礼》颁行之日（显庆三年正月五日）不远，而其行用则当止于麟德二年《麟德令》颁布之日。至于唐代文献均未记载“显庆令”的原因，可能是因为此次仅限于《祠令》之部的修订，而非全部令文，所以还不足以冠以“显庆令”之名；但就礼制法制发展史而言，不妨使用“显庆祠令”之名。龙朔二年（662）二月改易官号，至麟德二年奏上新令，不易篇第，唯改曹局之名[①]，不妨推测《麟德祠令》与“显庆祠令”相同。至乾封元年，高宗又下诏依旧祀感帝和神州[②]，这一变化只能载入此后的《乾封令》。所以，郊丘合一、不存在皇地祇之外的神州之祀（或称北郊）及南郊感生帝之祀，是“显庆祠令”和《麟德祠令》的重要特征之一。此外，唐代初期的《贞观礼》《贞观令》和早期的《永徽令》中没有祭祀先代帝王的规定。显庆二年七月十一日许敬宗奏云：“亲（新）令（令字衍）礼及令，无祭先代帝王之文。今请聿遵故实，修附礼文。”高宗诏可[③]。

再次，中祀、小祀项目也具有时代性。中祀之祭齐太公庙和诸太子庙，小祀之祭五龙坛是开元年间的新增享礼[④]。诸太子庙时享的出现与唐代储君地位不稳的政治现象密切相关。自太宗夺嫡之后，历朝屡有储君被废、被杀的事件发生[⑤]。最早追赠为太子的是隐太子建成，

---

① 《唐会要》卷三九《定格令》，上海古籍出版社，1991，第802页。

② 《旧唐书》卷二一《礼仪志》，中华书局，1988，第823～825页。

③ 《唐会要》卷二二《前代帝王》，上海古籍出版社，1991，第499～500页；又《大唐郊祀录》卷十《飨礼二》“飨先代帝王”条，汲古書院，1972，第806页；《通典》卷五三《礼十三·沿革十三·吉礼十二》“祀先代帝王”条，中华书局，1986，第1477页；《旧唐书》卷二四《礼仪志》略同，中华书局，1988，第915页。《通典》《郊祀录》未系年，《旧志》系于显庆二年六月。

④ 《大唐开元礼》卷一《序例》“神位”条，汲古書院，1972，第17页。又《通典》卷一百六《开元礼纂类一·序例上》“神位”条略同，中华书局，1986，第2771页。再仁井田陞：《唐令拾遺》，東方文化学院東京研究院，1933，第159～161页；栗劲、霍存福、王占通、郭延德编汉译本，长春出版社，1989，第60～63页。仁井田陞著，池田温编集代表《唐令拾遺補》，東京大学出版会，1993，第502页。

⑤ 参见陈寅恪先生《唐代政治史述论稿》中篇《政治革命及党派分野》，上海古籍出版社，1997，第49～69页；胡戟：《唐代储君》，载朱雷主编《唐代的历史与社会》，武汉大学出版社，1997，第17～29页。

在贞观十六年①。神龙初年，建章怀、懿德太子庙②。至开元三年，已有隐太子建成、章怀太子贤、懿德太子重润和节愍太子重俊四人的陵庙官署③。此后编入《开元七年令》、《大唐开元礼》及《开元二十五年令》④，此前虽有此项享礼，却并不见于祠令“神位”条。五龙祠立坛建庙始于开元十六年，《大唐郊祀录》卷七《祀礼四》略云：“古礼无此祀，至开元十六年置堂，又兼置坛，仲春月则令有司祭之，其年二月，上亲行事，至今以为恒典。”⑤ 此卷中祀、小祀诸神位虽已残缺，但经推算，所残八九字，难以安排包括齐太公、诸太子庙和五龙坛如此之多的项目，可知并非《开元令》。又，残卷载冬至祀昊天上帝以五方上帝及日月从祀，而《开元七年令》五帝作青帝灵威仰、赤帝赤熛怒、白帝白招拒、黑帝叶光纪、黄帝含枢纽，日月作大明、夜明⑥，表明《唐令》残卷亦与《开元前令》不同。

如果我们所推补的一些神位正确无误，那么还可以补充如下例证。

第一，残卷中祀“社稷”的位置在日月、星辰之上，与《开元前令》

---

① 《旧唐书》卷六四《隐太子建成传》，中华书局，1988，第 2419 页。

② 《唐会要》卷十九《诸太子庙》，上海古籍出版社，1991，第 441、444 页。

③ 《通典》卷四七《礼七·沿革七·吉礼六》“皇太子及皇子宗庙”条，中华书局，1986，第 1322～1323 页；《唐会要》卷十九《诸太子庙》，上海古籍出版社，1991，第 443～444 页；《文苑英华》卷七六三《议》，中华书局，1966，第 4007～4008 页。据《大唐郊祀录》卷十《飨礼二》“附见”条，隐太子庙在淳和坊，章怀太子庙在长安坊，懿德太子庙在永崇坊，节愍太子庙在待贤坊（汲古書院，1972，第 806～807 页）。

④ 《通典》卷四七《礼七·沿革七·吉礼六》“皇太子及皇子宗庙”条略云：“开元二十二年七月敕：‘赠太子顷年官为立庙，并致享祀，虽云归厚，而情且为未安。其诸赠太子有后者，但官置庙，各令子孙自主祭，其署及官悉停。若无后者，宜依旧。’”（中华书局，1986，第 1324 页）《唐会要》卷十九《诸太子庙》云：“至天宝六载，正月十一日敕文：‘其章怀、节愍、惠文、惠宣等太子，虽官为立庙，比来子孙自祭，或时物有阙，礼仪不备，宜与隐太子及懿德太子列次诸室，简择一宽处，同为一庙。应缘祀事所须及乐馔，并令官供，每差祭官，宜准常式。仍都置庙令，仍自余所废庙官宜停。’”（上海古籍出版社，1991，第 444 页）《旧唐书》卷二六《礼仪志》略同（中华书局，1988，第 1011 页）。按，隐太子、懿德太子无后，见《唐六典》卷十六《宗正寺》（中华书局，1992，第 466 页）。故《通典》卷四十《职官二二·秩品五》“大唐官品”条所引《开元二十五年官品令》虽未载诸太子陵庙官署，但据开元二十二年七月敕推断，《开元二十五年祠令》仍有诸太子庙时享的记载；天宝六载正月十一日敕也可证明此前隐太子庙和懿德太子庙一直是官为祭享的。

⑤ 《大唐郊祀录》卷七《祀礼四》，汲古書院，1972，第 779 页；又《唐会要》卷二二《龙池坛》，上海古籍出版社，1991，第 504 页。

⑥ 仁井田陞：《唐令拾遺》，東方文化学院東京研究院，1933，第 165 页；栗劲、霍存福、王占通、郭延德编汉译本，长春出版社，1989，第 67 页。

《开元后令》在日月、星辰之下不同[1]。隋代社稷地位甚高，属大祀之列，见《隋书·礼仪志》及《通典》[2]。唐初郊庙享宴之礼悉用隋代旧仪，《永徽令》降社稷于中祀之首。《唐律疏议》卷九《职制律》"大祀不预申期"条议曰引《永徽令》云："依令，中、小祀者，谓社稷、日月、星辰、岳镇、海渎、帝社为中祀，司中、司命、风师、雨师、诸星、山林、川泽之属为小祀。"《开元令》更将社稷降至中祀的第三位，天宝三载又升为大祀[3]。据我们推补，残卷亦列社稷于中祀之首，仅就此而言，其当属《永徽令》。

第二，释奠的问题需要说明。虽然唐自武德以来沿袭前代释奠礼不废[4]，但唐初祠令"神位"条中并无释奠一项。《唐会要》卷三五《释奠》云：贞观"二十一年，中书侍郎许敬宗等奏：'释奠既准中祀，据礼必须禀命'"[5]。《大唐郊祀录》卷一《凡例》"俎馔"条云："显庆初，礼部尚书许敬宗议曰：'今请〔笾豆〕大祀同为十二，中祀同为十，小祀同为八，释奠准中祀，自余祀之座，并请依旧诏。'并从之，遂附于礼。今之所制，自敬宗始也。"[6] 既称"准"中祀[7]，表明在《贞观礼》及早期《永徽令》（显庆二年七月十一日以前）中释奠不属中祀。但显庆二年许敬宗奏议以后，应当将释奠定为中祀，编入礼令。因此，我们用《令集解》所补的

① 见《唐令拾遗》据《大唐开元礼》《唐六典》等书复原的开元七年及开元二十五年《祠令》，栗劲、霍存福、王占通、郭延德编汉译本，长春出版社，1989，第60~63页。唯引《唐律·职制律》（《宋刑统》同）所引《祠令》不当，此条符合《永徽令》特征，故应据以复原《永徽令》。

② 《隋书》卷六《礼仪志》云："昊天上帝、五方上帝、日月、皇地祇、神州社稷、宗庙等为大祀，星辰、五祀、四望等为中祀，司中、司命、风师、雨师及诸星、诸山川等为小祀。"中华书局，1973，第117页。又《通典》卷四五《礼五·沿革五·吉礼四》"方丘"条略同，中华书局，1986，第1261页。唯《隋书》标点本将神州、社稷当作一位，微误。

③ 《通典》卷四五《礼五·沿革五·吉礼四》"社稷"条，中华书局，1986，第1272页。

④ 史睿：《北周后期至唐初礼制的变迁与学术文化的统一》，载荣新江主编《唐研究》第3卷，北京大学出版社，1997，第165~184页。

⑤ 《唐会要》卷三五《释奠》，上海古籍出版社，1991，第748页；《旧唐书·礼仪志》略同，中华书局，1988，第917~918页。

⑥ 《大唐郊祀录》，汲古書院，1972，第763页；《唐会要》卷十七《祭器议》，上海古籍出版社，1991，第403页；《旧唐书·礼仪志》略同，中华书局，1988，第825页。

⑦ 按，"准"系唐代法律术语，《唐律疏议》卷六"称反坐罪之"条释"准罪"云："但准其罪者，皆止准其罪，亦不同真犯。"（中华书局，1983，第138页）可以类比。

“释奠”，可能也是“显庆祠令”的新增部分。这又为我们论证本残卷产生于显庆二年以后提供了佐证。

第三，先蚕之成为中祀，始于永徽三年，《玉海》引《唐会要》佚文云：“永徽三年三月七日，制以先蚕为中祀，后不祭则皇帝遣有司享之，如先农。”[①] 从中可见《永徽令》修成之后，很快就有过局部的增订。

第四，从令文整体结构来看，也有时代性。残卷《祠令》“神位”条的结构为“……为大祀，……等为中祀，……之属为小祀，州县……亦准小祀例”，前引《唐令拾遗补·祠令》据《天地祥瑞志》所复原之《永徽令》云：“昊天上帝……等为大祀，日月……等为中祀，司中……之属为小祀，州县……亦准小祀例。”以及《唐律疏议》卷九《职制律》引《永徽祠令》云：“……等为中祀，……之属为小祀。”三者行文及结构均相同。所谓“之属”，是唐初法律文献中常用的词汇，《唐律疏议》释“帷帐几杖之属”云：“帷帐几杖之属者，谓笔砚、书史、器玩等，是应供御所须，非服用之物。色类既多，故云‘之属’。”[②]《祠令》与此条相类，其小祀除已列举之外，还有司人、司禄、先牧、马社、司寒等，色类繁多，难于尽举，于是以“之属”二字代之。至《开元七年令》和《开元二十五年令》则无“之属”二字。

确定残卷的年代，还有三条史料需要加以说明。一为《唐律疏议》卷九《职制律》所引《永徽祠令》。现存《唐律疏议》为《永徽律疏》抑或《开元律疏》，是学界历来聚讼纷纭的问题，但就其《职制律》所引《祠令》而言，则确为《永徽令》。其略云：“依令：大祀，谓天地、宗庙、神州等为大祀，中、小祀者，谓社稷、日月、星辰、岳镇、海渎、帝社等为中祀，司中、司命、风师、雨师、诸星、山林、川泽之属为小祀。”如上文所证，《永徽祠令》以社稷为中祀之首，此其特征之一；中、小祀无先代帝王、释奠、先蚕，更没有开元年间新增的齐太公、诸太子庙及五龙祠，此其特征之二。同时具备以上特征的祠令，必为《永徽令》无疑，而且早于永徽三年以先蚕为中祀之前，为其颁行之初未经修订的原貌。

① 《玉海》卷七七《礼仪》“唐亲蚕”条引《唐会要》佚文，江苏古籍出版社、上海书店，1987，第1418页；《册府元龟》卷三三《帝王部》“崇祭祀二”条略同，中华书局影印明本，1960，第357页。

② 《唐律疏议》卷九《职制律》“主司私借服御物”条，中华书局，1983，第195页。

二为《大唐郊祀录》等书所引的《永徽光禄式》。《大唐郊祀录》引显庆二年许敬宗奏议云："案今《光禄式》，祭天地、日月、岳镇、海渎、先蚕等笾豆各四，祭宗庙笾豆各十二，祭社稷、先农等笾豆各九，风师、雨师等笾豆各二。寻此式文，事深乖谬。今请大祀同为十二，中祀同为十，小祀同为八，释奠准中祀。"① 此处所引式文显为《永徽式》。如所周知，《永徽式》与《永徽令》同时颁行，两者的祀礼"神位"应当相同。然而至显庆二年，《永徽令》《永徽式》已经过了修订，如《光禄式》中的"先蚕"一项，显然是永徽三年以后加入的。同时，又无"先代帝王"一项，可知在显庆二年七月许敬宗上尊祀先代帝王奏议以前，我们可以将此式文定在永徽三年至显庆二年七月之间。当然，式文与令文有一处似相矛盾，即令文称"帝社"而式文称"先农"。按，这两个词在当时可以混用，已见上文所引史料。但也不排除《永徽令》《永徽式》存在互相抵牾之处②。此两条文献之所以珍贵，是因为前者为《永徽祠令》制定之初的原貌，后者则与"显庆祠令"行用前夕《永徽祠令》经过修订以后的文本相同。它们如同唐代礼制变迁中的"文献化石"，能够帮助我们较为精确地比定唐令残卷的内容及年代。

三是《天地瑞祥志》卷二十"封禅"条所引《唐令》，其略云："冬至日祀昊天上帝于圜丘，太祖配，牲用苍犊二，其从祀五方上帝、日月，用方色犊各一，五星以下内官卌二座，中官一百卅六座，外官一百十二座，众星三百六十座，如（加）羊九豕九。"《唐令拾遗补》据此复原了《永徽祠令》"冬至祀昊天上帝"条。然而，如上文所述，以太祖景皇帝配祭圆丘是高祖时期的礼制，见于《武德令》。又其星官之数与《隋书·礼仪志》所载隋制相同，有明显的因袭痕迹③，可以断定《瑞祥志》此条源自《武德令》，而

① 《大唐郊祀录》卷一《凡例》"俎馔"条，汲古書院，1972，第735～736页；又《唐会要》卷十七《祭器议》，上海古籍出版社，1991，第403页；《旧唐书·礼仪志》略同，中华书局，1988，第911页。

② 令、式互相抵牾是经常发生的，兹举一例，证明《永徽令》《永徽式》之间的抵牾：《通典》卷四三"郊天"条云："检《（永徽）吏部式》，惟有南郊陪位，更不别载圆丘。式文既尊王肃，祀令仍行郑义，令、式相乖，理宜改革。"（中华书局，1986，第1194页）《旧唐书·礼仪志》略同（中华书局，1988，第824页）。

③ 《隋书》卷六《礼仪志》云：冬至祀昊天上帝，"以太祖武元皇帝配，五方上帝、日月、五星、内官四十二座、次官一百三十六座、外官一百一十一座、众星三百六十座，并皆从祀。"中华书局，1973，第116页。

非《永徽令》，所以我们没有依据它来推补残卷的缺字。

综合以上条件，根据冬至圆丘配帝之制的记载，可将残卷的年代范围限定在贞观十一年至乾封二年之间或开元十一年以后，即为《贞观令》、《永徽令》、《显庆令》（始于显庆二年八月十三日）、《麟德令》及《开元二十五年令》之一部；据诸太子庙、五龙坛的有无以及社稷的地位和五方上帝及日月名称的记载，可以排除《开元二十五年令》的可能；根据先代帝王、先蚕和释奠出现的年代，可以排除《贞观令》和早期《永徽令》（显庆二年七月十一日以前）的可能；而社稷位于中祀之首等种种特征均与史籍所载《永徽祠令》相符合，同时残卷与传世文献中引用的《永徽祠令》的内容、行文及结构最为相近。残卷仅存《祠令》的“神位”条和“冬至日祭昊天上帝”条，据此难以推断是否存在皇地祇之外的神州之祀（或称北郊），“神位”条虽提到神州，但也可能是作为夏至祀皇地祇的陪位。《通典·礼典》引述武德之制略云：“夏至日祭皇地祇，以景帝配，神州、五方、岳镇、海渎、山林、川泽、丘陵、坟衍、原隰，皆从祀。”①《贞观令》、《永徽令》至《开元二十五年令》均承袭《武德令》，以神州配祭皇地祇。显庆二年八月，北郊之祭虽废，而神州之位仍存。故“神位”条中有“神州”一项就不足为怪了。

残卷第2~4行为《台省职员令》尚书祠部之一条，记载二王后（即北周宇文氏和隋杨氏之后，唐封为介公和酅公）祖庙的祭祀。史载官为二王后立庙始于贞观年间②，与我们就祠令所作的判断并不冲突。而其中提到尚书礼部所属的“主客”一职，证明此令文残卷必为龙朔二年改易官号之前的《永徽令》，而非其后的《麟德令》。

由此我们可以得出结论：此俄藏敦煌所出唐代《祠令》残卷为《永徽令》的修订本（显庆二年七月以后），或者说是显庆二年七月以后行用的《永徽令》。

---

① 《通典》卷四五《礼五·沿革五·吉礼四》“方丘”条，中华书局，1986，第1261页。《旧唐书·礼仪志》略同，中华书局，1988，第820页。

② 《大唐郊祀录》卷十《附见》云：“贞观初诏曰：介国公宇文氏落、郧（酅）国公杨行恭，二王之后，礼数宜隆，寝庙未修，禀饩多缺，非所以追崇先代，式敬国宾。今可令有司量置国官，营修庙宇。”汲古書院，1972，第807页；《唐会要》卷二四《二王三恪》，上海古籍出版社，1991，第539页；《册府元龟》卷一七三《帝王部》“继绝”条略同，中华书局影印明本，1960，第2094页。

三 篇目排序问题

以上我们基本上判定出这件俄藏敦煌残卷是珍贵的《永徽令》修订本的抄本，但残卷第一、第二条之间的空行（第5行）如何填补，是摆在我们面前的一个难题。从内容上看，残卷第一条应当是《台省职员令》中尚书祠部之一条，但它何以直接接在《祠令》的前面？据池田温氏以日本令推测的《永徽令》篇目顺序，《台省职员令》应当是卷第三、篇第二，而《祠令》为卷第九、篇第八①，两者没有直接接续的可能性。因此，我们难以据敦煌写本《东宫诸府职员令》保存的尾题，将第5行复原为“令卷第三台省职员”，而暂付阙如。

从内容和书法看，本残卷是《唐令》抄本无疑。但既然不是按《唐令》原文顺序抄录下来的本子，那么它可能是《唐令》的一种摘抄本。比如，它可能是显庆时修订的《唐令》部分令文的抄录，而不录未加修订的部分。鉴于此残卷中内容都与礼制有关，我们也可推测，它可能是为了某种实际应用的目的条目汇抄。从《唐六典·尚书礼部》“祠部郎中员外郎”条来看，有关二王后祭祀的一条是其职能中关涉两京祭祀的最后一项内容，《台省职员令》的顺序可能与此相同。残卷于其后按顺序抄录《祠令》，可见是相关内容的汇抄。敦煌发现的唐代法律文书多与之相类。另外，虽然本卷谨严，但却有明显的漏字，这是抄写令文所不允许的，这或许说明本卷不是正规的《唐令》写本，而是为了某种目的的抄本。

以上只是一些推测，谨以此质之高明。

四 结语

唐令的复原是唐史研究者一项艰苦而持久的工作，笔者不揣浅陋，据俄藏新刊敦煌残卷，复原三条显庆年间修订之《永徽令》令文，现将结果标点如下。

---

① 池田温：《中国令と日本令》，载《周一良先生八十生日纪念论文集》，中国社会科学出版社，1993，第479~484页。

台省职员令第二

□□□□□□□□六▭□□□二王后，每年四时享庙，牲牢、调度及祭服、祭器，并官给。几案有阙，亦官给。主客司四时省问。

祠令第八

昊天上帝、五方上帝、皇地祇、神州、宗庙等为大祀，社稷、日月、星辰、先代帝王、岳镇、海渎、先农、先蚕、释奠等为中祀，司中、司命、风师、雨师、诸星、山林、川泽之属为小祀，州县社稷、释奠及诸神祠，亦准小祀例。

冬至日祀昊天上帝于圆丘，高祖配，牲用苍犊二。其从祀五方上帝、日月，用方色犊各一。五星以下内官五十五座、中官一百五十九座、外官一百五座、众星三百六十座，加羊九豕九。

【本文原载《敦煌学辑刊》1999 年第 1 期】

俄藏Дх. 03558唐《格式律令事类·祠部》残卷试考

李锦绣*

《俄藏敦煌文献》第10册载Дх. 03558号文书图版，题名为"道教经典"。① 荣新江、史睿《俄藏敦煌写本〈唐令〉残卷（Дх. 03558）考释》② 一文（以下简称《考释》）最早研究这份残卷，将之定性为法律文书，可谓独具慧眼。该文在详悉考证后，判断此文书为《永徽令》修订本的抄本，并做了补字和复原，其分析考释，受到重视。笔者在研读敦煌唐法制文书过程中，对此残卷形成了一些看法，今不揣浅陋，试为解说，敬请方家批评指正。

残卷现有10行文字，其中第3行与第4行、第7行与第8行文字之间均有空白，应是断片上部残缺，而原文仍有字。《考释》一文，已有该残卷录文，并补出缺字。今为论述方便，将残卷录文如下。

（前残）

1. ］□六［
2. ］四时享庙牲牢调度
3. ］几案有阙亦官给主客
4. ］
5. ］

---

* 李锦绣，中国历史研究院古代史研究所研究员。

① 《俄藏敦煌文献》第10册，上海古籍出版社，1998，第332页。《敦煌学辑刊》1999年第1期封二及山本达郎、池田温等著《敦煌吐鲁番社会经济历史文书》补遗部分（B，东洋文库，2001，第4页）也有该文书图版。

② 《敦煌学辑刊》1999年第1期，第3～13页。

6. ］上帝皇地祇神州宗
7. ］月星辰先代帝王岳镇
8. ］等为中祀司中司命风
9. ］之属为小祀州县社及
10. ］
11. ］□圆丘高祖配牲用苍
12. ］□日月用方色犊各一五
13. ］中官一百五十九座外
（下残）

文书第1行残甚，内容已不可晓。余12行含三项内容，其中第2~4行是有关二王后祭祠物品供给者，第6~10行是大、中、小祀的区分，第11~13行是有关祭“昊天上帝”于圆丘者。文书内容皆与礼制、祭祀有关。

一　文书的时间性

正如《考释》一文所指出的，文书第2~4行源于开元三年二月敕。《册府元龟》卷一七三帝王部继绝门[①]略云：

> 玄宗开元三年二月敕，二王后每年四时飨庙牲及祭服祭器，并官给。其帷帐[②]几案有阙，亦官给。主客司四时省问，子孙准同正[③]三品荫。

文书内容较敕文有省略，应为《主客式》，详见本文第三部分。

文书第6~10行记载了大、中、小祀的区分，对判断年代，颇为重要。据残卷可知，［五方］上帝、皇地祇、神州、宗［庙］为大祀，［日］月

① 《册府元龟》，中华书局影印宋本，1989，第406~407页，参考了中华书局影印明本，1960，第2094页。《全唐文》卷三四《优给二王后及隋后敕》同，中华书局，1983，第375页。

② 《唐会要》卷二四二王三恪门作“及帷幄”，中华书局，1955，第462页。当以《册府》为是。

③ 《唐会要》无“正”字，中华书局，1955，第462页。当以《册府》为是。

星辰、先代帝王、岳镇、［海渎］等为中祀，司中、司命等为小祀。这些记载已体现了文书的上下两限。

《册府元龟》卷三三帝王部崇祭祀门略云[①]：

> (天宝）三载三（二）[②]月戊寅，并社稷五星为大祀。诏曰："……自今已后，社稷及日月五星并升为大祀，仍以四时致祭。"

日月星辰在天宝三载二月升为大祀。在文书中，其与先代帝王及岳镇等并列，应为中祀。据此可知残卷应在天宝三载二月日月等升大祀前，天宝三载二月为该文书最下限[③]。

文书的上限为显庆二年七月十七日。《文苑英华》卷七六四，显庆二年七月十七日长孙无忌、许敬宗同议《先代帝王及先圣先师议》[④]略云：

> 伏惟大唐，稽古垂化，网罗前典，唯此一议（礼），咸秩未申。今新礼及令，无祭先代帝王之文，今请聿遵故实（事），修附礼令，

---

① 《册府元龟》，中华书局影印明本，1960，第362页。参《唐大诏令集》卷七三《升社稷及日月五星为大祀敕》，商务印书馆，1959，第412页；《通典》卷四五礼典社稷门，中华书局，1988，第1272页；《唐会要》卷二二社稷门，中华书局，1955，第425页；《旧唐书》卷四二《礼仪志》，中华书局，1975，第933页；《玉海》卷九九郊祀门唐亲祀太社、东都太社条，江苏古籍出版社、上海书店影印本，1990，第1801页。

② 据上引《通典》《唐会要》《旧唐书》《玉海》改，参《唐代诏敕目录》，东洋文库唐代史研究委员会，1981，第229页。

③ 天宝三、四载大中小祀等级变易频繁。《唐会要》卷二二祀风师、雨师、雷师及寿星等门（参《通典》卷四四风师雨师及诸星等祠条）云："天宝四载七月二十七日敕，风伯雨师，济时育物，谓之小祀，颇紊彝伦。去载众星以为中祀，永言此义，固合同升。自今以后，并宜升入中祀。"可知天宝三载众星等升为中祀，四载七月风伯雨师又从小祀升为中祀。诸祀升等，则不止日月星辰一项。

④ 此奏议诸书均有记载，文字不同。《通典》卷五三祀先代帝王条作"礼部尚书许敬宗等奏"，无年代，见《通典》，中华书局，1988，第1477页。《通志》卷四三祀先代帝王条略同于《通典》，中华书局，1987，第578页。《旧唐书》卷二四《礼仪志》作"显庆二年六月，礼部尚书许敬宗等奏"，中华书局，1975，第915页。《唐会要》卷二二前代帝王门作"显庆二年七月十一日，太尉长孙无忌议曰"，中华书局，1955，第429～430页。《册府元龟》卷五八六掌礼部奏议门作"显庆二年七月，太尉长孙无忌奏"，中华书局影印宋本，1989，第1736页。《文献通考》卷一〇三宗庙考一三祀先代帝王贤士条作"显庆二年，太尉长孙无忌议"，中华书局，1986，第983页。

依旧三年一祭。

可见显庆二年七月前，唐无祭祀先代帝王之制，太尉长孙无忌与负责修礼事宜的礼部尚书许敬宗同上奏议，祀先代帝王才被列于礼及令，成为定制。文书残卷中，“先代帝王”属中祀，可推知文书体现的是显庆二年七月后的制度。日本学者著《敦煌吐鲁番社会经济历史文书》“补遗”部分将此残卷定名为“永徽（显庆）礼抄录（?）”[①]，当亦是根据“先代帝王”一条，而将文书年代注为显庆时。

根据日月星辰、先代帝王为中祀的记载，我们可将文书年限确定在显庆二年七月至天宝三载二月之间。这是文书第二部分所体现的时间性。

残卷第11～13行更是我们判断的直接依据，其中“中官一百五十九座”一句尤为重要。《旧唐书》卷二一《礼仪志》略云：

> 至（开元）二十年，萧嵩为中书令，改撰新礼。祀天一岁有四，祀地有二。冬至，祀昊天上帝于圆丘，高祖神尧皇帝配，中官加为一百五十九座，外官减为一百四座。

中官一百五十九座，是开元礼制改革的结果。《旧志》所记简略，开元中中外官座数多有变化。

《册府元龟》卷五八九掌礼部奏议门略云[②]：

> 唐张说为中书令，开元十一年与秘书监贺知章参定南郊之礼，奏议曰：“……臣等案祠令，五星已下内官五十三座，中官一百六十座，外官一百四座，众星三百六十座。臣共所由勘史传及星经，内外所主，职有尊卑，旧图座位，升降颇错，今奉墨敕，授尊卑升降，又新加杠（星）等座，总三百一十九座，并众星六百六十九座，凡六百八十七座，具图如左。”诏遂颁于有司，以为例程。

---

① *Tun-huang and Turfan Documents concerning Social and Economic History*, *Supplement*, (A) Introduction and Texts, The Toyo Bunko, 2001, pp. 7 (162) ~8 (161)。

② 《册府元龟》，中华书局影印宋本，1989，第1754页。参《大唐郊祀录》卷四，民族出版社影印适园丛书本，2000，第758页；《全唐文》卷二二四张说《复位南郊星辰位次议》，中华书局，1983，第2260页。

开元十一年前祠令中规定，“中官一百六十座，外官一百四座”，张说奏改后，数额不详，至开元二十年开元礼撰成，中外官座数又有变化。《通典》卷一〇六开元礼纂类序例上神位条[①]略云：

> 冬至祀昊天上帝于圜丘，以高祖神尧皇帝配座……第三等祀。（中官市垣座、七公、日星、帝座、大角、摄提、太微、太子、明堂、轩辕、三台、五车、诸王、月星、织女、建星、天纪等十七座及二十八宿，并差在前列。余百四十二座……）又祀外官百五座，于内壝之内。又设众星三百六十座于内壝之外。

《大唐郊祀录》卷一凡例上俎馔条略云：

> 昊天上帝及配帝，每座笾豆各十二……内官凡五十五座，中官一百五十九座……外官众星四百六十五座……

开元二十年九月萧嵩奏上《开元新礼》[②]（即《大唐开元礼》[③]）中规定，中官159座，外官105座，众星360座[④]，外官众星合为465座。也就是说，较张说奏改前，中官有所减少，外官有所增加，与武德时中官135座、外官112座[⑤]，永徽时中官136座、外官112座[⑥]相比，变化更大。

“中官一百五十九座”，为开元二十年《新礼》改定之制。结合上文据残卷第6~10行的年代推测，我们可将该文书时间定于开元二十年九月至天宝三载二月之间。

---

① 《通典》，中华书局，1988，第2766页。参《大唐开元礼》卷一序例上神位条，民族出版社影印洪氏公善堂刊本，2000，第13页，《大唐郊祀录》卷四冬至祀昊天上帝条，民族出版社影印适园丛书本，2000，第758页。

② 《旧唐书》卷八《玄宗纪》，中华书局，1975，第198页。

③ 《旧唐书》卷二一《礼仪志》，中华书局，1975，第818页。

④ 《唐六典》卷四祠部郎中员外郎条，中华书局，1992，第120页。

⑤ 《旧唐书》卷二一《礼仪志》，中华书局，1975，第820页。《通典》卷四三礼典沿革门郊天下条同，中华书局，1988，第1192页。隋开皇礼规定“次官一百三十六座，外官一百一十一座”，见《隋书》卷六《礼仪志》，中华书局，1973，第116页。

⑥ 《唐令拾遺補》据《天地瑞祥志》复原《永徽令》，東京大学出版会，1997，第489~490页。

二 大祀、中祀、小祀

唐祀分大中小三等①，具载祠令。《唐令拾遗》复原了开元七年、开元二十五年的令文②，池田温代表编辑的《唐令拾遗补》又据《天地瑞祥志》追加补充了永徽令③。《考释》一文认为残卷当属永徽令，但比较池田温等复原的永徽令与文书中有关大中小祀的条文，二者不同是显而易见的。

武德时关于大中小祀的祠令已不可考④，贞观年间三祀制只能约略推见。《玉海》卷六九礼仪门礼制下“唐贞观礼、大唐仪礼”条略云：

> 至太宗时，中书令房玄龄、秘书监魏征与礼官学士等因隋之礼……是为《贞观礼》。吉礼之别，有大祀、中祀、小祀，而天子亲祠者二十有四。大祀：天地、宗庙、五帝；中祀：日、星、社稷、岳、渎；小祀：风、雨、灵星、山川焉。

《玉海》称此段引《礼乐志》，但《新唐书·礼乐志》中，并无“《贞观礼》”之下一段原文，《新唐书》卷二一《礼乐志》关于大中小祀的记载也与《玉海》不同，此段只能作为判断贞观祠令的参考⑤。

根据《天地祥瑞志》复原的永徽令是现存最早关于大中小祀的祠令。

---

① 有关大中小祀的研究参金子修一《唐代の大祀·中祀·小祀について》，《高知大学学術研究報告》第55卷，人文科学第2号，1976，第13~19页。高明士《论武德到贞观礼的成立——唐朝立国政策的研究之一》（载《第三届国际唐代学术会议论文集》，文津出版社，1993，第1166~1170页）也论述了隋唐三祀礼的变化，此文由吴丽娱女士提供，谨致谢忱。

② 仁井田陞：《唐令拾遺》，東方文化学院東京研究所，1933，第159~161页。

③ 《唐令拾遺補》，東京大学出版会，1997，第488~489页。

④ 《隋书》卷六《礼仪志》记载开皇礼制：“昊天上帝、五方上帝、日月、皇神祇、神州、社稷、宗庙等为大祀；星辰、五祀、四望等为中祀；司中、司命、风师、雨师及诸星、诸山川等为小祀”（中华书局，1973，第117页）。可为继承隋开皇制度的武德祀制的参考。关于开皇礼的编纂，参高明士《隋代的制礼作乐——隋代立国政策研究之二》，载《隋唐史论集》，香港大学亚洲研究中心，1993，第18~21页。

⑤ 武德、贞观礼中三祀的内容，高明士作过推断，见氏著《论武德到贞观礼的成立》，载《第三届国际唐代学术会议论文集》，文津出版社，第1167~1169页，可参看。《唐会要》卷三五释奠门（贞观）二十一年中书侍郎许敬宗等奏云：“释奠既准中祀，据礼必须稟命……州县释奠，既请遣刺史、县令，亲为献主，望准祭社给明衣，修附礼令为永式。”（中华书局，1955，第641页）则知贞观礼中释奠准中祀，且祠令中有州县祭社的条款，州县释奠则在贞观二十一年后附于礼令。“准中祀”与中祀不同，贞观礼中释奠的地位值得注意。

《唐令拾遗补》卷八云：

> 昊天上帝、五方上帝、皇地祇、神州、宗庙等为大祀；日月、星辰、岳镇、海渎、先农等为中祀；司中、司命、风师、雨师、诸星、山林、川泽之属为小祀，州县之社稷、释奠及诸神司，亦准小祀例。

此祠令并非完全无可论之处。其一为神州。《通典》卷四五礼典沿革门方丘条云："永徽中，废神州之祀。乾封初，又诏依旧祀神州。"但检《旧唐书》卷二一《礼仪志》，许敬宗奏废神州在显庆二年七月，故而永徽祠令中有神州。其二为先农。神龙元年，改先农为帝社时，祝钦明等礼官等奏："经典并无先农之文，永徽年中，犹名籍田。垂拱以后，改为先农。"[①] 似永徽时无"先农"之名，但显庆二年许敬宗奏废神州时，引《光禄式》，提到"祭社稷、先农等，笾豆各九"[②]，表明先农的存在。而在贞观三年，太宗已行过"祭先农"礼[③]，永徽三年正月，高宗亲享先农[④]，三月七日，制以先蚕为中祀，"享之如先农"[⑤]。张文琮永徽四年在建州任上[⑥]，下教书曰："近年已来，田多不熟，抑不祭先农所致乎！"[⑦]

① 《通典》卷四五礼典沿革门社稷条，中华书局，1988，第1271页；参《旧唐书》卷二四《礼仪志》，中华书局，1975，第912～913页；《册府元龟》卷五八七掌礼部奏议门，中华书局影印明本，1960，第7020页；《玉海》卷九九唐帝社帝稷坛，江苏古籍出版社、上海书店影印本，1990，第1801页。《新唐书》卷一四《礼乐志》（中华书局，1975，第357～358页）、《唐会要》卷二二社稷门（中华书局，1955，第421～424页）更详细地记录了辩论过程。

② 《旧唐书》卷二一《礼仪志》，中华书局，1975，第825页；参《唐会要》卷一七祭器议，中华书局，1955，第349页。

③ 《旧唐书》卷二四《礼仪志》，中华书局，1975，第912页；《册府元龟》卷三七帝王部颂德门（中华书局影印明本，1960，第411页）、卷一一五帝王部籍田门（中华书局影印明本，1960，第1371页）同。

④ 《册府元龟》卷一一五帝王部籍田门，中华书局影印明本，1960，第1371页；《玉海》卷七六唐籍田条引《唐会要》，江苏古籍出版社、上海书店影印本，1990，第1409页；《太平御览》卷八二三资产部耒条、耜条引《唐书》，中华书局，1960，第3665页。两《唐书·高宗纪》均作"籍田"。

⑤ 《玉海》卷七七唐亲蚕条引《唐会要》，江苏古籍出版社、上海书店影印本，1990，第1418页。

⑥ 见郁贤皓《唐刺史考全编》，安徽大学出版社，2000，第2174页。

⑦ 《旧唐书》卷八五《张文琮传》，中华书局，1975，第2816页；参《册府元龟》卷六八四牧守部条教门，中华书局影印明本，1960，第8161页。

表明唐贞观、永徽、显庆年间，均有祭祀先农的条款，而不是如祝钦明所说的称为“籍田”，永徽祠令中称先农而不称籍田，正是当时制度的反映。

永徽令于永徽二年闰九月十四日删定后颁于天下①。其后，中小祀的内容不断增多，三年三月，先蚕被敕列于中祀。显庆二年七月许敬宗奏曰：“社稷多于天地，似不贵多……又先农之神，尊于释奠……今请大祀同为十二，中祀同为十，小祀同为八，释奠准中祀。”② 则知此前社稷已为祭祠中定项，而释奠又被列在中祀中。显庆二年七月十七日，中祀又增补先代帝王一项，显庆二年七月后中祀的排列顺序应为社稷、日月、星辰、先代帝王、岳镇、海渎、先农、先蚕、释奠等，唐代中祀的规模至此确立。但这时的大祀中少了神州一项。

武后时，大中祀有所增并，如乾封中，恢复了大祀中的神州③，垂拱以后，把此前的籍田改为先农。高宗、武后又大兴明堂，因与常规三祀关系不大，此不多论。神龙元年，“改先农为帝社坛，于坛西立帝稷坛”④，中祀的先农分为帝社、帝稷两项。但“睿宗太极元年，亲祀先农，躬耕帝籍”⑤，则帝社、帝稷又被合并为先农祀。

开元时的大中小祀诸书多有记载，却不尽相同。其具体年代，有待判定。《唐六典》卷四祠部郎中员外郎条云：

> 若昊天上帝、五方帝、皇地祇、神州、宗庙为大祀；日月、星辰、社稷、先代帝王、岳镇、海渎、帝社、先蚕、孔宣父、齐太公、诸太子庙为中祀；司中、司命、风师、雨师、众星、山林、川泽、五龙祠等及州县社稷、释奠为小祀。

《大唐开元礼》的记载与《唐六典》近似，其文云⑥：

---

① 《唐会要》卷三九定格令门，第701～702页。S. 3775“永徽东宫诸府职员令残卷”第27行作“永徽二年闰九月十四日朝散大夫守刑部郎中上柱国判删定臣贾敏行上”。

② 《旧唐书》卷二一《礼仪志》，中华书局，1975，第825页，参《唐会要》卷一七祭器议，中华书局，1955，第349页。

③ 《旧唐书》卷二一《礼仪志》，中华书局，1975；《通典》卷四五方丘条，中华书局，1988。

④ 《旧唐书》卷二四《礼仪志》，中华书局，1975，第913页。

⑤ 《旧唐书》卷二四《礼仪志》，中华书局，1975，第913页。

⑥ 大祀、中祀部分，《通典》卷一〇六开元礼纂类序例卜日礼条注文同，中华书局，1988，第2761页。

> 昊天上帝、五方上帝、皇地祇、神州、宗庙皆为大祀；日月、星辰、社稷、先代帝王、岳镇、海渎、帝社、先蚕、孔宣父、齐太公、诸太子庙并为中祀；司中、司命、风师、雨师、灵星、山林、川泽、五龙祠等及州县社稷、释奠及诸神祠并为小祀。

除个别文字外，《唐六典》较《开元礼》最大的不同是小祀中一作“众星”，一作“灵星”，《开元礼》多了“诸神祠”一项。《六典》开元二十七年撰成，有关祠部部分应抄录祠令、礼部格式及《大唐开元礼》等，除“众星”尚需多论外，其他与《开元礼》的文字不同当视为撰抄时的增改省略。

仁井田陞《唐令拾遗》中，据此恢复了开元七年、开元二十五年祠令。但从开元七年到开元二十五年，唐三祀制度多有变化。这表现在五个方面。

其一，《唐会要》卷二二龙池坛条略云：

> 开元二年闰二月诏，令祠龙池……十六年，诏置坛及祠堂，每仲春将祭，则奏之。

似五龙池祭祠的制度在开元十六年之后，开元七年祠令中小祀是否有五龙祠一项，尚待考证。

其二，“灵星”是贞观礼中名目，永徽祠令中作“诸星”。开元二十年奏上的《大唐开元礼》又使用了“灵星”这一名词。开元二十四年七月，“敕宜令所司特置寿星坛，恒以千秋节日，修其祠典。又敕寿星坛，宜祭老人星及角亢七宿，著之恒式”[①]。由于增加了寿星等，开元二十四年以后“灵星”被替为“众星”，故而开元二十七年上奏的《唐六典》改为“众星”，天宝四载七月二十七日敕，提到“众星”[②]，而“天宝三载二月戊寅，升日月五星为大祀，诸星为中祀”[③]，则“诸星”很有可能是开元二十五年祠令所使用的名目。

其三，关于诸太子庙。《通典》卷一〇六开元礼纂类序例上神位门云：

---

① 《通典》卷四四风师雨师及诸星等祠条，中华书局，1988，第1242页。

② 《唐会要》卷二二祀风师雨师雷师及寿星等条，中华书局，1955，第426页。

③ 《玉海》卷九九唐灵星祠条，江苏古籍出版社、上海书店影印本，1990，第1808页。

> 隐太子庙、章怀太子庙、懿德太子庙、节愍太子庙、惠庄太子庙、惠文太子庙。（以上六庙……并新加此礼。）

则知贞观、显庆礼无祭太子庙条。六太子中，惠庄太子㧑开元十二年薨后册赠，惠文太子范开元十四年册赠[①]，则开元七年祠令中如有诸太子庙一条，也应是四庙而非六庙。开元三年，“右拾遗陈贞节以诸太子庙不合守供祀享，上疏”，要求“其四陵庙等，应须祭祀，并令承后子孙，自修其事”，而群臣计议的结果，则为“隐太子等四庙，请祠如旧”，只是减削了陵庙官署的一半府史[②]。因此，开元七年祠令中应列有诸太子四庙的条文，修《大唐开元礼》时，四庙更发展为六庙。此后，祠太子庙又发生变化。《通典》卷四七皇太子及皇子宗庙条[③]略云：

> 开元二十二年七月敕：“赠太子顷年官为立庙，并致享祀，虽欲归厚，而情且未安……其诸赠太子有后者，但官置庙，各令子孙自主祭，其署及官悉停。若无后者，宜依旧。”

这样，以诸子孙祭祀教孝为名，撤销了有后的诸太子庙，实际上，即将诸太子庙从国之中祀里消除，因此承袭此制而来的开元二十五年祠令中应无诸太子庙的条款。

其四，关于“诸神祠”。除大中小祀条例的内容外，尚有许多由国家祭祀的神祠，《唐六典》卷一四廪牺令丞条注云：

> 昊天上帝之牲以苍犊，皇地祇之牲以黄犊，神州之牲以黝犊，五帝之牲各以方色犊，大明青牲，夜明白牲，宗庙、社稷、岳镇、海渎、先农、先蚕、先代帝王、孔宣父、齐太公庙等皆以太牢，风师、雨师、灵星、司中、司命、司人、司禄及五龙祠、司冰、诸太子庙皆以少牢，其余则以特牲。

这里提到的司人、司禄、司冰皆在大中小祀条目之外，而《通典》卷

---

① 《旧唐书》卷九五《睿宗诸子传》，中华书局，1975，第3016～3017页。

② 《唐会要》卷一九诸太子庙条，中华书局，1955，第380～382页。

③ 《通典》卷四七皇太子及皇子宗庙条，中华书局，1988，第1324页。《唐会要》卷一九诸太子庙条亦载此敕，作开元三十二年七月二十六日敕，“三十二”当是“二十二”之误，中华书局，1955，第382页。

一〇六开元礼纂类序例上神位条“立冬后亥日，祀司中、司命、司人、司禄于国城西北”下注云：“已上四祀，旧不用乐。”可见司人、司禄等贞观、显庆礼中已存在，故而永徽祠令中有“诸神司”（司当为祠之误）一项。据《大唐开元礼》，诸种神祠尚包括司寒、马祖、先牧、马社、马步等[①]，以文省事增为原则的欧阳修在修《新唐书·礼乐志》时，索性将小祀概括为：“司中、司命、司人、司禄、风伯、雨师、灵星、山林、川泽、司寒、马祖、先牧、马社、马步，州县之社稷、释奠。”将“诸神祠”具体化了。因而就完整性起见，祠令中的小祀条款中应包括诸神祠一项。

其五，关于“风伯”。风师改称风伯的具体时间不详，开元十四年六月丁未，以久旱，命六卿分祭山川，诏曰：“动万物者莫先乎风，眷彼灵神，是称师伯。虽有常祀，今更陈祈，宜令光禄卿孟温祭风伯。”[②] 则至迟在开元十四年，已改为风伯。其后，天宝四载七月升风伯雨师为中祀敕[③]，五载四月十七日祭雷师诏[④]，与雨师相提并论的是风伯，表明风伯是这期间祭祀的法定称谓。称风伯而不是风师，应是开元二十五年祠令的又一显著特征。

根据以上分析，似可恢复开元二十五年祠令条文了。其中大祀条是可以肯定的，应为“昊天上帝、五方上帝、皇地祇、神州、宗庙等为大祀”，中祀条应包括日月、星辰、社稷、先代帝王、岳镇、海渎、帝社（或称先农）、先蚕、孔宣父、齐太公，小祀包括司中、司命、风伯、雨师、众星（诸星）、山林、川泽、五龙祠、州县社稷、释奠及诸神祠，其行文格式应与永徽祠令差不多。

有关唐前期大祀中祀尚有《旧志》、《唐律》和《宋刑统》三处记载，它们的年代如何？今结合对唐祠令的推测，一并考释如下。

《旧唐书》卷二一《礼仪志》略云：

---

① 《大唐开元礼》，民族出版社影印洪氏公善堂刊本，2000，第 18 页；参《通典》，中华书局，1988，第 2771 页。

② 《册府元龟》卷一四四帝王部弭灾门，中华书局影印明本，1960，第 1752 页；《唐大诏令集》卷七四《命卢从愿等祭岳渎敕》作正月，且文字略有不同（商务印书馆，1959，第 418 页）。

③ 《唐会要》卷二二祀风师雨师雷师及寿星等条，中华书局，1955，第 426 页；《唐大诏令集》卷七四，商务印书馆，1959，第 420 页；《通典》卷四四，中华书局，1988，第 1242 页。

④ 《唐会要》卷二二祀风师雨师雷师及寿星等条，中华书局，1955，第 426 页。

> 昊天上帝、五方帝、皇地祇、神州及宗庙为大祀；社稷、日月、星辰、先代帝王、岳镇、海渎、帝社、先蚕、释奠为中祀；司中、司命、风伯、雨师、诸星、山林、川泽之属为小祀。

凡祭祀之礼，“文宣王、武成王曰释奠”①，则上文分析开元二十五年祠令中祀“孔宣父、齐太公”可用释奠代替。除小祀中无五龙祠及州县社稷、释奠、诸神祠外，《旧志》的条款与推测的开元二十五年祠令内容完全相同，故而《旧志》所引当是开元二十五年祠令。州县社稷一段，当是《旧志》编写时略去，而无“五龙祠”一项，似可推测开元二十五年祠令原文并未补充“五龙祠”，比较开元二十五年祠令与《大唐开元礼》，在“五龙祠”上的记载，则不难得出祠令更改更为慎重这一结论。

《唐律》与《旧志》不同。《唐律疏议》卷一《名例律》十恶条【疏】议曰②：

> 大祀者，依《祠令》：“昊天上帝、五方上帝、皇地祇、神州、宗庙等为大祀。”

同书卷九《职制律》大祀不预申期及不如法条【疏】议曰：

> 中小祀者，谓社稷、日月、星辰、岳镇、海渎、帝社③等为中祀；司中、司命、风师、雨师、诸星、山林、川泽之属为小祀。

《唐律》大祀条据《祠令》，中小祀条也应是《祠令》的一部分。但值得注意的是，这一《祠令》并不完全是开元二十五年者。比较《唐律》与永徽祠令，不难看出其中的一致性：“大祀”一条，文字完全相同，“中祀”多出了社稷，将先农改为帝社（而《宋刑统》仍作先农），“小祀”略了州县一段，用风师而不是风伯，仍同于永徽祠令。可以看出，《唐律》所引祠令的主干是永徽令，开元二十五年修订时，将中小祀条据开元二十五年令修改，但增改并不彻底，只增加了社稷一条，而先代帝王、先蚕、释奠等则略而不补了。此外，据开元令，《唐律》又将永徽令中的先农改

---

① 《大唐郊祀录》卷一凡例上辩神位条，民族出版社影印适园丛书本，2000，第728页。

② 《宋刑统》卷一同，中华书局，1984，第10页。

③ 《宋刑统》卷九职制律祭祀条作“先农”，中华书局，1984，第150页。

为帝社，而抄《唐律》的《宋刑统》却仍作先农，此固可解释为唐后期帝社被称作先农①，《宋刑统》据唐后期称呼而改，但我更倾向认为《唐律》本来据永徽令作先农，其后才改为帝社，而《宋刑统》所据，正是未改的《唐律》之本。从《唐律》所引祠令一条的删改过程，也可看出《唐律》编纂与修订的具体情况。

明确了《唐律》及《旧志》所引祠令的时间性，对我们判定文书残卷的年代，也具有意义。《旧志》所引为开元二十五年祠令的绝大部分，结合《令集解》所引《开元令》云“释奠为中祀，州县释奠，亦准小祀例”② 和永徽祠令，我们可以将《旧志》脱漏的一句补充为：“州县社稷、释奠及诸神祠，亦准小祀例。”

残卷第6～10行可填补为③：

6. ］［昊天上帝、五方］上帝、皇地祇、神州及宗
7. ［庙等为大祀；社稷、日］月、星辰、先代帝王、岳镇、
8. ［海渎、帝社、先蚕、释奠］等为中祀；司中、司命、风
9. ［伯、雨师、诸星、山林、川泽］之属为小祀。州县社及
10. ［诸神祠，亦准小祀例。］

与开元二十五年祠令完全相符，因而可以确定，文书第6～10行为开元二十五年祠令原文，而文书内容的年代也可因之进一步定为开元二十五年。

除按制度变革增补了社稷、先代帝王、先蚕、释奠，将先农改为帝社，将风师改为风伯外，开元二十五年祠令与永徽祠令行文格式完全相同，体现了唐令删改过程中的承袭性；而《大唐郊祀录》卷一凡例上辩神位条有“皆为大祀”“并为小祀”句，与《大唐开元礼》同，也展示了礼仪编纂历程中术语的继承性。

---

① 《大唐郊祀录》卷一凡例上辩神位条“帝社”下注云：“今礼谓之先农。”民族出版社影印适园丛书本，2000，第728页。

② 《令集解》卷一五学令释奠条引唐开元令，此段尚引开元式，可补充唐礼部式，见《令集解释义》，内外书籍株式会社，1931，第395页。

③ 参上引《考释》一文，《敦煌学辑刊》1999年第1期，第4页，本文只将第9行第一字改为“伯”，《考释》作“师”，更改原因见上文“风伯”部分。

三　文书的定性

这份文书残卷的性质，《考释》定为永徽令或“礼抄录”认为包括卷二台省职员令和卷八祠令两部分，日本学者推定为“礼抄录”。

这两种定性均有疑问。明确可定为令的部分只是文书的第6～10行，而第一部分第2～4行，显然不是职员令文[①]。至于称之为“礼抄录”，文书后两部分第6～13行可以说是礼，也可以在《大唐开元礼》中寻找出内容相近的句子，但第一部分却有疑问，二王后享祭在唐礼中并无条款，虽然其属于广义宾礼的内容，但将宾礼置于大中小祀的规定及祀昊天上帝于圆丘前，亦不符合唐礼本身的前后次序，定名为礼抄录似亦不妥。

关键是对文书第一部分的理解。笔者最初考虑到此条由开元三年二月敕转化而来，根据唐敕与格的关系[②]，推定此条为格。但最近读，发现以下史料。《白孔六帖》卷七七二王后祭式下注云[③]：

1. 主客式：二王后每年四时享庙，牲牢调度祭服祭器，一切并官给。其帷帐几案有缺，亦官给。主司四时省问。

据此，可以确定文书的第一部分为《主客式》，而文书内容可据《主客式》和开元三年二月敕补充为：

2. ［主客式：二王后每年］四时享庙，牲牢调度

3. ［祭服祭器，并官给。其帷帐］几案有阙，亦官给。主客

4. ［司四时省问。］

由于第3行所补字数较多，推测文书每行字数将在17～19字之间，与敦

① 职员令的内容见由P. 4624、S. 1880、S. 3375、S. 11446号文书共同构成的“唐永徽东宫诸府职员令残卷”，录文见山本达郎、池田温、冈野诚《敦煌吐鲁番社会经济历史文书》1法制文书（A），东洋文库，1980，第22～28页。

② 格多为汇集敕文而成，参见刘俊文《论唐格——敦煌写本唐格残卷研究》，载《敦煌吐鲁番学研究论文集》，汉语大词典出版社，1990，第524～560页；池田温《北京图书馆藏开元户部格残卷简介》，载《敦煌吐鲁番学研究论集》，书目文献出版社，1996，第159～175页。

③ 《白孔六帖》第二册，上海古籍出版社影印四库全书本，1992，第285页。

煌所出同年删定名例律疏残卷（北图河字 17 号）[①] 每行字数相同或相近。

这种集开元二十五年祠令和主客式于一体的文书应名为《格式律令事类》。《旧唐书》卷五〇《刑法志》[②] 略云：

> （开元）二十二年，户部尚书李林甫又受诏改修格令……又撰《格式律令事类》四十卷，以类相从，便于省览。二十五年九月奏上，敕于尚书都省写五十本，发使散于天下。

汇集式令以礼仪祭祀为中心的文书残卷，应是开元二十五年《格式律令事类》四十卷的一部分[③]。这种性质的文书迄今较为罕见，文书残卷的价值之高，自不待言。

文书第一、第二部分已确定为式、令，第三部分，也应是祠令。《旧唐书》卷二一《礼仪志》略云：

> 武德初，定令：
>
> 每岁冬至，祀昊天上帝于圆丘，以景帝配。其坛在京城明德门外道东二里。坛制四成，各高八尺一寸，下成广二十丈，再成广十五丈，三成广十丈，四成广五丈。每祀则昊天上帝及配帝设位于平座，藉用藁秸，器用陶匏。五方上帝、日月、内官、中官、外官及众星，并皆从祀。其五方帝及日月七座，在坛之第二等；内五星已下官五十五座，在坛之第三等；二十八宿已下中官一百三十五座，在坛之第四等；外官百十二座，在坛下外壝之内；众星三百六十座，在外壝之外。其牲，上帝及配帝用苍犊二，五方帝及日月用方色犊各一，内官已下加羊豕各九。
>
> 夏至，祭皇地祇于方丘，亦以景帝配。其坛在宫城之北十四里。

---

① 录文见山本达郎、池田温、冈野诚《敦煌吐鲁番社会经济历史文书》1 法制文书（A），东洋文库，1980，第 10～14 页。

② 《旧唐书》，中华书局，1975，第 2150 页。参《唐会要》卷三九定格令门，中华书局，1955，第 703～704 页；《册府元龟》卷六一二刑法部定格令门，中华书局影印明本，1960，第 7348 页。

③ 2000 年 9 月 19 日，笔者在东京大学拜谒池田温先生，谈及此件文书。笔者当时认为是《开元新格》，池田先生则指出可能是杂抄。对池田先生的指教，谨致谢忱。

坛制再成，下成方十丈，上成五丈。每祀则地祇及配帝设位于坛上，神州及五岳、四镇、四渎、四海、五方、山林、川泽、丘陵、坟衍、原隰，并皆从祀。神州在坛之第二等。五岳已下三十七座，在坛下外壝之内。丘陵等三十座，在壝外。其牲，地祇及配帝用犊二，神州用黝犊一，岳镇已下加羊豕各五。

《旧志》此段，当为武德七年祠令原文。《通典》卷四三礼典沿革门郊天下条记载了“武德初定令：每岁冬至，祀昊天上帝于圆丘”的条文，但有删改，并采用了双行注的形式，当是经过杜佑重新编排后的武德七年令。《大唐郊祀录》卷一凡例上牲牢门“若冬至祀圆丘，加羊九豕九，夏至祀方丘，加羊五豕五”下注云：

皇朝武德初定令，祀于官内□□以下加羊豕各九，夏至祭地祇，岳镇以下加羊豕各五。

疑《郊祀录》所引当为“祀于圆丘，内官以下加羊豕各九”，此二句为《旧志》所载武德祠令冬至与夏至祭祀条末的最后两句，“夏至”以下，《通典》无载，这更证明了我们得出的《旧志》为武德祠令的原文而《通典》为祠令删改本的结论①。

文书残卷所载的开元二十五年祠令与武德祠令差别甚大，《考释》将祠令所残部分恢复如下：

10. ［冬至日，祀昊天上帝于］圆丘，高祖配，牲用苍
11. ［犊二，其从祀五方上帝］、日月用方色犊一五
12. ［星以下内官五十五座］，中官一百五十九座，外
13. ［官一百五座，众星三百六十座，加羊九豕九。］

开元二十五年祀圆丘的祠令比武德初简单得多，但据开元十一年张说

① 据笔者考证，《旧唐书》卷二一《礼仪志》武德初定令：“每岁冬至，祀昊天上帝于圆丘”以下至“孟冬，祭神州于北郊，景帝配，牲用黝犊二”（中华书局，1975，第820~821页）一段，应为武德七年祠令原文。而“昊天上帝、五方上帝”以下至“中祀已下，惟不受戒，自余皆同大祀之礼”（中华书局，1975，第819页）一段，应是开元二十五年祠令原文，但略有删减。因此，复原唐令应重视多引原文而少有增省的《旧唐书》。

与贺知章奏议所云："按祠令，五星已下内官五十三座，中官一百六十座，外官一百四座，众星三百六十座"①，则知文书残卷第11行以下所载确为开元祠令。由于残存的文书是《格式律令事类》的一部分，而此书乃重编律令格式而成，只40卷，开元二十五年编订的律12卷，律疏30卷，令30卷，式40卷，开元新格10卷，则《格式律令事类》当不是律令格式的汇集，而是有所增减。因此，不排除文书第11行以下为删减后的祠令，而非祠令原文的可能性。但据张说所引祠令，似从开元七年的祠令已与武德祠令大异，此中原因，尚值深思。

唐礼最早编纂于贞观时，高宗以贞观礼节文未尽，又令许敬宗等撰新礼，显庆三年奏上，是为显庆礼②。贞观、显庆礼的修撰，也促进了祠令的变革，即礼、令分工，祠令简化，祠令一部分内容由礼记载，礼也具有约束制度及行为规范的效力。显庆三年奏上的《显庆礼》，不但在编纂时"增损旧礼"，而且"并与令式参会改定"③，正是礼、令新型关系形成的体现④。比较武德七年、开元二十五年祠令及《大唐开元礼》条文，不难看出礼令关系及祠令的显著变化。武德七年祠令中的圆丘建置、神位，皆归由《礼》记载，《令》则极为简洁。自贞观、显庆礼出现之后，群臣奏议，礼令并举。如贞观二十一年许敬宗奏，州县释奠，"望准祭社给明衣。修附礼、令"⑤，这里的礼指贞观礼，令指贞观令。龙朔二年，修礼官奏曰："据祠令及新礼，并用郑玄六天之义"⑥，此处祠令指永徽令，"新礼"指显庆礼。至此，唐礼、令发展进入一新时期，而礼令这种有明确区分又互相补充的关系，也构成了唐代礼制的基本特色。由于唐礼研究者多注重礼律关系，礼令与格式的关系及其对比论者较为薄弱，这应是今后唐礼研究中的一项亟待加强的重要课题。

---

① 《册府元龟》卷五八九掌礼部奏议门，中华书局影印明本，1960，第7038页。张说所引当是开元七年祠令。

② 《旧唐书》卷二一《礼仪志》，中华书局，1975，第816～818页；《通典》卷四一礼典沿革门礼序，中华书局，1988，第1121页。

③ 《旧唐书》卷二一《礼仪志》，中华书局，1975，第818页。

④ 任爽《唐代礼制研究》一书中指出，"显庆修礼之际，'与令式参会改定'，亦即注意到了礼制与法律的统一，而长期以来礼制与法律各自为政的局面遂由此而改观。"（东北师范大学出版社，1999，第156页）此说值得重视。

⑤ 《唐会要》卷三五"释奠条"，中华书局，1955，第641页。

⑥ 《册府元龟》卷五八五掌礼部奏议门，中华书局影印明本，1960，第7003页。

四 关于《格式律令事类》的一些推测

文书残卷虽只存主客式一条及祠令二条，但对我们推测《格式律令事类》一书的构成，极有意义。

《新唐书》卷五八《艺文志》史部刑法类云：

> 格式律令事类四十卷。（中书令李林甫、侍中牛仙客、御史中丞王敬从、左武卫胄曹参军崔晃①、卫州司户参军直中书陈承信、酸枣尉直刑部俞元杞等删定，开元二十五年上。）

正是开元二十五年删辑律令格式的原班人马，而《格式律令事类》可以说是开元二十五年删改编纂律令格式后的一个副产品。此书性质，史籍只记载了“以类相从，便于省览”八字。俄藏文书残卷成为我们推定此书内容及构成的主要依据。

《通志》卷六五《艺文略·史类·刑法总类》条云：

> 唐格式律令事类四十卷。（李林甫纂。律令格式长行敕，附尚书省二十四司，总为篇目。）

则知《格式律令事类》按尚书省二十四曹分篇目。文书残卷三部分中，第二、第三部分的祠令是属于祠部的，这从《唐六典》卷四祠部郎中员外郎职掌“其差有三”及“冬至祀昊天上帝于圜丘”条可找到相同或相近的记载。至于“主客式”一条，《新唐书》卷四六《百官志》祠部郎中员外郎条云：

> 二王后享庙，则给牲牢、祭器，而完其帷幄、几案，主客以四时省问。

这条史料说明两个问题：其一，它肯定了残卷第2~4行“主客式”

---

① 《旧唐书》卷五〇《刑法志》作“崔见”，中华书局，1955，第2150页；北京图书馆藏敦煌河字17号名例律疏残卷作“霍晃”；《唐会要》卷三九定格令门作“崔冕”，中华书局，1955，第703页；《册府元龟》卷六一二刑法部定律令门作“霍冕”，中华书局影印明本，1960，第7348页。

隶属于《格式律令事类》祠部卷的事实；其二，它提醒我们需要更进一步研究《新唐书·百官志》的史料来源。《新志》记载了不少《旧志》《唐六典》未载的百官职掌（如祠部郎官条，其与《旧志》《唐六典》的不同显而易见），而《格式律令事类》可能是解释这种史料不同来源的突破口。

据《唐六典》卷四，祠部郎中员外郎掌“祠祀享祭、天文漏刻、国忌庙讳、卜筮医药、佛道之事”，《格式律令事类》祠部卷的分类应大多与之相同，而《新唐书·百官志》祠部郎中员外郎条的记载也提供了更多的参照内容。据此文书残缺格式可恢复如下：

《格式律令事类》祠部卷
（前缺）
二王后
相关律令格（前缺至文书第1行）
主客式（文书第2～4行）
祠祭（文书第5行）
祠令（文书第6～13行）
（下残）

文书第2行“二王后”之前应有“主客式”三字，第5行空缺部分可补“祠祀”二字或“祠祭”二字，第6行“昊天上帝”之前应有“祠令”二字。这些填补之字，正体现了《格式律令事类》“以类相从”编排律令格式的特点，而将“主客式”“祠令”之名冠于式文、令文之首，不再分行，也正具备了“便于省览”的特点。

唐《格式律令事类》一书久佚，遂湮没无闻。唐以后，以“事类”命名的刑法书并未断绝，其中最著名的，当属《庆元条法事类》。《直斋书录解题》卷七史部法令类“《嘉泰条法事类》八十卷”下注云[①]：

宰相天台谢深甫子肃等嘉泰二年表上。初，吏部七司有《条法总类》，《淳熙新书》既成，孝宗诏仿七司体分门修纂，别为一书，以

① 《直斋书录解题》，徐小蛮、顾美华点校，上海古籍出版社，1987，第225页。

“事类”为名，至是以《庆元新书》修定颁降。此书便于检阅引用，惜乎不并及《刑统》也。

《宋史》卷三七宁宗纪庆元四年九月条云：

> 丁未，颁《庆元重修敕令格式》。

同书卷三八宁宗纪嘉泰二年八月条云：

> 甲午，谢深甫等上《庆元条法事类》。

则《庆元条法事类》是在庆元重修敕令格式之后修纂的，与唐《格式律令事类》为开元二十五年重修律令格式副产品性质相同。《庆元条法事类》的特点是“便于检阅引用”，与“便于省览”的唐《格式律令事类》有共同之处。因此，推定《庆元条法事类》为与唐《格式律令事类》形式相同或类似的刑法律令之书，当不为无据。

《庆元条法事类》的编纂方式为卷、类目、敕令格式等，今略举一例。卷五职制门云：①

> 奉使（敕令格申明）
> 敕
> 职制敕
> 诸奉使赴阙应还本任而违限者，论如官文书稽程律。
> 诸奉使印记应纳及申尚书省礼部而稽违者，论如官文书稽程律。
> 杂敕
> 诸内侍官因使私贩物者，徒二年。
> 令
> 职制令
> 诸外任官……
> 诸印记应纳者……
> （以下有令21条）

① 《庆元条法事类》，静嘉堂文库藏，古典研究会影印，1968，第34~38页。

考课令

诸奉使若属官，其所差月日，听理为资任。

驿令

诸命官奉使，并给驿券。

（下略）

可知其编纂形式为：卷→类目（如奉使、之官违限、考课等）→敕令格类→敕令格名（如职制敕、杂敕、考课令、驿令、文书令、给赐格、吏卒格等）→敕令格文。比唐《格式律令事类》的卷、类目、律令格式名、律令格式文的分类多出令、格等类目一项，更为细致。但总的来说，《庆元条法事类》等“事类”型法制著作，是由唐《格式律令事类》发展而来的。从敦煌现存唐《格式律令事类》文书到《庆元条法事类》，可以看到二者的继承发展轨迹。

唐后期，白居易应科举考试之需，撰《白氏六帖事类集》30卷，又称《白氏经史事类》[①]，其书杂采成语故实，而割裂饾饤，甚为四库馆臣所讥[②]，然因其保存了唐律令格式条文，甚有史料价值，受到历史研究者的重视[③]。《白氏六帖事类集》名为“事类”，而广泛取材于唐律令格式，则似可看作《格式律令事类》一书的影响。

结　论

俄藏Дх. 03558号文书，虽只残存十几行，却极有价值。文书残存的部分分别是主客式、祠令，祠令，为开元二十五年《格式律令事类》四十卷中祠部卷的一小部分。文书“以类相从”，成为判定《格式律令事类》构成内容及编排方式的重要依据。史载开元二十五年九月李林甫等奏上《格式律令事类》后，“敕于尚书都省写五十本，发使散于天下”。由于未见文书原卷，Дх. 03558号文书是尚书省发使散于天下的五十本之一，还是

① 《新唐书》卷五九《艺文志》子部类书类，中华书局，1975，第1564页。

② 《四库全书总目》卷一三五子部类书类白孔六帖条，中华书局，1965，第1143～1144页。

③ 如仁井田陞《唐令拾遺》取材此书多条，韩国磐恢复唐式时，亦多参考此书，见其著《传世文献中所见唐式辑存》，《厦门大学学报》（哲学社会科学版）1994年第1期，第33～40页。

沙州另抄的，尚难遽断。但可以肯定的是，开元二十五年中央的这次律令格式删辑编纂行动，对远在西陲的沙州也是影响巨大的，敦煌发现了开元二十五年由中央递送的律令等法制文书多件，而《格式律令事类》在敦煌文书中的首次发现，也为开元二十五年的律令修订影响全国提供了新的佐证。

【本文原载《文史》第60辑，中华书局，2002】

俄藏Дx.03558唐代令式残卷再研究

荣新江　史　睿*

1998年，我们首先发现俄藏Дx.03558文书的学术价值，并撰写了《俄藏敦煌写本〈唐令〉残卷（Дx.03558）考释》（以下简称《考释》），对于此残卷的年代和性质作了考证，指出残卷的年代应在显庆二年（657）七月至龙朔二年（662）之间，属唐令的摘抄本①。与此同时，《俄藏敦煌文献》第10册公布了残卷照片②。此卷之价值，益受学术界的关注。2001年，日本学者山本达郎等编《敦煌吐鲁番社会经济史文献·补编》一书，也收录了Дx.03558文书的释文，参考了我们的推补和定年的结论；稍有不同的是他们将此文书定名为“礼抄录（?）”，问号表明对这个拟题不敢肯定③。此外，2000年12月，《俄藏敦煌文献》第13册刊布了Дx.06521文书，其中包含唐令、唐格等法律文献。2001年，雷闻发表文章，推测其为唐开元二十五年（737）编纂的《格式律令事类》残卷④。荣新江《敦煌学十八讲》也采用了《格式律令事类》这一定名⑤。2002年，李锦绣发表了《俄藏Дx.03558唐〈格式律令事类·祠部〉残卷试考》（以下简称《试考》），将Дx.03558文书判定为《格式律令事

---

* 荣新江，北京大学中国古代史研究中心教授；史睿，北京大学中国古代史研究中心副研究馆员。

① 荣新江、史睿：《俄藏敦煌写本〈唐令〉残卷（Дx.03558）考释》，《敦煌学辑刊》1999年第1期，第3~13页。

② 俄国科学院东方学研究所圣彼得堡分所、上海古籍出版社编《俄藏敦煌文献》第10册，上海古籍出版社，1998，第332页上栏，标题误作“道教经典”。

③ T. Yamamoto et al. ed., *Tun-huang and Turfan Documents concerning Social and Economic History, Supplement*, (A) Introduction & Texts, The Toyo Bunko, 2001, pp. 7-8.

④ 雷闻：《俄藏敦煌Дx.06521残卷考释》，《敦煌学辑刊》2001年第1期，第1~13页。

⑤ 荣新江：《敦煌学十八讲》，北京大学出版社，2001，第199~200页，图三。

类·祠部》残卷，并且提出唐初礼令分合、《格式律令事类》复原等问题[①]。

以上有关Дx.03558的后续研究，从敦煌出土文书的解读，深入到唐代礼制史、法制史、职官制度史等领域，提出若干重要问题，给予我们很多启示，但是对于他们的一些结论我们并不完全赞同。在本文中，我们继续深入梳理史籍中关于唐代国家祭祀典礼的种种记载，确定唐代武德至开元年间历朝所修《祠令》的特征，以此为标尺来判断残卷的年代，并重申我们认定Дx.03558文书第二、第三条为显庆年间《祠令》的理由。对于Дx.03558文书的性质，我们也将给予新的解说。

一　唐代前期祠令神位的变迁

关于魏晋南北朝隋唐国家祀礼的演变，金子修一和高明士曾有详细的研究[②]，然而关于唐代前期《祠令》神位的变迁，则言之不详。我们首先要审定史料的真伪和年代，然后以确定无误的资料作为标尺，才能正确地考定俄藏Дx.03558残卷的年代和性质。

唐代《祠令》首条为大祀、中祀、小祀的内容和等差[③]，这是规定国家礼典中主要神位的重要条款，因时代和礼法的不同而前后有所变化，具有定年标尺的作用。我们首先将唐代武德（618～626）至天宝年间（742～756）神位的变迁梳理如下。

《隋书》卷六《礼仪志一》记大祀、中祀、小祀神位顺序云：

昊天上帝、五方上帝、日月、皇地祇、神州、社稷、宗庙等为大

---

① 李锦绣：《俄藏Дx.03558唐〈格式律令事类·祠部〉残卷试考》，《文史》2002年第3期，第150～165页。

② 金子修一：《从魏晋至隋唐的郊祀、宗庙制度》，《史学杂志》第88卷第10号，1979，此据《日本中青年学者论中国史》（六朝隋唐卷）所载中译本，上海古籍出版社，1995，第337～386页；又《论唐代の大祀、中祀、小祀について》，《高知大学学術研究報告·人文科学》第25卷第2號，1976，第13～19页；高明士《论武德到贞观礼的成立——唐朝立国政策的研究之一》，载《第二届国际唐代学术会议论文集》，文津出版社，1993，第1159～1214页。

③ 仁井田陞：《唐令拾遺》，東方文化学院東京研究所，1933，第159～161页；仁井田陞著，池田温编集代表《唐令拾遺補》，東京大学出版会，1993，第488～489页。

祀，星辰、五祀、四望等为中祀，司中、司命、风师、雨师及诸星、诸山川等为小祀。①

这是目前所知将国家祭祀神位分为大祀、中祀、小祀三等的最早记载②，当源于隋礼或隋令。唐代武德年间，四方孔殷，未暇制礼作乐，一切礼制及相关法令仍隋制之旧③，故《武德令》当以隋令为基准。必须指出的是，隋令神位的突出特征是日月、社稷位于大祀之列，而《武德令》因袭隋令，应同样以日月、社稷为大祀，与永徽以后降为中祀不同。另外，隋制中祀还有两个神位与唐代不同，即四望和五祀。四望，唐代改为岳镇，降为小祀。五祀，指户、灶、中霤、门、行五神，隋代与四望同为中祀④，唐代分祀于宗庙时享和季夏迎气之时⑤，不再作为一组神位出现于《祠令》之中。此外，史籍关于《贞观令》神位的记载也会为我们复原《武德令》提供帮助。

《贞观令》的神位序列缺少明确的记载。贞观年间（627～649）张文收奉诏厘改太常乐舞，涉及贞观礼令的神位，见《旧唐书》卷二八《音乐志》：

① 《隋书》卷六《礼仪志一》，中华书局，1973，第117页。《通典》卷四五《礼典·沿革》"方丘"条记隋制云："凡大祀养牲，在涤九旬（原注：昊天、五帝、日月、皇地祇、神州、宗庙、社稷），中祀三旬（原注：星辰、五祀、四望），小祀一旬（原注：司中、司命、风师、雨师、诸星、山川）。"（中华书局，1975，第1261页）其史源明显来自《隋书·礼仪志》，但是社稷却置于宗庙之后，显然是杜佑之误，当依《隋志》为正。

② 此制《周礼》已见端倪，北周承袭周制，始分大中小祀，隋唐继承。参金子修一《唐代の大祀、中祀、小祀について》，《高知大学学術研究報告·人文科学》第25卷第2號，1976，第13～19页。

③ 《通典》卷四一《礼序》云："国初草昧，未暇详定。"（中华书局，1975，第1121页）《旧唐书》卷二一《礼仪志》云："神尧受禅，未遑制作，郊庙宴享，悉用隋代旧仪。"（中华书局，1988，第817页）《新唐书》卷十一《礼乐志》云："唐初，即用隋礼。"（中华书局，1975，第308页）《试考》也指出《隋令》此条可为复原唐令的参照（《试考》注21，《文史》2002年第3期，第163～164页）。

④ 《礼记·曲礼》云："天子祭天地、祭四方、祭五祀，岁遍。诸侯方祀，祭山川、祭五祀，岁遍。士祭其先。"郑玄注云："五祀者，户、灶、中霤、门、行也。"（《礼记正义》卷五《曲礼》下，《十三经注疏》本，中华书局，1980，第1268页）。又参宋王观国《学林》卷五"五祀"条（中华书局，1988，第14页）。《周礼·春官》"大宗伯"、"司服"及《孔子家语·礼运》均以五祀与昊天上帝、五帝、日月、星辰、四望、山川、社稷、司命、司中等并列。

⑤ 《旧唐书》卷二五《礼仪志》，中华书局，1988，第941页。

及祖孝孙卒后，协律郎张文收复采三礼，言孝孙虽创其端，至于郊禋用乐，事未周备。诏文收与太常掌礼乐官等更加厘改。于是依周礼，祭昊天上帝以圜钟为宫，黄钟为角，太簇为徵，姑洗为羽，奏豫和之舞。若封太山，同用此乐。若地祇方丘，以函钟为宫，太簇为角，姑洗为徵，南吕为羽，奏顺和之舞。禅梁甫，同用此乐。祫禘宗庙，以黄钟为宫，大吕为角，太簇为徵，应钟为羽，奏永和之舞。五郊、日月、星辰及类于上帝，黄钟为宫，奏豫和之曲。大蜡、大报，以黄钟、太簇、姑洗、蕤宾、夷则、无射等调奏豫和、顺和、永和之曲。明堂、雩，以黄钟为宫，奏豫和之曲。神州、社稷、藉田，宜以太簇为宫，雨师以姑洗为宫，山川以蕤宾为宫，并奏顺和之曲……及成，奏之，太宗称善，于是加级颁赐各有差。①

从中，我们可以得知《贞观令》至少包括以下神位，即昊天上帝、皇地祇、宗庙、日月、星辰、神州、社稷、雨师、山川，这与隋制及沿袭隋制的唐武德《祠令》已经明显不同。以上神位或祭名与所用律吕的关系可以归纳为下表（表1）。

表1　贞观初年祭祀所用律吕表

神位或祭名	所用律吕
昊天上帝	圜钟为宫，黄钟为角，太簇为徵，姑洗为羽
地祇	函钟为宫，太簇为角，姑洗为徵，南吕为羽
宗庙	黄钟为宫，大吕为角，太簇为徵，应钟为羽
五郊、日月、星辰及类于上帝	黄钟为宫
大蜡、大报	黄钟、太簇、姑洗、蕤宾、夷则、无射
明堂、雩	黄钟为宫
神州、社稷、藉田	太簇为宫
雨师	姑洗为宫
山川	蕤宾为宫

从上表中不难发现神位可以据乐律分为等差，十二律的顺序为黄钟、大吕、太簇、夹钟、姑洗、仲吕、蕤宾、林钟、夷则、南吕、无

① 《旧唐书》卷二八《音乐志》，中华书局，1988，第1042页。《唐会要》卷三二《雅乐》略同（上海古籍出版社，1991，第690页）。

射、应钟[①]，而圜钟和函钟则为《周礼》虚拟[②]，明显高于黄钟，故“昊天上帝”“地祇”是最高等级；宗庙、日月、星辰以黄钟为宫，为第二等；神州、社稷、藉田以太簇为宫，为第三等；雨师以姑洗为宫，为第四等；山川以蕤宾为宫，为第五等。律吕的等差虽不完全等同于神位的等级，但是肯定存在某种对应关系。这个序列的特征是日月、星辰同为一组，隋制及武德《祠令》星辰为中祀，这是否意味着贞观《祠令》的“日月”已由隋制及武德《祠令》的大祀降为中祀？神州、社稷同为一组，而隋制及武德《祠令》神州、社稷为大祀，这是否帮助贞观《祠令》的“社稷”仍同隋制及武德《祠令》为大祀呢？藉田礼虽见于隋制[③]，然“先农”未列于《祠令》，隋文帝、隋炀帝两代帝王也未亲祭先农、躬耕千亩，故《旧唐书·礼仪志》云：“太宗贞观三年正月，亲祭先农，躬御耒耜，藉于千亩之甸。初，晋时南迁，后魏来自云、朔，中原分裂，又杂以獯戎，代历周、隋，此礼久废，而今始行之，观者莫不骇跃。于是秘书郎岑文本献《藉田颂》以美之。”[④] 这些记载联系在一起，能否推测贞观《祠令》添入“先农”之位？目前这些推论尚无明确史料可以证实，姑存阙疑。唯“山川”沿袭隋制及武德《祠令》不变，仍为小祀，当无疑义，且与此后《祠令》分为山林、川泽大不相同。

记载永徽（650～655）《祠令》神位序列的纪年文献为许敬宗显庆二年（657）奏议所引《光禄式》，其略云：

> 许敬宗等又议笾、豆之数曰：“按今《光禄式》，祭天地、日月、岳镇、海渎、先蚕等，笾、豆各四。祭宗庙，笾、豆各十二。祭社稷、先农等，笾、豆各九。祭风师、雨师，笾、豆各二。寻此式文，

---

① 十二律的名称最早见于《国语·周语》下，《吕氏春秋》卷五《季夏纪·音律篇》有更详细的记载（吕不韦著、陈奇猷校释：《吕氏春秋新校释》，上海古籍出版社，2002，第328～329页）。

② 关于圜钟祭天、函钟祭地，见于《周礼·春官·大司乐》（《周礼注疏》卷二二《春官宗伯》下，《十三经注疏》本，中华书局，1980，第789～790页）；又详见沈括《梦溪笔谈》卷五《乐律》（胡道静《梦溪笔谈校证》，上海古籍出版社，1987，第213～215页）。

③ 《隋书》卷七《礼仪志二》，中华书局，1973，第144页；《通典》卷四九《礼典·沿革》，中华书局，1975，第1287页。

④ 《旧唐书》卷二四《礼仪志》，中华书局，1988，第912页。

事深乖谬。社稷多于天地，似不贵多。风雨少于日月，又不贵少。且先农、先蚕，俱为中祀，或六或四，理不可通。又先农之神，尊于释奠，笾、豆之数，先农乃少，理既差舛，难以因循。谨按《礼记·郊特牲》云：‘笾、豆之荐，水土之品，不敢用亵味而贵多品，所以交于神明之义也。’此即祭祀笾、豆，以多为贵。宗庙之数，不可逾郊。今请大祀同为十二，中祀同为十，小祀同为八，释奠准中祀。自余从座，并请依旧式。”①

显庆二年奏议中许敬宗所引无疑是永徽《光禄式》②，其中论及大中小祀神位的笾豆之数，这些神位当与《祠令》所载神位相应，从中我们能够大致确定永徽《祠令》的神位，即：天地、宗庙、日月、社稷、岳镇、海渎、先农、先蚕、释奠、风师、雨师等。需要注意的是，此条所记并非永徽《光禄式》的全文，许敬宗意在说明笾豆的等差与神位的序列相矛盾，故所举恐未包括永徽《光禄式》和永徽《祠令》记载的全部神位，而且神位的序列和等差也不明确。比较完整保存永徽《祠令》神位条的当属《唐律疏议》。

《唐律·名例律》“十恶”条《议》曰：“昊天上帝、五方上帝、皇地祇、神州、宗庙等为大祀。”《唐律·职制律》“大祀不预申期”条《议》曰：“社稷、日月、星辰、岳镇、海渎、帝社等为中祀。司中、司命、风师、雨师、诸星、山林、川泽之属，为小祀。”③ 据法制史专家研究，今传《唐律疏议》是神龙（705～707）以后、开元之前的通行本④。我们认为，既然《律疏》撰定于永徽三年，则所引令式当为永徽令式；后世修订《唐律》及《律疏》时，多是就其已经发生变化的罪名和刑罚的内容加以修改

① 《旧唐书》卷二一《礼仪志》，中华书局，1988，第825页；《唐会要》卷一七《祭器议》，上海古籍出版社，1991，第403页。原作永徽二年，我们考定为显庆二年（见《考释》注11，《敦煌学辑刊》2001年第1期，第10页），《新唐书》卷一二二《韦縚传》（中华书局，1975，第4355页）亦系于显庆二年。

② 永徽律令格式修成于永徽三年，至显庆年间修撰《显庆礼》时，将礼与律令格式的相关条款作了统一修订，见《旧唐书》卷二一《礼仪志》（中华书局，1988，第817～818页）。《显庆礼》于显庆三年奏上颁行，故此前所引《光禄式》，仍属《永徽式》。

③ 长孙无忌：《唐律疏议》卷一《名例律》“十恶”条，中华书局，1983，第10页；同书卷三《职制律》“大祀不预申期”条，第188页。

④ 刘俊文：《唐律疏议笺解·序论》，中华书局，1996，第66～70页。

或补充，目前尚未发现《律疏》所引《唐令》也同时依据当时所行用的令文加以全面修改的记载，所以今本《律疏》所引令典仍为《永徽令》无疑。

萨守真《天地瑞祥志》卷二十《封禅》引《唐令》作：

> 昊天上帝、五方上帝、皇地祇、神州、宗庙等为大祀（原注：散斋四日，致斋三日也），日月、星辰、岳镇、海渎、先农等为中祀（原注：散斋三日，致斋二日），司中、司命、风师、雨师、诸星、山林、川泽之属为小祀，州县之社稷、释奠及诸神祠亦准小祀例也（原注：散斋二日，致斋一日）。①

此条明确记载日月属于中祀，与承袭隋制的武德《祠令》不同；同时，它的另一个特征是“山川”分为山林、川泽两个神位，与贞观《祠令》不同。据此，则《天地瑞祥志》显然不是武德《祠令》或贞观《祠令》。太田晶二郎指出，萨守真《天地瑞祥志》成书于唐高宗麟德三年(666)，是为引用唐令年代的下限②。对比前文所梳理的唐代前期诸《祠令》，我们发现《天地瑞祥志》引大唐《祠令》神位条与《唐律疏议》所引永徽《祠令》的共同之处最多，列表如下（见表2）。唯《天地瑞祥志》所引唐令显然遗漏了“社稷”，社稷为国之常祀，是国土和王权的表征，废除此位，显然不合事理；《隋书·礼仪志》所记隋制“社稷”居大祀之列，唐代武德、贞观《祠令》皆有此神位，后代不容废而不祀；许敬宗显庆二年奏议引用的永徽《光禄式》也有社稷神位，可证《永徽令》必有此位。比照《律疏》所引永徽《祠令》，社稷应补在中祀之首。《试考》云《唐律疏议》所引唐令较《天地瑞祥志》所引唐令多社稷一位，又云中祀增加社稷神位在显庆二年七月之前③，从而否定《永徽令》存在社稷之位，显然考虑不周。

---

① 萨守真《天地瑞祥志》卷二十《封禅》，载《本邦殘存典籍による輯佚資料集成續編》九“刑法類”，京都大学人文科学研究所，1968，第46页。

② 太田晶二郎：《〈天地瑞祥志〉略說——附けたり、所引の唐令佚文》，载《東京大学史料編纂所報》第7号，此据《太田晶二郎著作集》第1册，吉川弘文館，1991，第152~182页。据我们考证，麟德《祠令》与显庆年间修改后的永徽《祠令》没有差别，参《考释》，《敦煌学辑刊》2001年第1期，第7页。

③ 《试考》，《文史》2002年第3期，第156、154页。

表 2 《天地瑞祥志》及《唐律疏议》所引《唐令》比较表

	《天地瑞祥志》引《唐令》	《唐律疏议》引《唐令》
大祀	昊天上帝、五方上帝、皇地祇、神州、宗庙等为大祀	昊天上帝、五方上帝、皇地祇、神州、宗庙等为大祀
中祀	社稷、日月、星辰、岳镇、海渎、先农等为中祀	社稷、日月、星辰、岳镇、海渎、帝社（先农）等为中祀①
小祀	司中、司命、风师、雨师、诸星、山林、川泽之属为小祀，州县之社稷、释奠及诸神祠亦准小祀例	司中、司命、风师、雨师、诸星、山林、川泽之属，为小祀

通过上表的比较，我们可以将两个不同来源的史料均定为永徽《祠令》神位条。从中我们可以归纳出永徽《祠令》神位条的显著特征，即：其一，社稷、日月均降为中祀，排序在中祀神位之首；其二，释奠虽准中祀，但是并未进入《祠令》神位序列。

《永徽令》颁布之后，《祠令》经过了多次增补修订，见于记载的有：永徽三年三月，加先蚕为中祀②；显庆二年七月，加先代帝王为中祀③，释奠也从准中祀的地位正式列为中祀。另外，孟冬祀神州的礼典虽于显庆二年因许敬宗之议而废除，但是“神州”之位并未废除，冬至祀昊天上帝于

① 《通典》卷四五《礼典》云：“神龙元年，改先农坛为帝社坛。”（中华书局，1975，第1271页）同书卷四九《礼典》（第1287页）、《唐会要》卷二二《社稷》（上海古籍出版社，1991，第493页）、《旧唐书》卷二四《礼仪志》（中华书局，1988，第912～913页）略同。联系今本《律疏》为神龙之后、开元之前通行本的结论，我们或许可以作出这样的解释，即神龙年间修订《律疏》时曾经改动此项神位，如果此项推论成立，则《律疏》所引的“帝社”应依永徽《光禄式》和《天地瑞祥志》作“先农”为是。又李锦绣提出三条贞观、永徽年间祭祀先农的例证，又指出《宋刑统》引《唐令》亦作先农，或有所本，可作旁证（《试考》，《文史》2002年第3期，第156～157页）。《考释》中我们将此位复原为帝社，误。

② 《玉海》卷七七《礼仪》“唐亲蚕”条引《唐会要》佚文，江苏古籍出版社、上海书店，1987，第1418页；《册府元龟》卷三三《帝王部》“崇祭祀二”，中华书局影印明本，1960，第357页。显庆二年许敬宗奏议引永徽《光禄式》亦云“先农、先蚕，俱为中祀”。

③ 《通典》卷五三《礼典》“祀先代帝王”条（中华书局，1975，第1477页）、《大唐郊祀录》卷十《飨礼二》“飨先代帝王”条（东京汲古书院，1972，第806页）、《旧唐书》卷二四《礼仪志》（中华书局，1988，第915页）、《唐会要》卷二二《前代帝王》（上海古籍出版社，1991，第499～500页）。《通典》《大唐郊祀录》未系年，《旧志》系于显庆二年六月。

圆丘、夏至祭皇地祇于方丘均有神州之位[①]。至显庆三年《显庆礼》修成之时，同时修订的《祠令》神位条应具备如下特征：中祀之首为“社稷”，且较永徽《祠令》多先代帝王、先蚕、释奠三位。《旧唐书·礼仪志》关于神位的记载缺少纪年，经过比较，我们发现它的特征恰与显庆修订的《祠令》相同，故列为下表（表3）。

表3 《旧唐书·礼仪志》所载祠令比定表

	根据文献推定的显庆《祠令》神位	《旧唐书·礼仪志》[②]
大祀	昊天上帝、五方上帝、皇地祇、神州、宗庙等为大祀	昊天上帝、五方帝、皇地祇、神州及宗庙为大祀
中祀	社稷、日月、星辰、先代帝王、岳镇、海渎、先农、先蚕、释奠等为中祀	社稷、日月、星辰、先代帝王、岳镇、海渎、帝社、先蚕、释奠为中祀
小祀	司中、司命、风师、雨师、诸星、山林、川泽之属为小祀，州县之社稷、释奠及诸神祠亦准小祀例	司中、司命、风伯、雨师、诸星、山林、川泽之属为小祀

上表说明《旧唐书·礼仪志》引《祠令》“神位”条唯“风师”作“风伯”，与其他文献不能吻合，疑为后代追述，故有此误。李锦绣《试考》云“除小祀中无五龙及州县社稷、释奠、诸神祠外，《旧志》的条款与推测的开元二十五年祠令内容完全相同”[③]，但我们认为《旧志》与开元二十五年《祠令》有较大差异，不能勘同。《旧志》所缺“齐太公”“诸太子庙”“五龙祠”等神位均具时代特征，不可忽略不计，其说详后。

此后所修历代《祠令》虽然在职官方面随时代不同而有所改变，但是没有神位的增减或升降，直到《开元七年令》和《开元二十五年令》时才又有变化。《开元七年令》中祀增加的神位有“诸太子庙”；《开元二十五年令》增加的神位包括：开元十六年小祀增加“五龙祠”，开元十九年中祀增加“齐太公”[④]，同时将原有的释奠改为“孔宣父”，以示区别。

---

① 《考释》，《敦煌学辑刊》2001年第1期，第9页。

② 《旧唐书》卷二一《礼仪志》，中华书局，1988，第819页。

③ 《试考》，《文史》2002年第3期，第156页。

④ 参见《考释》的论证（《敦煌学辑刊》2001年第1期，第7页），兹不重复。

《开元七年令》神位条史籍没有明确记载，但是我们能够以《大唐开元礼·序例》所载神位为基础，根据其他文献加以推定。《大唐开元礼·序例》云：

凡国有大祀、中祀、小祀：昊天上帝、五方帝、皇地祇、神州、宗庙皆为大祀。日月、星辰、社稷、先代帝王、岳镇、海渎、帝社、先蚕、孔宣父、齐太公、诸太子庙并为中祀。司中、司命、风师、雨师、灵星、山林、川泽、五龙祠等并为小祀。①

《大唐开元礼》撰定于开元二十年九月②，所尊用的礼典应为《开元七年令》，然而从开元七年至开元二十年间，祀礼神位渐有增补，故从《大唐开元礼》所记神位中减去开元七年以后所增的神位，即可复原《开元七年令》的原貌了。根据前文的考证，《开元七年令》所增仅有“诸太子庙”一位，故《开元七年令》当复原如下：

昊天上帝、五方帝、皇地祇、神州、宗庙皆为大祀。日月、星辰、社稷、先代帝王、岳镇、海渎、帝社、先蚕、释奠、诸太子庙并为中祀。司中、司命、风师、雨师、灵星、山林、川泽等并为小祀。

与《唐六典》相校，唯小祀之列的“众星”，《大唐开元礼》作“灵星”，这可能是《开元七年令》的特征。

《开元二十五年令》“神位”条凭借《唐六典》《大唐开元礼》《旧唐书·职官志》等史籍的记载可以复原，《唐六典·尚书礼部》“祠部郎中员外郎”条云：

凡祭祀之名有四：一曰祀天神，二曰祭地祇，三曰享人鬼，四曰

① 《大唐开元礼》卷一《序例》，民族出版社，2000，第12页。

② 《唐六典》卷四《尚书礼部》，中华书局，1992，第112页；《旧唐书》卷八《玄宗纪》，中华书局，1988，第198页；同书卷二一《礼仪志》，第818页；《新唐书》卷一一《礼乐志》，中华书局，1975，第309页；同书卷五八《艺文志》，第1491页；《唐会要》卷三七《五礼篇目》，上海古籍出版社，1991，第783页；《册府元龟》卷五六四《掌礼部》“制礼”，中华书局影印明本，1960，第6774页。

释奠于先圣先师。其差有三：若昊天上帝、五方帝、皇地祇、神州、宗庙为大祀，日月、星辰、社稷、先代帝王、岳镇、海渎、帝社、先蚕、孔宣父、齐太公、诸太子庙为中祀，司中、司命、风师、雨师、众星、山林、川泽、五龙祠等及州县社稷、释奠为小祀。[①]

《旧唐书·职官志》“祠部郎中员外郎”条云：

凡祭祀之名有四：一曰祀天神，二曰祭地祇，三曰享人鬼，四曰释奠于先圣先师。其差有三：若昊天上帝、皇地祇、神州、宗庙为大祀。日月、星辰、社稷、先代帝王、岳镇、海渎、帝社、先蚕、孔宣父、齐太公、诸太子庙为中祀。司中、司命、风师、雨师、众星、山林、川泽、五龙祠等，及州县社稷、释奠为小祀。[②]

非常明显，《旧唐书·职官志》直接源于《唐六典》，两者基本没有差异，唯《旧志》大祀少“五方帝”，显系遗漏。

《新唐书·礼乐志》记载大中小祀的文字则源自《唐六典》和《大唐开元礼》，其文如下。

一曰吉礼。大祀：天、地、宗庙、五帝及追尊之帝、后。中祀：社稷、日月、星辰、岳镇、海渎、帝社、先蚕、七祀、文宣、武成王及古帝王、赠太子。小祀：司中、司命、司人、司禄、风伯、雨师、灵星、山林、川泽、司寒、马祖、先牧、马社、马步，州县之社稷、释奠。而天子亲祠者二十有四。[③]

不过《新志》将小祀神位逐一列出，虽然清晰明了，但是已与《开元二十五年令》原文不同了。故最为可靠的根据仍然是《唐六典》和《旧唐书·职官志》。

附带要说明的是，《试考》指出《玉海·礼仪门》引《礼乐志》所记“神位”可为复原贞观《祠令》的参考[④]。按《玉海》原文如下。

---

① 《唐六典》卷四《尚书礼部》“祠部郎中员外郎”条，中华书局，1992，第120页。

② 《旧唐书》卷四三《职官志》，中华书局，1988，第1831页。

③ 《新唐书》卷十一《礼乐志》，中华书局，1975，第310页。

④ 《试考》，《文史》2002年第3期，第153页。

至太宗时，中书令房玄龄、秘书监魏徵与礼官学士等因隋之礼……是为《贞观礼》。吉礼之别，有大祀、中祀、小祀，而天子亲祠者二十有四。大祀：天地、宗庙、五帝；中祀：日、星、社稷、岳、渎；小祀：风、雨、灵星、山川焉。①

其文于“是为《贞观礼》”之下有小字曰“《通鉴》百三十八篇，与《礼乐志》数合”，是将所引《新唐书·礼乐志》与《通鉴》所记《贞观礼》的篇数相校，而此下则与叙述《贞观礼》的文字本不衔接，是节引《新唐书·礼乐志》叙述开元神位的文字，与《大唐开元礼》《唐六典》《旧唐书》对校即可明了。《玉海》引用不当，故令人误认此段大中小祀的条文属于《贞观礼》的内容。另外，仁井田陞《唐令拾遗》引用《大唐开元礼·序例》《唐六典·尚书礼部》所复原的开元七年令和开元二十五年《祠令》“神位”条内容完全相同②，这显然是忽略了开元七年至开元二十五年神位变化所致。根据我们的如上论证，两者应当分别复原为当。

天宝年间，祀礼神位又有变化，天宝三载二月，社稷、日月、五星升为大祀，诸星升为中祀③；三载十月，定九宫贵神为大祀④；四载七月，升风伯、雨师为中祀；五载四月，加祀雷师⑤。然长庆三年正月，祠部员外充太常礼院修撰王彦威奏议云：

谨按《礼》云：“社者，神地之道也。”《郊特牲》而社稷太牢。郑玄以为国中之神，莫贵于社，故前古为大祀。至天宝三载二月十四日敕云：“祭祀之典，以陈至敬。名或不正，是相夺伦。况社稷孚祐，百世蒙福。列为中祀，颇紊大猷，自今以后，升为大祀。”尔后因循，又依《开元礼》为中祀。然而牲用太牢，太尉摄行事；祭之日不坐，

① 《玉海》卷六九《礼仪门》，江苏古籍出版社、上海书店，1987，第1298～1299页。

② 仁井田陞：《唐令拾遺》，東方文化学院東京研究所，1933，第159～160页。池田温编集代表《唐令拾遺補》对此也未加区分。

③ 《通典》卷四五《礼典·沿革》“社稷”，中华书局，1975，第1272页；《唐会要》卷二二《社稷》，上海古籍出版社，1991，第494页。

④ 《旧唐书》卷二四《礼仪志》，中华书局，1988，第929～930页；《唐会要》卷二三《牲牢》，上海古籍出版社，1991，第522页。

⑤ 《通典》卷四四《礼典·沿革》“风师雨师及诸星等祠”，中华书局，1975，第1242页；《唐会要》卷二二《祀风师雨师雷师及寿星等》，上海古籍出版社，1991，第495页。

并是大祀之义。列为中祀，是因循谬误，教人报本，未极尊严，有国之仪，唯此厌屈。今请准敕升为大祀，庶合礼中。[①]

王彦威奏议表明天宝中虽提升了社稷等神位的等级，但是后代祭祀并未遵循，故长庆三年时才需要重申，可见天宝礼制的部分内容成为具文。

今将唐代《祠令》神位变化列为下表（表4），以便对照。

表4 唐代祠令神位变化表

	大祀	中祀	小祀	出处	备注
隋制	昊天上帝、五方上帝、日月、皇地祇、神州、社稷、宗庙等为大祀	星辰、五祀、四望等为中祀	司中、司命、风师、雨师及诸星、诸山川等为小祀	《隋书》卷六《礼仪志》、《通典》卷四五《礼典·沿革》	
武德令	昊天上帝、五方上帝、日月、皇地祇、神州、社稷、宗庙等为大祀	星辰、五祀、四望等为中祀	司中、司命、风师、雨师及诸星、诸山川等为小祀	根据前项文献推定	与隋制同
贞观令	昊天上帝、皇地祇、宗庙、日月、星辰、神州、社稷、雨师、山川			《旧唐书》卷二八《音乐志》、《唐会要》卷三二《雅乐》	不能确知等差
永徽令	昊天上帝、五方上帝、皇地祇、神州、宗庙等为大祀	社稷、日月、星辰、岳镇、海渎、帝社等为中祀	司中、司命、风师、雨师、诸星、山林、川泽之属，为小祀，州县之社稷、释奠及诸神祠亦准小祀例	《天地瑞祥志》卷二十《封禅》，《唐律疏议》卷一《名例律》、卷九《职制律》	
永徽令之显庆修订本	昊天上帝、五方上帝、皇地祇、神州、宗庙等为大祀	社稷、日月、星辰、先代帝王、岳镇、海渎、帝社、先蚕、释奠等为中祀	司中、司命、风师、雨师、诸星、山林、川泽之属为小祀，州县之社稷、释奠及诸神祠亦准小祀例	根据《旧唐书》卷二一《礼仪志》等文献推定	

① 《唐会要》卷二二《社稷》，上海古籍出版社，1991，第494页。

续表

	大祀	中祀	小祀	出处	备注
附：永徽光禄式	天地、宗庙、社稷、日月、岳镇、海渎、先农、先蚕、释奠、风师、雨师			《旧唐书》卷二一《礼仪志》、《唐会要》卷一七《祭器议》	不能确知等差
开元七年令	昊天上帝、五方帝、皇地祇、神州、宗庙皆为大祀	日月、星辰、社稷、先代帝王、岳镇、海渎、帝社、先蚕、释奠、诸太子庙并为中祀	司中、司命、风师、雨师、灵星、山林、川泽等并为小祀	根据《大唐开元礼》卷一《序例》推定	
开元二十五年令	昊天上帝、五方帝、皇地祇、神州、宗庙为大祀	日月、星辰、社稷、先代帝王、岳镇、海渎、帝社、先蚕、孔宣父、齐太公、诸太子庙为中祀	司中、司命、风师、雨师、众星、山林、川泽、五龙祠等及州县社稷、释奠为小祀	《唐六典》卷四《尚书礼部》、《大唐开元礼》卷一《序例》、《旧唐书》卷四五《职官志》	

综合以上论述，我们判断Дх. 03558文书第6行以下为显庆二年七月至龙朔二年之间《祠令》摘抄的证据如下。

其一，Дх. 03558文书第7行“社稷”只能补在中祀之首，而不能如《永徽令》及之后历朝令典那样，在星辰之后。“社稷”的顺序问题关系到文书的断代，详《考释》第7页补充例证第一项。“社稷”虽不见于Дх. 03558残卷，但星辰之后紧接先代帝王，无社稷之位，故可视为直接证据。对此，《考释》所举此项证据，《试考》未予解说。《试考》将《开元二十五年令》中祀复原为“日月、星辰、社稷、先代帝王、岳镇、海渎、帝社、先蚕、孔宣父、齐太公”①，与Дх. 03558文书不符，不能据此定为《开元二十五年令》。

其二，第8行中祀仅能补海渎、先农、先蚕、释奠四神位，而此后增补或变化的孔宣父、齐太公及诸太子庙诸神位则无处可补。《试考》所复

① 《试考》，《文史》2002年第3期，第156页。

原《开元二十五年令》中祀包括“齐太公”，但又说“文宣王、武成王曰释奠”，故孔宣父、齐太公可用释奠代替。其实释奠于齐太公固然可以称为释奠，但齐太公作为神位之一却不能省略，《大唐开元礼·序例》《唐六典》明确载有“齐太公”之位①。同理，“诸太子庙”亦不可省略。《试考》引开元二十二年敕文曰：“其诸赠太子有后者，但官置庙，各令子孙主祭，其署及官悉停。若无后者，宜依旧。”② 认为开元二十五年令中无“诸太子庙”条。按《唐六典》亦云：“有后，则官为置庙，子孙自主其祭，无后者，以近族人为主。缘祭乐馔，并官供之。”③ 但执行与否却值得怀疑。天宝三载《裴仙先墓志》载裴氏之子曰“前惠文太子庙令裴惠”④。所谓“前惠文太子庙令”，是指裴惠为其父裴仙先服丧之前，即天宝二载（裴仙先卒年）之前，曾担任的官职⑤。以墓志验之，开元二十二年至天宝二载间，惠文太子庙署及庙令并未裁撤⑥。开元二十四年裁撤太庙署及其官员，可资比较。《唐六典》卷一四《太常寺》云：太常寺“以八署分而理焉：一曰郊社，二曰太庙。（原注：开元二十四年，敕废太庙署，令少卿一人知署事。）”⑦ 于是我们在《唐六典》中便找不到“太庙署”的条目。相反，虽有开元二十二年敕，但《唐六典》卷一四《太常寺》仍然详细记录了“七太子陵署”和“诸太子庙署”⑧，可见这两个机构并未撤销，其典礼也依旧存在。即便如二十二年敕所言，将有后的诸赠太子庙裁撤，还有无后的隐太子庙和懿德太子庙依旧祭享；即便全由子孙或族人主祭，乐悬、牲牢仍由官方提供，诸太子庙时享仍为国家礼仪之一。故开元二十四年修成、二十六年奏上的《唐六典》云：“四时仲月，享隐、章怀、懿德、节愍、惠庄、惠文、惠宣七太子庙，令其子孙主祭，有司给牲牢、乐

---

① 释奠孔宣父和释奠齐太公不能合并，没有加入齐太公之位以前，释奠先圣可单称释奠，加入齐太公之位以后，原有的释奠则改为孔宣父、齐太公两位，以示区别。

② 《通典》，中华书局，1975，第1324页；《唐会要》，上海古籍出版社，1991，第382页。

③ 《唐六典》卷一四《太常寺》，中华书局，1992，第402页。

④ 葛承雍、李颖科：《西安新发现唐裴仙先墓志考述》，载荣新江主编《唐研究》第5卷，北京大学出版社，1999，第453～462页。

⑤ 唐代遵从古制，凡父母去世均须去官守制，故知所谓“前惠文太子庙令”即裴惠守制以前的官职。

⑥ 据《唐六典》卷十六《宗正寺》，惠文太子属有后之族。

⑦ 《唐六典》卷一四《太常寺》，中华书局，1992，第394页。

⑧ 《唐六典》卷一四《太常寺》，中华书局，1992，第401～402页。

悬，太常博士相礼焉。"① 所以我们不能引开元二十二年敕否定《开元二十五年令》"诸太子庙"的存在。

其三，第9行"之属"二字虽为文书习用语，但确与永徽年间的《唐律疏议》《天地瑞祥志》所引《永徽令》及《旧唐书·礼仪志》引《永徽令》显庆修订本相同，与《开元七年令》《开元二十五年令》不同，这表明残卷属《永徽令》系统，而非《开元令》系统。对此《试考》亦无解释。

其四，开元十六年增加五龙祠为小祀，后见于开元二十年《大唐开元礼·序例》、开元二十四年《唐六典》及《旧唐书》卷四三《职官志》②，据此《开元二十五令》小祀应有五龙祠。《试考》复原《开元二十五年令》亦有五龙祠，然又据《旧唐书》卷二四《礼仪志》所引唐令推测《开元二十五年令》并未补充五龙祠③，乃错用史料，不足为据。

总之，我们最为重要的理由是：根据Дx.03558文书社稷位于中祀之首的特征，我们断定其为《永徽令》或稍后的令典，然早于《开元七年令》；又根据Дx.03558文书中祀神位中包含先代帝王的特征，进一步把残卷祠令诸条的年代定为显庆三年之后修订的《永徽令》；同时又根据Дx.03558文书中祀无诸太子庙、齐太公，释奠未改作孔宣父，小祀无五龙祠等特征排除了《开元七年令》和《开元二十五年令》的可能性。

二　唐代祠令圆丘条的变迁

冬至祀昊天上帝于圆丘是最为重要的国家祀典，并且与所遵用的礼学理论有着密切的关系，《祠令》圆丘条直接反映了祀典的变迁。要判定Дx.03558残卷所记《祠令》圆丘条的年代，必须先理清唐代《祠令》圆丘条的变迁。更为重要的是，《天地瑞祥志》《通典》《旧唐书》等典籍关于圆丘祀天的记载互有矛盾，如不加考辨地用作判定《祠令》编纂年代的

---

① 《唐六典》卷四《尚书礼部》"祠部郎中员外郎"条，中华书局，1992，第123页。关于《唐六典》修成与奏上的年代，请参杨鸿烈《中国法律发达史》（上海商务印书馆，1930，此据上海书店影印本，1990，第361~362页）。

② 《唐六典》卷四《尚书礼部》，中华书局，1992，第120页，同书卷一五《光禄寺》，第445~446页；《旧唐书》卷四三《职官志》，中华书局，1988，第1831页。

③ 《试考》，《文史》2002年第3期，第156页。《旧唐书》卷二一《礼仪志》所引《祠令》"神位"条实际上是《永徽令》，而非《开元二十五年令》，说详前。

依据，就会得出错误的结论。

《通典·礼典》和《旧唐书·礼仪志》都有唐初《祠令》关于“冬至祀昊天上帝”条至“孟冬祀神州于北郊”条的记载，两者相校，不难发现它们史源相同，《通典》所引略有删节，但最为宝贵的是保留了原文的格式，即正文写为大字，注释写作小字；《旧唐书》所引较《通典》更为完整，但是因历代传抄，故而大字正文和小字注释相混[①]。因为《通典》《旧唐书》都将“武德初定令”云云冠于前，故后人对于以上祭祀条款属于武德《祠令》深信不疑。但是根据《通典》和《旧唐书》的记载，《贞观礼》对唐武德年间的祭祀礼仪作了修订，与此相关的是九州之位改为神州。

> 玄龄等始与礼官述议，以为……神州者国之所托，余八州则义不相及。近代通祭九州，今除八州等座，唯祭皇地祇及神州，以正祀典。[②]

据此可知唐代贞观修礼之前所行方丘祭祀本有九州神位，这是继承隋代旧制，《隋书》卷六《礼仪志一》云：

> 为方丘于宫城之北十四里，其丘再成，成高五尺，下成方十丈，上成方五丈。夏至之日，祭皇地祇于其上，以太祖配。神州、迎州、冀州、戎州、柱州、拾州、营州、咸州、阳州九州山、海、川、林、泽、丘陵、坟衍、原隰，并皆从祀。地祇及配帝在坛上，用黄犊二。神州九州神座于第二等八陛之间：神州东南方，迎州南方，冀州、戎州西南方，拾州西方，柱州西北方，营州北方，咸州东北方，阳州东方，各用方色犊。[③]

《贞观礼》确立之后，九州之祀则改为唯祀神州，所以我们就有了一

① 《试考》将《通典》所引的“武德定令”云云视为杜佑重新编排，而以《旧唐书》所引为《武德令》原貌（《文史》2002年第3期，第158～159页），似乎不妥。《大唐开元礼·序例》“神位”诸条即有小字夹注，由此我们推测《通典》和《旧唐书》所引“武德定令”的最初史源很可能是《大唐新礼·序例》（即《贞观礼》）。

② 《旧唐书》卷二一《礼仪志》，中华书局，1988，第817页；《唐会要》卷三七《五礼篇目》，上海古籍出版社，1991，第781页。

③ 《隋书》卷六《礼仪志一》，中华书局，1973，第117页。

个区分《武德令》和《贞观令》的标尺，如果方丘神位中有九州之位乃是《武德令》，如果仅有神州一位则是《贞观令》。如果我们以此标尺衡量《通典·礼典》和《旧唐书·礼仪志》中的“武德令”，会发现其“夏至祀方丘”条并不具备武德《祠令》的特征，反而与贞观礼制相同，即仅有“神州”一位，却无九州之祀，如《旧唐书·礼仪志》云：

> 夏至，祭皇地祇于方丘，亦以景帝配。其坛在宫城之北十四里。坛制再成，下成方十丈，上成五丈。每祀则地祇及配帝设位于坛上，神州及五岳、四镇、四渎、四海、五方山林、川泽、丘陵、坟衍、原隰，并皆从祀。神州在坛之第二等。五岳已下三十七座，在坛下外壝之内。丘陵等三十座，在壝外。其牲，地祇及配帝用犊二，神州用黝犊一，岳镇已下加羊豕各五。①

很明确，此条记录神座位置和牲牢数量时完全没有提及神州之外的其他八州。根据这个特征，我们可以判定这条令文并非《武德令》，与之同组的令文也非《武德令》，而是后人根据贞观礼制追改。

此外，雩祀神位的特征可以作为判断《通典》和《旧唐书》所载是否武德礼制的标尺。《贞观礼》和《显庆礼》孟夏雩祀有非常明显的不同，《大唐开元礼》云：“《大唐前礼》雩祀五方帝、五帝、五官于南郊，《大唐后礼》雩祀昊天上帝于圆丘。”②《旧唐书·礼仪志》引王仲丘文略同，唯《大唐前礼》作《贞观礼》，《大唐后礼》作《显庆礼》，更为明确③。长孙无忌、许敬宗等也认为永徽礼令遵从郑玄谶纬之说不妥，于是修定《显庆礼》则改遵王肃之说④，其中雩祀改为祀昊天上帝于圆丘。《贞观

① 《旧唐书》卷二一《礼仪志》，中华书局，1988，第820页。中华书局标点本在“五方”之后用顿号点断，我们认为不妥，比照《隋书·礼仪志》方丘条“九州山、海、川、林、泽、丘陵、坟衍、原隰”之文，应连下文读为“五方山林、川泽、丘陵、坟衍、原隰”为妥。

② 《大唐开元礼》卷一《序例》“神位”条，民族出版社，2000，第14页。

③ 《旧唐书》卷二一《礼仪志》引王仲丘文，中华书局，1988，第835页。

④ 长孙无忌、许敬宗奏议见唐王泾《大唐郊祀录》卷四《祀礼》“冬至祀昊天上帝”条（《大唐开元礼》附录，民族出版社，2000，第757页）；《玉海》卷九三《郊祀下》引《唐会要》佚文（江苏古籍出版社、上海书店，1987，第1698页）、《旧唐书》卷二一《礼仪志》（中华书局，1988，第823页）略同。《通典》卷四三《礼典·沿革》“郊天”条系此事于永徽二年（中华书局，1975，第1193～1194页），误；《新唐书》卷十三《礼乐志》系于显庆二年为是，然将《新礼》误作《显庆礼》（中华书局，1975，第334页）。

礼》承袭武德礼制，我们完全可以推断《武德令》也是“雩祀五方帝、五帝、五官于南郊”。而《通典》云：“武德初定令：每岁孟夏，雩祀昊天上帝于圜丘，景皇帝配，牲用苍犊二。五方上帝、五人帝、五官并从祀，用方色犊十。”①《旧唐志》引文略同，我们认为武德年间绝不可能出现“雩祀昊天上帝于圜丘”的祀礼，当依前引文献作“雩祀五方帝、五帝、五官于南郊”为是。《通典》和《旧唐志》所据史源显然是利用显庆以后的礼令追改为《武德令》，却追改未尽，留下了痕迹，否则《武德令》怎会与《显庆礼》的雩祀神位相同呢？追改当是唯一的解释。

《通典》和《旧唐书》都有“贞观初，诏奉高祖配圆丘及明堂北郊之祀，元帝专配感帝，自余悉依武德”的记载，从中我们得知，这段所谓“武德定令”之记载的最初编撰者对于武德《祠令》和贞观《祠令》的区别仅限于此，而《通典》编者杜佑与《旧唐书》编者刘昫直接引用，未加细考，以致出现明显的矛盾：两书同时记载了贞观修礼时房玄龄关于废除方丘八州之祀的奏议，却依然将没有八州神位的祭祀礼典认作武德之制。正是因为最初的编撰者追改过程中据贞观礼制改正了陪祀祖先，而漏改方丘和雩祀神位，留下了追改的痕迹，为我们辨伪提供了证据。另外，《通典》和《旧唐书》分别列于不同门类的礼典，很可能来自同一史源，大祀部分以贞观礼制追改为武德礼制，冒称武德《祠令》；而中小祀部门则不加区分地概称之为“武德、贞观之制”②。那么我们可以推定《通典》《旧唐书》所记中小祀的“武德、贞观之制”，就是贞观礼制，我们之前关于所谓“武德初定令”为追改的判断也由此得到一个有力的旁证。总之，《通典》《旧志》所引不是《武德令》，不能当作考定残卷的年代标尺。

《天地瑞祥志》成书于麟德三年，但所引大唐《祠令》却不是同一年代的文本，根据其他唐代文献的记载，我们发现《天地瑞祥志》所引大唐《祠令》“冬至祀圆丘”条当是《武德令》，已见《考释》，兹不重复③。如

① 《通典》卷四三《礼典·沿革》“大雩”条，中华书局，1975，第1206页；《旧唐书》卷二一《礼仪志》略同（中华书局，1988，第820页）。

② 《通典》卷四六《山川》，中华书局，1975，第1282页；《旧唐书》卷二四《礼仪志》，中华书局，1988，第909页。

③ 《考释》，《敦煌学辑刊》2001年第1期，第8页。

果我们以《天地瑞祥志》为《武德令》的标尺，那么不难发现，《通典》和《旧唐书·礼仪志》所谓“武德初定令”云云，不仅并非武德之制，而且也非令典原文。

根据以上考证，我们进一步说明 Дx. 03558 文书属于显庆修订《祠令》的理由。首先，文书所载冬至祀昊天上帝于圆丘以高祖配，乃是《贞观令》、《永徽令》、《麟德令》以及《开元二十五年令》才有的特征，已见《考释》，毋庸赘述。其次，文书第 12 行，“冬至祀圆丘”从祀神位作“五方上帝、日月”，与《天地瑞祥志》所引《武德令》相近，而与《开元礼·序例》所引《开元七年令》、《唐六典》《旧唐书·职官志》所引《开元二十五年令》相差较大。《开元礼》及《六典》所记冬至祀昊天上帝从祀之神位皆作“青帝灵威仰、赤帝赤熛怒、白帝白招拒、黑帝叶光纪、黄帝含枢纽（以上五方上帝），大明、夜明（以上日月）”，仁井田陞《唐令拾遗》复原《开元令》即以此为依据。残卷“日月”二字赫然在焉，并不依《开元礼》及《六典》作“大明、夜明”；其上残缺之处也显然无法补出青帝灵威仰等五方上帝的全名。这说明 Дx. 03558 文书不可能是《开元二十五年令》。

三 圆丘从祀星官的变迁

圆丘从祀星官是根据天文观测得来，以当时星图为依据，故其数量多少常有变化。俄藏 Дx. 03558 残卷条所存“中官一百五十九座”是《试考》定为开元二十五年的重要依据，然唐代冬至圆丘从祀星官的数量是极难梳理清楚的问题。《考释》已经指出，日本《天地瑞祥志》引大唐《祠令》“冬至祀昊天上帝”条以太祖配祀，是《武德令》的特征，其星官数与《隋书·礼仪志》引隋令仅有一字之差，《天地瑞祥志》外官为一百十二座，《隋志》为一百十一座①，考虑到古籍中一、二数字极易混淆，可以忽略不计，看作两者完全相同，有明显的沿袭之迹。据此，《天地瑞祥志》所引《唐令》应为《武德令》，而非《永徽令》。前文论证，《通典》和《旧志》所记并非《武德令》，就陪祀星官而言，我们又获得了新的证据：

① 《隋书》卷六《礼仪志一》，中华书局，1973，第 116 页。

其星官数目与《隋志》和《天地瑞祥志》引《唐令》均不相同，很难想象承袭隋制的武德《祠令》会在陪祀星官数目上标新立异。故依前所论，我们认为《通典》和《旧唐书》所记应是贞观礼制，与《贞观令》星官之数相同。《大唐郊祀录》和《册府元龟》所载《开元七年令》完全相同，当无异文，而开元十一年和二十年星官的变动颇难解释，因其中官增加之后的数量却少于《开元七年令》的星官之数，外官减少之后的数量却与《开元七年令》相等。

今将唐代文献记载和我们考订的星官变化表列如下（表5）。

表5 唐令星官变化表

星官出处令典	隋制	武德令	贞观令	永徽令之显庆修订本	开元七年令*				开元二十五年令
	隋志、通典	天地瑞祥志	通典、旧唐志	Дх. 03558 残卷	大唐郊祀录	会要、册府	旧唐志	开元礼	唐六典、郊祀录
内官	42	42	55	?	53	53	?	55	55
中官	136	136	135	159	160	160	加为159	159	159
外官	111	112	112	?	104	104	减为104	105	105
众星	360	360	360	?	360	360	?	360	360

注：此栏所列史料包括开元七年之后的变化，其中《旧唐志》是开元十一年的记载，《大唐开元礼》是开元二十年的记载。

总之，从上表我们大致可以看出唐令星官数量变化的基本趋势，即随着观测到的星数逐渐增多，内官和中官的数量呈上升趋势，而外官某些星官升入中官之列，故略有减少。我们试将Дх. 03558文书所载的中官星数置于这个序列之中，发现它所处的位置与总的变化趋势并不违背。或许显庆年间中官星数已经达到一百五十九座，而史阙其文而已。《试考》以此否定我们关于Дх. 03558文书的定年，缺乏有力证据。

四 Дх. 03558文书第一条为《祠部式》的推测

《考释》最初将Дх. 03558残卷第一条文字推定为《台省职员令》，但是经过重新研究，我们认为有必要修正原来的结论。最近，唐雯据宋《晏文献公类要》复原了四十三条《职员令》，其中四十一条为《台省职员令》，其中“祠部郎中”条云：

> 祠部郎中一人，掌祠祀、天文、漏刻、国忌、庙讳、卜筮、医药、道士、女冠、僧尼、簿书之事。①

联系敦煌出土的《永徽东宫诸府职员令》，我们认为《职员令》的基本样式大致是记录各司官人员额和基本职掌，且每个职官仅有一条令文，并无诸司职掌的详细分疏。如将Дx.03558文书第一条定为《台省职员令》，势必和根据《类要》复原的令文矛盾，且与《职员令》的一般样式不符，故我们放弃《考释》一文定“祀二王后庙”条为《台省职员令》的判断。

《试考》将文书第一条比定为开元《主客式》，其引《白孔六帖》云：

> 主客式：二王后每年四时享庙，牲牢调度祭服祭器，一切并官给。其帷帐几案有缺，亦官给。主司四时省问。②

这条文献给予我们一些启示。然而我们对比《白孔六帖》所载《主客式》和Дx.03558文书第一条，发现两者仍有差异：残卷明有“主客”二字，而《白孔六帖》则无“主客”之“客”字。这使我们有理由怀疑所谓《主客式》的可靠性。

首先，祭祀二王后庙当是礼部祠部曹的职责，只有每年四季省问二王后才是主客曹的职责。唐代史籍已明确记载，《唐六典》卷四《尚书礼部》“祠部郎中员外郎”条云：“四仲月享隋文帝、周武帝庙，酅公、介公主祭。”③又《新唐书》卷四六《百官志》“祠部郎中员外郎”条云：“二王后享庙，则给牲牢、祭器，而完其帷帟、几案，主客以四时省问。”④我们注意到，《新唐书》的文字与残卷文字已经相当接近，因《新唐书》的编

① 唐雯《〈记纂渊海所引的唐职员令佚文〉补正——兼述晏殊〈类要〉所见〈唐职员令〉》（《中国典籍与文化》2005年第4期，第25～30页）据《类要》卷十五《祠部》复原，除唐雯所举《通典》卷二三《职官五》有相似文献之外，尚有更早的《唐六典》卷四《尚书礼部》“祠部郎中员外郎”条（第120页）可以为证。

② 《试考》，《文史》2002年第3期，第157～158页。本文据《唐宋白孔六帖》卷七七“二王后祭式”条，国家图书馆藏明刊本。

③ 《唐六典》卷四《尚书礼部》，中华书局，1992，第123页。

④ 《新唐书》卷四六《百官志》，中华书局，1975，第1195页。

者追求“文省事增”，对唐式原文加以改编，故有此差异。根据以往学者对于《唐六典》《新唐书》史源的研究，我们认为此条置于礼部祠部曹的法令很可能是《祠部式》的佚文。《唐六典》中虽有“主客郎中、员外郎之职，掌二王后及诸蕃朝聘之事”的记载[①]，但不难看出，主客和祠部的分工是十分明确的，主客所掌为二王后之朝覲，祠部所掌为二王后庙之祭享，两者职权互不侵扰。

其次，Дх. 03558 文书本身恰恰为我们提供了此条非《主客式》的最直接证据，其第 2 ~4 行的主要内容是二王后庙祭享，本属祠部职掌，末句提到“主客司四时省问”是对相关部门职责的提示，以确定祠部主祭祀，主客管存问。由于这段文字属于祠部，所以涉及其他曹司时要直接称“主客”；相反，如果此条为主客曹职掌，这里就一定不能自称为“主客”了。可见 Дх. 03558 文书第一条应属礼部之祠部曹，而非主客曹。

第三，《白孔六帖》“祭二王后之式”条下把这条与 Дх. 03558 相关部分基本相同的文字题为“主客式”，但正如上面论证的那样，我们可以根据远远早于《白孔六帖》的敦煌写本中“主客司四时省问”一句，否定掉《白孔六帖》称此条为“主客式”。《白孔六帖》的“主客式”这个题目恐怕是后人加的，在改“主客式”时，把“主客司”改成“主司”了，其实内容是祠部式的。况且《白孔六帖》此条不见于《白氏六帖事类集》，乃宋代孔传增补[②]，距唐年代久远，其时是否能够见到完整的唐式尚有疑问；且《白孔六帖》为试策辞藻之书，非专记唐代典章制度，其记载容或有误。

总之，《白孔六帖》这条“主客式”与唐代诸文献不合。《试考》用宋代史料来比附唐代文书，似乎不妥。其实，正确的思路应当是用敦煌保存的唐代文书来考察宋人的文献，那么《白孔六帖》的一字之差，恰好表明其不是“主客式”。

不过，《白孔六帖》的“主客式”恐怕也不是空穴来风，我们推想当

① 《唐六典》卷四《尚书礼部》，中华书局，1992，第 129 页；《旧唐书》卷四三《职官志》略同（中华书局，1988，第 1832 页）。

② 洪迈《容斋随笔》卷一“浅妄书”条曾云：“孔传《续六帖》，采摭唐事殊有功，而悉载《云仙录》中事，自秽其书。”（上海古籍出版社，1978，第 6 页）可知孔传《续六帖》最晚当作于南宋初年以前。又据《四库全书总目》卷一三五《白孔六帖》提要，王应麟《玉海》始著录孔传增补的《白孔六帖》，故将《白氏六帖事类集》与孔传《续六帖》合为一书当在南宋之末（中华书局，1965，第 1142 页）。

时在辑录唐朝令式文献时，原本抄的是“祠部式”，可是因为看到“主客司”其名，就把这条改成“主客式”了，为了和主客式相应，把文中的“主客司”的“客”字删掉，以符合“主客式”以主客曹为中心的表述方式。我们的这一推测的另一个理由，是此条属于祠部的具体职掌，很可能原本不是祠令的组成部分，而是祠部式的内容。这样看来，《白孔六帖》的记录对于我们复原这件文书的原貌，推测Дx. 03558文书第一条的性质为唐式还是有帮助的。

五　Дx. 03558文书性质的讨论

根据以上讨论，我们重录一下Дx. 03558的文字。

1. ▭□六
2. 祠部式：二王后每年四时享庙，牲牢、调度
3. 及祭服祭器并官给，帷帐几案有阙亦官给。主客
4. 司四时省问。
5. ▭
6. 祠令：昊天上帝、五方上帝、皇地祇、神州、宗
7. 庙等为大祀。社稷、日月、星辰、先代帝王、岳镇、
8. 海渎、帝社、先蚕、释奠等为中祀。司中、司命、风
9. 师、雨师、诸星、山林、川泽之属为小祀，州县社〔稷〕及
10. 诸神祠并准小祀。
11. 冬至祀昊天上帝于圆丘，高祖配，牲用苍
12. 犊各一，从祀五方上帝、日月，用方色犊各一。五
13. 星内官五十五座，中官一百五十九座，外
14. 官一百五座，众星三百六十座。

我们的《考释》一文认为Дx. 03558残卷抄录的令文乃显庆年间的

《永徽令》修订本，其性质是令文的摘抄本，如今我们对这个结论稍加修正，判定其性质为显庆年间的令式汇编。二王后祭祀和大中小各神位祭祀都是礼部所属祠部曹的职能，涉及的令式十分广泛，由《唐六典·尚书礼部》"祠部郎中员外郎"条可见一斑。《唐六典》的性质正是以官僚机构为单位，分别汇录相关令式制敕。如果将俄藏 Дx. 03558 文书与《唐六典》对照，我们可以发现残卷所有内容都能在《唐六典·尚书礼部》"祠部郎中员外郎"条找到相应的位置。《唐六典》云"祠部郎中、员外郎掌祠祀享祭，天文漏刻，国忌庙讳，卜筮医药，道佛之事"①，其职掌首云祭祀之名有四，等差有三，并分列大中小祀神位，依其等差叙述，残卷所存"神位"条和"冬至祀昊天上帝"条皆在；而关涉两京所行中祀的最后一项内容即祭祀二王后庙。虽然残卷顺序与《唐六典》不同，但性质并无二致，当是与祠部职能相关的令式汇编。残卷每一条的开头，似乎都有两三字空格，这可能是不同篇目的标题。故我们推补"祠部式""祠令"等字。

这种令式汇编的起源很早，《通典》卷一六五《刑法三》云：

> 文明元年四月敕："律令格式，内外官人退食之暇，各宜寻览。仍以当司格令，书于厅事之壁，俯仰观瞻，使免遗忘。"（原注：贞元二年七月，刑部侍郎韩洄奏："刑部掌律令，定刑名，按覆大理及诸州应奏之事，并无为诸司寻检格式文。比年诸司每有予夺，悉出检头，下吏得以生奸，法直因之轻重。又先有敕：当司格令，并书于厅事之壁。此则百司皆合自有程序，不惟刑部独有典章。讹弊日深，事须改正。"敕旨："宜委诸曹，各以本司杂钱，置所要律令格式。其中要节，仍准旧例，录郎官厅壁。左右丞勾当事毕，日奏其所请，诸司于刑部检事，待本司写格令等了日停。"）②

---

① 据唐雯前揭文研究，此条当为《台省职员令》。

② 《通典》卷一六五《刑法三》，中华书局，1975，第 4244 页；《唐会要》卷三九《定格令》略同（上海古籍出版社，1991，第 824～825 页）。又《唐会要》卷六六《大理寺》大中四年刘蒙奏议引"文明元年四月敕"，上海古籍出版社，1991，第 1360 页；《册府元龟》卷四七五《台省部》"奏议六"王郁奏议引"文明元年四月敕"，中华书局影印明本，1960，第 5673 页。

以上引文至少说明两方面的问题，其一，至晚自睿宗文明元年（684）起，诸司已经将与本司职责有关律令格式书于厅壁，我们由此可以推测，抄于卷轴的令式汇编当起源更早，也更普遍，这与诸司壁记性质和用途并无二致，因为诸司日常行政或司法活动中总是需要使用此类的汇编。后唐明宗长兴二年（931）敕云："宜准旧制，令百司各于其间，录出本局公事，巨细一一抄写，不得漏落纤毫，集成卷轴，兼粉壁书在公厅。若未有廨署者，其文书委官司主掌，仍每有新授官到，令自写录一本披寻。"① 明宗所谓旧制，当是承袭唐制，使书于粉壁和抄于卷轴的令式汇编同时并行。其二，诸司壁记所抄并非全部的律令格式，而仅汇抄与本司职责有关的律令格式，即"本司所掌名目"②，据此推测，唐五代时期此类汇抄某类职司之令式的文书应为数极多，如果没有确证，我们无法判断汇抄令式的文书是否确为《格式律令事类》。且唐代法典屡经兵燹，至五代时朝廷所存已不完备，仍需从定州敕库进呈方能敷用③，唐代开元二十五年所修《格式律令事类》更是湮没无闻，唐宋以降的史籍未见称引，没有任何能够借以复原的文献根据。例如敦煌藏经洞出土的《天宝令式表》，虽将令式汇编一处，但它只是唐代官吏所编的令式汇编而已，并未见诸著录。因此，《试考》仅就Дx. 03558残卷所存内容判定为《格式律令事类》，恐怕证据不足。我们推想俄藏Дx. 03558令式残卷与《天宝令式表》同为未见著录之官府实用文书，在发现新的证据之前，我们称此卷为令式汇编比较稳妥。

《试考》依据南宋《庆元条法事类》以复原唐开元二十五年《格式律令事类》，我们以为欠妥。首先，唐《格式律令事类》是律令体制下的法典，而《庆元条法事类》则是敕令体制下的法典，两者有着明显的差异。其次，南宋《庆元条法事类》乃承继《淳熙条法事类》而来，而《淳熙条法事类》据《宋史·刑法志》云乃"前此法令之所未有"之书④，实属

① 《册府元龟》卷六六《帝王部》"发号令五"，中华书局影印明本，1960，第734页；同书卷一五五《帝王部》"督吏"略同（第1880页）。

② 《册府元龟》卷四七五《台省部》"奏议六"王郁奏议云："如本司阙令式者，许就三馆抄《六典》内本司所掌名目，各粉壁书写。"中华书局影印明本，1960，第5673页。

③ 见后唐庄宗同光元年十二月御史台奏，《册府元龟》卷六一三《刑法部》"定律令五"，中华书局影印明本，1960，第7357页。

④ 《宋史》卷一九九《刑法志一》，中华书局，1975，第4966页。

宋代新法典的开创之作。陈振孙《直斋书录解题》云，《淳熙条法事类》肇自吏部七司的《条法总类》[①]，《条法总类》正是有关吏部的敕令格式汇编。《宋史·选举志》云“绍兴三年（1133），右仆射朱胜非等上《吏部七司敕令格式》。自渡江后，文籍散佚，会广东转运司以所录元丰、元祐吏部法来上，乃以省记旧法及续降指挥，详定而成此书”[②]，正是《直斋书录解题》最好的注解。如以现存《庆元条法事类》复原《格式律令事类》，势必扞格不通。此外，《试考》认为《新唐书·百官志》之所以记载了许多《旧志》《六典》未载的职能，例如祠部之祭祀二王后庙，其原因是《新唐书·百官志》的史料源自《格式律令事类》。我们认为这是误解史料，祭祀二王后庙本来就是祠部的职能，《新唐书·百官志》的记载与《旧志》《六典》的记载并不矛盾；而且，从逻辑上讲，我们只能从已知推定未知，现在Дx. 03558残卷的性质未知，怎能先肯定未知性质的残卷为《格式律令事类》，而后又用来说明《新唐书·百官志》的史源问题呢？这样推论显然是违背逻辑的。

山本达郎等编《敦煌吐鲁番社会经济史文献·补编》将Дx. 03558文书定为“礼抄录（?）”，当是由于此卷所抄各条均与礼制相关之故。然而对比《大唐开元礼》卷一《序例》、《通典》卷四三《礼典》和《旧唐书》卷二一《礼仪志》等关于礼典的史料，我们认为唐代的礼典和令典的文本还是有所不同的。例如关于“冬至祀昊天上帝于圆丘”条，礼典详载圆丘的层数和大小，诸神位的名称及其在圆丘坛上的位置等，而令典则无此记载，较之礼典则令典更为简明，正如《天地瑞祥志》引《武德令》“冬至祀昊天上帝于圆丘”条。Дx. 03558文书中的祠令显然符合《武德令》等令典文本的特征，而与《大唐开元礼》等礼典并不相同；且揆其全卷，所抄皆为祠部令式，而非礼典，所以我们完全可以排除此卷为“礼抄录”的可能性。《试考》也注意到了这一区别，但是将礼典和令典的分化置于贞

① 陈振孙：《直斋书录解题》卷七《史部·法令类》，上海古籍出版社，1987，第225页。《吏部条法》保存于《永乐大典》之中，罗振玉曾据富冈氏所藏《永乐大典》零本辑得两卷，收入《吉石庵丛书》（上虞罗氏影印，1914～1917），今《中国珍稀法律典籍续编》（杨一凡、田涛主编，黑龙江人民出版社，2002）从《永乐大典》中续辑七卷，与罗辑合并整理。

② 《宋史》卷一五八《选举志四》，中华书局，1975，第3713页。

观、永徽礼编纂之时[1]。我们认为这个时间判断过晚，隋大业（605～618）时仿北齐定令，称为《大业令》，同时隋朝也编有《开皇礼》和《江都集礼》两种礼典，所以我们推测礼令的分化应肇始于隋代大业年间。根据前文所证，《天地瑞祥志》引《武德令》的文字已趋简明，故礼令分化当早于武德年间。

【本文原载《敦煌吐鲁番研究》第9卷，中华书局，2006】

① 《试考》，《文史》2002年第3期，第159～160页。

有关唐格的若干问题

坂上康俊 撰　田由甲 译　戴建国　何　东 校*

被称为唐代律令法制基干的法典是律令格式。其中，关于律令，我们很早就开始对其进行条文的校订和逸文的收集，就其法典的形状和内容，可以说达成了一定程度的共识。与此相对，格式依旧存在许多研究的余地。本文就唐代的格（《僧道格》除外），对以往研究中尚未解明的问题，作一些探讨。

一　关于格法典的条文形式

我们可以把至今保留下来的唐代格的条文分为以下三类。

第一，《通典》《白氏六帖事类》《宋刑统》等中国古代文献所引用的格的逸文；

第二，《令集解》《和名类聚抄》等日本古代文献所引用的唐格的逸文；

第三，敦煌、吐鲁番发现的格的断简。

第一类可以认为是引用了开元二十五年格。根据此类逸文，可以推测出包含于格法典的各个条文，其大部分都是以“敕”字开始的。①

对于第二类，虽然曾经有过研究②，但是由于是逸文，所以难以得知

* 坂上康俊，日本九州大学人文科学研究院教授；田由甲，执译时为上海师范大学人文学院研究生；戴建国，上海师范大学人文与传播学院教授；何东，浙江工商大学公共管理学院副教授。

① 仁井田陞：《唐的律令以及格的新资料》，载《中国法制史研究：法与习惯、法与道德（补订版）》，东京大学出版会，1981，第290～291、298～300页。

② 拙文《关于〈令集解〉所引用的唐代格、格后敕》，《史渊》128辑，1991。

各个条文的形状。

以上的第一、第二类虽然都是可以用来窥测各个条文内容的史料，但是一旦论及格法典中各个条文的记载样式的话，还是不得不以第三类为中心进行研究。至今为人所熟知的格或者说是存在这种可能的断简，被收录于《敦煌吐鲁番社会经济史资料·法律文书》两册法律文书中[①]，如下所示。

◎X Ⅵ（P. 3078，S. 4673）“散颁刑部格残卷”

其残简本身记录着“散颁刑部格卷。银青光禄大夫行尚书右丞上柱国臣苏瓌等奉敕删定”。连续记录着逐条列记的法条。与此残简中被提及的苏瓌的官衔相适应的时间，只能是在神龙元年六月至十月期间（严耕望《唐仆尚丞郎表》）。因此把这个散颁格，与《唐会要》卷三九《定格令》的记述相对照的话，只可能是神龙格。还有在内容中，第五行有所谓的“前代官文书印”，如果把唐的前代理解为武“周”的话，就可以最相称地理解为唐朝复兴的神龙阶段。从尚书省、中书省、刑部、大理、司农、少府监等官名，和“牒”的文字中对太宗的“世”进行避讳的方面，还有东都的称呼以及与京一起合称为两京的用语，以及雍州、洛州的记载，都和这个推测不矛盾，我们可以发现，这些记载都是与神龙元年的时间点相符的。然而，关于此残简，①奇怪的是，第一行写有“散颁刑部格卷”，却没有写卷数。②第二行中删定者苏瓌的名字前附加了其官衔，而像这类正规的抄本，应该把它置于卷末才对。对于只有一个删定者名字，也非常令人费解。③第三行记录了刑部四司的名字，但是格本来应该是根据四司的名字各成一篇，因此残卷是合并了各篇修改而成的。④尽管有同样是逐条列记的文书（中略）的兵部选格断片，但在这个里面（中略）把采录的文都写在“一”的下面，因此令人怀疑此断简是贪图方便的“私制本”，所以滋贺秀三先生提出了该断简是“没有进行忠实于原本的誊写，而是拥有者采取了自己认为方便的方式来加以抄写而制成的私写本”的说法[②]。针对这个问题，我将在后文中加以分析探讨。

---

① 以下简称 T. T. D。山本达郎、池田温、冈野诚，东洋文库，1980，2001。

② 滋贺秀三：《中国法制史论集——法典和刑罚》，创文社，2003，第 78、85 ~ 86 页。

◎X Ⅶ（S. 1344）“户部格残卷”

此卷采用了以“敕”字起头的分项书写的形式，并且记录了每个条项发布的年月日，其中最早的为咸亨五年（674），最晚的为开元元年（713）的单行法令。此断简，马小红先生认为是“户部格（或格后敕）”，并且是散颁格。她虽然没有特别论述是格后敕的根据，但是对于其是散颁格的理由，估计是根据留司格在永徽时为 18 卷，垂拱时为 6 卷，开元时为 1 卷这样逐次减少的现象，并考虑了此简发现于敦煌这一事实了①。

就此，我们来研究一下，该断简所记录的条文，是否继承了原来敕颁布时期的语句。在第 28 行有“西、庭、伊等州府”，并且记录了垂拱元年（685）的年份。关于这些地名中的西州，《旧唐书》卷四〇《地理志三》记录着“贞观十三年，平高昌，置西州都督府，仍立五县。显庆三年改为都督府。天宝元年，改为交河郡”（中华书局，1988，第 1644 页），还有在本纪中有贞观十四年（640）八月“平高昌，以其地置西州”，同年九月“于西州置安西都护府”，显庆三年（658）二月“以高昌故地为西州”的记载，可以看出，在垂拱年间或开元年间用西州或者西州都护府都是可以的。关于伊州，在《旧唐书》卷四〇《地理志三》中，从贞观六年开始到天宝元年（742）变为伊吾郡为止，伊州也没有发生过变更。但是关于庭州，在《旧唐书》卷四〇《地理志三》中记载道“二十年……乃置庭州。……长安二年，改为北庭都护府”，虽然在垂拱年间是庭州，但是在本断简编纂时的开元年间却是“北庭都护府”。因此我们可以注意到，此残简残留着例如庭州等颁布敕文之时的地名，并没有把它更改为当时编纂时候的地名。

◎X Ⅷ（TⅡT. Ch. 3841）“（吏部留司格残片?）”

如下所示进行了翻录。

（前缺）

1 陈其□□

① 马小红：《格的演变及其意义》，《北京大学学报》（哲学社会科学版）1987 年 3 期，第 115 页。虽然马先生把律（刑法）性质的内容仍旧作为是散颁格的中心，但其后的内容却涉及了比较广的范围，这是忽视了现存的神龙散颁格是刑部格这一事实，因此笔者难以苟同。

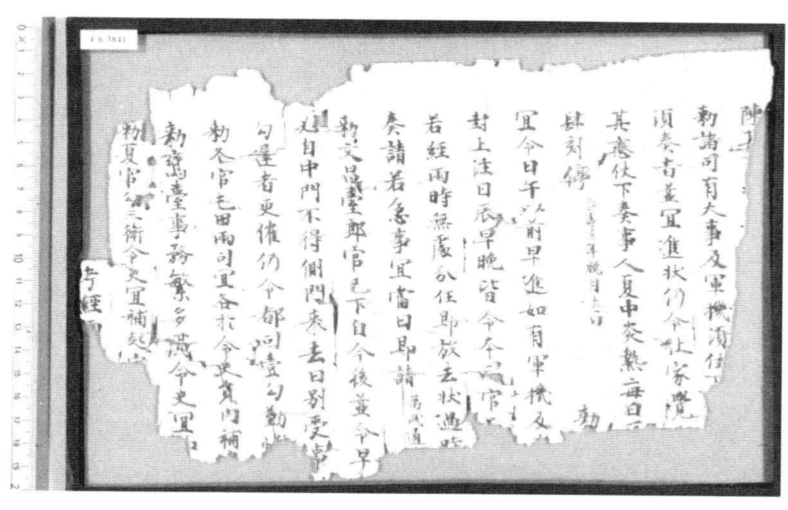

2 敕，诸司有大事，及军机，须仗下……

3 须奏者，并宜进状。仍令仗家觉开放……

4 其应仗下奏事人，夏中炎热，每日□……

5 肆刻停○长寿三年腊月十二①日 敕，……

6 宜令日午以前早进。如有军机及□……

7 封上注日辰早晚。皆令本司官□……

8 若应两时无处福，任即放去。状过时……

9 奏请。若急事，宜当日即请○万岁通天……

10 敕，文昌台郎官已下，自今后并令早□……

11 必自中门，不得侧门来去。日别受事不考……

12 勾迟者更催。仍令都司壹勾勤□……

13 敕，冬官、屯田两司，宜各于令史员内补□……

14 敕，鸾台事务繁多，其令史宜□……

15 敕，夏官勾三卫令史，宜补起家□

16 孝经□……

---

① 在 T. T. D 中被记录为“一”，但是实物为“二”，据改。

把此断简首次介绍给学界的那波利贞先生，通过考证其年代，认为是“神龙元年至开元二十五年期间删定的如右的五种格（神龙、太极、开元三年、开元七年、开元二十五年——坂上）中的某种”，认为是记录了“有关尚书省或门下省官员的登记出入、执务内容，因此这是首都长安的尚书、门下本省等专用的务必遵守的吏部留司格残简”①。但是，根据官名来决定年次是有一点武断的②，内藤乾吉先生举出了其不妥之处：“单凭因为类似于日本保留的格的形式，就来对格进行断定，认为是留司格，这有着主观判断的嫌疑，甚至是否可以因为与在敦煌发现的水部式和日本保留的延喜式有着不同的形式，就来断定这件断简不是式了呢?”③ 仁井田陞先生也说道，“我也认为此吐鲁番文献是神龙以后的文献，因为它与神龙格的形式不同，大概不是神龙格。是否是开元时期的文献，就有必要留意此文献用语‘军机’的‘机’字。因为开元时期常常回避使用‘机’字。关于这个文献是否是格，或者就算是格，那是否又如那波博士所说的是吏部留司格，这些都存在问题”，因此赞同内藤先生的意见④。

关于此断简的称呼及确定年次，此后，刘俊文先生对其进行了详细的考证，在此略作介绍。刘先生把出现最早年号的第九行的“万岁通天”（696～697）作为此文书成书的上限，又从文字“军机”没有避玄宗的讳“隆基”，得出先天元年（712）是下限，并且指出了文书中独特的官名文昌台，是指光宅元年（684）至长安三年（703）的尚书省，冬官、夏官、鸾台，是指光宅元年至神龙元年（705）之间的工部、兵部、门下省，以及此文书中没有使用日、月、天等则天文字，所以认为这是神龙元年以前的文书。在此又参照《唐会要》卷三九《定格令》：“至神龙元年六月二十七日，又删定垂拱格及格后敕。尚书左仆射唐休璟、中书令韦安石、散骑常侍李怀远、礼部尚书祝钦明、尚书右丞苏瓌、兵部郎中姜师度、户部郎中狄光嗣等同删定至神龙元年正月二十五日已前制敕，为散颁格七卷。

① 那波利贞：《唐钞本唐格的一残简》，载《神田博士花甲纪念书志学论集》，平凡社，1957，第335页。

② 内藤乾吉：《敦煌发现唐职制户婚厩库律残简》，载《中国法制史考证》，有斐阁，1963，第220页。

③ 内藤乾吉：《唐钞本唐格的一残简》，载《法制史研究（9）》，1959，第287页。

④ 仁井田陞：《唐的律令以及格的新资料》，载《中国法制史研究：法与习惯、法与道德（补订版）》，东京大学出版会，1981，第269页。

又删补旧式为二十卷，表上之"，判定此文书为"垂拱格后敕"（即《日本国见在书目录》中所说的"垂拱后长行格"）[①]。

但是，这结论不能成立。因为没有使用则天文字的本断简不可能是抄写于690～705年间的，况且因为其中包括了694年的单行法令，所以只能是705年以后抄写的，如果法典的抄写在原则上只限于现行法，那么就只能得出最早也就是神龙格的结论。刘先生在候补中列举了垂拱格后敕，虽然不能精确其编纂时间，但根据《唐会要》卷三九《定格令》的记载，是删定了垂拱格以及垂拱格后敕才编写出神龙格，故而虽然是在垂拱格（685）之后发生的，却是早于神龙元年编纂的法典。因此，也就排除了是垂拱格后敕的可能性。或许是由于作出了如上的验证，刘先生在此之后就认为它与神龙时期的法典编纂有关，而且以和上述神龙散颁格（P.3078，S.4673）有着迥然不同的形式以及内容有关中央诸司为理由，认定它是神龙留司格[②]。

但是，刘先生的神龙留司格的考订也有问题。所谓留司格，就如《唐会要》卷三九《定格令》所记载的"曹司常务者为留司格，天下所共为散颁格。散颁格下州县，留司格本司行用"，正因为不颁布到诸州、县，而留在京师的诸司，所以就称为留司格，此抄本却是发现于敦煌，这就和"留司格"本身的语义相矛盾了。关于这点那波先生也说"稍微难以理解"而作为"今后研究的问题"。

关于留司格与散颁格的区别，刘先生以为在永徽年间留司格和散颁格是被加以区分的，垂拱、神龙时期则对此加以集成，而到了太极格以后开元的三次编纂时期，两者就没有任何的差别了[③]。但是，基本上以开元七年法制为依据的六典卷六却写道"凡格有二十有四篇（以尚书省诸曹为之目，共为七卷。其曹之常务但留本司者，别为留司格一卷）"，既然"垂拱留司格六卷，散颁格二卷，裴居道等删定。太极格十卷，岑义等删定。开元前格十卷，姚元崇等删定。开元后格十卷，宋璟等删定"，那么，就算在开元七年前后，散颁格和留司格还是有区别的。或许把六典散颁格的卷

① 参刘俊文《敦煌吐鲁番唐代法制文书考释》，中华书局，1989，第270～272页。刘先生把文昌台也当作光宅元年至神龙元年间的官名，但这只是简单的错误而已。

② 刘俊文：《隋唐文化研究丛书·唐代法制研究》，文津出版社，1999，第129～130页。

③ 刘俊文：《隋唐文化研究丛书·唐代法制研究》，文津出版社，1999，第130页。

数“七”修改为“九”是比较稳妥的[①]，对于开元七年格，滋贺秀三先生也认为“好像应该是散颁格九卷，留司格一卷”。可是滋贺先生认为太极格十卷“大概全部都是散颁格”这一点，由于没有有力的根据，不如考虑到卷数相同的情况，是否可以把太极格和开元七年格都认为有散颁格九卷、留司格一卷呢?

通过以上的论证可知，即使神龙格有着散颁、留司的区别，但因其重心是偏向散颁格的，所以对于下颁到地方的格，也极可能包含着只与中央诸司有直接关系的规定，实际上X Ⅵ神龙“散颁格”断简（P. 3078，S. 4673)，如同开头所列出的“刑部 都部 比部 司门”一样，这一卷都是关于刑部诸曹的。那么一定至少存在着按照尚书六部划分为6卷的散颁格。也就是说，在神龙时期，格的重心已经偏向散颁格，就算存在留司格也不过一两卷。

就像前面所说的，把X Ⅷ残简判断为留司格的最大理由，是把它与同一年度的残简X Ⅵ相比较，从而看到了样式上的不同，而那个残简是明确地被写为“散颁格”的。但问题是对于这个“散颁格”残简，就像先前说明的那样，滋贺秀三先生也表示了怀疑，让人不得不考虑是否在其样式上存在着省略。假使把X Ⅷ残简的“敕”字省略，改为逐条列记的形式，且把每个条文的发布年月日省略，经过一系列简化操作的话，就不得不考虑到X Ⅷ会变成与神龙“散颁格”相同的形态，这样，就不能因为与X Ⅵ存在差异，就说它是留司格了。

可是，问题是对于X Ⅵ神龙“散颁格”断简，不能仅仅看到与其他格残简的条文记载在样式上存在差别，还应该注意到在内容调整的方面也存在比较大的差别。就像前面论述过的一样，在X Ⅵ残简中，所记载的官名、地名、文字等都被统一成神龙时期的名称。把这点与X Ⅷ相比较的话，其中的差异是明显的。作为X Ⅷ，很明显不拘泥于神龙以后的编纂物，把颁布敕时候就存在的原本的官名等都原封不动地继承下来。也就是说，与神龙“散颁格”编纂时统一官名、地名的意图相反，X Ⅷ完全没有考虑到这方面。在神龙时期编纂的格完全没有出现应该出现的近15年武则天在位期间的官名，我们可以借此推测其中存在某些特殊情况。

① 滋贺秀三:《中国法制史论集——法典和刑罚》，创文社，2003，第75页。

对于X Ⅵ和X Ⅷ在编纂方针上存在区别的一个解释是，因为一个是散颁格，而另外一个是留司格，刘先生就把重点放在了这里，把各残简归为是同一年度的散颁格或是留司格。然而，这并不能解释为何散颁格统一了编纂时候的官名、地名，而留司格保留了原本的官名、地名。那么该如何考虑此问题呢？针对这个问题，我将在论证 T. T. D 的补遗 5 后重新论述。

◎补遗 5（北京图书馆周 69 号）“户部格残卷”

此条文以“敕”字开头，并在法条的末尾记载了年月日。从年月日来看，最早是太极元年（712）三月的条文，最晚是开元二十三年（735）的条文。该残简有着和X Ⅷ同样的形式，从而不同于神龙“散颁格”。关于本残简中的官名、地名是否为发布时候的名称，还没有得出结论。

据以上论证的结果，唐格法典的形式可以整理为以下甲、乙两类。

甲类……X Ⅵ神龙“散颁格”：

- 逐条列记。
- 缺发布年月日。
- 其官名、地名与编纂、施行时期的现行法一致。

乙类……X Ⅵ〔包括咸亨五年（674）至开元元年（713）的敕〕、X Ⅷ〔包括长寿三年（694）至万岁通天（696～697）的敕〕、补遗 5（包括太极元年至开元二十三年的敕）：

- 以“敕”字开头。
- 记载发布年月日。
- 保留了原敕发布时候的官名、地名（但是在补遗 5 里不能论证）。

通过以上整理，特别是对官名、地名不同的处理方法加以注意时，就能够明了这并非只是单纯的由于书写时候的省略而造成了X Ⅵ神龙“散颁格”的形式。考虑到神龙时期散颁格成为格之主体的情况，而将X Ⅷ作为神龙时期的文书，和X Ⅵ对比，从而得出X Ⅷ是留司格；然后从X Ⅷ是留司格，再得出乙类全部是留司格的结论；从这结论又推出从敦煌发现的多数是留司格的残简。这种推论是有问题的。

从这个观点来看，可以认为，X Ⅷ未必就是神龙时期的法典。这是因为刘俊文先生所列举出来的诸多证据，也可以充分满足X Ⅷ太极格。这样考虑，可以不用解释留司格在敦煌被发现这样一个难以理解的情况。另外，可以考虑因为散颁格的形状随着编纂年次而发生了变化，也可以考虑仅仅是因为神龙散颁格本身比较特殊。

接着，因为格典原本是作为规定施行以后的现行法典而被编纂的，所以可以认为没有必要在每个条文中记录原敕发布的年月日，但是在《名例律》第31“犯时未老疾”条中记载道：

> 又依狱官令，犯罪逢格改者，若格轻听从轻。

还有，在《断狱律》第20“赦前断罪不当”条中记载：

> 故令云，犯罪未断决逢格改者，格重听依犯时，格轻听从轻法。

如此，根据某种行为是发生在格[①]的发布前还是后，在处罚上会有有无、轻重的变动，那么，就有在格中记录下每个原敕发布的年月日的必要性。从此观点来看，认为类似神龙“散颁格”没有记录下年月日是违例的想法比较稳妥。

关于神龙时期的格法典编纂问题，必须留意的一点是，这是在武则天周王朝倒台而唐王朝复辟之际编纂出来的法典。在其编纂的时候，就如《唐会要》所记录的，是对垂拱格、垂拱格后敕以及在这之后直至神龙元年正月二十五日以前的敕进行的删定。在这种时候，就像在西域发现的多数格法典那样，如果记录下单行敕发布的年月日的话，大量的武则天时期的敕就有必要标明。也就是说，对格而言，是把武则天时期大部分的敕都作为有效的法而收录下来，换言之，也就使继承武则天治世方针为宗旨的法典这一意图昭然若揭。这与“复国号，依旧为唐。社稷、宗庙、陵寝、郊祀、行军旗帜、服色、天地、日月、寺宇、台阁、官名，并依永淳已前故事”（《旧唐书》卷七《中宗本纪》“神龙元年二月甲寅”条）的根本方

---

① 这些条文应当是指各个敕令。参泷川政次郎《伯希和先生拿来的唐贞观吏部格断简》，载《国学院法学》15－1，1977，第21页；滋贺秀三《中国法制史论集——法典和刑罚》，创文社，2003，第87页。

针背道而驰。可能就是因为考虑到这点，所以在编纂神龙格之时，使得全部法条的记载都是以唐复辟时有效法的姿态出现。

关于这个推论，将在下一节根据对有可能是现知收录最早原敕的格典逸文的残简的分析，再加以补充。

另外，关于在 T. T. D 中列入格部类的X　X“兵部选格断简?”（P. 4978），将在后文中提及，这个并非如人们所想象的格典。还有，其他有可能是格的残简，T. T. D 中的X　Ⅳ“吏部格或式断简”（P. 4745），此断简并没有记载各个法条所颁布的年月日，甚至没有“敕”字，也非逐条列记，从这点来说，更类似水部式。虽然泷川政次郎认为，该断简是贞观吏部格断简①，但应该是如刘文俊先生所说的吏部式的残简②。另外，刘先生认为中国国家图书馆周字51号可能是开元职方格的残片③，但按照刘先生的释文，（该残片）没有记载是根据敕来立法，也没有一一记录年号，也不是不加年号的逐条列记形式，所以并非唐格的残简。

二　大谷文书中的格断简

在前一节中，我们探讨了至今为止被认为是格的断简的样式，参照上述的史料，《大谷文书集成》（三）④ 第219页中，被命名为“8042　唐乾封二年（667）佛教关系文书”（图版四六）的断简（10.3厘米×10.3厘米），也可能是格断简，按前一节的分类，也就有必要考虑有归入乙类的可能性。

（前缺）

1　……其养婢……

2　……物付行道每

3　……像等用乾符二年/三月三日

4　……各七日行道若还

① 泷川政次郎：《伯希和先生拿来的唐贞观吏部格断简》，载《国学院法学》15-1，1977，第21页。

② 刘俊文：《敦煌吐鲁番唐代法制文书考释》，中华书局，1989，第307~308页。

③ 刘俊文：《敦煌吐鲁番唐代法制文书考释》，中华书局，1989，第295~300页。

④ 《大谷文书集成》（三），法藏馆，2003，第219页。

5 ……

6 ……　　　　本

（后缺）

该断简的照片公布在《西域考古图谱》下，史料（9）—（3）（第198张），被命名为“唐文书断片（吐峪沟）”，并记载了出土资料。

还有一例同样的残简，名为“8043　唐文书断片”（图版四五）。

（前缺）

1 ……药麟德元年/□月廿日

2 …………乾封元年/……

尺寸为8.5厘米×3.0厘米，在《西域考古图谱》中同样注记为吐峪沟出土之物（同前张）。从形状判断，此二断简是同一地点出土的相关史料。

那么是否可以认定它就是所谓的“佛教关系文书”呢？或者说是否还存在进一步断定该断简的称呼的余地呢？认定其为“佛教关系文书”的根据可能是8043断简中有“（七日）行道……”“……像”等语句，而“行道”，在前一节讨论过的“散颁刑部格”中有“夜霄行道，男女交杂，因此聚会，并宜禁断。其邻保徒一年，里正决杖一百”（第99～100行），也可以是俗人的行为，即使假设这断简就是所谓“佛教关系文书”，也有理由认为它是所谓内典①。从与此断简十分相似的年月日记录方式的断简类型来看，关于大谷文书8042、8043号，更有可能是格断简，就其内容来看可能是祠部格断简。

问题是这是哪一年的格。就像前面提到的X　Ⅷ，明明是开元年间编纂的格，却有咸亨五年（674）也就是垂拱格施行以前颁行的法令，所以年次的确定尤须慎重。但考虑到该断简记录了麟德元年（664）、乾封元年至二年（666～667）等非常早的年次，所以是垂拱散颁祠部格的可能性最大。

如果这个假定成立，即这两件大谷文书的断简是格典的一部分的话，

① 在最近刊行的张丽娜《西域出土文书的基础性研究》（汲古书院，2006）中，也没有把此大谷文书残片作为佛典来列举。

年代极有可能是垂拱格，再注意到这是在西域出土的文物这一点的话，就可以推断散颁格的形状是始终一致的，只有神龙格存在一些特殊性。

三　开元年间的格、格后敕和单行敕

最后，我们通过 T. T. D 的X　X“兵部选格断简?”（P. 4978），来探讨开元年间的敕、格、格后敕的关系。

此断简虽然有着逐行列记的形式，但是在第 10、第 13、第 16 行的开头，分别是“准兵部格后敕”“准兵部格”“准开元七年十月廿六日敕”。就此处的“兵部格后敕”“兵部格”到底是哪一年的问题，T. T. D 在“兵部格后敕”的脚注上附加了“格后长行敕（开元十九年）?”的说明，另外，刘俊文先生也同意这个说法，并补充了《通典》卷一五《选举三》的材料：

先时，五月颁格于郡县，示人科限而集之。

或者是《新唐书》卷四五《选举志》：

每岁五月，颁格于郡县，选人应格，则本属或故任取选解，列其罢免善恶之状，以十月会于省，过其时者不叙，其以时至者，乃考其功过。

以此作为参照，认为此断简是为武选而准备的“选格”的一种，颁布于开元十九年以后、开元二十五年以前①。也就是说，（此断简）并不是作为法典的格，而是每年制作的招募要点的一种。

但是，只要考虑到该断简具有这样的性质，就能发现在唐代的格、格后敕和敕的关系上，有以下令人感兴趣的事实。即，按照以往的思考方式，在单行的敕中，把长久施行的，先收录于格后（长行）敕，再从前代的格、格后（长行）敕以及格后（长行）敕以后所颁布的单行法令中，把可恒久传承下去的选出来，编纂成新的格。实际上，编纂于日本天平十年的古记中所引用的唐格后敕的条文，在编纂于延历年间的令释里是作为开

① 刘俊文：《敦煌吐鲁番唐代法制文书考释》，中华书局，1989，第 303 页。

元格的条文来引用的，这是收录于格后敕的单行法令（敕）后被收录于格的一个事例[①]。由此可以认为，该断简中作为单行敕引用的开元十年七月敕，至少在该断简颁布的时候，不仅没有被格后敕收录，也没有被格收录。如果收录的话，一定会作为“准兵部格后敕”或者是“准兵部格”被引用。

这里有一个开元七年十月敕的性质问题。从本敕发布的时机来看，不得不和开元后格联系起来讨论。《唐会要》卷三九《定格令》中记载，“至（开元）七年三月十九日，修令格，仍旧名曰开元后格”。由于在开元七年三月时编纂了开元后格，同年十月颁布的敕里，当然没有收录。但是在《唐会要》卷三九《定格令》中记载，其后的法典编纂是开元十九年的格后长行敕。如果像刘俊文先生所说的，该断简是开元十九年以后、开元二十五年以前的文书的话，那么在该断简编纂时候的现行法应该是开元七年格、开元十九年的格后长行敕以及此后的单行敕。在该断简中，开元七年十月敕虽然没有被采录为格后长行敕，却是有效力的单行法令。存在虽然被格后敕遗漏却是有效的单行法令的这一事实，示意了下面所论述的发生在令和格之间的关系，也同样发生在格和格后敕之间。

关于令和格之间的关系，就像大隅清阳先生所指出的那样[②]，令在体系性上的改善使其失去了可变性的同时，还存在一种倾向，特别是那些违反礼的秩序却又被认为必要的单行法令，仅停留在格而不收录于令文的倾向。前文所引用的作为单行法令的开元七年敕，在没有被开元十九年格后敕收录的情况下，依旧是有效的，这说明，格后敕本身早已僵化。现实中法的运用，虽然是以令为基干，参照加以变更的格，并依据对此作进一步变更的格后敕；但确实存在被当时的令及格都遗漏，并且在格后敕编纂时经取舍，最终被舍弃的单行法令的敕，依旧被继续参照的事实。《唐会要》卷三九《定格令》记载了开元二十五年九月三日李林甫的一段话：“今年五月三十日前敕，不入新格式者，并望不任行用限”。《通典》卷一六五《刑三》记载为“今年五月三十日以前制敕，不入新格式者，望并不在行用”，由于存在上述多个单行法令或是格后敕都有效的背景，所以作为法典的开元

① 拙文：《关于〈令集解〉引用的唐代格、格后敕》，《史渊》128 辑，1991。

② 大隅清阳：《关于仪制令的礼和法》，载笹山晴先生花甲纪念会编《日本律令制论集》上卷，吉川弘文馆，1993。

二十五年格，就是要极力消除这种现象，至少李林甫是这样认为的。

结 语

最后，简要地总结一下本文所论述的问题。

1. 可以认为从敦煌发现的格典的断简，全部都是散颁格。

2. 特别是，以前被认为是“神龙留司吏部格”的 T. T. D 的 X Ⅷ（T Ⅱ T. Ch. 3841），应该是太极散颁吏部格。

3. 大谷文书的 8042、8043，应该是格典（垂拱散颁祠部格）的断片。

4. 唐代的格，在律令的规定上，有必要明示每个原敕的发布年月。违反了此原则的“神龙散颁刑部格”是一个例外。

5. 开元二十五年格，是针对开元年间不仅是格就连格后敕中都没有收录的单行敕拥有法令效力的情况，有意避免并消除这种现象。

附记：本稿是基于九州大学 21 世纪 COE 项目“东亚和日本——交流及改观”经费的对法国国立图书馆中伯希和拿走的唐代法制文献的调查，以及基于日本学术振兴科学研究费补助金、基础研究 B（2）“根据在柏林的吐鲁番文书的比较史的分析来看东亚律令制研究”（代表：法政大学小口雅史教授）的德国国立图书馆、德国科学研究所中的德国探险队拿走的文书的调查成果的一部分。

【本文原载戴建国主编《唐宋法律史论集》，上海辞书出版社，2007】

唐格条文体例考*

戴建国**

唐格，“以禁违正邪”[①]，是当时重要的法律形式之一。其奠基于贞观立法，史载房玄龄等删定《贞观格》十八卷，“盖编录当时制敕，永为法则”[②]。换言之，格是删修编辑皇帝诏敕而成，具有永久的法律效力。通过编纂格，来修正和补充律、令、式，及时解决社会关系中出现的矛盾。关于唐格研究，学术界已有丰硕成果，但对于唐格的条文体例问题，有不同的认识[③]。本文就此提出一些看法，希望能进一步展开讨论。

一

纵观唐宋文献，可以反映唐格条文体例的相关材料主要有：

1. P. 3078 号、S. 4673 号敦煌文书《散颁刑部格》
2. S. 1344 号敦煌文书
3. 周字 69 号敦煌文书
4. P. 4978 号敦煌文书
5. Дх. 06521 号敦煌文书
6. TⅡT 号吐鲁番文书

---

* 本文系上海市教委中国古代史重点学科（项目编号：J50405）建设成果之一。

** 戴建国，上海师范大学人文与传播学院教授。

① 《唐六典》卷六“刑部郎中员外郎”条，中华书局，1992，第 185 页。

② 《旧唐书》卷五十《刑法志》，中华书局，1975，第 2138 页。

③ 参见滋賀秀三《中国法制史論集——法典と刑罰》，創文社，2003，第 78 页；坂上康俊《有关唐格的几个问题》，载戴建国主编《唐宋法律史论集》，上海辞书出版社，2007，第 69 页。

7.《唐会要》所载唐格

8.《通典》所载唐格

9.《宋刑统》所载唐格

10.《白氏六帖事类集》所载唐格

这些材料中所载唐格的条文体例大致可分为三种：其一，格文起始无“敕”字，末尾不署格文的发布年月；其二，格文以“敕”字起始，末尾不署颁布年月；其三，格文以“敕”字起始，末尾署有颁布年月。

我们先分析第一种格文体例，P. 3078、S. 4673 号敦煌文书《散颁刑部格》是敦煌吐鲁番文书中唯一一件标有唐格名称的唐代法律文书，此文书收有十八条格，通篇无一条格文是以“敕”字起始的。无“敕”字的唐格样式，我们还可以在 P. 4978 号敦煌文书中找到，其曰：

> 准《兵部格》，诸色有番考资策□，身□□□者，初至年及去军年经三个□已上，□□折成一年劳，中间每年与一年，不得累折。[①]

《兵部格》格文起首没有“敕”字。又《唐会要》卷八一《勋》载：

> 《司勋格》：加累勋，须其小勋摊衔，送中书省及门下省勘会，并注毁小勋甲，然许累加。

格文起始也无“敕”字。《通典》记载的格文体例也有类似的，如卷一〇《食货·盐铁》载：

> （开元）二十五年《仓部格》：蒲州盐池，令州司监当租分与有力之家营种之，课收盐。每年上中下畦通融收一万石，仍差官人检校。若陂渠穿穴，所须功力，先以营种之家人丁充。若破坏过多量力不济者，听役随近人夫。
>
> 又《屯田格》：幽州盐屯，每屯配丁五十人，一年收率满二千八百石以上，准营田第二等，二千四百石以上准第三等，二千石以上准第四等。大同横野军盐屯配兵五十人，每屯一年收率千五百石以上准

① 山本达郎、池田温、冈野诚：《敦煌吐鲁番社会经济史资料·法律文书》，东洋文库，1980，第 39 页。

第二等，千二百石以上准第三等，九百石以上准第四等。……

《仓部格》《屯田格》皆为唐开元二十五年修定的《开元新格》的组成部分，格文并无“敕”字冠首。又《白氏六帖事类集》卷一六《军资粮·军粮格》所载格亦如此：

《仓部格》：诸处不得擅用兵赐及军粮，纵令要用，亦须递表奏闻。

在《宋刑统》所附格中也有这种体例的格文，如卷一九《贼盗律》“强盗窃盗”门：

准《刑部格》，受雇载运官物公案，受领因而隐盗及贸易者，并同监主法。

同上书卷二一《斗讼律》“殴制使刺史县令”门：

准《刑部格》，州县职在监临，百姓尤资礼奉，其有谋杀及殴，并咆悖陵忽者，先决杖一百。若杀皆斩，不在赦原之限。

这两条刑部格文起首皆无“敕”字。以下我们再看开成四年（839）修定的《开成格》。《五代会要》卷九《议刑轻重》载：

长兴二年四月大理寺剧可久奏：“准《开成格》，应盗贼须得本赃，然后科罪，如有推勘因而致死者，以故杀论。”

同上书卷九《徒流人》载：

后唐清泰三年二月，尚书刑部郎中李元龟奏：“准《开成格》，应断天下徒流人到所流处，本管画时申御史台，候年月满日申奏，方得放还本贯。”

《宋刑统》卷三〇《断狱律》“断罪引律令格式”门：

准《开成格》，大理寺断狱及刑部详覆，其有疑似比附不能决者，即须于程限内并具事理，牒送都省……。

上述开成格文也都没有以“敕”字冠首。

关于第二种有“敕”字但末尾不署颁布年月的格文体例，见于《宋刑统》卷二六《杂律》“受寄财物辄费用”门载：

准《户部格》敕：天下私举质，宜四分收利，官本五分生利。

同上书卷二九《断狱律》“应囚禁枷锁杻”门：

准《刑部格》敕：官人有被告者，不须即收禁，待知的实，然后依常法。

同上书卷三〇《断狱律》“断罪引律令格式”门：

准《刑部格》敕：如闻诸司用例破敕及令、式，深乖道理，自今以后，不得更然。

又《唐会要》卷八一《用荫》载：

《户部格》敕：应用五品以上官荫者，须相衔告身三道，若历任官少，据所历任勘。如申送人色有假滥者，州县长官、上佐、判官、录事参军并与下考，仍听人纠告。每告一家，赏钱五十千，钱出荫人及与荫家。

上述四条格文以“敕”字起始，但皆不署颁布年月。

关于第三种以“敕”字起始，末尾署年月的格文体例，俄藏Дx.06521号敦煌文书所载最具典型性。为便于讨论，将原文移录于下。

（前缺）

1]□排山社[
]两京诸司[

2]社桥　　嶲州会川差官

3]　□聚敛□□□□□□

4] □令：诸都督、刺史、上佐□[

5] 朝集若上佐已上有阙及事故，只有参军代集。若录事参军有

6 月廿五日到京，十一月一日见。[

7 解代，皆须知。其在任以［

8 辩答。若知长官考，有不［

9 以状通送。

10 《户部格》敕：诸州应朝［

11 计，如次到有故，判［

12 集限。其员外同正［

13 开［

14 敕：刺□到任，当年［①

（后缺）

“开”字后所缺文字、日期，据雷闻考订，当为“元八年十一月十二日”②。此外，被学者推定为开元户部格的 S. 1344 号敦煌文书所列 18 件敕文以及中国国家图书馆所藏敦煌写经残卷周字 69 号敦煌文书所列四件敕文，每件亦是以“敕”字起始，末尾署年月，但这两件文书原文并无“户部格”标注。所谓“户部格”，是后来学者根据文书内容推测的。考虑到这两件文书为残卷，卷首已缺，假定其卷首署有“户部格”，其以下行文，有可能省去“户部格”，故亦可属于第三种唐格体例。这种格敕将颁布日期署在末尾，通常另起一行。

然而关于格的第三种体例，虽说材料较多，特别是 S. 1344 号和周字 69 号敦煌文书所载，但其所谓唐《户部格》之定性，都是学者根据文书内容推定的。而学者论证为唐格的依据就是唐文献所云格“盖编录当时制敕，永为法则，以为故事”③。在所有与唐格有关联的敦煌文书里，事实上只有 P. 3078、S. 4673 号敦煌文书明确注明是唐格（《散颁刑部格》），除此之外的文书的属性，都具有不确定性。下面以 Дх. 06521 号敦煌文书为例作一分析。

雷闻对《俄藏敦煌文献》刊布的 Дх. 06521 号文书作了细致的考释，认为此文书可能就是开元二十五年编纂的《格式律令事类》之断简④。雷

① 上海古籍出版社编《俄藏敦煌文献》第 13 册，上海古籍出版社，2000，第 120 页。

② 雷闻：《俄藏敦煌文献 Дх. 06521 残卷考释》，《敦煌学辑刊》2001 年第 1 期。

③ 《唐六典》卷六“刑部郎中员外郎”，中华书局，1992，第 185 页。

④ 雷闻：《俄藏敦煌文献 Дх. 06521 残卷考释》，《敦煌学辑刊》2001 年第 1 期。

闻并考订第四行至第九行文书所载令为唐《考课令》，第十至十四行所载为唐格。不过这件文书所载法令性质的推定还是有疑问的。关于开元《格式律令事类》，《通志》卷六五《艺文略》著录云：

> 唐《格式律令事类》四十卷（原注：李林甫纂，律令格式，长行敕附，尚书省二十四司总为篇目。）[①]

《唐会要》卷三九《定格令》云：

> （开元二十五年）又撰《格式律令事类》四十卷，以类相从，便于省览。

从上述两条记载，我们大致可以知道《格式律令事类》体例是以格为中心。唐格有二十四篇，“以尚书省诸曹为之目”[②]。而式的篇目命名则不止尚书省二十四司，还有太常寺、司农寺等，计有三十三篇[③]。律和令更不是以二十四司为篇名的。《格式律令事类》以“尚书省二十四司总为篇目”，既以格为中心，故书名以格为首，依次排列为式、律、令，而非以通常的律为首。在格后，分别载列相关的式、律、令。其编纂体例“以类相从，便于省览”[④]，即在每篇篇目之下分设事目，以便于查找某一事项的所有法律条款。以类统编，篇目之下再分较细的事目，这种事类体的法典编纂体例，被后来的宋代所继承，现存宋《庆元条法事类》便是一例。

值得注意的是，《格式律令事类》中附有长行敕。《唐会要·定格令》《旧唐书·刑法志》在开元二十五年立法事项下虽未明确提到开元二十五年删修长行敕事，但《唐会要》却于“元和十年十月”条记事云，“刑部尚书权德舆奏：自开元二十五年修《格式律令事类》三十卷、处分长行敕等”。可见开元二十五年时是删修过长行敕的。搞清这一史实，对于我们认识唐代格、敕的体例有着重要意义。在此之前的开元十九年，侍中裴光

---

① 有学者将注文标点为：“李林甫纂，律令格式长行敕，附尚书省二十四司，总为篇目。”我以为“长行敕附”应单独点开为是，又“二十四司”后之逗号当删。

② 《唐六典》卷六“刑部郎中员外郎”条，中华书局，1992，第185页。

③ 《旧唐书》卷五十《刑法志》，中华书局，1975，第2138页。

④ 《唐会要》卷三九《定格令》，上海古籍出版社，2006，第822页。

庭等以“格后制敕行用之后，与格文相违，于事非便，奏令所司删撰《格后长行敕》六卷”[1]。笔者推测，开元二十五年进行大规模立法，对开元十九年所修《格后长行敕》作了一次整理，将整理后的部分制敕收入《格式律令事类》所附长行敕中。由于这次整理删修的长行敕与格的修撰同时进行，不宜再称《格后长行敕》，而改称“长行敕”。

《格式律令事类》附录的长行敕与格、式、律、令有何关系？为什么要附在格、式、律、令后？这是值得细究的。长行敕是不能修入格之正文的制敕，但对于指导司法实践仍有价值。以下试举例予以分析。《通典》卷一七〇《刑八》载：

> 《开元格》：
>
> 周朝酷吏来子珣、万国俊、王弘义、侯思止、郭霸、焦仁亶、张知默、李敬仁、唐奉一、来俊臣、周兴、丘神勣、索元礼、曹仁悊、王景昭、裴籍、李秦授、刘光业、王德寿、屈贞筠、鲍思恭、刘景阳、王处贞。
>
> 右二十三人，残害宗支，毒陷良善，情状尤重，身在者宜长流岭南远处。纵身没，子孙亦不许仕宦。
>
> 陈嘉言、鱼承晔、皇甫文备、傅游艺。
>
> 右四人，残害宗支，毒陷良善，情状稍轻，身在者宜配岭南。纵身没，子孙亦不许近任。
>
> 敕依前件。
>
> 开元十三年三月十二日

这是一件载于《开元格》的开元十三年敕。我们知道，开元十九年曾将开元七年颁《开元后格》以来的制敕整理成《格后长行敕》。上述开元十三年敕理应收入。但杜佑在摘录此条敕文时，标题作《开元格》，不云《格后长行敕》，表明此敕经开元二十五年立法整理过。其所云“开元格”，依时间推断，自然是开元二十五年修定的《开元新格》。此敕就是开元二十五年所删修的长行敕。这件制敕是针对特定的某些人，其对于犯人及犯人家属之外的社会关系并无直接的调整作用，是以不宜删修为格。但这件

① 《唐会要》卷三九《定格令》，上海古籍出版社，2006，第822页。

制敕对于当事人却有一段相当长时间的法律效力，一直延及罪犯的一生乃至罪犯的子孙，所以不能删除，必须予以保留，故附录在四十卷的《格式律令事类》中。

开元二十五年律令格式删定后，宰相李林甫即奏云："今年五月三十日以前制敕，不入新格式者，望并不在行用。"① 从李林甫奏言可以推知，开元二十五年对五月三十日以前颁布的制敕进行了一次彻底的清理，凡不入新格式者，不再有效。换言之，新制定的法典中收入的开元二十五年前的制敕仍然有效。

开元二十五年所编《格式律令事类》中的长行敕与一般的格后敕是有区别的。通常的格后敕是对先前某一法典编纂之后颁布的诏敕的删修整理结果，如开元十九年制定的《格后长行敕》是对开元七年所定《开元后格》以后颁布的诏敕的删定成果，元和十三年的《格后敕》是对元和五年删定《格后敕》之后颁布的诏敕的整理成果，而开元二十五年所删定的长行敕则是对开元二十五年之前历朝颁布的诏敕和开元十九年删定的《格后长行敕》所收制敕的整理成果。整理出来的长行敕是无法修入格、式、令等永法但却有参考使用价值的敕。

格、式、律、令这四种法律形式在法律适用顺序上，以格为先，格具有补充修正律、令、式的作用，格的法律效力自然优先于其他三种常法。倘如Дx. 06521号敦煌文书确如学者所推断的为《格式律令事类》断简，则其编纂体例当以二十四司官署为篇目，每篇篇目之下分设事目，依次载列格、式、律、令，即以格在前，而不当令在前。这一文书所载，却是令在前，格在后。假如此令在前，是因格式律令排列刚好一个事目结束，那么在格之前，应该有一个事目标题，表明是另一组格式律令的开始。然而此文书残卷没有这样的事目标题。笔者以为Дx. 06521号文书所抄《户部格》敕，不是户部本身的格文，而是开元二十五年修订的《格式律令事类》中的长行敕，附属于其中的《户部格》。

关于在《格式律令事类》正文后附长行敕这种编撰形式，我们还可以从宋代《庆元条法事类》找到类似例子。《庆元条法事类》亦以事目为中心，在每项门目敕、令、格、式永法之后，往往附录未修入永法的申明

① 《通典》卷一六五《刑法》，中华书局，1988，第4245页。

敕，供各级官员参考备用。如卷四八《赋役门·科敷》在正文敕、令、格后附载申明敕八条，分别是绍兴二年二月十四日敕、绍兴二十九年五月十七日尚书省批状、乾道二年四月三日敕、乾道二年八月二十四日敕、乾道八年十一月二十六日敕、淳熙七年六月十五日尚书省札子、淳熙十三年五月七日敕、淳熙十三年十二月四日敕。附载的敕，都有具体的颁布年月，而《庆元条法事类》正文部分的敕，都一律不标注年月。据此推论，在开元二十五年所撰《格式律令事类》中，正文部分的格，也是没有日期的。从中可以看出《庆元条法事类》与开元《律令格式事类》在修撰体例上是一脉相承的。

综上所述，开元二十五年修《格式律令事类》所附长行敕，是没有修入格正文的制敕，在体例上署有颁降年月。如果制敕一旦修入格，成为格的正文时，便会删去原有敕的颁布时间。开元二十五年修长行敕，将开元及开元前历年所颁制敕作了一次整理，将一些有适用价值的敕附在了《格式律令事类》后，颁布天下，供各级官员执法时参考。

二

由于开元《格式律令事类》“奉敕于尚书都省写五十本，颁于天下”，[①] 各地辗转抄写者，则又远远超出五十本，加之其“以类相从，便于省览”的特点，我们有理由相信，《格式律令事类》流传一定很广。于今我们见到的被学者推定为《开元户部格》（S. 1344 号）的敦煌文书残卷，其中包含敕十八条，每条敕都注有年月，敕文涉及的时间跨度很长，最早为高宗咸亨五年（674），最晚为玄宗开元元年（713）。细细分析这十八条敕文，其排列未按时间先后顺序，但从敕文之间的编排连接看，还是遵循着一定的规则，是以敕文调整的事项为中心来排列的。例如第四、第五、第六条敕文是属于同一类别的，与前面三条敕文内容不一样。引文如下。

第一条，文字缺，仅有年月。

第二条，“敕：诸色应食实封家、封户一定已后，不得辄有移改。”

景龙二年九月廿日

① 《唐会要》卷三九《定格令》，上海古籍出版社，2006，第 822 页。

第三条，“敕：孝义之家，事须旌表，苟有虚滥，不可裒称。……其得旌表者，孝门复终孝子之身，义门复终旌表时同籍人身。仍令所管长官以下及乡村等，每加访察。其孝义人如中间有声实乖违，不依格文者，随事举正……”

证圣元年四月九日

第四条，“敕：长发等，宜令州县严加禁断，其女妇识文解书，勘理务者，并预送比校内职。”

咸亨五年七月十九日

第五条，“敕：诸山隐逸人，非规避等色，不须禁断，仍令所由觉察，勿使广聚徒众。”

长安二年七月廿八日

第六条，“敕：如闻诸州百姓，结构朋党，作排山社，宜令州县严加禁断。”

景龙元年十月廿日

第七条，“敕：左厢桑干、定襄两都督府管内八州降户及党项等，至春听向夏州南界营田，秋收后勒还。”

景龙二年六月九日

第八条，“敕：诸蕃商胡，若有驰逐，任于内地兴易，不得入蕃。仍令边州关津镇戍，严加捉搦……”①

（下缺）

从以上摘引敕文看，第四、第五、第六条敕文与前后敕文内容均有差异，调整的事项明显不同。由于 S. 1344 号敦煌文书残卷包含的第二条证圣元年敕的一部分，在日本《令集解·赋役令》的“令释”中被作为《开元格》而引用，仁井田陞据此认为 S. 1344 号敦煌文书是开元户部格的遗文。② 但是笔者推测，S. 1344 号敦煌文书所抄录的敕文源自开元《格式律令事类》所附长行敕。《格式律令事类》“以类相从”，所附长行敕当亦以

① 山本达郎、池田温、冈野诚：《敦煌吐鲁番社会经济史资料·法律文书》，东洋文库，1980，第 36 页。

② 仁井田陞：《〈开元户部格〉断简》，载《中国法制史考证》丙编第 2 卷，中国社会科学出版社，2003，第 550～552 页。

类编附，S. 1344 号敦煌文书抄录长行敕时是依类目顺序抄录的，省去了格之正文，也省去了篇目名称。由于长行敕是《开元格》的一个部分，因此很容易被当作开元格格文引用。事实上两者是有区别的。

周字 69 号敦煌写经残卷所抄录四十五行敕文，收唐敕五件。池田温推定为《开元新格》之户部格。① 此残卷抄录的五件敕文，年代自太极元年（712）至开元二十三年（735），皆以“敕”字开首，末尾皆注年月。其排列亦不以时间为序，依次为“开元廿三年”“开元十□年”“太极元年三月”“开元廿年”。这种排列无疑也是以事项分类。此残卷抄录的亦是《格式律令事类》所附长行敕，抄录过程中省略了篇目名称。

或问，唐大中五年（851）修纂《大中刑法总要格后敕》，收有贞观二年至大中五年的制敕。上述敦煌文书抄录的敕是否来自此书呢？回答是否定的，《大中刑法总要格后敕》收录的是与刑法相关的敕，而上述敦煌文书抄录的敕大多数是非刑法内容的。

总之，唐格的条文体例严格来讲只有两种，一种以“敕”字起始，一种无“敕”字。前者为开元二十五年立法所修纂，后者为开元二十五年前所修并为开元二十五年立法所承袭。上述所谓第三种格，其实是未修入永法之格但具有法律效力的长行敕。

综观唐代的格文体例，为何会有两种不同的形式？它们之间有何区别？在笔者看来，这与开元二十五年立法有关。《唐会要》卷三九《定格令》载：

> （开元）二十五年九月一日，复删辑旧格式律令，……共加删辑旧格式律令及敕，总七千二十六条，其一千三百二十四条于事非要，并删除之，二千一百八十条随事损益，三千五百九十四条仍旧不改。

此次立法，主要是以旧法即开元七年修定的令格及开元七年后陆续颁布的诏敕为基础，包括开元十九年修纂的《格后长行敕》在内，增修删改而成新的法律。在修成的《开元新格》中，凡以诏敕为删修对象而新增加

① 池田温：《北京图书馆藏开元户部格残卷简介》，载《敦煌吐鲁番学研究论集》，书目文献出版社，1996，第 174 页。

的格条，即冠以“敕”字，如是从开元七年修定的《开元前格》移入新格的旧格条，则无“敕”字，以示区别。这是《宋刑统》等书所载唐格有的有“敕”字，有的无“敕”字的成因。如《宋刑统》卷三十《断狱律·断罪引律令格式》云：

> 准《刑部格》敕：如闻诸司用例破敕及令式，深乖道理，自今以后，不得更然。

此敕乃开元十四年颁布，《通典》卷一六五《刑法》载：

> 开元十四年九月敕：“如闻用例破敕及令式，深非道理。自今以后，不得更然。”

这一敕文未经删改，原封不动地收入开元二十五年《刑部格》，是以格文的起始用了“敕”字，以区别于开元七年所定的旧格。又如《册府元龟》卷一五九《革弊》载开元十六年二月癸未诏：

> ……自今已后，天下私举质，宜四分收利，官本五分收利。

关于此诏，后来也原样收入开元二十五年《户部格》。《宋刑统》卷二六《杂律》“受寄财物辄费用”门载：

> 准《户部格》敕：天下私举质，宜四分收利，官本五分生利。

《户部格》保持了开元十六年诏敕（唐诏和制可以通用）的原貌，“生利”与“收利”之差别有可能是后来版刻造成的，故《户部格》冠以“敕”字。这样就形成了第一种格和第二种格的条文体例上的差别。

开元二十五年删修律令格式，是一次规模比开元三年和开元七年修令大得多的立法活动。史书云这次立法活动“共加删辑旧格式律令及敕，总七千二十六条”①。删修的范围并不局限于开元七年修定的令格及开元十九年修定的《格后长行敕》，对开元以前的诏敕也重新作了一次整理，将具有普遍指导意义而能长久行用的制敕收入新格；不能修入新格但仍

① 《唐会要》卷三九《定格令》，上海古籍出版社，2006，第822页。

有参考使用价值的，作为长行敕附在格式律令永法之后；完全不能用的，则废弃之。下面我们举些例子来论证。《宋刑统》卷二六《杂律·私铸钱》载：

准《刑部格》敕：私铸钱及造意人，及句合头首者，并处绞，仍先决杖一百。从及居停主人加役流，仍各先决杖六十。若家人共犯，坐其家长。若老弱残疾不坐者，则归罪其以次家长。其铸钱处，邻保配徒一年，里正、坊正、村正各决杖六十。若有纠告者，即以所铸钱毁破，并铜物等赏纠人。同犯自首告者，免罪，依例酬赏。

上述这条以"敕"字起始的刑部格文，属开元二十五年所修《开元新格》，其法源取自高宗时颁布的诏敕。《通典》卷九《食货·钱币下》云：

永淳元年五月敕："私铸钱造意人，及句合头首者，并处绞，仍先决杖一百。从及居停主人加役流，各决杖六十。若家人共犯，坐其家长；老疾不坐者，则罪归其以次家长。其铸钱处，邻保配徒一年；里正、坊正、村正各决六十。若有纠告者，即以所铸钱毁破，并铜物等赏纠人，同犯自首免罪，依例酬赏。"

两相对照，可知《宋刑统》所载《刑部格》与永淳元年（682）颁布的敕是一样的，仅个别字有出入。也就是说《宋刑统》附载的开元二十五年《刑部格》将高宗永淳元年的敕直接收录，保持原貌未加删削修改。我推测，由于这一缘故，收入格后，必须在格文之首冠以"敕"字，使之与经过立法官删改而成的其他格文区别开来。P. 3078 号敦煌文书《散颁刑部格》残卷第九条格文与此刑部格十分相似，为了探讨它们之间的关系，引述如下。

私铸钱人，勘当得实，先决杖一百，头首处尽，家资没官，从者配流，不得官当荫赎。有官者仍除名，勾合头首及居停主人，虽不自铸，亦处尽，家资亦没官。若家人共犯罪，其家长资财并没。家长不知，坐其所由者一房资财。其铸钱处邻保，处徒一年。里正、坊正各决杖一百。若有人纠告，应没家资并赏纠人。同犯自首告者，免罪，依例酬赏。

此《散颁刑部格》，乃神龙元年（705）修定[①]。这条格文与永淳元年敕文可以说有承继关系，但是亦有很明显的添加、修改的痕迹，官当、荫赎及除名的内容都是永淳元年敕文所没有的，同时格文改敕文规定的里正、坊正各杖六十为各杖一百。这样一来，格文规定的主要内容虽源于永淳元年敕，但毕竟被改写加工，已非永淳元年敕之原貌。因此收入《散颁刑部格》后，就不能再注明是敕了。我们今天看到的《散颁刑部格》条款，既然不是诏敕颁布时的原貌，也就不署年月日。因此可以推断其体例原本就没有以“敕”字起始。那种认为唐格应署每件原敕的颁布年月，神龙《散颁刑部格》是违反了此原则的一个例外的观点[②]，以及认为《散颁刑部格》残卷“没有忠实于原本的誊写”的观点[③]，有待进一步推敲。

《散颁刑部格》第九条格文虽源自永淳元年敕，经过修改加工，内容有所增加。但后来没有被沿袭下来，开元二十五年立法，换成了永淳元年原敕，敕文对里正、坊正的处罚程度较轻，但对从犯处罚较重，对居停主人处罚亦较轻。开元二十五年立法改用永淳元年敕，改定后的《刑部格》敕与《散颁刑部格》，是替换与被替换的关系，不是补充与被补充的关系。这一更改应该是当时社会政治经济形式变化所使然。

从前面所论证的《宋刑统》所载三条格敕来看，两条源自开元十四年和十六年敕，另一条源自高宗永淳元年敕，格文虽然都以“敕”字起始，但从其冠以《刑部格》《户部格》名称来看，不可能是开元十九年修纂的《格后长行敕》。再者，此《格后长行敕》，是因行用开元七年所定律令格式后颁布的制敕时，发生了“与格文相违”的现象，才予以修纂的。[④] 其整理的制敕是开元七年之后颁布的，不可能收录高宗永淳元年敕。因此，《宋刑统》所载三条格敕都是开元二十五年修纂的《开元新格》。这里值得一提的是，《宋刑统》还载有众多署有年月的敕文，这些敕文未以格冠名，应是开元以后修纂的格后敕，与《开元新格》没有直接关系。

【本文原载于《文史》2009年第2辑，中华书局，2009】

① 参见刘俊文《敦煌吐鲁番唐代法制文书考释》，中华书局，1989，第254~255页。

② 坂上康俊：《有关唐格的几个问题》，载戴建国主编《唐宋法律史论集》，上海辞书出版社，2007，第69页。

③ 滋賀秀三：《中国法制史論集——法典と刑罰》，創文社，2003，第78页。

④ 《唐会要》卷三九《定格令》，上海古籍出版社，2006，第822页。

编辑部章程

第一章　总则

第一条　《法律文化研究》是由中国人民大学法律文化研究中心与北京市法学会中国法律文化研究会组织编写、曾宪义法学教育与法律文化基金会资助、社会科学文献出版社出版的学术集刊。

第二条　《法律文化研究》编辑部（以下简称编辑部）负责专题的策划、征稿、审定、编辑、出版等事宜。

第三条　《法律文化研究》为年刊或半年刊，每年出版一或二辑。

第二章　组织结构

第四条　编辑部由编辑部主任一名、副主任两名、编辑若干名组成。编辑部主任负责主持编辑部的日常工作，统筹《法律文化研究》刊物的总体策划与协调。

第五条　《法律文化研究》实行各辑主编责任制，负责专题的拟定、申报（或推荐）和稿件编辑工作。每辑主编采取自荐或者他人推荐的方式，经编辑部讨论后确定。

第六条　编辑部成员须履行下列义务：（1）遵守编辑部章程；（2）积极参加编辑部的各项活动，连续两年不参加活动者视为自动退出。

第七条　编辑部每年召开一次编务会议，审议稿件并讨论第二年的工作计划。

第三章 经费使用

第八条 编辑部经费来源于曾宪义法学教育与法律文化基金会。

第九条 编辑部给予每辑主编一定的编辑费用，由各辑主编负责编辑费用的管理、支配和使用，并按照主办单位的财务要求进行报销。

第十条 编辑部不向作者收取任何费用，也不支付稿酬。作品一旦刊发，由编辑部向主编赠送样刊30本，向作者赠送样刊2本。

第四章 附则

第十一条 本章程由《法律文化研究》编辑部负责解释。

第十二条 本章程自2014年4月1日起施行。

征稿启事

《法律文化研究》发刊于2005年，是由曾宪义教授主编，中国人民大学法律文化研究中心、曾宪义法学教育与法律文化基金会组织编写的学术集刊。自创刊以来，承蒙学界同人的支持，至2010年已出版六辑，并获得学界的肯定，在此向支持《法律文化研究》的各位专家学者致以诚挚的感谢。

自2014年度起，《法律文化研究》改版续发，每年年底由中国人民大学法律文化研究中心、北京市中国传统法律文化研究会组织，编辑部审议所申报的选题，并决定次年的出版专题。《法律文化研究》由曾宪义法学教育与法律文化基金会资助，社会科学文献出版社出版，每年出版一辑或二辑。选题来源于各位同人的申报以及编辑部成员的推荐，申报者自任主编，实行主编负责制。

改版后的《法律文化研究》，向海内外学界同人诚恳征稿。

注释体例

一　中文文献

（1）专著

标注格式：责任者及责任方式，文献题名/卷册，出版者，出版时间，页码。

示例：

侯欣一：《从司法为民到人民司法——陕甘宁边区大众化司法制度研究》，中国政法大学出版社，2007，第24～27页。

桑兵主编《各方致孙中山函电》第3卷，社会科学文献出版社，2012，第235页。

（2）析出文献

1）论文集、作品集及其他编辑作品

标注格式：析出文献著者，析出文献篇名，文集责任者与责任方式/文集题名/卷册，出版者，出版时间，页码。

示例：

黄源盛：《民初大理院民事审判法源问题再探》，载李贵连主编《近代法研究》第1辑，北京大学出版社，2007，第5页。

2）期刊

标注格式：责任者，文章篇名，期刊名/年期（或卷期、出版年月）。

示例：

林建成：《试论陕甘宁边区的历史地位及其作用》，《民国档案》1997年第3期。

3）报纸

标注格式：责任者，文章篇名，报纸名/出版年、月、日，版次。

示例：

鲁佛民：《对边区司法工作的几点意见》，《解放日报》1941 年 11 月 15 日，第 3 版。

＊同名期刊、报纸应注明出版地。

（3）转引文献

无法直接引用的文献，转引自他人著作时，须标明。

标注格式：责任者，文献题名，转引文献责任者与责任方式，转引文献题名/卷册，出版者，出版时间，页码。

示例：

章太炎：《在长沙晨光学校演说》（1925 年 10 月），转引自汤志钧《章太炎年谱长编》下册，中华书局，1979，第 823 页。

（4）未刊文献

1）学位论文

标注格式：责任者，文献题名，类别，学术机构，时间，页码。

示例：

陈默：《抗战时期国军的战区——集团军体系研究》，博士学位论文，北京大学历史学系，2012，第 134 页。

2）会议论文

标注格式：责任者，文献题名，会议名称，会议地点，召开时间。

示例：

马勇：《王爷纷争：观察义和团战争起源的一个视角》，政治精英与近代中国国际学术研究会会议论文，2012 年 4 月，第 9 页。

3）档案文献

标注格式：文献题名，文献形成时间，藏所，卷宗号或编号。

示例：

《席文治与杜国瑞土地纠纷案》，陕西省档案馆藏，档案号：15/1411。

（5）电子、网上文献

1）光盘（CD－ROM）图书

引证光盘文献除了标示责任者、作品名称、出版信息外，还应标示出该文献的出版媒介（CD - ROM）。

2）网上数据库

标注格式：责任者，书名/题名，出版者/学术机构，时间，页码，数据来源。

示例：

邱巍：《吴兴钱氏家族研究》，浙江大学博士论文，2005 年，第 19 页。据中国优秀博硕士学位论文全文数据库：http：//ckrd. cnki. net/grid20/Navigator. aspxID = 2。

3）网上期刊等

网上期刊出版物包括学术期刊、报纸、新闻专线等，引用时原则上与引用印刷型期刊文章的格式相同，另需加上网址和最后访问日期。

示例：

王巍：《夏鼐先生与中国考古学》，《考古》2010 年第 2 期，http：//mall. cnki. net/magazine/Article/KAGU201002007. htm，最后访问日期：2012 年 6 月 3 日。

（6）古籍

1）刻本

标注格式：责任者与责任方式，文献题名/卷次，版本，页码。

示例：

张金吾编《金文最》卷一一，光绪十七年江苏书局刻本，第 18 页 b。

2）点校本、整理本

标注格式：责任者与责任方式，文献题名/卷次，出版地点，出版者，出版时间，页码。

示例：

苏天爵辑《元朝名臣事略》卷一三《廉访使杨文宪公》，姚景安点校，中华书局，1996，第 257 ~258 页。

3）影印本

标注格式：责任者与责任方式，文献题名/卷次，出版地点，出版者，出版时间，（影印）页码。

示例：

杨钟羲：《雪桥诗话续集》卷五上册，辽沈书社，1991 年影印本，第

461 页下栏。

4）析出文献

标注格式：责任者，析出文献题名，文集责任者与责任方式，文集题名/卷次，版本或出版信息，页码。

示例：

《清史稿》卷二三〇《范文程传》，中华书局点校本，1977，第 31 册，第 9352 页。

5）地方志

唐宋时期的地方志多系私人著作，可标注作者；明清以后的地方志一般不标注作者，书名其前冠以修纂成书时的年代（年号）。

示例：

民国《上海县续志》卷一《疆域》，第 10 页 b。

同治《酃县志》卷四《炎陵》，收入《中国地方志集成·湖南府县志辑》第 18 册，江苏古籍出版社影印本，2002，第 405 页。

6）常用基本典籍，官修大型典籍以及书名中含有作者姓名的文集可不标注作者，如《论语》、二十四史、《资治通鉴》、《全唐文》、《册府元龟》、《清实录》、《四库全书总目提要》、《陶渊明集》等。

7）编年体典籍，可注出文字所属之年月甲子（日）。

示例：

《清太祖高皇帝实录》卷一〇，天命十一年正月己酉，中华书局，1986 年影印本。

*卷次可用阿拉伯数字标示。

二　外文文献

引证外文文献，原则上使用该语种通行的引证标注方式。兹列举英文文献标注方式如下。

（1）专著

标注格式：责任者与责任方式，文献题名（斜体）（出版地点：出版社，出版年代），页码。

示例：

Stewart Banner, *How the Indians Lost Their Land: Law and Power on the Frontier* (Cambridge: Harvard University Press, 2005), p. 89.

引用三位以上作者合著作品时，通常只列出第一作者的姓名，其后以“et al.”省略其他著者姓名。

示例：

Randolph Quirk et al., *A Comprehensive Grammar of the English Language* (New York: Longman Inc., 1985), p. 1143.

（2）译著

标注格式：责任者及责任方式，文献题名，译者（出版地点：出版者，出版时间），页码。

示例：

M. Polo, *The Travels of Marco Polo*, trans. by William Marsden (Hertfordshire: Cumberland House, 1997), pp. 55, 88.

（3）析出文献

1）论文集、作品集

标注格式：责任者，析出文献题名，编者，文集题名（出版地点：出版者，出版时间），页码。

示例：

R. S. Schfield, “The Impact of Scarcity and Plenty on Population Change in England,” in R. I. Rotberg and T. K. Rabb, eds., *Hunger and History: The Impact of Changing Food Production and Consumption Pattern on Society* (Cambridge, Mass: Cambridge University Press, 1983), p. 79.

同一页两个相邻引文出处一致时，第二个引文可用“Ibid.”代替。

2）期刊

标注格式：责任者，析出文献题名，期刊名，卷册（出版时间）：页码。

示例：

Douglas D. Heckathorn, “Collective Sanctions and Compliance Norms: A Formal Theory of Group Mediate Social Control,” *American Sociological Review* 55 (1990): 370.

（4）未刊文献

1）学位论文

标注格式：责任者，论文标题（Ph. D. diss. /master's thesis，提交论文的学校，提交时间），页码。

示例：

Adelaide Heyde，The Relationship between Self - esteem and the Oral Production of a Second Language（Ph. D. diss.，University of Michigan，1979），pp. 32 - 37.

2）会议论文

标注格式：责任者，论文标题（会议名称，地点，时间），页码。

示例：

C. R. Graham，Beyond Integrative Motivation：The Development and Influence of Assimilative Motivation（paper represented at the TESOL Convention，Houston，TX，March 1984），pp. 17 - 19.

3）档案资料

标注格式：文献标题，文献形成时间，卷宗号或其他编号，藏所。

示例：

Borough of Worthing：Plan Showing Consecration of Burial Ground for a Cemetery，1906 - 1919，H045/10473/B35137，National Archives.

C. R. Graham，Beyond Integrative Motivation：The Development and Influence of Assimilative Motivation（paper represented at the TESOL Convention，Houston，TX，March 1984），pp. 17 - 19.

图书在版编目（CIP）数据

法律文化研究. 第十三辑，敦煌、吐鲁番汉文法律文献专题 / 赵晶主编. -- 北京：社会科学文献出版社，2019.11

ISBN 978-7-5201-5660-8

Ⅰ. ①法… Ⅱ. ①赵… Ⅲ. ①法律-文化研究-丛刊 ②敦煌学-法律-文献-研究 Ⅳ. ①D909-55

中国版本图书馆 CIP 数据核字（2019）第 222495 号

法律文化研究 第十三辑：敦煌、吐鲁番汉文法律文献专题

主　　编 / 赵　晶

出 版 人 / 谢寿光
组稿编辑 / 芮素平
责任编辑 / 楼　霏

出　　版 / 社会科学文献出版社 · 联合出版中心（010）59367281
地址：北京市北三环中路甲 29 号院华龙大厦　邮编：100029
网址：www. ssap. com. cn
发　　行 / 市场营销中心（010）59367081　59367083
印　　装 / 三河市尚艺印装有限公司

规　　格 / 开　本：787mm × 1092mm　1/16
印　张：23.5　字　数：379 千字
版　　次 / 2019 年 11 月第 1 版　2019 年 11 月第 1 次印刷
书　　号 / ISBN 978-7-5201-5660-8
定　　价 / 118.00 元